Die (strikte) Haftung für Tiere im deutschen und US-amerikanischen Recht

Internationalrechtliche Studien

Beiträge zum Internationalen Privatrecht, zum Einheitsrecht und zur Rechtsvergleichung

Herausgegeben von Ulrich Magnus und Peter Mankowski

Band 73

PL ACADEMIC RESEARCH

Antje Böhme

Die (strikte) Haftung für Tiere im deutschen und US-amerikanischen Recht

PL ACADEMIC RESEARCH

Bibliografische Information der Deutschen Nationalbibliothek
Die Deutsche Nationalbibliothek verzeichnet diese Publikation in der Deutschen Nationalbibliografie; detaillierte bibliografische Daten sind im Internet über http://dnb.d-nb.de abrufbar.

Zugl.: Hamburg, Univ., Diss., 2016

D 18
ISSN 0947-0395
ISBN 978-3-631-68116-9 (Print)
E-ISBN 978-3-653-07239-6 (E-PDF)
E-ISBN 978-3-631-69644-6 (EPUB)
E-ISBN 978-3-631-69645-3 (MOBI)
DOI 10.3726/978-3-653-07239-6

PL Academic Research ist ein Imprint der Peter Lang GmbH.

Peter Lang – Frankfurt am Main · Bern · Bruxelles · New York · Oxford · Warszawa · Wien

Diese Publikation wurde begutachtet.

www.peterlang.com

Meinen Eltern

Vorwort

Die vorliegende Arbeit wurde im Sommersemester 2016 von der Juristischen Fakultät der Universität Hamburg als Dissertation angenommen.

Herrn Prof. Dr. Ulrich Magnus danke ich für die Annahme und Betreuung meiner Arbeit sowie für die Aufnahme in diese Reihe.

Mein besonderer Dank gilt Herrn Rechtsanwalt Eberhard Fellmer für die Inspiration zu dem Thema, sowie Herrn Rechtsanwalt Dr. Sascha Brückner, Herrn Rechtsanwalt Dr. Lorenz Neumann und Herrn Rechtsanwalt Dr. Andreas Schulz, LL.M. für die wertvolle Kritik und die willkommenen Aufmunterungen.

Weiterer Dank gebührt Herrn Rechtsanwalt Felix Greuner und Frau Rechtsanwältin Dr. Anja Rösch für den nötigen Druck kurz vor der Ziellinie.

Nicht zuletzt danke ich meinen Eltern von ganzem Herzen für die bedingungslose Unterstützung, die Hilfe beim Korrekturlesen, sowie Michael Weiß für die Motivation durch alle Höhen und Tiefen hindurch.

Berlin, August 2016 *Antje Böhme*

Überblick

Inhaltsverzeichnis

Literaturverzeichnis

Abeltshauser, Thomas: Verschuldens- oder Gefährdungshaftung für Mikroorganismen, JuS 1991, S. 366-368, zitiert: Abeltshauser, JuS 1991, 366.

Armbrüster, Christian: Auswirkungen von Versicherungsschutz auf die Haftung, NJW 2009, S. 187–193, zitiert: Armbrüster, NJW 2009, 187.

v. Bar, Christian: Gemeineuropäisches Deliktsrecht Band 1, 1996, C. H. Beck Verlag, München, zitiert: v. Bar.

Baumgärtel, Gottfried: Handbuch der Beweislast, Bürgerliches Gesetzbuch, Schuldrecht Besonderer Teil III, § 812–853, 3. Aufl. 2010, Carl Heymanns Verlag KG, Köln, zitiert: Baumgärtel/Bearbeiter, Beweislast.

–: Neue Tendenzen der Beweislastverteilung bei der Tierhalterhaftung, Jahre Karlsruher Forum, Beiheft 2 zu VersR 1983, S. 85–89, zitiert: Baumgärtel, Karlsruher Forum, VersR 1983, 85.

BGB – RGRK: Das Bürgerliche Gesetzbuch - Kommentar, Band II, 6. Teil, §§ 832–853, 12. Auflage, 1989, Verlag Walter de Gruyter, zitiert: BGB-RGRK/*Bearbeiter*.

Byszewski, Elaine T.: Valuing Companion Animals in wrongful Death Cases: A Survey of current Court and legislative Action and a Suggestion for valuing pecuniary Loss of Companionship, 9 Animal Law 2003, S. 215, zitiert: Byszewski.

Bixby-Hammett, Doris M.: Horseback riding in North Carolina. North Carolina Medical Journal, Heft 47, S. 530–533, 1986, zitiert: Bixby-Hammett, NCMJ, 1986, 530–533.

–: Accidents in equestrian sports, American Family Physician, 1987, Heft 36, S. 209–214, zitiert: Bixby-Hammett, Am Fam Phys, 1987, 209–214.

Bogs, Harald: Ausgleich von Arbeitsunfallschäden im Sozialgesetzbuch VII, in: Festschrift für Wolfgang Gitter, S. 123–132, 1995, Verlag Chmielorz GmbH, Wiesbaden, zitiert: Bogs, 123.

Brüggemeier, Gert: Prinzipien des Haftungsrechts: Eine systematische Darstellung auf rechtsvergleichender Grundlage, Nomos Verlagsgesellschaft, Baden-Baden, 1. Auflage, 1999, zitiert: Brüggemeier.

Brüninghaus, Birgit: Die Stellung des Tieres im Bürgerlichen Gesetzbuch, Duncker & Humblot, Berlin, 1993, zitiert: Brüninghaus.

Byszewski, Elaine T.: Valuing Companion Animals in Wrongful Death Cases: A Survey of Current Court and Legislative Action and a Suggestion for Valuing Pecuniary Loss of Companionship, 9 Animal L. 215, 224 (2003); zitiert: Byszewski.

Carmel, Krystyna M.: The Equine Activity Liability Acts: A Discussion of those in Existence and Suggestions for a Model Act, 83 Kentucky Law Journal, 1995, S. 157–196, zitiert: Carmel.

Centner, Terence J.: Equestrian Immunity and Sport Responsibility Statutes: Altering Obligations and placing them on Participants, Villanova Sports & Entertainment Law Journal, 2006, S. 37–72, zitiert: Centner, Equestrian Immunity.

–: Liability Concerns: Agritourism Operators seek a Defense against Damages resulting from inherent Risks, Kansas Journal of Law and Public Policy, 2009, S. 102 - 123, zitiert: Centner, Liability Concerns.

–: Modifying Negligence Law for Equine Activities in Arkansas: A New Good Samaritan Paradigm for Equine Activity Sponsors, 50 Arkansas Law Review, 1997–1998, S. 637–661, zitiert: Centner, Modifying Negligence Law for Equine Activities in Arkansas.

–: The New Equine Liability Statutes, Tennessee Law Review, 1994–1995, S. 997–1039, zitiert: Centner.

Deutsch, Erwin: Die Haftung des Tierhalters, JuS 1987, S. 673–681, zitiert: Deutsch, JuS 1987, 673.

–: Der Reiter auf dem Pferd und der Fußgänger unter dem Pferd, NJW 1978, S. 1998–2002, zitiert: Deutsch, NJW 1978, 1998.

–: Gefährdungshaftung für Mikroorganismen im Labor, NJW 1990, S. 751–752, zitiert: Deutsch, NJW 1990, 751.

–: Schmerzensgeld bei Gefährdungshaftung, ZRP 2001, S. 351, zitiert: Deutsch, ZRP 2001, 351.

Deutsch, Erwin / *Ahrens,* Hans-Jürgen: Deliktsrecht: Unerlaubte Handlungen, Schadensersatz, Schmerzensgeld, 4. Auflage, 2002, Carl Heymanns Verlag, Köln, zitiert: Deutsch/Ahrens.

Diederichsen, Angela: Rechtsprechung des BGH zum Regress im Schadensrecht, VersR 2004, S. 809, zitiert: Diederichsen, VersR 2004, 809.

Dobbs, Dan B.: The Law of Torts, Hornbook Series, St. Paul, Minn., 2000, West Group, zitiert: Dobbs, Torts.

–: Law of Remedies, 2nd Edition 1993, West Publishing Co., zitiert: Dobbs, Remedies.

Dunz, Walter: Reiter wider Pferd oder der Versuch einer Ehrenrettung des Handelns auf eigene Gefahr, VersR 1987, S. 63–67, zitiert: Dunz, VersR 1987, 63.

Eberl-Borges, Christina: Die Tierhalterhaftung des Diebes, des Erben und des Minderjährigen, VersR 1996, S. 1070, zitiert: Eberl-Borges, VersR 1996, 1070.

Enneccerus, v. Buchka, Bachem, Schroeder: Bericht der Reichstags-Kommission über den Entwurf eines Bürgerlichen Gesetzbuchs und Einführungsgesetzes, 1896, Guttentag Verlagsbuchhandlung, Berlin, zitiert: Enneccerus.

Epstein, Richard A.: A Theory of Strict Liability, The Journal of Legal Studies Vol. 2, No. 1 (January 1973), University of Chicago Press, S. 151–204, zitiert: Epstein.

Escher-Weingart, Christina: Nutzungsausfall als Schaden und sein Ersatz, 1993, Peter Lang Verlag, Berlin, New York, Paris, zitiert: Escher-Weingart.

Fedtke, Jörg und *Magnus*, Ulrich: The Impact of Social Security Law in Tort Law in Germany, in: Magnus, Ulrich (Hrsg.), The Impact of Social Security Law on Tort Law, Tort and Insurance Law Vol. 3, Springer Wien New York, 2003, zitiert: Fedtke/Magnus.

Fellmer, Eberhard und *Kiel*, Peter: Nutzungsausfallschaden bei Verletzung von Reitpferden, AgrarR 1984, S. 29–31, zitiert: Fellmer/Kiel AgrarR 1984, 29.

Giebel, Gerfried und *Braun*, Karsten und *Mittelmeier*, Wolfram: Unfälle beim Pferdesport – Unfallhergang, Verletzungen und Prävention, Hefte zur Zeitschrift „Der Unfallchirurg", 244, Springer Verlag Berlin Heidelberg, 1994, zitiert: Giebel, Braun, Mittelmeier.

v. Gierke, Otto: Deutsches Privatrecht, Leipzig, 1917, zitiert: v. Gierke, Privatrecht.

Graf, Mattias: Die Entschädigung des Ausfalls allgemeiner und alltäglicher Nutzungen, Verlag Peter Lang, Berlin, New York, Wien, 1994, zitiert: Graf.

Hankin, Susan J.: Not a Living Room Sofa: Changing the Legal Status of Companion Animals, Rutgers Journal of Law & Public Policy, Volume 4:2, Winter 2007, S. 314, zitiert: Hankin.

Hasselblatt, Gordian N.: Reiten auf eigene Gefahr, aber fremde Rechnung?, NJW 1993, S. 2577–2580, zitiert: Hasselblatt, NJW 1993, 2577.

Hauck, Karl: Sozialgesetzbuch VII – Gesetzliche Unfallversicherung Kommentar Band 1, Erich Schmidt Verlag GmbH & Co, Berlin 2005, zitiert: Hauck-Bearbeiter.

Hohlbein, Bernhard / *Bredenschey*, Bernd / *Salzbrunn*, Karl-Heinz: Ross und Reiter: Tierhalterhaftung, Versicherung und Risikomanagement, VW (Versicherungswirtschaft), 2009, S. 1430 ff., zitiert: Hohlbein, Bredenschey, Salzbrunn, VW 2009, 1430.

Honsell, Heinrich: Amerikanische Rechtskultur, Festschrift für Roger Zäch, 1999, S. 39 ff., zitiert: Honsell.

Huss, Rebecca J.: Valuing Man's and Woman's Best Friend: The Moral and Legal Status of Companion Animals; Marquette Law Review, Fall 2002, 86 Marq. L. Rev. 47, zitiert: Huss.

–: Recent Developments in Animal Law, Tort Trial & Insurance Practice Law Journal Winter, 2005, S. 233, zitiert: Huss 2005.

Jansen, Nils: Die Struktur des Haftungsrechts – Geschichte, Theorie und Dogmatik außervertraglicher Ansprüche auf Schadensersatz, J.C.B. Mohr (Paul Siebeck), Tübingen, 2003, zitiert: Jansen.

Juris Praxiskommentar BGB: § 833 BGB, 2. Aufl., 2004, Stand: 23.01.2006, zitiert: JurisPK/Bearbeiter.

Kaiser, Stefan: Die Taube im Triebwerk – der Tierhalter in der Haftung; Zugleich Anmerkung zu dem Urteil des OLG Hamm vom 11.02.2004 (13 U 194/03); Zeitschrift für Luft- und Weltraumrecht 2005, S. 50–56, zitiert: Kaiser, ZLW 2005, 50.

Kater, Horst und *Leube*, Konrad: Gesetzliche Unfallversicherung SGB VII – Kommentar, 1997, Verlag Franz Vahlen, München, zitiert: Kater/Leube – Bearbeiter.

Katzenmeier, Christian: Die Neuregelung des Anspruchs auf Schmerzensgeld, JZ 2002, S. 1029–1036, zitiert: Katzenmeier, JZ 2002, 1029.

Kipp, Burkhard: Haftung des Tierhalters trotz Selbstgefährdung des Geschädigten?, VersR 2000, S. 1348–1350, zitiert: Kipp, VersR 2000, 1348.

Kirk, Lisa: Note and Comment: Recognizing Man's Best Friend: An Evaluation of Damages awarded when a Companion Pet is wrongfully killed, Whittier Law Review, Fall 2003, 25 Whittier L. Rev. 115, zitiert: Kirk.

Klaas, Christoph: Entschädigung für Nutzungsausfall privat genutzter Flugzeuge?, VersR 1999, S. 799–803, zitiert: Klaas, VersR 1999, 799.

Knütel, Rolf: Anmerkung zu OLG Zweibrücken, Urteil vom 12.10.1970 (2 U 33/70), NJW 1972, S. 163, zitiert: Knütel, NJW 1972, 163.

Krasney, Otto Ernst: Die „Wie-Beschäftigten“ nach § 2 Abs. 2 Satz 2 SGB VII, Neue Zeitschrift für Sozialrecht (NZS) 1999, S. 577–584, zitiert: Krasney, NZS 1999, 577.

Kreft, Friedrich: Die Haftungsvoraussetzung „durch ein Tier“ bei der Tierhalterhaftung (§ 833), 25 Jahre Karlsruher Forum, Beiheft 3 zu VersR 1983, S. 153–156, zitiert: Kreft, VersR 1983, Karlsruher Forum, 153.

Küppersbusch, Gerhard: Ersatzansprüche bei Personenschäden, 8. Aufl., 2004, C.H.Beck Verlag, München, zitiert: Küppersbusch.

Larenz, Karl / *Canaris*, Claus-Wilhelm: Lehrbuch des Schuldrechts, Band 2. Besonderer Teil, 2. Halbband, 1994, 13. Aufl., C.H.Beck Verlag München, zitiert: Larenz/Canaris, Schuldrecht.

Lee, James M.: Loss of Use Damage for Injuries to Interest in Commercial Chattels, Fordham Urban Law Journal, 1986, Volume 15, Issue 1, S. 234, zitiert: Lee.

Lehmann, Sven / *Auer*, Tim-Bastian: Die Tierhalterhaftung nur bei intrinsisch verwirklichter spezifischer Tiergefahr – eine negative Typenkorrektur, VersR 2011, S. 846–850, zitiert: Lehmann/Auer, VersR 2011, 846.

Lepa, Meike: Haftungsbeschränkungen bei Personenschäden nach dem Unfallversicherungsrecht – Eine kritische Analyse der Neuregelung in §§ 104 ff. SGB VII, 2004, Duncker & Humblot, Berlin, zitiert: Lepa.

Leube, Konrad: Unfallversicherung der privaten Fahrzeug- und Reittierhaltung – Auf Kosten der Steuerzahler?, Neue Zeitschrift für Sozialrecht (NZS) 1996, S. 14–16, zitiert: Leube, NZS 1996, S. 14.

Looschelders, Dirk: Die Mitverantwortlichkeit des Geschädigten im Privatrecht, 1999, Mohr Siebeck, Tübingen, zitiert: Looschelders.

Lorenz, Wolfgang: Die Gefährdungshaftung des Tierhalters nach § 833 S. 1 BGB – Die funktionale Struktur der Gefährdungshaftung als Auslegungshintergrund für die Risikoverteilung im Tierschadensrecht, Schriften zum Bürgerlichen Recht, Band 158, Berlin 1992, zitiert: Lorenz.

Magnus, Ulrich: Schadensersatz für Körperverletzung in Deutschland, in: Koch, Bernhard A. und Koziol, Helmut (Hrsg.), Compensation for Personal Injury in a Comparative Perspective, Tort and Insurance Law Vol. 4, Springer Wien New York 2003, zitiert: Magnus/Koch.

–: Schaden und Ersatz: Eine rechtsvergleichende Untersuchung zur Ersatzfähigkeit von Einbussen, Tübingen 1987, zitiert: Magnus.

McEvoy, Sharlene A.: The Rise Of Equine Activity Liability Acts, Animal Law, 1997, S. 201–219, zitiert: McEvoy.

Medicus, Dieter: Das Luxusargument im Schadensersatzrecht, NJW 1989, S. 1889–1895, zitiert: Medicus, NJW 1989, 1889.

Merryman, Jennifer Dietrich : Bucking the Trend:Why Maryland does ot need an Equine Activity Statute and why it may be Time to Put all of the Statutes out to Pasture, 36 University of Baltimore Law Forum, 2006, S. 133 - 147, zitiert: Merryman.

Nissen, Jasper: Das Sportpferd. Handbuch und Nachschlagewerk für Reiter und Fahrer, Stuttgart 1964, zitiert: Nissen.

Pfab, Alexander: Brieftaube gegen Flugzeug – Zugleich ein Beitrag zur Gefährdungshaftung, VersR 2006, S. 894, zitiert: Pfab, VersR 2006, 894.

Prosser, William L. und *Keeton*, W. Page: Torts, 5. Auflage 1984, West Publishing Co., Minnesota, zitiert: Prosser/Keeton, Torts.

Rauscher, Thomas: Abschied vom Schadensersatz für Nutzungsausfall?, NJW 1986, S. 2011, zitiert: Rauscher, NJW 1986, 2011.

Rogers, W.V.H.: Winfield and Jolowicz on Tort, Sweet & Maxwell Verlag, 17. Aufl., 2006, zitiert: Rogers, Tort.

Root, William C.: Note: "Man's Best Friend": Property or Family Member? An Examination of the Legal Classification of Companion Animals and its Impact on Damages recoverable for their wrongful Death or Injury", 47 Villanova Law Review 2002, S. 423, zitiert: Root.

Sadler, Mark: Can the injured Pet Owner look to Liability Insurance for Satisfaction of a Judgement? The Coverage Implications of Damages for the Injury or Death of a Companion Animal, 11 Animal Law, 2005, S. 283–310, zitiert: Sadler.

Schaffner, Joan: Damages in Dog-Bite and Other Animal-Related Litigation, 2 Mid-Atlantic Journal on Law & Public Policy (2013), S. 39–52, zitiert: Schaffner.

Scheffen, Erika: Zivilrechtliche Haftung im Sport, NJW 1990, S. 2658–2664, zitiert: Scheffen, NJW 1990, 2658.

Schmalhorst, Regine: Die Tierhalterhaftung im BGB von 1896: Die Entstehung und Änderung des § 833 BGB sowie eine Analyse der Rechtsprechung des Reichsgerichts bis 1908, 2002, Peter Lang Verlag, Frankfurt am Main, zitiert: Schmalhorst.

Schubert, George W. und *Smith*, Rodney K. und *Trentadue*, Jesse C.: Sports Law, West Publishing Co., St. Paul, Minn., 1986.

Schünemann, Wolfgang: Die Verantwortlichkeit des Tierhalters, JuS 1978, S. 376–379, zitiert: Schünemann, JuS 1978, 376.

Schulin, Bertram: Haftungsbegründende und Haftungsausfüllende Kausalität im Unfallversicherungsrecht – eine irreführende Unterscheidung, S. 911–924, in: Festschrift für Wolfgang Gitter, 1995, Verlag Chmielorz GmbH, Wiesbaden, zitiert: Schulin.

Schumacher, Kerstin: Haftung für Mikroorganismen in Deutschland und den Vereinigten Staaten von Amerika, VVF, 1995, München, zitiert: Schumacher.

Schwartz, Victor E.: Strict Liability and Comparative Negligence, 42 Tennessee Law Review, 1974–1975, S. 171, zitiert: Schwartz.

Schwartz, Victor E. / *Laird,* Emily J.: Non-economic Damages in Pet Litigation: The serious Need to preserve a rational Rule, 33 Pepperdine Law Review, 2006, S. 227, zitiert Schwartz/Laird.

Seps, Christopher D.: Animal Law Evolution: Treating Pets as Persons in Tort and Custody Disputes, Illinois Law Review 2010, Volume 2010, No. 4, S. 1339, zitiert: Seps.

Soergel, Hs. Th.: Bürgerliches Gesetzbuch mit Einführungsgesetz und Nebengesetzen, 13. Aufl., 2005, Verlag W. Kohlhammer, zitiert: Soergel/Bearbeiter.

Speziale, Loren: Walking Through the New Jersey Equine Activity Statute: A Look at Judicial Statutory Interpretation in Jurisdictions with Similar Limited Liability Laws, 12 Seton Hall Journal of Sport Law, 2002, S. 65 – 105, zitiert: Speziale.

Staudinger, Ansgar und *Schmidt,* Rüdiger: Gutes Reiten, schlechtes Reiten – eine weitere Episode der Tierhalterhaftung, JURA 2000, S. 347–353, zitiert: Staudinger/Schmidt, JURA 2000, 347.

Staudinger, J. von: Kommentar zum Bürgerlichen Gesetzbuch, § 833 BGB, Neubearbeitung 2008, Sellier – de Gruyter, Berlin, zitiert: Staudinger/Bearbeiter.

Sweet, Jaqueline: Did Equine Liability Acts save the Horse Industry?, 16 Drake Journal of Agricultural Law, 2011, S. 359, zitiert: Sweet.

Teigelack, Bernd: Tierkaufrecht, BGH oder OLG?, AgrarR 2008, S. 307–313, zitiert: Teigelack, AgrarR 2008, 307.

Terbille, Michael: Der Schutzbereich der Tierhalterhaftung nach § 833 S. 1 BGB, VersR 1994, S. 1151–1154, zitiert: Terbille, VersR 1994, 1151.

–: Die Beweislastverteilung bei der Tierhalterhaftung nach § 833 S. 1 BGB, VersR 1995, S. 129–134, zitiert: Terbille, VersR 1995, 129.

Wagner, Gerhard: Das Zweite Schadensrechtsänderungsgesetz, NJW 2002, S. 2049–2064, zitiert: Wagner, NJW 2002, 2049.

Waltermann, Raimund: Abstimmung von Zivilrecht und Sozialrecht – am Beispiel des Schadensregresses der Sozialleistungsträger, S. 1039–1053, in: Festschrift für Wolfgang Gitter, 1995, Verlag Chmielorz GmbH, Wiesbaden, zitiert: Waltermann, 1039.

–: Aktuelle Fragen der Haftungsbeschränkung bei Personenschäden, NJW 2002, S. 1225–1231, zitiert: Waltermann, NJW 2002, 1225.

–: Haftungsfreistellungen bei Personenschäden – Grenzfälle und neue Rechtsprechung, NJW 2004, S. 901–907, zitiert: Waltermann, NJW 2004, 901.

Wannagat, Georg: Sozialgesetzbuch – Kommentar zum Recht des Sozialgesetzbuchs, 2005, Carl Heymanns Verlag KG Köln Berlin München, zitiert: Wannagat-Bearbeiter.

Werner, Alexander: Tierhalterhaftung, das Reichsgericht und die Ziege im Streichelzoo, NJW 2012, S. 1048, zitiert: Werner, NJW 2012, 1048.

Westerhoff, Rudolf: Ist die Entscheidung gerecht? Methodische Wertung am Beispiel eines Reitunfalls, JR 1993, S. 497, zitiert: Westerhoff, JR 1993, 497.

Winkler, Anna: Das Pferd als Faktor nachhaltiger Regionalentwicklung – dargestellt am Beispiel des Münsterlandes, Westfälische geographische Studien, Verlag Aschendorff GmbH & Co. KG, Münster, 2006, zitiert: Winkler.

Wise, Steven M.: Recovery of Common Law Damages for emotional Distress, Loss of Society, and Loss of Companionship for the wrongful Death of a Companion Animal, 4 Animal Law, 1998, S. 33, zitiert: Wise.

Würthwein, Susanne: Schadensersatz für Verlust der Nutzungsmöglichkeit einer Sache oder für entgangene Gebrauchsvorteile?: Zur Dogmatik des Schadensersatzrechts, 2001, Mohr Siebeck, zitiert: Würthwein.

Zitter, Jay M.: Annotation, "*Recovery of Damages for Emotional Distress due to Treatment of Pets and Animals*", 91 A.L.R. 5th 545 (2005), zitiert: Zitter.

Abkürzungsverzeichnis – Deutsch

A	
a. A.	anderer Ansicht
a.a.O.	am angegebenen Ort
ABGB	Allgemeines Bürgerliches Gesetzbuch (Österreich)
Abs.	Absatz / Absätze
a. F.	alte Fassung
AGB	Allgemeine Geschäftsbedingungen
AgrarR	Zeitschrift für Agrarrecht
Alt.	Alternative
ALR	Allgemeines Bürgerliches Gesetzbuch für die Preußischen Staaten
Anm.	Anmerkung
Art.	Artikel
Aufl.	Auflage
Az.	Aktenzeichen
B	
Bd.	Band
BeckOK	Beck'scher Online-Kommentar
BeckRS	Beck-Rechtsprechung
Beschl.	Beschluss
BVerfG	Bundesverfassungsgericht
BFH	Bundesfinanzgerichtshof
BGB	Bürgerliches Gesetzbuch
BGBl	Bundesgesetzblatt
BGB-RGRK	Das Bürgerliche Gesetzbuch mit besonderer Berücksichtigung der Rechtsprechung des Reichsgerichts und des Bundesgerichtshofes
BGH	Bundesgerichtshof
BGHZ	Entscheidungssammlung des Bundesgerichtshof in Zivilsachen
BSchMo	Bundesmoselschifffahrtsgesetz
BSG	Bundessozialgericht
BSGE	Entscheidungen des Bundessozialgericht
bzw.	beziehungsweise
D	
DB	Der Betrieb
d. h.	das heißt

E

EI RJA	Entscheidungen des Reichsjustizamt
etc.	et cetera (lat. = usw.)
EWG	Europäische Wirtschaftsgemeinschaft
EWGRL	EWG-Richtlinie

F

f. / ff.	folgende / fortfolgende
FN / Fn.	Fußnote
FS	Festschrift

G

gem.	gemäß
GG	Grundgesetz für die Bundesrepublik Deutschland
ggf.	gegebenenfalls
GVBl	Gesetz- und Verordnungsblatt

H

Hess. LSG	Hessisches Landessozialgericht
HGB	Handelsgesetzbuch
h. M.	nach herrschender Meinung
HVBG	Hauptverband der gewerblichen Berufsgenossenschaften
HVBG-INFO	Information der gewerblichen Berufsgenossenschaften

I

i.d.F.	in der Fassung
i. E.	im Ergebnis
i. S. v.	im Sinne von
i. V. m.	in Verbindung mit

J

JR	Juristische Rundschau
Jur.	Juristisch
Jura	Juristische Ausbildung
jurisPK	juris PraxisKommentar
JuS	Juristische Schulung
JZ	Juristenzeitung

K

Kfz	Kraftfahrzeug
KK	Karlsruher Kommentar
KG	Kammergericht
KGR	Rechtsprechung des Kammergerichts

L

LG	Landgericht
LSG	Landessozialgericht Nordrhein-Westfalen
lit.	Literatur

M

MDR	Monatsschrift für Deutsches Recht
m. w. N.	mit weiterem Nachweis / mit weiteren Nachweisen
MüKo	Münchner Kommentar

N

n. F.	neue Fassung
NJW	Neue Juristische Wochenzeitschrift
NJWE-VHR	Neue Juristische Wochenzeitschrift Entscheidungsdienst Versicherungs- und Haftpflichtrecht
NJW-RR	Neue Juristische Wochenzeitschrift-Rechtsprechungsreport
Nr.	Nummer
NRW	Nord-Rhein-Westfalen
NStZ	Neue Zeitschrift für Strafrecht
NStZ-RR	Neue Zeitschrift für Strafrecht-Rechtsprechungs-Report
NZA	Neue Zeitschrift für Arbeitsrecht
NZS	Neue Zeitschrift für Sozialrecht
NZV	Neue Zeitschrift für Verkehrsrecht

O

o. Ä.	oder Ähnliches
OLG	Oberlandesgericht
OLGR	Oberlandesgerichts-Rechtsprechungsreport

P

ProdHaftG	Produkthaftungsgesetz
Prot.	Protokoll

R

RdL	Recht der Landwirtschaft - Zeitschrift für Landwirtschafts- und Agrarumweltrecht
RG	Reichsgericht
RGBL	Reichsgerichtsblatt
RGZ	Entscheidungssammlung des Reichsgerichts in Zivilsachen
RJA	Reichsjustizamt
RL	Richtlinie
Rn.	Randnummer
RR	Rechtsprechungsreport
Rspr.	Rechtsprechung

RT	Reichstag
RuS / R+S	Recht und Schaden

S

S.	Seite
SchlHA	Schleswig-Holsteinische Anzeigen
SchR	Schuldrecht
SGB I	Sozialgesetzbuch, 1. Buch
SGB VII	Sozialgesetzbuch, 7. Buch
SGB X	Sozialgesetzbuch, 10. Buch
SozR	Sozialrecht
st.	ständig(e)
StGB	Strafgesetzbuch
StVG	Straßenverkehrsgesetz
StVO	Straßenverkehrsordnung

T

Tz.	Teilziffer

U

u. a.	unter anderem / und andere
Urt.	Urteil

V

v. a.	vor allem
VBG	Verwaltungs-Berufsgenossenschaft
Verhdlg	Verhandlung
VersR	Versicherungsrecht
vgl.	vergleiche

W

wg.	wegen
WuM	Wohnungswirtschaft und Mietrecht

Z

z. B.	zum Beispiel
ZfSch	Zeitschrift für Schadensrecht
ZLW	Zeitschrift für Luft- und Raumfahrtrecht
ZPO	Zivilprozessordnung
ZRP	Zeitschrift für Rechtspolitik

Abkürzungsverzeichnis – Englisch

A	
ALR	American Law Report
Ala	Alabama
Ala. Code	Alabama Code
Am.	American
ann.	annotated
App.	Appeal/Appellate/Appendix
App.Div.	Appellate Division
APR	Atlantic Provinces Reports
Ariz.	Arizona (Supreme Court Reports)
Ariz. Sess. Laws	Arizona Session Laws
Ark.	Arkansas
B	
Barb.	Barbados
C	
CAL	California
Cal 4th	California Reports, 4th Series (Beispiel)
Cal 2d	California Reports, 2nd Series (Beispiel)
Cd.	Command
cf.	compare
Ch.	Chapter
Cir.	Circuit
Civ.Ct.	Civil Court
cmt.	comment
Co.	Cooporation
Colo.	Colorado
Comp.	Company / Compensation
Conn.	Connecticut
Corp.	Corporation
Ct.	Court
Ct. App	Court of Appeal
C.R.S.	Colorado Revised Statutes
D	
D.C.	District of Columbia
DCFR	Draft Common Frame of Reference
De.	Delaware
Dep't	Department

Del.	Delaware
Dec.	Decision / December
D.N.H.	District Court New Hampshire
Div.	Divorce / Division
Dist.	District

E

Edit.	Edition
EALA	Equine Activity Liability Act

F

FLA.	Florida
F.Supp.	Federal Supplement

G

GA.	Georgia

H

HAW.	Hawaii

I

IA.	Iowa
IL.	Illinois
Ind.	Indiana
Inc.	Incorporation

K

KAN	Canada
Ky.	Kentucky
K.R.S.	Kentucky Revised Statues

L

LA.	Los Angeles / Louisiana
LA C.C.	Los Angeles Civil Code
La. Ct.	Louisiana Court
Leg.	Legislative

M

Mass.	Massachusetts
Mar.	March
ME	Maine
Mich.	Michigan
Miss.	Mississippi
Mo.	Missouri

Mont.	Montana
Mr.	Mister
M.R.S.A.	*Maine* Revised Statutes Annotated

N

N.C.	North Carolina
N.C.CT.	North Carolina Court
N.D.	North Dakota
N.J.	New Jersey
Neb.	Nebraska
N.H.	New Hampshire
No.	Number
N.M.	New Mexico
N.W. 2d	Nebraska Supreme Court (Beispiel)
N.Y.	New York
N.Y.A.D. / N.Y.S.	Supreme Court, Appellate Division, Third Department, New York

O

Okla.	Oklahoma
Or.	Oregon
Or. App.	Oregon Appeal

P

Pa.	Pennsylvania
PETL	Principles of European Tort Law
PS.	Pennsylvania

R

R	Report
R.C.W.	Washington
Reg.	Registration
Repub.Tex	Republic Texas
Rev.	Revision
R.I.	Rhode Island
Rptr.	Reporter

S

S.C.	South Carolina
Sess.	Session
Sen.	Senate
Slip Op.	Slip Opinion (New York)
Stat.	Statutes
Sup.	Supreme

Supp.	Support

T

TENN	Tennessee
Tenn. Pub. Acts	Tennessee Public Acts
TEX.	Texas

U

USA	Vereinigte(n) Staaten von Amerika
U.S.	United States (USA)
U.S.C.	United States Code (USA)
U.S.D.	U.S. Dollar

V

v. / vs.	versus (englisch = gegen)
VA.	Virginia
vol.	volume

W

Wis.	Wisconsin
W.S.A.	Wisconsin Statutes Annotated
W.V.	West Virginia
WYO.	Wyoming

Einleitung

Gegenstand dieser Arbeit ist eine rechtsvergleichende Darstellung der Haftung für Tiere im US-amerikanischen und im deutschen Recht.

Die Haftung für Tiere scheint auf den ersten Blick kein rechtlich oder wirtschaftlich bedeutsames Thema (mehr) zu sein. Dieser Eindruck beruht auch darauf, dass Tiere spätestens seit Ende des Zweiten Weltkriegs im Alltagsbild kaum mehr vorhanden sind. Seit dem Kriegsende sank die Zahl der in der Landwirtschaft oder zu anderen gewerblichen Zwecken genutzten Tiere infolge zunehmender Industrialisierung und Motorisierung stetig. Außerhalb der Landwirtschaft werden Tiere in erster Linie aus Liebhaberei gehalten.

Dies ist am Beispiel des Pferdes – das aufgrund seiner ca. 5000 Jahre zurückliegenden Domestikation und Nutzbarmachung für den Menschen mittlerweile als Kulturgut bezeichnet werden kann – besonders deutlich nachvollziehbar. Während z. B. Pferde bis Anfang des 20. Jahrhundert noch als Kriegs- oder Arbeitspferde, zur Fortbewegung, zum Transport oder zur Verrichtung schwerer körperlicher Arbeiten in Land- und Forstwirtschaft eingesetzt wurden[1], werden für diese Aufgaben in Industrienationen wie Deutschland oder den USA mittlerweile überwiegend Maschinen eingesetzt. So verringerte sich die Anzahl der in Deutschland gehaltenen Pferde von über drei Millionen vor dem Ersten Weltkrieg bis zum Jahr 1970 auf nur noch 253.000 Tiere[2].

Auf den zweiten Blick ist jedoch eine neue Entwicklung zu erkennen: Der technische Fortschritt führt auch zu einer stärkeren Freizeitorientierung der Gesellschaft, in der Tiere eine neue Rolle eingenommen haben, was ebenfalls am Beispiel des Pferdes deutlich wird:

Während die Anzahl der Nutzpferde sinkt, steigt die altruistische, insbesondere die freizeitmäßige oder sportliche Nutzung von Pferden seit den 50er Jahren des 20. Jahrhunderts an. So wurden im Mai 2001 über 652.000 Pferde in Deutschland gezählt. Nach Schätzungen des Dachverbands der Pferdesportler- und Züchter in Deutschland, der Deutschen Reiterlichen Vereinigung [*Fédération Équestre Nationale* (FN)][3] werden in Deutschland allein über eine Million Pferde und Ponys

1 Zu Beginn des 20. Jahrhunderts war die Tierhaltung für die Bevölkerung von besonderer Wichtigkeit, weil die Vielzahl der Landwirte und Droschkenunternehmer noch auf Tiere angewiesen war; so gab es 1907 nur 27.026 Kraftfahrzeuge, von denen wiederum lediglich 957 als Lastkraftwagen zugelassen waren, vgl. Festschrift zum 25-jährigen Bestehen des Reichsverbandes der Automobilindustrie e.V. 1901–1926, S. 136; *Schmalhorst*, S. 17.

2 *Wiedemann*, Jasmin, 1999 (top agrar).

3 Im Folgenden: FN.

gehalten[4]. Ausgeweitet hat sich auch die Hundehaltung außerhalb der Land- und Forstwirtschaft, insbesondere die Haustierhaltung aus Liebhaberei, aus Freude am Tier zwecks Erfüllung von Luxusbedürfnissen[5].

Aus dieser Entwicklung hat sich ein neuer Wirtschaftszweig gebildet: Ungefähr 300.000 Menschen verdienen ihren Lebensunterhalt direkt oder indirekt mit Pferden und dem Pferdesport, da ca. drei bis vier Pferde einen Arbeitsplatz sichern[6]. Nach Angaben der FN[7] geben Reiter, Fahrer, Voltigierer und Züchter laut FN jährlich rund 2,6 Milliarden Euro jährlich für laufende Kosten in Pferdesport und -haltung aus. Auch die Haltung von Tieren, speziell Pferden, zu therapeutischen bzw. heil- und sportpädagogischen Zwecken gewinnt an Bedeutung. Seit einigen Jahren wird Reiten auch als Schulsport in verschiedenen Bundesländern angeboten. Die Bedeutung speziell von Pferden als Wirtschaftsfaktor wird erkannt und u. a. zur ökonomischen Entwicklung ländlicher Räume genutzt[8]. Andere betreiben Reitsport als regelmäßiges Hobby, „leihen" Pferde aus oder und teilen sich die Kosten der Pferdehaltung in so genannten Reitbeteiligungen mit anderen Reitern. Zwangsläufig entstehen daher weiterhin Schäden durch Tiere und Unfälle mit Tieren, sodass Fragen der Tierhalterhaftung nicht an Aktualität verlieren und auch in der gerichtlichen Praxis verhältnismäßig häufig zu klären sind[9].

Die Entwicklung der Tierhaltung von der beruflichen Nutztierhaltung zur privaten Nutzbarmachung von Tieren hat u. a. zur Folge, dass immer mehr Menschen (freiwillig) mit Tieren umgehen. Auch hierfür ist das Pferd ein anschauliches Beispiel: Die Reiterei erlebt seit Mitte des 20. Jahrhunderts eine Renaissance, sie wandelt sich von einer elitären Freizeitbeschäftigung hin zum Breitensport. Dies beobachtete in den 60er Jahren schon z.B. der bekannte Pferdezüchter *Jasper Nissen*[10]: „Volksschichten, die früher nie etwas mit dem Pferde zu tun hatten, haben plötzlich ihr Herz und Interesse dafür entdeckt. Alle seine Sparten wie Galopp- und Trabrennen, Dressur- und Springreiten, Fahren, Jagd- und Geländereiten, Ponytrecking, Voltigieren etc. haben breitesten Publikumsrückhalt". Dieser Trend hält an. Nach den Ergebnissen der Marktanalyse im Auftrag der FN reiten ca. 1,6 bis 1,7 Millionen Menschen regelmäßig. In der Rangliste der mitgliederstärksten Spitzenverbände des

---

4 Studie im Auftrag der FN: „Marktstudie zum deutschen Pferdesport" (Hamburgisches Markforschungsinstitut Ipsos, veröffentlicht im Februar 2002).

5 Dies hat auch die Rechtsprechung – wenn auch in einem anderen Zusammenhang – festgestellt, vgl. BFH, Urt. v. 30.9.1980, Az. VIII R 22/79 = DB 1981, 2580.

6 Studie im Auftrag der FN: „Marktstudie zum deutschen Pferdesport" (Hamburgisches Markforschungsinstitut Ipsos aus dem Jahr 2001, veröffentlicht im Februar 2002).

7 http://www.pferd-aktuell.de/fn/zahlen--fakten/zahlen--fakten (Zugang zuletzt am 10.4.2012); siehe auch Der Spiegel, Heft Nr. 45 vom 3.11.2008, S. 143.

8 Siehe z.B. *Winkler*, S. 82.

9 So auch schon *Kreft*, VersR 1983, Karlsruher Forum, 153.

10 *Nissen*, S. 107.

Deutschen Olympischen Sportbundes (DOSB) nimmt die FN im Jahr 2011 mit über 700.000 Mitgliedern den achten Platz von 60 Spitzenverbänden ein[11].

Die Kehrseite dieser Entwicklung liegt darin, dass sich tendenziell mehr Menschen mit weniger Sachverstand den Gefahren aussetzen, die von Tieren ausgehen können. Das Bewusstsein für tierische Verhaltensweisen ist oftmals nicht im gleichen Maße vorhanden wie bei Menschen, die Tiere zur Berufsausübung nutzen. Stattdessen ist die moderne Beziehung des Menschen zum Tier einerseits entfremdet, andererseits stark emotionalisiert[12]. Bedürfnisse der Tiere werden „vermenschlicht". Dies hat u.a. zur Folge, dass sich die Sorgfaltsanforderungen der Rechtsprechung an den Tierhalter erhöht haben, wenn es darum geht, Schäden durch tierisches Verhalten zu vermeiden. So stellte das OLG Celle[13] anlässlich eines Rechtstreits wegen einer Kollision zwischen einem scheuenden Pferd und einem LKW fest, dass sich ein Reiter aufgrund der Entfremdung von Mensch und Tier nicht darauf verlassen darf, dass andere Verkehrsteilnehmer Verständnis für tiertypische Eigenschaften aufbringen und sich entsprechend rücksichtsvoll verhalten.

Eine weitere Dimension kann die Haftung für Tiere im Bereich der Landwirtschaft haben. Für die landwirtschaftliche Haltung von Tieren steht aufgrund dichterer Bebauung und in die Landschaft gestreuter technischer Anlagen immer weniger Platz zur Verfügung. Besonders schadensträchtig sind Unfälle dann, wenn Tiere dem technischen Fortschritt buchstäblich im Wege sind, wie z.B. geschehen im April 2008, als ein ICE mit Tempo 220 km/h auf der Strecke von Hamburg nach München bei Fulda vor dem Landrückentunnel in eine Schafherde gerast und entgleist war, wobei 19 Menschen verletzt und etwa 20 Schafe getötet wurden[14]. Die Haftung für Tiere und die Versicherung dieses Haftungsrisikos werfen daher auch wirtschaftlich relevante Rechtsfragen auf.

Ziel der Arbeit

Was gibt es also – über 100 Jahre nach ihrer Entstehung – noch Neues zur zivilrechtlichen Haftung für Tiere zu sagen? Ähnlich fragte bereits *Lorenz*[15] und kam zu dem Ergebnis, dass weniger der Inhalt neuer gerichtlicher Entscheidungen von

11 http://www.dosb.de/fileadmin/sharepoint/Materialien%20%7B82A97D74-2687-4A29-9C16-4232BAC7DC73%7D/Bestandserhebung_2011.pdf, (dort Seite 11, Zugang zuletzt am 10.4.2012).

12 Die Naivität z.B. im Umgang mit Pferden – die aber auf viele andere Haustiere bzw. deren Halter über tragbar ist – wird im Amerikanischen treffend als *„Hollywood Horsemanship"* bezeichnet in Anspielung auf die verklärte Darstellung der Beziehung von Mensch und Tier, wie man sie aus US-Spielfilmen kennt.

13 OLG Celle, Urt. v. 19.12.2002, Az. 14 U 94/02 = MDR 2003, 685.

14 Vgl. Süddeutsche Zeitung, online Meldung vom 28. April 2008, http://www.sueddeutsche.de/panorama/artikel/75/171571/.

15 *Lorenz*, S. 5.

wissenschaftlichem Interesse sei, als die Frage, inwiefern sich die Urteile noch auf die Grundgedanken des § 833 BGB zurückführen lassen.

Der Tatbestand des § 833 BGB bietet viel Auslegungsspielraum. Fehlende Legaldefinitionen zentraler Tatbestandsmerkmale[16] sowie das Bestreben eine ausufernde Haftung des Tierhalters durch richterliche Rechtsfortbildung zu begrenzen, führten zu einer mittlerweile unübersichtlichen Kasuistik bei zentralen Haftungsfragen, wie z. B. der Realisierung der Tiergefahr, des Haftungsausschlusses oder der Beweislastverteilung, mit schwer zu handhabenden Ausnahmen und Gegenausnahmen. Von einer Vorhersehbarkeit gerichtlicher Entscheidungen im Bereich der Tierhalterhaftung kann daher trotz zahlreicher BGH-Urteile nur in Standardkonstellationen gesprochen werden, so dass eine kritische Auseinandersetzung mit Problemen der Tierhalterhaftung und der dazu ergangenen Rechtsprechung nach wie vor notwendig ist.

Insbesondere die Frage nach dem legitimen Haftungsgrund drängt sich auf, wenn man den oben beschriebenen Wandel der Tierhaltung seit Entstehung der Norm berücksichtigt. Die zunehmende Anzahl der zu Luxuszwecken gehaltenen Tiere bzw. der Tiere, die gewerblich für Freizeitzwecke genutzt werden, lässt auf eine gewandelte Bedeutung des Tieres für den Menschen schließen – nämlich weg vom Nutztier hin zum Liebhabertier. Ist es vor dem Hintergrund dieser Entwicklung geboten, die Haftung des Tierhalters gegenüber solchen Personen einzuschränken, die sich freiwillig dem Risiko aussetzen, durch Tiere geschädigt zu werden? Dem Gesetzeswortlaut kann man keine konkrete Vorgabe hierzu entnehmen. Auch die Rechtsprechung bietet keine einheitlichen, interessen- bzw. praxisgerechten Vorgaben zur Beantwortung dieser Frage, wie im Zuge der Arbeit aufzuzeigen ist.

Ob die bestehenden gesetzlichen Grundlagen, die von der Tierhaltung im 19. Jahrhundert geprägt sind, praxisgerechte Lösungen für die Gegenwart verhindern oder ob die Rechtsprechung sich trotz vorhandenen Auslegungsspielraums scheut, mehr Verantwortung auf den Einzelnen zu übertragen, wird im Folgenden untersucht. Eine rechtsvergleichende Untersuchung mit dem US-Recht soll Hinweise dazu liefern, ob das Fehlen klarer Haftungsstrukturen und die damit einhergehende Rechtsunsicherheit zwangsläufig mit der Materie „Haftung für Tiere“ verbunden ist oder ob „anwenderfreundlichere“ Regelungen denkbar sind.

Die Erwartung, verwertbare Ergebnisse aus gerade diesem Rechtsvergleich zu erzielen, beruht auf der Beobachtung, dass sich die Bedeutung der Tierhaltung in den USA und Deutschland scheinbar gleichermaßen verändert hat. In beiden Ländern ist insbesondere die vermehrt freizeitmäßige Nutzung von Pferden mit damit einhergehenden Unfall- und Haftungsrisiken zu verzeichnen[17]. Nach einer

---

16 Z. B. zu dem Begriff des Tierhalters oder der Verursachung „durch“ ein Tier (Tiergefahr).

17 In den USA ereignen sich nach Erkenntnissen des National Electronic Injury Surveillance System (Neiss) z. B. jährlich etwa 42.000 Unfälle mit Pferden, *Bixby-Hammett*, NCMJ, 1986, 530–533; *Bixby- Hammett*, Am Fam Phys, 209–214.

umfangreichen Studie eines Wirtschaftsprüfungsunternehmens aus dem Jahr 2005[18] gibt es in den USA ca. 2 Millionen Pferdehalter, die insgesamt 9,2 Millionen Pferde halten, wobei der größte Anteil (ca. 3,9 Millionen Pferde) für Freizeit- und Erholungszwecke genutzt wird. Ca. 30 Millionen Menschen in den USA (also ca. jeder zehnte US Amerikaner) sind jährlich in pferdesportliche Aktivitäten involviert[19]. Die Branche unterhält 1,4 Millionen Vollzeitarbeitsplätze. Der Beitrag der Pferdebranche zu der US-Wirtschaft betrug im Jahr 2005 USD 39 Milliarden. Berücksichtigt man auch indirekte Ausgaben, betrug der Beitrag dieses Wirtschaftszweigs nach der Studie in Summe USD 102 Milliarden.

Infolge der verstärkten freizeitmäßigen Nutzung von Pferden stieg die Anzahl der Unfälle sowie der Haftungsprozesse in den 1990er Jahren so stark an, dass zeitweilig keine Versicherungen für Reitbetriebe erhältlich waren. Die sogenannte *horse industry* war in einer tiefen Krise und stand nach Ansicht einiger Fachleute kurz vor einem Zusammenbruch. Dieses Risiko konnte jedoch aufgrund der wirtschaftlichen Bedeutung der *horse industry* nicht hingenommen werden. Es wurden daher in fast allen Bundesstaaten der USA haftungsbegrenzende Gesetze – so genannte *Equine Activity Statutes* – erlassen, um Haftungsrisiken zu minimieren und die Risiken somit versicherbar bzw. die Versicherungen bezahlbar zu machen.

Auch die Haltung von Haustieren wie Hunde und Katzen hat eine große wirtschaftliche Relevanz. Laut einer Untersuchung der *American Pet Products Association* aus dem Jahr 2013/2014 werden in 68% der Haushalte in den USA (also etwa 82,5 Millionen Haushalte) Haustiere gehalten[20], unter ihnen 95,6 Millionen Katzen, 83,3 Millionen Hunde und 8,3 Millionen Pferde. Bei der erstmaligen Studie im Jahr 1988 hielten 56% der US-Haushalte Haustiere. Die Umfrage ergab weiter, dass die Eigentümer von Haustieren in den USA im Jahr 2013 USD 55,72 Milliarden für ihre Haustiere ausgaben und die Ausgaben im Jahr 2014 voraussichtlich auf insgesamt USD 58,51 Milliarden steigen werden[21]. Es liegt daher nahe, dass Haustiere auch für die Eigentümer in den USA einen nicht unerheblichen Stellenwert haben und sie daher bereit sind, Kosten für die Rechtsverfolgung im Zusammenhang mit der Haftung für Tiere zu tragen.

Es ist daher zu vermuten, dass die Möglichkeit besteht, bei einer vergleichenden Untersuchung beider Rechtsordnungen auf spezifische Risiken und

---

18 Wirtschaftsstudie von Deloitte Consulting LLP aus dem Jahr 2005 im Auftrag der American Horse Council Foundation, auszugsweise einsehbar unter http://www.horsecouncil.org/nationaleconomics.php (Zugang: Februar 2015).

19 *Children's Safety Network*, Equestrian Safety Fact Sheet, Marsh Field Clinic, I (May 2005); http://www.childrenssafetynetwork.org/sites/childrenssafetynetwork.org/files/SafeEquestrianPractices.pdf (Zugang: Februar 2015) unter Berufung auf „Dekker R, Van Der Sluis CK, Kootstra J, Groothoff JW, Eisma WH, Ten Duis HJ. Long-term outcome of equestrian injuries in children. Disability and Rehabilitation. 2004 Jan; 26(2): 91–96."

20 http://americanpetproducts.org/press_industrytrends.asp (Zugang: Februar 2015).

21 http://americanpetproducts.org/press_industrytrends.asp (Zugang: Februar 2015).

Haftungsprobleme, aber – nicht zuletzt aufgrund der unterschiedlichen Rechtssystematiken – auch auf unterschiedliche Antworten auf aktuelle Haftungsfragen zu stoßen.

Die Untersuchung erstreckt sich auch auf tierspezifische Schadensrechtsprobleme, z. B. die Ersatzfähigkeit des Affektionsinteresses bei Tötung eines Tieres oder die Ersatzfähigkeit eines Nutzungsausfalls bei der Verletzung eines Tieres. Schließlich könnte der geänderte Stellenwert des Tieres in der heutigen Gesellschaft auch dazu führen, dass die Grundsätze der Schadensbemessung für verletzte oder getötete Tiere überdacht werden müssen.

Zwar gibt es durchaus grundsätzliche Unterschiede zwischen dem deutschen und dem US- amerikanischen Schadensrecht, die die Adaption von amerikanischen Regelungen in das deutsche Recht schwer oder unmöglich machen könnten. Dennoch ist in einzelnen Punkten des jeweiligen Schadensrechts eine Annäherung zwischen beiden Systemen zu beobachten. So sind dem deutschen Schadensrecht pönale Elemente nicht mehr grundsätzlich fremd[22]. Eine Gegenüberstellung des deutschen Rechts mit dem US-amerikanischen Rechtssystem soll daher trotz der Unterschiede Aufschluss und Denkanstöße über weitere Entwicklungen geben. Die hieraus gewonnenen Ergebnisse dienen als Grundlage für die Überlegung, inwieweit etwaige Vorteile des US-amerikanischen Haftungssystems in das deutsche System übertragbar sind.

Gang der Darstellung

Zunächst werden die wesentlichen Haftungsvoraussetzungen und Haftungsfolgen im deutschen Recht (Kapitel 1) und im amerikanischen Recht (Kapitel 2) in den jeweiligen Rechtsordnungen mit ihren Besonderheiten herausgearbeitet und im Anschluss gegenübergestellt (Kapitel 3).

Auf eine parallele Gegenüberstellung der jeweiligen Haftungsvoraussetzungen wurde aus zwei Gründen verzichtet. Zum einen haben einzelne Haftungsvoraussetzungen im deutschen Recht nicht immer eine Entsprechung im nordamerikanischen Recht. Scheinbar vergleichbare Elemente können aufgrund ihrer Konzeption und Rechtsanwendung tatsächlich unterschiedliche Bedeutungen haben, so dass eine direkte Gegenüberstellung die Gefahr birgt, „Äpfel“ mit „Birnen“ zu vergleichen. Zum anderen haben deliktische Haftungstatbestände häufig wertende Bestandteile. Die Bejahung einer Haftung ist daher auch das Ergebnis einer Interessenabwägung unter Berücksichtigung von Billigkeitserwägungen. Eine isolierte Bewertung einer einzelnen Haftungsvoraussetzung birgt das Risiko, diese Gesamtabwägung verschiedener Interessen zu missachten und landestypische Besonderheiten zu übersehen. Eine nachgeordnete Analyse der jeweiligen Haftungstatbestände innerhalb

22 So ist z. B. im Versicherungsrecht ein höherer Schadensersatz bei bewusst ungerechtfertigter Leistungsweigerung der Versicherung als Strafzuschlag denkbar, vgl. OLG Köln, Urt. v. 16.11.2000, Az. 7 U 64/00 = VersR 2001, 1396.

ihres Gesamtzusammenhangs soll dieses Risiko minimieren. Die so gewonnenen Ergebnisse zu wesentlichen Einzelaspekten werden in Kapitel 3 einander gegenübergestelt.

Ein hieraus entwickelter Vorschlag für eine Reform des § 833 BGB soll schließlich einen Diskussionsbeitrag für eine interessengerechte Verteilung der Schadensrisiken zwischen einem Luxustierhalter und einem „freiwilligen Nutzer" des Tieres liefern (Kapitel 4).

Kapitel 1. Die Tierhalterhaftung im deutschen Recht

A. Überblick über die Grundsätze der Tierhalterhaftung

I. Das Konzept der Tierhalterhaftung im deutschen Recht

Im deutschen Zivilrecht gilt der Grundsatz, dass Haftung Verschulden voraussetzt. Abweichend hiervon hat der Gesetzgeber die Haftung des Tierhalters in § 833 Satz 1 BGB grundsätzlich als Gefährdungshaftung gestaltet.

Anknüpfungspunkt der fehlverhaltensunabhängigen Haftung für Tiere nach § 833 Satz 1 BGB ist folgende Überlegung: Tiere verhalten sich für den Menschen nicht immer berechenbar und Verletzungen durch Tiere sind somit auch bei sorgfältigem Handeln nicht restlos vermeidbar. Die Tierhaltung durch Einzelne ist daher verbunden mit Risiken und Kosten für die Allgemeinheit. Sie deshalb zu untersagen, ist jedoch keine Alternative. Denn die Haltung von Tieren ist aus vielfältigen Gründen von gesellschaftlichem Nutzen und daher grundsätzlich erlaubt.

Das Konzept der Gefährdungshaftung soll nach der Intention des Gesetzgebers im Schadensfall einen gerechten Ausgleich zwischen den Interessen des Einzelnen, also des Tierhalters, und der Allgemeinheit schaffen[23]. Derjenige, der eine Gefahrenquelle erlaubtermaßen und im eigenen Interesse eröffnet bzw. betreibt, soll für die daraus resultierenden Schäden haften, auch wenn ihn kein Verschulden trifft. Auf die Haftung des Tierhalters übertragen heißt das vereinfacht: Wer Tiere hält und Dritte den hiermit verbundenen Gefahren aussetzt, muss den Schaden ersetzen, den die Tiere verursachen[24], selbst wenn er den Schaden nicht vermeiden konnte[25]. Nach ihrem Sinn und Zweck handelt es sich bei der Tierhalterhaftung folglich – mit den Worten des BGH[26] – um „Betriebskosten einer gefahrträchtigen Veranstaltung".

Diese Risikozuweisung ist grundsätzlich gerecht, denn der Tierhalter trägt den Nutzen aus der Tierhaltung, kann die Schäden am ehesten vermeiden und sein

---

23 Das Prinzip der Gefährdungshaftung als allgemeiner Rechtsgedanke war schon lange vor der Erarbeitung des BGB bekannt; für Einzelheiten vgl. hierzu *Jansen*, S. 309 f., 622. In die deutsche Gesetzessprache eingeführt wurde der Ausdruck „Gefährdungshaftung" im Jahr 1838 durch das preußische Eisenbahngesetz, vgl. *Deutsch/Ahrens*, Rn. 354.

24 Vgl. schon RGZ 80, 327, 238.

25 Wenn die Rechtsverletzung durch das Tier bzw. der Schaden (auch) auf einem Verschulden des Halters beruht, kommt natürlich parallel eine Haftung aus § 823 BGB in Betracht. Diese allgemeinere Verschuldenshaftung sei aber nur der Vollständigkeit halber erwähnt und soll nicht Gegenstand der Arbeit sein.

26 BGH, Urt. v. 19.1.1988, Az. VI ZR 188/87 = VersR 1988, 609.

Schadensrisiko von einer Haftpflichtversicherung absichern lassen[27]. Zugleich werden dem Tierhalter haftungsrechtliche Anreize zur Beherrschung seines Tieres im Interesse der Schadensvermeidung gegeben.

Gegenüber der strengen, verschuldensunabhängigen Haftung aus § 833 Satz 1 BGB regelt § 833 Satz 2 BGB eine Privilegierung des Nutztierhalters. Der Nutztierhalter haftet nicht, wenn er beweisen kann, dass er das Tier sorgfältig beaufsichtigt hat oder der Schaden auch bei Beachtung der im Verkehr erforderlichen Sorgfalt eingetreten wäre, sofern es sich bei dem Tier um ein Haustier handelt, welches dem Beruf, der Erwerbstätigkeit oder dem Unterhalt des Tierhalters zu dienen bestimmt ist. Der Halter eines Nutztieres haftet letztlich für (widerlegbar) vermutetes Verschulden.

Außerhalb des BGB finden sich weitere, spezielle Regelungen zur Haftung für Tiere z.B. in den §§ 29 bis 35 BJagdG[28], sowie in den Landesjagdgesetzen, die jedoch nicht Gegenstand dieser Arbeit sind.

II. Entstehungsgeschichte

1. Die Tierhalterhaftung vor dem BGB

a. Römisches Recht

Die Haftung für Tiere war schon im römischen Recht bekannt, welches im Mittelalter im Deutschen Reich rezipiert wurde. Entsprechende Regelungen fanden sich in den Institutionen des Corpus Iuris Civilis (Inst. 4,9). Danach bestand eine Haftung des Eigentümers eines vierfüßigen Nutztieres (*quadrupes*), wenn das Tier den Schaden gegen die Art und Weise seiner Gattung bzw. gegen seine natürliche Friedfertigkeit (*contra naturam sui generis*) angerichtet hatte (so genannte *actio de pauperie*). Hier wurde der Tierdämon als Täter angesehen[29]. Es wird vermutet, dass zu den *quadrupes* lediglich zahme Haustiere zählten, wie z.B. Ziegen, Pferde und Rinder[30]. Die Haftung entfiel jedoch u. a., wenn das schädigende Verhalten des Tieres auf unmittelbarer menschlicher Einwirkung eines Dritten beruhte. Der Eigentümer haftete für einen Tierschaden ebenso wie der Gewalthaber für Schäden durch Sklaven bzw. durch Gewaltunterworfene. Das heißt, er musste (entsprechend den Regeln des Zwölftafelgesetzes) den entstandenen Schaden in Geld ersetzen (*noxiam sarcire*) oder sich auf Verlangen des Geschädigten durch Herausgabe des Tieres an den Geschädigten von der Ersatzpflicht befreien (*actio noxales* bzw. Noxalklage). Auf ein Verschulden des Eigentümers kam es nicht an. Diese Haftungsregeln wurden in den Digesten zum Teil um Haftungsausschlussregeln u. Ä. erweitert. Sie entsprachen aber im Wesentlichen noch den Regeln des Zwölftafelgesetzes.

---

27 MüKo-*Wagner*, § 833 Rn. 2.
28 Z. B. Haftung des Jagdausübungsberechtigten für Wild- und Jagdschäden.
29 *Schmalhorst*, S. 20.
30 *Schmalhorst*, S. 20.

Die Unterscheidung danach, ob das Tier den Schaden gegen die Art und Weise seiner Gattung (*contra naturam sui generis)* angerichtet hatte, wurde später im deutschen Recht, das zur Zeit der Entstehung des BGB galt, nicht mehr aufgegriffen.

b. Die Kodifikationen

Auch die Kodifikationen der größeren deutschen Staaten enthielten Regelungen zur Haftung für Tiere[31]. Die zugrundeliegenden Konzepte waren sehr unterschiedlich und reichten von verschuldensabhängiger Haftung[32] über die Kausalhaftung mit Entlastungsmöglichkeit[33] bis hin zur pauschalen Gefährdungshaftung[34]. Starke Parallelen zur heutigen Regelung der Tierhalterhaftung waren zum Teil im Allgemeinen Landrecht für die Preußischen Staaten (ALR) von 1794 zu finden. Die Haftung für Tiere war dort geregelt im „Ersten Theil, Sechster Titel, §§ 70 bis 78".

Die Haftung für Tiere nach dem ALR setzte im Gegensatz zum römischen Recht grds. ein Verschulden des Tierhalters voraus[35]. Zunächst war zu unterscheiden, ob es sich um ein wildes oder ein zahmes Tier handelte. Für Schäden, die ein wildes (aber vom Menschen gehaltenes) Tier verursacht hatte, haftete der Halter nur verschuldensabhängig, nämlich wenn er das Tier (1) *„ohne obrigkeitliche Erlaubniß"* hielt oder (2) er zwar die erforderliche Erlaubnis besaß, jedoch *„die gehörigen Maaßregeln zur Abwendung des von solchen Tieren zu befürchtenden Schaden verabsäumt[e]"*, § 70 f. ALR.

Die Regelungen für die Haftung für zahme Tiere im 1. Teil, 6. Titel §§ 72 bis 74 unterschieden erstmals ausdrücklich zwischen Haustieren und Luxustieren. Für Haustiere haftete der Eigentümer gemäß § 73 ALR bei Verletzung der Aufsichtspflicht über das Tier. Eine schärfere Haftung bestand, wenn der Eigentümer wusste, dass sein zahmes Haustier *„wider die Natur seiner Art, schädlich sey"* und er dennoch keine vorbeugenden Sicherungsvorkehrungen getroffen hatte, § 74 ALR. Auch hier fanden sich demnach noch Spuren römischen Rechts, wonach ein widernatürliches Verhalten des Tieres Haftungsvoraussetzung war. Die Haftung für Luxustiere bestand gemäß § 72 ALR hingegen – identisch zur Regelung im BGB – ohne ein nachgewiesenes Verschulden, war also als Garantiehaftung gestaltet[36]. Hinsichtlich des

---

31 Codex Maximilianeus Bavaricus Civilis (1756), Das Allgemeine Landrecht für die Preußischen Staaten (ALR) (1794), Code Civil (1804), Das Allgemeine Bürgerliche Gesetzbuch für die gesamten Deutschen Erbländer der Österreichischen Monarchie (ABGB) (1812), Das Bürgerliche Gesetzbuch für das Königreich Sachsen (1865). Eine detaillierte Übersicht hierzu ist zu finden bei *Schmalhorst*, S. 22 ff.

32 So im Grundsatz das ALR, siehe Erster Theil, Sechster Titel, §§ 70, 71 ALR; § 1320 ABGB.

33 § 1385 Code Civil.

34 Vierter Theil, sechzehntes Kapitel, § 7 Codex Maximilianeus Bavaricus Civilis; nach § 1564 des sächsischen BGB haftete der Halter eines wilden Tieres verschuldensunabhängig.

35 *Schmalhorst*, S. 26.

36 *Schmalhorst*, S. 27.

Haftungsumfangs haftete der Halter für Luxustiere nur für unmittelbare Schäden, § 72 ALR. In allen anderen Fällen erstreckte sich die Ersatzpflicht gemäß § 70 (wie heute auch) grundsätzlich auf unmittelbare und mittelbare Schäden.

2. *Die Tierhalterhaftung in den Anfängen des BGB*

a. § 833 a. F. BGB

Der Entstehungsprozess des § 833 BGB (a.F.) in den Jahren von 1874 bis 1896 gleicht einem „Zick-Zack-Kurs" zwischen den gegensätzlichsten Positionen der damals bekannten (oben genannten) Regelungen zur Tierhalterhaftung. Zumindest über das grundsätzliche Erfordernis einer speziellen Regelung der Haftung des Tierhalters bestand von Anfang an Einvernehmen innerhalb der mit dem Entwurf beauftragten 1. Kommission[37].

Im ersten Entwurf[38] zur Tierhalterhaftung ging man noch – ähnlich wie das ALR – im Grundsatz von der Verschuldenshaftung aus. Im zweiten Entwurf[39] wurde im Zuge der Überarbeitung sogar die Differenzierung zwischen der Verschuldenshaftung für Haustiere und der Gefährdungshaftung für andere, bzw. „wilde" Tiere aus dem ALR entlehnt, und zwar mit Hinweis auf die Tatsache, dass *„das Halten von Hausthieren durch die moderne Kulturentwicklung bedingt sei, der Allgemeinheit zum Nutzen gereiche und der Verkehr sich auf das Halten von Haustieren eingerichtet habe*"[40]. Letztlich entschied man sich nach den Beratungen im Bundesrat und der Schlussabstimmung im Reichstag für eine an das römische Recht angelehnte einheitliche Gefährdungshaftung des Tierhalters. Die Verschuldenshaftung für Halter von Haustieren wurde gestrichen.

Mit folgendem Wortlaut trat die Regelung der Tierhalterhaftung als § 833 am 1.1.1900 zusammen mit dem BGB in Kraft:

> *„Wird durch ein Thier ein Mensch getödtet oder der Körper oder die Gesundheit eines Menschen verletzt oder eine Sache beschädigt, so ist derjenige, welcher das Thier hält, verpflichtet, dem Verletzten den daraus entstehenden Schaden zu ersetzen."*

Mit Rücksicht auf die öffentliche Sicherheit wurde Satz 2 gestrichen, welcher lauten sollte:

> *„Die Ersatzpflicht tritt nicht ein, wenn der Schaden durch ein Hausthier verursacht wird und derjenige, welcher das Thier hält, bei dessen Beaufsichtigung die im Verkehr erforderliche Sorgfalt beobachtet oder wenn der Schaden auch bei Anwendung dieser Sorgfalt entstanden sein würde.*"[41]

---

37 *Schmalhorst*, S. 45.

38 E I § 734 Abs. 1 (erarbeitet von der 1. Kommission).

39 E I RJA § 734 (erarbeitet von der Vorkommission des Reichsjustizamtes).

40 *Mugdan*, Protokolle, S. 1124.

41 *Enneccerus*, S. 103.

Eine Differenzierung nach der Art der Tiere wurde wieder aufgegeben, da *„auch, wer zu gewerblichen Zwecken gefährliche Thiere zu halten gezwungen sei, die damit für Andere verbundenen Gefahren übernehmen müsse."*[42] Die Entwürfe fielen somit, wie *Schmalhorst*[43] zutreffend formuliert, „von einem Extrem" (der pauschalen Verschuldenshaftung) „in das andere" (nämlich die pauschale Gefährdungshaftung).

b. § 833 n. F. BGB

Jedoch führten Reformbestrebungen auf Drängen der kleineren Landwirte und Gewerbetreibender kurz nach dem Inkrafttreten des BGB zu einer Abänderung des § 833 BGB. Es wurde befürchtet, dass die bestehende Regelung zu Härten infolge der bei diesen Tierhaltern häufig bestehenden Versicherungslücken führt[44]. Der im Rahmen der Reichstagsverhandlungen zu dem dritten Entwurf gestrichene Satz 2 wurde daher durch Gesetz vom 30.5.1908[45] (wieder-) eingefügt. Die seit dieser Novelle (in die Gefährdungshaftung für Luxustiere und die Haftung aus vermutetem Verschulden für Haustiere) „gespaltene" Tierhalterhaftung gilt noch heute unverändert.

III. Zusammenfassung

Das Konzept der Gefährdungshaftung soll nach der Intention des Gesetzgebers im Schadensfall einen gerechten Ausgleich zwischen den Interessen des Tierhalters und den Interessen der Allgemeinheit schaffen. Die Risikozuweisung zulasten des Halters wird grundsätzlich als gerecht erachtet, denn der Tierhalter trägt den Nutzen aus der Tierhaltung, er kann am effektivsten zur Schadensvermeidung beitragen und sein Schadensrisiko von einem Haftpflichtversicherer absichern lassen. Somit werden dem Tierhalter haftungsrechtliche Anreize zur Beherrschung seines Tiers im Interesse der Schadensvermeidung gegeben.

Gesetzlich geregelte Ausnahmetatbestände, wie sie z.B. aus § 7 Abs. 2 StVG bekannt sind, gibt es nicht. Neben der erwähnten Entlastungsmöglichkeit des Nutztierhalters nach § 833 Satz 2 BGB gewährt § 834 BGB dem Tierhalter lediglich indirekte Haftungserleichterungen über günstige Beweislastregeln gegenüber einem Tierhüter, also einer Person, die per Vertrag mit dem Tierhalter die selbständige (also nicht weisungsgebundene) Aufsicht über das Tier übernommen hat. Der Gesetzgeber hat im Tatbestand des § 833 BGB insbesondere keine generelle Privilegierung des Tierhalters gegenüber Personen vorgesehen, die sich freiwillig der Tiergefahr aussetzen. So wird zum Beispiel ein Freizeitsportler, der ein fremdes Tier kurzfristig im eigenen Interesse nutzt (und wegen der Kurzfristigkeit kein Halter ist) und es nicht selbständig beaufsichtigt (und daher kein Hüter ist), *de lege lata*

42 *Enneccerus*, S. 103.
43 *Schmalhorst*, S. 65.
44 RT Verhdlg. 1905–06 Nr. 255, S. 3230 f.
45 RGBl. 1908, 313.

auf der Tatbestandsebene als ebenso schutzwürdig behandelt, wie jemand, der rein zufällig und ungewollt mit einem Tier in Kontakt kommt.

Warum ist das so? Ein Grund für das Fehlen einer umfangreicheren Privilegierung des Halters für solche Sachverhalte könnte sein, dass – wie eingangs gezeigt – eine freizeitmäßige Nutzung von (fremden) Tieren zu Beginn des 20. Jahrhunderts kaum eine Rolle spielte und daher kein Regelungsbedarf bestand. Die Urteile des Reichsgerichts zur Tierhalterhaftung scheinen diese Annahme zu bestätigen, denn sie betreffen ganz überwiegend Auseinandersetzungen zwischen Tierhaltern und Schmieden, angestellten Kutschern oder angestellten Verwaltern[46]. Anhaltspunkte für die Annahme, dass der Gesetzgeber auch Personen, die sich freiwillig der Tiergefahr aussetzen, in den Schutzbereich der Tierhalterhaftung einbeziehen wollte – also bewusst keine Ausnahme geregelt hat – sind dagegen nicht ersichtlich. Möglicherweise wurde davon ausgegangen, dass diese Fälle mit allgemeinen Haftungsausschlussgründen regelbar sind.

Es ist somit zunächst festzuhalten, dass im Konzept der Tierhalterhaftung keine generelle Tatbestandsausnahme zulasten von Personen vorgesehen ist, die sich freiwillig der Tiergefahr aussetzen. Unter Berücksichtigung der gegenwärtigen, stark freizeitorientierten Nutzung von Tieren, scheint diese Gleichbehandlung der unbeteiligten Allgemeinheit einerseits und Personen, die sich bewusst und freiwillig der Tiergefahr aussetzen andererseits einen Wertungswiderspruch darzustellen.

Ob § 833 BGB – gegebenenfalls unter Heranziehung allgemeiner Haftungsausschlussgründe – in dieser Konstellation dennoch einen angemessenen Interessenausgleich gewährleistet, wird nachfolgend untersucht.

B. Haftungsvoraussetzungen nach § 833 Satz 1 BGB

Um die Grenzen der Tierhalterhaftung zu ermitteln, sind die Haftungsvoraussetzungen – und hierbei insbesondere die Reichweite des persönlichen Schutzbereichs – von § 833 BGB zu analysieren.

I. Rechtsgutverletzung

Der Tierhalter haftet, wenn durch sein Tier ein Mensch getötet oder an Körper oder Gesundheit verletzt oder eine Sache beschädigt wird und hierdurch ein ersatzfähiger Schaden verursacht wurde. Die Aufzählung der geschützten Rechtsgüter ist abschließend und kann nicht um sonstige Rechtsgüter ergänzt werden[47].

In Bezug auf Personenschäden ist der Schutzbereich deckungsgleich mit § 823 Abs. 1 BGB[48], das heißt, der Halter haftet für die Tötung, Körper- und

46 Vgl. *Schmalhorst*, S. 99 ff., 116 m.w.N.

47 Staudinger *Eberl-Borges*, 2001, § 833 Rn. 21; Erman-*Schiemann*, § 833 Rn. 3.

48 Vgl. MüKo-*Wagner*, § 833 Rn. 4.

Gesundheitsverletzung eines Menschen. Den Umfang des Schadensersatzes regeln die §§ 249, 842 bis 846 BGB.

Abweichend von § 823 Abs. 1 BGB schützt § 833 Satz 1 BGB jedoch nicht auch das Eigentum, sondern ordnet lediglich eine Ersatzpflicht für Sachbeschädigungen an. Dennoch sind auch Schäden, die auf der bloßen Entziehung einer Sache oder auf Beeinträchtigungen des Nutz- und Gebrauchswerts beruhen, entgegen dem engen Wortlaut als Sachbeschädigungen zu behandeln und daher daraus entstehende Schäden ersatzfähig[49]. Daher kann zum Beispiel die durch einen ungewollten Deckakt beeinträchtigte Nutzungsmöglichkeit eines weiblichen Tieres grundsätzlich als Sachbeschädigung gelten[50].

II. Tier

Die Rechtsgutverletzung muss durch ein Tier herbeigeführt worden sein, § 833 Satz 1 BGB. Der Begriff „Tier" ist nicht legaldefiniert. Grundsätzlich erfasst § 833 Satz 1 BGB alle Tiere, gleichgültig, welche Größe sie haben, ob sie gezähmt, wild oder bösartig sind[51]. Es muss sich lediglich um Tiere handeln, die gehalten werden können (dazu gehören z.B. Bienen[52], auch wenn sie mangels ausreichender Verfügungsgewalt des Halters nicht als Haustiere gelten[53], also nicht unter § 833 Satz 2 BGB fallen können). Die Frage, ob der Schaden auf ein „Tier" zurückzuführen ist, ist bis auf wenige Ausnahmen in der Praxis unproblematisch.

Dennoch ist die Auslegung des Tierbegriffs im Prinzip seit Einführung des § 833 BGB in der Literatur umstritten[54]. Abgrenzungsprobleme ergeben sich z. B. bei Schädigungen durch Mikroorganismen, wie Viren und Bakterien. Hier stellt sich die Frage, ob ein Laborbetreiber nach § 833 BGB für Infektionen haftet, die die in seinem Labor gezüchteten Mikroorganismen verursacht haben[55]. Die Gerichte haben diesen Streit – soweit ersichtlich – bisher nicht aufgegriffen, da in den zu entscheidenden

49 BGH, Urt. v. 6.7.1976, Az. VI ZR 177/75 = BGHZ 67, 129 (134); OLG Karlsruhe, Urt. v. 14.4.1969, Az. 8 U 82/68 = VersR 1969, 808 (809); OLG Köln, Urt. v. 9.7.1971, Az. 2 U 100/70 = VersR 1972, 177 (178) = JZ 1972, 408 (409) m. zust. Anm. *Stötter*, OLG Nürnberg, Urt. v. 21.4.1970, Az. 7 U 72/69 = VersR 1970, 1059 (1060); Staudinger/*Eberl-Borges* § 833 Rn. 22; MüKo-*Wagner*, § 833 Rn. 4; BGB-RGRK/*Kreft* § 833 Rn. 35.

50 Vgl. BGH Urt. v. 6.7.1976, Az.: VI ZR 177/75 = VersR 1976, 1090 ff.

51 Palandt-*Sprau*, § 833 Rn. 5.

52 BGH, Urt. v. 24.1.1992, Az. V ZR 274/90 = BGHZ 117, 110.

53 Siehe schon: Verhandlungen des Reichstages, XII. Legislaturperiode, 1. Session, Bd. 232 S. 5139, Bd. 244 Nr. 535, Bd. 247 Nr. 858; RG, Urt. v. 20.9.1933, Az. 153/33 = RGZ 141, 406 (407).

54 Vgl. *v. Gierke*, Deutsches Privatrecht, Bd. 3, S. 944.

55 Diese Frage ist in der Literatur zwar diskutiert, aber bisher von der Rechtsprechung nicht entschieden worden, vgl. *Deutsch*, NJW 1990, 751 f.; *Abeltshauser*, JuS 1991, 366 ff.; BGH, Urt. v. 4.7.1989, Az.: VI ZR 309/88 = NJW 1989, 2947, 2948.

Fällen die Tiereigenschaft unstreitig gegeben war bzw. diese für die Entscheidung unerheblich war, weil die Haftung auf andere Tatbestände gestützt wurde[56].

Der Streit um die Anwendbarkeit von § 833 BGB dürfte spätestens seit Inkrafttreten diverser Sondervorschriften[57], die den speziellen Eigenschaften und Gefahren von Mikroorganismen gerecht werden, seine Relevanz verloren haben (vgl. § 32 Gentechnikgesetz[58], sowie das Infektionsschutzgesetz[59] und die Biostoffverordnung[60]).

Auch in anderen Rechtsordnungen ist im Ergebnis eine strikte Haftung für Mikroorganismen außerhalb der Tierhalterhaftung geregelt. So kann zum Beispiel auch im kalifornischen Recht die Frage offenbleiben, ob es sich bei Mikroorganismen um Tiere handelt, da die Gentechnik jedenfalls als *abnormally dangerous activity* zu qualifizieren ist und daher im Ergebnis ohnehin eine Gefährdungshaftung (*strict liability)* desjenigen, der Gentechnik betreibt, vorliegt[61].

III. Rechtswidrigkeit

Die Tierhalterhaftung als Unterfall der unerlaubten Handlung[62] bezweckt somit wie die §§ 823 ff. BGB den Schutz des Einzelnen vor widerrechtlichen Eingriffen in dessen Rechtskreis. Die Tierhalterhaftung setzt daher voraus, dass die Einwirkung rechtswidrig ist[63].

Wenn im Rahmen von § 833 Satz 1 BGB von der Rechtswidrigkeit der Verletzung gesprochen wird, ist allein das Fehlen von Eingriffsrechten in die Rechte des Verletzten gemeint. Nicht gemeint ist die Rechtswidrigkeit der Verletzung im Sinne des Handlungsunrechts, denn sonst wäre § 833 BGB nur eine Wiederholung von § 823 Abs. 1 BGB[64]; § 833 Satz 1 BGB setzt gerade kein schuldhaftes, pflichtwidriges Verhalten voraus. Auch spielt es für die Gefährdungshaftung keine Rolle, ob die Gefahrenquelle rechtmäßig betrieben wird, also ob die Haltung des Tieres rechtmäßig erfolgte oder nicht.

---

56 Vgl. BGH, Urt. v. 4.7.1989, Az. VI ZR 309/88 = NJW 1989, 2947 (2948).

57 Vgl. Überblick bei Staudinger/*Eberl-Borges*, § 833 Rn. 20.

58 Vom 16.12.1993 (BGBl I 2066), zuletzt geändert durch Artikel 1 des Gesetzes vom 1. April 2008 (BGBl I 499).

59 Vom 20.7.2000 (BGBl. I 2000, 1045).

60 Vom 27.1.1999 (BGBl. I 1999, 50), Umsetzung der EWGRL 679 / 90.

61 *Schumacher*, S. 204 f.

62 Vgl. Palandt-*Sprau*, § 833 Rn. 1; Staudinger/*Eberl-Borges*, § 833 Rn. 27.

63 BGH, Urt. v. 24.1.1992, Az. V ZR 274/90 = BGHZ 117, 110 (111 f.); a. A. RG, Urt. v. 20.9.1933, Az. V 153/33 = RGZ 141, 406 (allerdings nur unter zutreffendem Hinweis darauf, dass die Gefährdungshaftung kein rechtswidriges Verhalten des Verantwortlichen voraussetzt); *Deutsch/Ahrens*, Rn. 362, und scheinbar auch *Lorenz*, S. 38 ff., der sich allerdings ebenfalls nur darauf bezieht, dass die Rechtmäßigkeit der Tierhaltung richtigerweise die Haftung nicht ausschließt.

64 MüKo-*Wagner*, § 833 Rn. 6.

Die Rechtswidrigkeit der Verletzung ist keine positive Haftungsvoraussetzung der Gefährdungshaftung. Vielmehr lässt eine eventuell vorliegende Rechtmäßigkeit des Eingriffs in fremde Rechte die Tierhalterhaftung entfallen. Ein solches tatbestandsausschließendes Eingriffsrecht liegt vor, wenn der Verletzte etwa nicht zur Duldung des Eingriffs verpflichtet oder aus sonstigen Gründen zur Abwehr des Eingriffs berechtigt ist. Besteht eine Duldungspflicht des Verletzten, ist der Tierhalter nicht zum Schadensersatz verpflichtet[65].

So können z.B. der Bienenflug und die dadurch verursachte Blütenbefruchtung von Schnittblumen im Freiland eines benachbarten Gartenbaubetriebs eine Einwirkung auf das Gärtnereigrundstück im Sinne von § 906 BGB darstellen. Eine Tierhalterhaftung des Bienenhalters entfällt aber gemäß § 906 Abs. 2 Satz 1 BGB, wenn der Bienenflug ortsüblich ist und vom Bienenhalter mit wirtschaftlich zumutbaren Maßnahmen nicht verhindert werden kann[66]. In diesem Fall ist der Nachbar zur Duldung des Bienenflugs verpflichtet.

Der etwas exotische Bienenflug-Fall lässt bereits vermuten, dass den tatbestandsausschließenden Duldungspflichten des Geschädigten bei der Begrenzung der Tierhalterhaftung keine praxisrelevante Bedeutung zukommt. Tatsächlich gibt es keine vergleichbaren Duldungspflichten für Personen, die sich freiwillig der Tiergefahr aussetzen. Die Rechtswidrigkeit bietet daher keinen belastbaren Ansatzpunkt für eine Begrenzung der Haftung. Dennoch zeigt der Fall bereits, dass es Konstellationen gibt, in denen berechtigte Interessen des Tierhalters die Interessen der Allgemeinheit überwiegen.

IV. Spezifische Tiergefahr

1. Allgemeines

Die Rechtsgutverletzung muss „*durch* ein Tier" erfolgt sein. Diese Formulierung birgt den eigentlichen Kern der Gefährdungshaftung, nämlich die besondere Gefährlichkeit von Tieren infolge ihrer Unberechenbarkeit, also die „spezifische Tiergefahr". Anders als es der Gesetzeswortlaut vermuten lässt, ist eine reine Verursachungshaftung gerade nicht gewollt[67]. Es muss sich vielmehr eine besondere,

65 BGH, a.a.O.; Palandt-*Sprau*, § 833 Rn. 1; Staudinger/*Eberl-Borges* § 833 Rn. 27.

66 BGH, Urt. v. 24.1.1992, Az. V ZR 274/90 = BGHZ 117, 110 (111 f.); insofern anders als RG, welches die Ausscheidungen von Bienen im Rahmen von § 833 BGB schon nicht als Verwirklichung einer Tiergefahr erachtete. Diese Frage wurde vom BGH offen gelassen. Ebenfalls nicht angesprochen wurde die umstrittene Frage, ob Bienen Luxus- oder Nutztiere sind. Die h.M. geht mangels Beherrschbarkeit der Tiere von der Luxustiereigenschaft aus, vgl. hierzu Staudinger/*Eberl-Borges* (2008), § 833, Rn. 120.

67 Staudinger/*Eberl-Borges*, § 833 Rn. 28.

konkret mit der Tierhaltung verbundene Gefahr verwirklicht haben[68]. Hierzu zählen grundsätzlich alle selbständigen tierischen Verhaltensweisen, wie Scheuen, Durchgehen, Beißen[69], Losreißen[70], der ungewollte Deckakt[71] etc.

Abseits dieser Standardfälle ist das Vorliegen der spezifischen Tiergefahr zum Teil streitig oder schwer darlegbar. Die Schwierigkeit liegt darin, jene Fälle aus dem Wortlaut der Norm auszugrenzen, in denen die Beteiligung des Tieres am Schaden so gering ist bzw. ein Beitrag eines Menschen so erheblich ist, dass eine Verantwortlichkeit des Halters nicht gewollt ist. Diese Abgrenzung kann Probleme bereiten, weil der Wortlaut der Norm keine Grenze für die Zurechnung vorgibt. Auch hat der Gesetzgeber im Gegensatz zu anderen Gefährdungshaftungstatbeständen[72] bei der Tierhalterhaftung keine ausdrücklichen Haftungsausnahmen geregelt. Einschränkungen des Tatbestands wurden daher von der Rechtsprechung über die Anwendung allgemeiner Grundsätze wie der objektiven Zurechnung und auch durch eine einschränkende Auslegung des Wortlauts vorgenommen.

Die Rechtsprechung hat im Laufe der Jahrzehnte Fallgruppen gebildet und wieder aufgegeben, Ausnahmen und Gegenausnahmen entwickelt, anhand derer die Verwirklichung einer Tiergefahr zu ermitteln ist, wie im Folgenden dargestellt wird.

2. Entwicklung des Tatbestandsmerkmals

Die durch Richterrecht geprägte Definition des Begriffs „Tiergefahr“ hat sich seit der Entstehung der Norm verändert. Um den aktuellen Kern der Auslegung des Tatbestandsmerkmals „Tiergefahr“ nachzuvollziehen, lohnt ein kurzer Rückblick auf die Entwicklung der Rechtsprechung.

a. Rechtsprechung des Reichsgerichts („Willkür“)

Nach Auffassung des Reichsgerichts bestand die spezifische Tiergefahr noch

> *„in dem gefährlichen Ausbruche der tierischen Natur, in der von keinem vernünftigen Wollen geleiteten Entfaltung der tierischen organischen Kraft, in der selbständigen Entwickelung einer nach Wirkung und Richtung unberechenbaren tierischen Energie. Demgemäß ist in der Rechtsprechung ständig daran festgehalten worden, dass eine Verletzung oder Beschädigung durch ein Tier im Sinne des § 833 BGB nur dann anzunehmen ist, wenn sie durch ein der tierischen Natur entspringendes, selbständiges willkürliches Verhalten des Tieres verursacht ist. Derartige typische Erscheinungsformen für die selbständige*

68 BGH, Urt. v. 6.7.1976, Az. VI ZR 177/75 = NJW 1976, 2130; OLG Hamm, Urt. v. 11.01.2013, Az. I-12 U 130/12, juris.
69 LG Neuruppin, Urt. v. 20.11.2007, Az. 2 O 392/06 = NJOZ 2008, 284, 286 f.
70 OLG Düsseldorf, Urt. v. 16.3.1998, Az. 1 U 114/97 = NJW-RR 1999, 1622.
71 BGH, Urt. v. 6.7.1976, Az. VI ZR 177/75 = NJW 1976, 2130.
72 Vgl. § 7 Abs 2 und 3 StVG.

Betätigung der tierischen Energie sind namentlich das Ausschlagen, Stoßen, Treten, Beißen, Bellen, Anspringen, Scheuen, Durchgehen von Tieren."[73]

Der Kern der Tiergefahr lag nach dieser Ansicht also in der selbstständigen und willkürlichen bzw. „von keinem vernünftigen Wollen geleiteten" Kraftentfaltung[74], kurz: in der Willkür des tierischen Verhaltens. Dass das Tierverhalten durch einen äußeren Reiz hervorgerufen wurde, ließ die Tierhalterhaftung nicht entfallen[75]. Eine Haftung nach § 833 BGB schied aber aus, wenn das Tier nicht selbstständig tätig wurde, z.B. wenn das Tier während der Schädigung vollständig unter physiologischem Zwang[76] oder unter menschlicher Leitung[77] stand, oder es sich nur passiv verhielt, z.B. wenn das Tier nicht selbstständig gehandelt, sondern nur als mechanisches Werkzeug gedient hat[78] (z.B. als Wurfgeschoss).

Ebenso fehlte es an der Tiergefahr, wenn das Tier zwar selbstständig, aber „vernünftig" gehandelt hatte, z.B. wenn es sich „seiner Natur entsprechend" verhielt"[79], weil dann nicht von einem willkürlichen, unvernünftigen Verhalten des Tieres gesprochen werde konnte. Demnach stellten auch körperliche Ausscheidungen von Bienen keine Tiergefahr dar[80], sodass der Bienenhalter nicht für hierdurch entstandene Schäden haften musste. Unter Berufung auf diese Auffassung wurde von den Instanzgerichten später zunächst auch eine Haftung des Tierhalters für den (ungewollten) Deckakt eines Hengstes[81] verneint.

b. Rechtsprechung des BGH („Unberechenbarkeit")

Das Erfordernis einer willkürlichen Verhaltensweise hat der BGH aufgegeben[82]. Dies wurde von der Literatur[83] begrüßt, da die der Rechtsprechung des RG zugrundeliegende Vorstellung, dass Tiere willkürlich, also aus einer „inneren Freiheit" heraus schädigen, nicht der heutigen Auffassung von der Psyche des Tieres entspricht.

---

73 RG, Urt. v. 19.10.1912, Az. VI 94/12 = RGZ 80, 237 (238 f.).

74 RG, Urt. v. 19.10.1912, Az. VI 94/12 = RGZ 80, 237 (238 f.); BGH, Urt. v. 23.6.1959, Az. VI ZR 83/58 = VersR 1959, 853 (854) – Gast stolpert über Hund des Gastwirts.

75 RG, Urt. v. 30.1.1905, Az. VI 150/04 = RGZ 60, 65 ff. (flatternde Wäsche), RG, Urt. v. 4.7.1938, Az. V 17/38 = RGZ 158, 34, 39.

76 RGZ 69, 399, 400, aber RG Urt. v. 26.2.1903 = RGZ 54, 73 (74 f.) – kein physiologischer Zwang, wenn ein Pferd scheut, weil von einem vorbeifahrenden Wagen ein Koffer herabfällt.

77 RG, Urt. v. 6.2.1902 Az. VI 383/01 = RGZ 50, 180 (181) – ein Pferd verursacht einen Schaden unter menschlicher Leitung des Kutschers.

78 RG, Urt. v. 19.10.1912, Az. VI 94/12 = RGZ 80, 237 (239).

79 RG, Urt. v. 19.10.1912, Az. VI 94/12 = RGZ 80, 237 (238 f.) – das gegenseitige Beschnüffeln von Pferden ist nach Ansicht des Reichsgerichts natürliches Verhalten und stellt keine Tiergefahr dar.

80 RG, Urt. v. 20.9.1933, Az. V 153/33 = RGZ 141, 406.

81 Vgl. OLG Düsseldorf, Urt. v. 20.9.1974, Az. 22 U 93/74 = VersR 1975, 474.

82 BGH, Urt. v. 6.7.1976, Az. VI ZR 177/75 = NJW 1976, 2130 (2131).

83 Vgl. *Kreft*, VersR 1983, Karlsruher Forum, 153 (155).

Nach Ansicht des BGH[84] sei vielmehr die „*Unberechenbarkeit* tierischen Verhaltens" entscheidend, sodass auch ein unzweifelhaft der tierischen Natur entsprechendes Verhalten, wie z.B. der Deckakt, unter § 833 BGB fallen könne. Ob, das Tier nach menschlichen Maßstäben „vernünftig" oder „unvernünftig" gehandelt habe, spiele keine Rolle mehr, sodass jetzt auch natürliche Verhaltensweisen eindeutig von § 833 Satz 1 BGB erfasst sind.

Geändert hat sich im Vergleich zu der Rechtsprechung des Reichsgerichts dennoch nur die Terminologie von der „Willkür" hin zur „Unberechenbarkeit" tierischen Verhaltens. Zwar sind nunmehr natürliche Verhaltensweisen eines Tieres wie Deckakte[85] oder Ausscheidungen[86] zweifelsfrei von der Tierhalterhaftung erfasst und der Begriff der Tiergefahr damit etwas erweitert worden. Dennoch bleibt der Anwendungsbereich von § 833 BGB sehr eingeschränkt, gemessen an seinem Sinn und Zweck, die Allgemeinheit vor Gefahren, die von Tieren typischerweise ausgehen, zu schützen[87].

3. *Aktuelle Auslegung des Begriffs „Tiergefahr"*

a. *Fallgruppen nach der Rechtsprechung*

Nach der aktuellen Auslegung durch die Rechtsprechung umfasst die Tiergefahr – wie bereits erläutert – auch ein natürliches Verhalten des Tieres, wie z.B. so genannte „Hengstmanieren"[88] oder das Austreten der Stute während der Paarung[89].

Die bloße Anwesenheit eines Tieres wird in der Regel nach wie vor nicht als Verwirklichung einer Tiergefahr angesehen[90]. Das Vorliegen einer von Schafen

---

84 BGH, Urt. v. 6.7.1976, Az. VI ZR 177/75 = NJW 1976, 2130 (2131); zuletzt BGH VersR 1999, 3119.

85 BGH, Urt. v. 6.7.1976, Az. VI ZR 177/75 = BGHZ 67, 129 (133); OLG Hamm, Urt. v. 8.7.1993, Az. 6 U 44/93 = NJW-RR 1994, 804; OLG Düsseldorf, Urt. v. 28.5.1993, Az. 22 U 92/92 = NJW-RR 1994, 92 (93); Schleswig-Holsteinisches OLG, Urt. v. 27.5.1993, Az. 7 U 9/92 = NJW-RR 1994, 289.

86 Anders noch AG Frankenberg, Urt. v. 27.3.1987, Az. 1 C 17/87 = AgrarR 1988, 318; beruht ein Unfall im Straßenverkehr z.B. auf einer (durch tierische Ausscheidung) verschmutzten und dadurch rutschigen Straße, kann neben der Tierhalterhaftung auch eine Haftung des Tierhalters aus § 32 Abs. 1 Satz 2 StVO wegen unterlassener Beseitigung der Verschmutzung in Betracht kommen.

87 So auch Staudinger/*Eberl-Borges*, 2007, § 833 Rn. 39 m.w.N.

88 So auch OLG Düsseldorf, Urt. v. 28.5.1993, Az. 22 U 92/92 = NJW-RR 1994, 92 (93).

89 OLG Koblenz, Urt. v. 10.6.2013, Az. 3 U 1486/12.

90 OLG Frankfurt/M., Urt. v. 4.6.2002, Az. 8 U 23/02 = NZV 2003, 486: Nähert sich ein Radfahrer einem frei laufenden Hund und kommt er bei diesem Annäherungsvorgang zu Fall, so setzt eine Haftung des Tierhalters oder des Tierbegleiters wegen der bei dem Sturz erlittenen Verletzungen voraus, dass konkrete der Tiergefahr oder dem Verhalten des Tierbegleiters zuzuweisende haftungsrelevante Umstände festgestellt werden können. Allein die Tatsache, dass sich der Hund vor dem Unfall auf der von dem Radfahrer benutzten Fahrbahn befunden hat, reicht für eine Haftung nicht aus.

ausgehenden Tiergefahr wurde daher für den Fall verneint, dass eine Schafherde auf einem Feldweg an einem Paddock vorbeizieht und ein dort stehendes Pferd deswegen derart in Panik gerät, dass es versucht, aus dem Paddock auszubrechen und sich hierbei verletzt[91]. Das OLG Köln war der Ansicht, dass in der Existenz der Schafherde, die sich unter den durch die Örtlichkeit vorgegebenen, natürlichen und im Rahmen einer kontrollierten Führung verbleibenden Schwankungen bewegt, gerade nicht die eigentümliche Gefahrenträchtigkeit der tierischen Natur zum Ausdruck kommt, vor der die Haftungsnorm des § 833 BGB schützen will. Eine von den Schafen ausgehende Tiergefahr läge jedoch dann vor, wenn sich die Schafherde ungewöhnlich laut, hektisch und unkontrolliert schnell bewegt hätte.

Im Wesentlichen werden von der neueren Rechtsprechung drei Fallgruppen unterschieden, bei deren Vorliegen die Tierhalterhaftung mangels Verwirklichung der spezifischen Tiergefahr nicht greifen soll, und die nachfolgend genauer betrachtet werden:

(1) Tiere unter menschlicher Leitung,
(2) Tiere unter physiologischem Zwang oder Reflexbewegungen des Tieres,
(3) rein mechanische Wirkung des Tieres.

Die Tierhalterhaftung entfällt zudem, wenn das Schadensereignis auf höherer Gewalt beruht. Höhere Gewalt liegt aber nur vor, wenn die Verletzung auf einem Ereignis beruht, das auch durch die äußerste, billigerweise zu erwartende Sorgfalt nicht vorausgesehen und verhütet werden konnte[92] und das nichts mit der Tierhaltung zu tun hat. Schon das geringste Verschulden des Halters schließt höhere Gewalt aus. Da das Vorliegen höherer Gewalt nur unter sehr strengen Voraussetzungen bejaht werden kann, spielt dieser Ausschlussgrund in der Praxis so gut wie keine Rolle.

aa. Tiere unter menschlicher Leitung

Nach Ansicht der Rechtsprechung[93] liegt ein unberechenbares Tierverhalten nicht vor, wenn das Tier während der Schädigung der Leitung eines Menschen gefolgt war, zum Beispiel beim Hetzen eines Hundes auf einen Menschen. Begründet wird diese Auffassung zum Teil damit, dass es einem Tier, das unter der Leitung eines Menschen reagiert, gerade an der haftungsbegründenden Unberechenbarkeit fehlt[94].

Die Grenze dieser Fallgruppe ist jedoch überschritten, wenn es trotz menschlicher Leitung zu willkürlichem Verhalten des Tieres kommt, weil es dem Willen des

---

91 OLG Köln, Urt. v. 8.11.2002, Az. 1 U 22/02 = VersR 2004, 1014 f., der BGH hat die Beschwerde der Klägerin gegen die Nichtzulassung der Revision durch Beschluss v. 27.5.2003, Az. VI ZR 419/02 zurückgewiesen.

92 Palandt-*Heinrichs*, § 206 Rn. 4.

93 BGH, Urt. v. 25.9.1952, Az. III ZR 334/51 = NJW 1952, 1329; BGH, Urt. v. 12.7.1966, Az. VI ZR 11/65 = VersR 1966, 1073 = juris Tz. 13; siehe auch *Schmalhorst*, S. 233.

94 OLG Hamm, Urt. v. 17.10.1991, Az. 27 U 95/91 = VersR 1993, 238; OLG Hamm, Urt. v. 21.3.1997, Az. 11 U 179/96 = 1998, 495 (496).

Halters nicht mehr entspricht oder es sich gegen den Willen des Halters auflehnt (z.B. wenn sich ein angeleinter Hund losreißt oder beim durch Menschen kontrollierten Deckakt ein Hengst die Stute durch Bisse verletzt). Hier habe sich letztlich trotz menschlicher Leitung die spezifische Tiergefahr verwirklicht[95], sofern es sich nicht um eine unerhebliche Abweichung von der menschlichen Leitung handele.

bb. Physiologischer Zwang, Reflexbewegungen des Tieres

Nach der Rechtsprechung liegt keine Tiergefahr vor, wenn ein Tier unter physiologischem Zwang Schaden verursacht. Das ist der Fall, wenn das Tier im Zeitpunkt der Schädigung unter einer äußeren Einwirkung mit „unwiderstehlicher Gewalt“[96] steht. Nach Ansicht der Rechtsprechung[97] entfällt die Tierhalterhaftung also, wenn sich ein Tier nicht anders als in der schädigenden Weise verhalten kann, z.B. ein Hund sich unter Vollnarkose reflexartig bewegt und dadurch den Tierarzt verletzt. Entscheidend ist die Verursachung bzw. das Provozieren der Rechtsgutverletzung durch den Geschädigten selbst[98]. Für das Nichteingreifen der Tierhalterhaftung ist quasi ein Angriff des Geschädigten auf das Tier erforderlich[99]. Unterhalb dieser Schwelle ist die Tiergefahr nicht per se ausgeschlossen. Der Anspruch gegen den Tierhalter ist dann lediglich um das Mitverschulden des Geschädigten zu mindern. Nicht ausreichend für die Ablehnung der Tiergefahr sind nach der Rechtsprechung Fälle alltäglicher Reize, z.B. Scheuen eines Pferdes wegen flatternder Wäsche[100].

cc. Mechanische Wirkung des Tieres

Keine Tiergefahr liege nach der Rechtsprechung[101] vor, wenn das Tier wie ein lebloser Gegenstand nur aufgrund seiner Masse wirke. Das sei der Fall, wenn das Tier als Wurfgeschoss bzw. als tote Masse[102], z.B. als ruhendes Hindernis[103], wirke. In Abgrenzung hierzu unterscheidet die Rechtsprechung jedoch Fälle, in denen sich das Tier aus eigener Kraft zu einem Hindernis geworden ist, weil es sich z.B. selbst auf die Straße bewegt hat und dort als Hindernis liegen bleibt, denn die Fähigkeit

---

95 So schon RG, Urt. v. 19.10.1912, Az. VI 94/12 = RGZ 80, 237 (240).

96 BGH, Urt. v. 23.6.1959, Az. VI ZR 83/58 = VersR 1959, 853 (854).

97 BGH, Urt. v. 13.1.1978, Az. VI ZR 7/77 = VersR 1978, 515; OLG München, Urt. v. 26.10.1976, Az. 25 U 3184/76 = VersR 1978, 334.

98 MüKo-*Wagner*, § 833 Rn. 13.

99 BGH, Urt. v. 12.1.1982, Az. VI ZR 188/80 = NJW 1982, 763 (764).

100 RG, Urt. v. 30.1.1905, Az. VI 150/04 = RGZ 60, 65, (68).

101 BGH, Urt. v. 13.1.1978, Az. VI ZR 7/77 = VersR 1978, 515.

102 OLG Braunschweig, Urt. v. 20.11.1981, Az. 2 U 73/81 = VersR 1983, 347 (Springpferd überschlägt sich über dem Sprung und fällt auf die bereits am Boden liegende Reiterin).

103 *Deutsch*, NJW 1978, 1998 (1999).

des Tieres, sich selbstständig zu bewegen und dadurch ein Hindernis darzustellen, sei eine Ausprägung der Tiergefahr[104].

Auch wenn es aus Sicht des Geschädigten keinen Unterschied machen mag, ob das Tier aus eigener Kraft oder auf andere Weise zu einem Hindernis geworden ist, so spielt es somit für die Haftung des Halters dennoch eine entscheidende Rolle, wie ein Urteil des OLG Hamm[105] zu einem kuriosen Brieftauben-Fall verdeutlicht: Eine Brieftaube kreuzte während ihres Flugs den Landeanflug eines Flugzeugs, sie geriet in die Flugzeugturbine und beschädigte die Turbine stark. Die Turbine ihrerseits tötete die Taube. Der Halter des Flugzeugs verklagte den Halter der Brieftaube auf Schadensersatz aufgrund der Tierhalterhaftung. Zwar hat sich das Gericht zunächst gefragt, ob das Fliegen einer Taube überhaupt ein unberechenbares tierisches Verhalten bzw. eine Tiergefahr darstellen kann, wenn das Fliegen doch ihrem natürlichen Verhalten entspricht. Die Frage hat das OLG Hamm jedoch offen gelassen und letztlich auf die Eigenschaft der Taube als Verkehrshindernis aufgrund ihres tierischen Verhaltens abgestellt, denn das (artgerechte) Flugverhalten der Taube stellte in dem Fall ein Hindernis für das Flugzeug und somit eine spezifische Tiergefahr dar, vergleichbar mit einem auf die Straße gelaufenem Hund. Daher kam das OLG Hamm im Ergebnis zu einer Haftungsteilung[106].

Das Gericht hielt es für unerheblich, dass das Tier möglicherweise gar nicht durch den Einsatz eigener Energie oder durch sonstiges Verhalten in die Turbine des Kleinflugzeugs gelangte, sondern letztlich von der Turbine angesaugt wurde. Auch in letzterem Fall habe sich die Tiergefahr verwirklicht, weil die Taube aus eigener Kraft in den „Ansaugbereich" der Turbine gelangt sei. Nach Ansicht des OLG Hamm[107]:

> *„dürfte es keine Rolle spielen, ob die Taube unmittelbar in den Lufteinlass der Turbine des Flugzeugs flog oder derart in die Nähe der Maschine geriet, dass sie von der Turbine angesaugt wurde. Auch in diesem Fall ist der Flug der Taube adäquat kausal für den Zusammenprall und bildet die Taube ein Verkehrshindernis auf Grund ihres tierischen Verhaltens".*

Zu Recht wird hiergegen eingewandt, dass das Flugzeug bzw. der Pilot in den natürlichen Lebensraum des Tieres eingedrungen sei und daher das Risiko eines Zusammenpralls in Kauf genommen hat[108]. Der Brieftauben - Fall ist daher zu unterscheiden von Kollisionen zwischen Tieren und Kraftfahrzeugen im Straßenverkehr. Hier hat der Halter (gegebenenfalls verschuldensunabhängig) dafür einzustehen, wenn sein Tier unbeaufsichtigt auf der Straße umherläuft und Unfälle verursacht.

---

104 OLG Hamm, Urt. v. 15.2.2013; Az. 19 U 96/12; MüKo-*Wagner*, § 833 Rn. 14 m.w.N.

105 OLG Hamm, Urt. v. 11.2.2004, Az. 13 U 194/03 = NJW 2004, 2246–2247, siehe auch *Kaiser* in ZLW 2005, 50.

106 OLG Hamm, a.a.O.

107 OLG Hamm, a.a.O.

108 *Pfab,* VersR 2006, 894.

Die Gefahr für die Allgemeinheit, dass ein vergleichbarer Schaden durch einen vom Menschen gehaltenen Vogel[109] im Luftraum verursacht wird, ist im Vergleich so gering, dass eine verschuldensunabhängige Haftung nicht mehr gerechtfertigt erscheint. Unberücksichtigt geblieben ist auch, dass von einem Flugzeug in der Regel eine erheblich größere Betriebsgefahr ausgehe, die die Tiergefahr bei normalem Vogelschlag verdränge[110]. Hinsichtlich der Schutzzweckerwägungen und Haftungsquote ist diese Entscheidung daher fragwürdig.

Neben den vorgenannten Kollisionsfällen werden auch die Fälle, in denen Tiere stolpern oder stürzen und in der Folge (meist nur aufgrund ihres Gewichts) Schäden verursachen, unter dem Stichwort „mechanische Wirkung" häufig von der Tierhalterhaftung ausgenommen[111]. Da ein Tier in diesen Fällen eher wie eine tote Masse wirke, sei § 833 BGB nicht anwendbar.

So lehnte das Landgericht Hagen[112] eine Tierhalterhaftung für den Fall ab, dass ein Pferd stolpert und sich dessen Reiterin dadurch verletzt. Zur Begründung führte das Landgericht an, dass der entstandene Schaden „nicht auf einem willentlichen, selbsttätigen Verhalten des Pferdes" beruhte, sondern das Pferd „vielmehr – offenbar versehentlich (sic!) – über ein Hindernis gestolpert und dadurch zu Fall gekommen"[113] war. Das Stolpern stelle keine Antwort des tierischen Organismus auf einen auslösenden Außenreiz dar, sondern lediglich eine mechanische Reaktion auf ein von dem tierischen Organismus nicht wahrgenommenes Hindernis. Einen Nachweis dafür, dass das Stolpern selbst möglicherweise auf einer „Willenssteuerung" des Pferdes (z. B. zu schnelles Galoppieren gegen den Willen der Reiterin) beruhe, habe die Klägerin nicht erbracht[114].

Ähnlich bewertet wurde das Stolpern eines Pferdes vom OLG Brandenburg[115]. Die geschädigte Reiterin konnte die Verwirklichung der Tiergefahr eines Pferdes bei einem Sturz nicht beweisen. Das Gericht hatte das bloße Stolpern des Pferdes als mögliche Ursache des Sturzes nicht als Tiergefahr bewertet, da das Pferd infolge des Stolperns „keine Möglichkeit zu einem (tierspezifischen) Reagieren" gehabt habe.

Auch das LG Freiburg[116] lehnte eine Haftung des Halters für seinen Hund ab, dessen Zeckenbefall eine Mietwohnung verseuchte. Das LG argumentierte, dass

---

109 Die Gefahr durch wilde Vögel ist demgegenüber nicht unerheblich, wie zuletzt die spektakuläre Notlandung eines Passagierflugzeugs wegen Vogelschlags am 15.1.2009 auf dem Hudson River in Manhattan verdeutlichte, http://www.spiegel.de/panorama/flugzeugunglueck-in-new-york-airbus-notlandung-im-hudson-river-vor-manhattan-alle-passagiere-gerettet-a-601567.html; sie ist jedoch Teil des allgemeinen Lebensrisikos.

110 Siehe auch *Kaiser*, ZLW 2005, 50.

111 OLG Braunschweig, Urt. v. 20.11.1981, Az. 2 U 73/8119 = VersR 1983, 347 (348).

112 LG Hagen, Urt. v. 14.12.2001, Az. 8 O 312/01 = ZfS 2002, 276.

113 LG Hagen, Urt. v. 14.12.2001, Az. 8 O 312/01 = ZfS 2002, 276.

114 LG Hagen, Urt. v. 14.12.2001, Az. 8 O 312/01 = ZfS 2002, 276.

115 Brandenburgisches OLG, Urt. v. 14.12.2011, Az. 4 U 19/10 = RuS 2012, 98.

116 LG Freiburg (Breisgau), Urt. v. 21.2.2002, Az. 3 S 125/01 = WuM 2002, 314 (316).

eine spezifische Tiergefahr selbst dann nicht vorliege, wenn der Hund (mittelbar) ursächlich für den Zeckenbefall war. Schließlich fehle es schon an einem tierischen Verhalten und erst recht an einer Unberechenbarkeit, wenn der Hund lediglich passiver Wirt des Ungeziefers war.

An diesen Entscheidungen zeigt sich bereits, dass der Begriff der Tiergefahr außerhalb der ganz typischen Fälle keine klaren Konturen hat.

b. Neue Auslegungsansätze der Literatur

In der neueren Literatur sind aufgrund der erläuterten begrifflichen Unschärfen alternative Auslegungsansätze zum Begriff der spezifischen Tiergefahr entwickelt worden.

aa. Intrinsisch verwirklichte spezifische Tiergefahr

Lehmann und *Auer* schlagen vor, bei der Verwirklichung der Tiergefahr zu unterscheiden zwischen Reaktionen des Tieres, die durch extrinsische (von außen gegebene) Reize einerseits und intrinsische (eigenbestimmte) Motive des Tieres andererseits ausgelöst werden[117]. Die Grenze der Tiergefahr sei erreicht, wenn das Tier (z. B. wegen einer Provokation, Motivation oder Bestrafung) aufgrund bewusst gesetzter äußerer Reize reagiere, sich also eine extrinsische Tiergefahr verwirklicht habe. Ein Haftungsauschluss sei also gerechtfertigt, wenn der Außenreiz durch den Geschädigten oder einen Dritten bewusst gesetzt worden sei, und die Reaktion des Tieres von einem objektiven Dritten zumindest erwartet werden könne[118]. In diesen Fällen habe sich keine „Unberechenbarkeit“ verwirklicht, sondern eine „berechenbare“ Reaktion gezeigt. Somit soll die Haftung mangels intrinsischer Tiergefahr entfallen, wenn jemand beim übermütigen Spielen mit einer Katze gekratzt wird. Wird ein Wirt gebissen, weil er versehentlich einen Hund übersieht und auf dessen Schwanz tritt, soll die Haftung bestehen bleiben, weil der extrinsische Reiz versehentlich und nicht bewusst gesetzt wurde. Der Verursachungsbeitrag des unaufmerksamen Wirts sei jedoch über § 254 BGB zu berücksichtigen[119]. Auch für die Fallgruppe „Tiere unter menschlicher Leitung“ oder im Fall des Wirkens physiologischen Zwangs könne die Unterscheidung Abgrenzungsfragen lösen[120]. Nach diesem Ansatz würde auch die Haftung des Halters mangels einer intrinsischen Tiergefahr entfallen, wenn er seinen Hund auf einen Geschädigten hetzt. Die Haftung des Schädigers aus § 823 BGB sei für den Opferschutz ausreichend[121]. Auch gegenüber Tierärzten entfiele die Halterhaftung, wenn das Tier während der Behandlung aufgrund bewusst gesetzter Impulse des Tierarztes schädigt[122].

---

117 *Lehmann/Auer*, VersR 2011, 846.
118 *Lehmann/Auer*, VersR 2011, 846 (849).
119 *Lehmann/Auer*, VersR 2011, 846 (849).
120 *Lehmann/Auer*, VersR 2011, 846 (849).
121 *Lehmann/Auer*, VersR 2011, 846 (850).
122 *Lehmann/Auer*, VersR 2011, 846 (850).

bb. Eigene Energie des Tieres

Andere Stimmen in der neueren Literatur[123] haben einen Ansatz entwickelt, der sich nicht auf die bloße „Unberechenbarkeit“ beschränkt, sondern den Begriff der „spezifischen Tiergefahr“ auf all die Fälle ausdehnt, in denen noch in relevantem Maße eigene Energie des Tieres zum Geschehen beiträgt[124]. Maßgeblich sei allein, ob der Schaden durch selbstständiges Verhalten des Tieres verursacht wurde. Dieser neue Ansatz steht nicht völlig im Gegensatz zu der von der Rechtsprechung entwickelten Formel der „Unberechenbarkeit“[125]. Er erweitert aber den Anwendungsbereich von § 833 Satz 1 BGB, der auch nach Sinn und Zweck der Norm möglichst weit sein soll. Nach dem neuen Ansatz und entgegen der herrschenden Meinung soll die Tierhalterhaftung nicht ausgeschlossen sein, wenn ein schädigendes Tierverhalten auf menschlicher Leitung beruht. Eine besonders gefährliche tiertypische Eigenschaft bestehe gerade darin, dass Tiere menschlicher Leitung Folge leisten – dass sich beispielsweise Hunde hetzen lassen. Daher müsse auch diese Fallgruppe von § 833 Satz 1 BGB erfasst sein[126].

In Übereinstimmung mit der Rechtsprechung könne die Tierhalterhaftung auch greifen, wenn ein Tier als passives Hindernis einen Unfall verursacht – jedenfalls dann, wenn von dem Tier wegen seiner Eigenenergie eine höhere Gefahr ausgegangen ist als von einem leblosen Gegenstand. Das sei der Fall, wenn die Tatsache, dass sich das Tier aus eigener Kraft frei und selbstständig bewegen und so erst zu einem Hindernis werden konnte, maßgeblich zu der konkreten Rechts(guts)verletzung beigetragen hat[127].

Ausgeschlossen sei die Tierhalterhaftung daher nur dann, wenn das Tier keine relevante Eigenenergie im Sinn eines selbsttätigen Verhaltens aufgebracht hat und wie ein mechanisches Werkzeug eingesetzt wird, wie in dem kuriosen, vielfach bemühten Schul-Beispiel, dass ein Tier als Wurfgeschoss missbraucht wird. Zu den Fällen, in denen ein Tier nicht mehr bzw. anders schädigt als eine leblose Masse, zählen z.B. eine Giraffe, die allein wegen ihrer Größe irgendwo aneckt, der Elefant, der transportiert werden soll, allein aufgrund seiner Masse (nicht wegen Trampelns o. Ä.)[128] den Fahrzeugboden durchbricht oder ein Tier, das angeschossen wird und leblos umfällt. Hiervon zu unterscheiden ist der Fall, dass ein Pferd aufgrund eines Schwächeanfalls umfällt und dabei jemanden verletzt, denn die Gefahr

---

123 Erman-*Schiemann*, 11. Auflage 2004, § 833 Rn. 4; Staudinger/*Eberl-Borges*, 2007, § 833 Rn. 40; *Pfab*, VersR 2006, 894 (896); *Kreft*, VersR 1983, Karlsruher Forum, 153 (156).

124 *Deutsch*, NJW 1978, 1998 (2000 f.) spricht sogar nur von der „Tiergefahr“.

125 Vgl. RG, Urt. v. 19.10.1912, Az. VI 94/12 = RGZ 80, 237 (239), wo die Energieentfaltung bereits als Abgrenzungskriterium verwendet wurde.

126 Staudinger/*Eberl-Borges*, 2007, § 833 Rn. 57.

127 *Kreft*, VersR 1983, Karlsruher Forum 153 (156).

128 Beispiele nach *Kreft*, Vers 1983, Karlsruher Forum, 153 (156).

des plötzlichen Kraftloswerdens ist eine dem Tier innewohnende Gefahr, die nicht ebenso gut auch von einem leblosen Gegenstand ausgehen könnte[129].

Auch die Fallgruppe des physiologischen Zwangs wird daher von einem überwiegenden Teil der Literatur[130] abgelehnt. Die Reaktion eines Tieres auf eine Provokation ist geradezu eine typische Realisierung der Tiergefahr. Es sei daher nicht nachvollziehbar, weshalb diese Fälle pauschal von der Tierhalterhaftung ausgenommen sein sollten.

c. Stellungnahme zur Tiergefahr

Wie *Eberl-Borges* zu Recht feststellt, gewährleistet allein der moderne Ansatz den von § 833 BGB gewollten umfassenden Schutz vor Tiergefahren[131]. Das BGB geht von dem Grundsatz aus, dass nur ein Verschulden zu einer Haftung führen soll. In diesem System ist die Gefährdungshaftung für Tiere ein Fremdkörper. Das Tier zeichnet sich gegenüber Sachen bzw. Gegenständen durch seine Lebendigkeit aus. Es muss daher auch die Lebendigkeit sein, die die Tiergefahr ausmacht[132] – und zwar unabhängig davon, ob diese Lebendigkeit sich in Übereinstimmung mit dem Willen des Halters vernünftig, willkürlich oder boshaft äußert.

Eine tierspezifische Gefahr entfaltet sich nach hier vertretener Auffassung entgegen der Ansicht der Rechtsprechung auch dann, wenn ein Tier menschlicher Leitung folgt, beispielsweise, wenn ein Reitpferd aufgrund der Hilfengebung des Reiters in eine Menschenmenge hineinreitet und dabei jemanden verletzt. Denn die Tatsache, dass sich das Pferd führen lässt und es in der Lage ist, menschlichen Anweisungen Folge zu leisten, ist eine Gefahr, die dem Tier speziell anhaftet und die es von leblosen Gegenständen unterscheidet[133]. Der Umstand, dass in dem Beispiel der Reiter zusätzlich aus Verschulden haftet, ändert an dieser Bewertung nichts. Zu Recht wird auch von der Literatur[134] eingewandt, dass es aus Sicht des Opfers keinen Unterschied mache, ob die Rechtsverletzung aus eigenem Antrieb des Tieres erfolgte oder der Angriff durch einen Befehl des Halters ausgelöst wurde. Dass Gefährdungshaftung neben Verschuldenshaftung bestehen kann, ist im Gesetz[135] selbst vorgesehen und von der Rechtsprechung[136] anerkannt. Ohne diese Parallelität, ergäbe sich das wenig wünschenswerte Ergebnis, dass derjenige schärfer haftet,

---

129 *Kreft,* VersR 1983, Karlsruher Forum, 153, (156).

130 Vgl. Staudinger/*Eberl-Borges,* 2007, § 833 Rn. 53; MüKo-*Wagner,* 2009, § 833 Rn. 14 m.w.N.; *Kreft,* VersR 1983, Karlsruher Forum, 153 (155).

131 Staudinger/*Eberl-Borges,* § 833 Rn. 40.

132 So auch MüKo-*Wagner,* 2009, § 833 Rn. 10.

133 Die Abgrenzung anhand der unterschiedlichen Gefährlichkeit von Tieren und Gegenständen bevorzugt auch MüKo-*Wagner,* 2009, § 833 Rn. 13.

134 Staudinger/*Schmidt,* Jura 2000, S. 349; *Schünemann,* JuS 1978, 376 (378); *Deutsch,* NJW 1978, 1998 (2000); MüKo-*Wagner* § 833 Rn. 13, 16; *Kreft,* 153 (156).

135 § 840 Abs. 3 BGB setzt eine Gleichzeitigkeit von Gefährdungs- und Verschuldenshaftung für einen Innenausgleich denklogisch voraus.

136 BGH, Urt. v. 3.7.1962, Az. VI ZR 184/61 = BGHZ 37, 311.

dessen Hund sich ungewollt losreißt (nämlich strenge Haftung aus Gefährdung), als derjenige, der seinen Hund gezielt als Waffe einsetzt (Haftung nur für Verschulden). Den Geschädigten in dem Fall allein auf § 823 BGB als Anspruchsgrundlage mit den damit verbundenen Beweisschwierigkeiten in Bezug auf das Verschulden zu verweisen, wäre nicht gerechtfertigt, denn eigentliche Schadensursache ist in diesen Fällen eben nicht allein das menschliche Verhalten. Eine andere Bewertung ist daher auch nicht wegen des Gebots der Einheitlichkeit der Rechtsordnung mit Blick auf das Strafrecht geboten[137]. Denn dass der Hund in diesem Fall strafrechtlich als Werkzeug des Halters nach § 224 Abs. 1 Nr. 2 Alt. 2 StGB zu qualifizieren wäre, bestätigt zwar die Angemessenheit zivilrechtlicher Haftung nach § 823 Abs. 1 und 2 BGB, spricht jedoch nicht gegen eine parallele Haftung aus Gefährdung nach § 833 Satz 1 BGB.

Die tierspezifische Gefahr ist nur zu verneinen, wenn das Tier vom Menschen lediglich als leblose Masse verwendet wird (z. B. als Wurfgeschoss). Es kann jedoch nicht auf die Beeinflussung der Handlung des Tieres durch den Menschen ankommen.

Von den Fällen, in denen ein Tier als leblose Masse wirkt, sind jedoch die zitierten Stolper-Fälle zu unterscheiden. Entgegen der Ansicht der Gerichte, verwirklicht sich in diesen Fällen durchaus eine Tiergefahr.

Das Landgericht Hagen[138] sowie das OLG Brandenburg[139] übersehen in den zitierten Urteilen zum Stolpern von Pferden z. B., dass die Reaktionen des jeweiligen Pferdes, die dazu geführt haben, dass es mit dem Hindernis zusammenstößt, durchaus auf „Willensteuerung“ (wenn man den Begriff verwenden möchte) beruhten. Das Geschehen, das dem „Zusammenstoß“ mit dem Hindernis bzw. dem Stolpern vorausging, ist zu berücksichtigen. In beiden Entscheidungen wurde dennoch nicht berücksichtigt, dass sich das jeweilige Pferd selbständig (wenn auch unter der Leitung des Reiters stehend) fortbewegte. Zwar kann die Trittlänge und die Aufmerksamkeit des Pferdes durch den Reiter bis zu einem gewissen Mass beeinflusst werden. Auch wenn das Pferd auf die Hilfen des Reiters reagiert, bewegt es sich aber letztendlich immer aus eigener Kraftentfaltung fort und steuert seine Bewegungsabläufe selbst. Das Stolpern eines nicht ganz trittsicheren Pferdes kann daher auch der beste Reiter nicht verhindern. Dies muss in die Bewertung der Stolper-Fälle miteinbezogen werden. Es wäre dagegen zu kurz gegriffen, die Aufmerksamkeit und Kraftentfaltung des Tieres, die zu dem Stolpern führt, außer Acht zu lassen und sich darauf zu beschränken, dass das Pferd infolge des Stolperns nur noch „mechanisch“ reagiert. Dem Sturz geht in aller Regel eine tiertypische Verhaltensweise voraus, die zum Sturz oder Stolpern führt, wie z. B. eine Unaufmerksamkeit oder Schreckhaftigkeit. Selbst wenn ein Tier aus Erschöpfung fällt, ist die Eigenschaft des Tieres, bis zur

137 So aber *Lehmann/Auer*, VersR 2011, 846 (850).

138 LG Hagen, Urt. v. 14.12.2001, Az. 8 O 312/01 = ZfS 2002, 276.

139 Brandenburgisches OLG, Urt. v. 14.12.2011, Az. 4 U 19/10 = RuS 2012, 98.

Erschöpfung weiterzulaufen, eine Ausprägung der Tiergefahr, wie *Eberl-Borges*[140] feststellt.

Vielmehr müsste man daher, wie u. a. *Eberl-Borges*[141] vorschlägt, den Vorgang als ein mehraktiges Geschehen betrachten. Im Fall des Landgerichts Hagen läge danach ein zweiaktiges Geschehen vor, wobei das Stoßen gegen das Hindernis die Zäsur bildet. Selbst wenn man dabei den Stoß gegen das Hindernis und das anschließende Stolpern als mechanische Reaktion qualifizierte, ist festzustellen, dass der erste Akt – nämlich das ungeschickte Zugehen des Tieres auf das Hindernis – eine Ausprägung der spezifischen Tiergefahr ist, die sich letztlich verwirklicht hat. Eine Tiergefahr scheidet dabei – entgegen der Auffassung des Landgerichts Hagen – nicht per se aus, nur weil das Stolpern selbst bzw. der vorausgehende Akt unter keine der klassischen Verhaltensweisen fällt, die typischerweise zur Tiergefahr zählen (Durchgehen, Schlagen, Beißen). Nach Ansicht des BGH soll sich die Tiergefahr wie erläutert vielmehr an dem Sinn und Zweck der Norm orientieren und liege daher in dem „für den Halter unberechenbaren Tierverhalten“[142]. Demnach muss auch das „unvorsichtige“ Entlanglaufen eines Weges eine Tiergefahr darstellen, denn die Geschicklichkeit des Pferdes ist für den Halter bzw. Reiter jedenfalls bei auf dem Boden liegenden Hindernissen ab einem gewissen Grad unberechenbar[143]. Die Gefahr liegt gerade in der „fehlenden“ Reaktion des Pferdes, die zum Stolpern führt, sodass es aus Schutzzweckerwägungen unerheblich ist und auch unerheblich sein muss, ob die Reaktion „versehentlich“ oder „böswillig“ ausblieb. Auch Schäden, die ein Tier durch bloßes Stolpern (und gegebenenfalls anschließendes Stürzen) verursacht, beruhen letztlich auf der Verwirklichung einer Tiergefahr[144].

Diese Auffassung (keine Haftung für natürliches Handeln) war offenbar noch an das römisch rechtliche Verständnis angelehnt, wonach der Halter nur dann haftete, wenn das Tier gegen seine Natur (contra naturam sui generis) handelte. An diesem „vermenschlichten“ Verständnis von tierischen Handlungen konnte spätestens mit fortschreitenden Erkenntnissen über das Tierverhalten nicht mehr festgehalten

---

140 Staudinger/*Eberl-Borges*, 2007, § 833 Rn. 48, m.w.N.

141 Staudinger/*Eberl-Borges* (2007), § 833 Rn. 45.

142 Vgl. BGH, Urt. v. 6.7.1976, Az. VI ZR 177/75 = BGHZ 67, 129 (132) = NJW 1976, 2130 (2131).

143 Anderes kann vielleicht im Reitsport gelten, z. B. beim Springen oder dem Vielseitigkeitsreiten, wo der Reiter allerdings die – ohnehin besonders gekennzeichneten – Hindernisse im Parcours oder auf der Strecke vor dem Start in Augenschein nimmt und dann im Wettbewerb durch Anpassen des Tempos und Lenkung des Pferdes starken Einfluss darauf nimmt, wie das Pferd das Hindernis nimmt. Der Einfluss kann dabei soweit gehen, dass der Reiter wegen fehlenden Augenmaßes sein Pferd in ein Hindernis „hineinreitet“ und stürzt.

144 So auch u. a. Staudinger/*Eberl-Borges* (2007), § 833 Rn. 47 m.w.N.

werden[145]. Das Erfordernis einer willkürlichen Verhaltensweise hat der BGH daher zu Recht aufgegeben.

Auch die Fallgruppe des physiologischen Zwangs bietet kein taugliches Abgrenzungskriterium. Inwiefern eine „übermächtige" Gewalt auf das Tier einwirkt oder nur ein „alltäglicher Reiz" vorliegt, lässt sich flexibler und mit der höheren Chance auf Einzelfallgerechtigkeit durch eine Anwendung von § 254 BGB ermitteln[146]. Hat eine Person z.B. einen unwiderstehlichen Zwang auf das Tier ausgeübt, erlaubt auch § 254 BGB einen Ausschluss der Tierhalterhaftung.

Die Definitionsversuche sind dennoch bzw. gerade wegen der mittlerweile nur noch schwer überschaubaren Kasuistik unbestimmt und daher in vielen Fällen nicht ausreichend, um die Frage nach der Halterhaftung eindeutig zu beantworten. Die Tiergefahr wird auch anhand negativer Fallgruppen bestimmt, d. h., es wird geprüft, ob Gründe vorliegen, die gegen eine Verwirklichung der Tiergefahr sprechen.

Der Abgrenzung von *Lehmann* und *Auer* zwischen extrinischen Reizen und Verhalten aufgrund intrinsischer Motive ist ebenfalls nicht zu folgen. Zwar ist es nach der hier vertretenen Auffassung grundsätzlich wünschenswert, die Tierhalterhaftung entfallen zu lassen, wenn jemand bewusst und gewollt ein Verhalten des Tieres auslöst, durch das der Auslösende selbst zu Schaden kommt – etwa wenn ein Reiter das Steigen des Pferdes provoziert und in der Folge selbst vom Pferd stürzt. In der Konsequenz bliebe die Haftung jedoch auch Personen- und Berufsgruppen, wie z.B. Tierärzten, versagt, die sich in Interesse des Halters der Tiergefahr aussetzen. Dieses pauschale Ergebnis entspricht nicht dem Willen des Gesetzgebers[147] und ist mit den Schutzzweckerwägungen des § 833 BGB nur schwer vereinbar. Die vorgeschlagene Differenzierung in innere Motive des Tieres und äußere Anreize für Reaktionen findet auch keine Stütze im Wortlaut des Gesetzes.

Zudem birgt sie praktische Probleme. Zunächst wäre der vom Halter zu führende Nachweis, dass ein äußerer Anreiz bewußt gesetzt wurde, schwierig. Auch die objektive Abgrenzung zwischen bewusst und unbewußt gesetzten Reizen bzw. berechenbaren und unberechenbaren Reaktionen des Tieres auf einen extrinsischen Reiz kann im Einzelfall äußerst schwierig sein. Für einen erfahrenen Pferdemann mag beispielsweise eine schreckhafte Reaktion eines Pferdes auf ruckartige Bewegungen vorhersehbar sein – einen unbedarften Reitanfänger kann aber dies überraschen. Gerade weil ein allgemeiner Sachverstand zum Umgang mit Tieren in der Allgemeinheit heutzutage nicht mehr so ausgeprägt vorhanden ist, ist diese Abgrenzung problematisch und kann zu Zufallsergebnissen führen. Fraglich bliebe auch, was gelten soll, wenn das Tier auf einen Reiz überraschend heftig – quasi exzessiv – reagiert. Letztlich würde es nur wenige Fälle geben, in denen die Differenzierung zu klaren Ergebnissen führt.

---

145 Kritisch zur Vermenschlichung von Tieren im Rahmen der Rechtsanwendung auch *Brüninghaus*, S. 83, *Kreft*, 153 (155).

146 So auch MüKo-*Wagner*, 2009, § 833 Rn. 14.

147 Siehe hierzu ausführliche Ausführungen unter Abschnitt C.

Das Abgrenzungskriterium „Berechenbarkeit" und die Frage nach dem „Warum" bestimmter Verhaltensweisen[148] verleitet letztlich dazu, Verhaltensweisen des Tieres nach menschlichen Maßstäben zu beurteilen. Zudem ist nicht ersichtlich, weshalb der Geschädigte keine Ansprüche aus § 833 BGB haben soll, weil ein Dritter eine schädigende Reaktion eines Tieres hervorgerufen hat. Schließlich ist das bewusste Setzen von Reizen nicht zwingend deckungsgleich mit schuldhaftem Verhalten im Sinne von § 823 BGB. Zu denken ist an den Fall, dass sich ein Reiter mit dem fremden Pferd vorschriftsmäßig im Straßenverkehr bewegt und das Pferd (objektiv vorhersehbar) wegen eines laut hupenden Autos durchgeht und den Reiter abwirft. Aus objektiver Sicht könnten nach der Ansicht von *Lehmann/Auer* ein bewusst gesetzter Reiz des Kfz-Fahrers und eine vorhersehbare Reaktion eines Tieres hierauf vorliegen, was eine Haftung nach § 833 BGB ausschließen würde, ohne dass gleichzeitig ein schuldhaftes Handeln nach § 823 BGB vorliegt.

Praktikabler erscheint es, von einem weiten Verständnis der spezifischen Tiergefahr auszugehen und von außen gesetzte Reize – sofern es sich um einen Beitrag des Geschädigten handelt – über § 254 BGB im Einzelfall zu berücksichtigen. Letztlich besteht gerade das Wesen von Tieren darin, auf ihre Umwelt zu reagieren. Diese Eigenschaft unterscheidet Tiere maßgeblich von Gegenständen und ist ein wesentliches Motiv der Gefärdungshaftung.

Die von *Lehmann* und *Auer* favorisierte negative Typenkorrektur des Tatbestandsmerkmals bestätigt jedoch ein Bedürfnis nach klaren Grenzen für die Haftung des Halters, insbesondere gegenüber Personen, die sich bewusst der Tiergefahr aussetzen.

Nach der hier vertretenen Auffassung liegt demnach lediglich dann keine Tiergefahr vor, wenn ein Tier als rein mechanisches Werkzeug verwendet, d.h. z. B. gestoßen oder geworfen wird. Die übrigen Fallgruppen der Rechtsprechung ermöglichen keine klare Abgrenzung und verleiten zu „Schubladen-Denken", ohne zuvor eine Abwägung der Verantwortungsbereiche anhand des Sinns und Zwecks der Norm vorzunehmen. Praktikabler ist eine Abwägung der Verursachungsbeiträge über § 254 BGB. Dieser Weg ermöglicht eine gerechte und flexible Bewertung des Einzelfalls. In Anbetracht der derzeitigen Kasuistik, die abseits der Standardfälle keine eindeutige und vorhersehbare Beurteilung des Falles erlaubt und daher allenfalls eine scheinbare Rechtssicherheit vermittelt, dürfte dies hinnehmbar sein.

V. Kausalität und Adäquanz zwischen Tierverhalten und Schaden

Das Tier bzw. das Tierverhalten muss adäquat kausal für den entstandenen Schaden sein. Hierbei ist der allgemeine Verursachungsbegriff zugrunde zu legen. Die Tierhalterhaftung besteht nicht, wenn das Verhalten des Tieres bereits nicht ursächlich

148 *Lehmann/Auer*, VersR 2011, 846 (850).

für die Rechtsverletzung war, zum Beispiel, weil der Geschädigte allein aufgrund eines Reiterfehlers vom Pferd fällt[149].

Ausreichend ist eine bloße Mitursächlichkeit der Tiergefahr für die Auslösung der Tiehalterhaftung[150]. Ein ausreichender Ursachenzusammenhang liegt nach der Rechtsprechung des BGH z.B. auch dann vor, wenn eine Reiterin vom Pferd fällt, nachdem sie das durchgehende Tier zum Stehen gebracht hat[151]. In diesem Fall ist das Pferd samt Reitanfängerin plötzlich aus eigenem Antrieb angaloppiert. Hierdurch war die Reiterin derart verunsichert, dass es ihr nicht gelang, sich auf dem Pferd zu halten, nachdem dieses bereits zum Stehen gekommen war. Trotzdem war der Tierhalter zum Ersatz des entstandenen Schadens verpflichtet. Die durch den unfreiwilligen Galopp bewirkte Verunsicherung hat nach Ansicht des Gerichts lediglich über die Zeit der Fortbewegung hinaus angedauert. Die erforderliche Ursächlichkeit des tierischen Verhaltens wird hierdurch nicht unterbrochen. Schließlich fiel die Reiterin im unmittelbaren zeitlichen Anschluss an das Durchgehen der Stute vom Pferd. Dass sie in dieser Gefahrenlage in Angst geraten sei und diese zum Zeitpunkt des Unfalls noch angedauert habe, könne ihr als „krasser Anfängerin" nicht vorgeworfen werden.

Auch mittelbare Verursachung genügt. Hierunter fallen in erster Linie die Herausforderungsfälle, wenn also jemand zur Abwendung der ihm oder einem Dritten von einem Tier drohenden Gefahr eingreift und hierbei verletzt wird[152] oder wenn ein Briefträger vor einem Hund, der ihn angreift, flieht und sich dabei verletzt[153]. Auch die Tatsache, dass die spezifische Tiergefahr erst durch einen Auslöser hervorgerufen wird, lässt die Kausalität nicht entfallen. Der Schaden beruht daher z.B. auch dann auf der Tiergefahr, wenn ein Kutschpony nur deshalb durchgeht, weil sich ein Teil der Kutsche gelöst und dem Pony auf die Beine gefallen ist[154]. Der entstandene Schaden ist letztlich dadurch verursacht worden, dass sich die durch die Unberechenbarkeit tierischen Verhaltens hervorgerufene Gefährdung von Leben, Gesundheit und Eigentum verwirklicht hat und zwar unabhängig davon, ob diese Folge durch einen zuvor eingetretenen technischen Defekt ausgelöst wurde. Ebenso besteht eine Haftung für Fernschäden, z.B. bei Schäden durch schreckhaftes Reagieren auf das Erscheinen eines Tieres. Dagegen wird nicht geschützt, wer

---

149 OLG Hamm, Urt. v. 11.01.2013, Az. I-12 U 130/12, juris; OLG Koblenz, Urt. v. 21.4.1998, Az. 3 U 899/97 = NJW-RR 1998, 1482.

150 OLG München, Urt. v. 23.07.1999, Az. 21 U 6185/98 = MDR 2000, 393.

151 BGH, NJW 1999, 3119, vgl. auch OLG Brandenburg, Urt. v. 17.1.2008, Az. 12 U 94/07 = DAR 2008, 647: Der Kausalzusammenhang zwischen der Annäherung des Hundes und dem Sturz des geschädigten Radfahrers wird nicht dadurch unterbrochen, dass der Geschädigte noch eine Strecke von fünf bis sechs Metern weitergefahren ist, bevor er angehalten hat und bei dem Versuch abzusteigen gestürzt ist.

152 OLG Celle, Urt. v. 18.7.1980, Az. 9 U 28/80 = VersR 1981, 1058.

153 OLG Schleswig, Urt. v. 15.1.1988, Az. 1 U 162/85 = VersR 1988, 700.

154 OLG Oldenburg, Urt. v. 18.2. 2004, Az. 3 U 93/03 = VersR 2004, 772.

sich beim bloßen Anblick raufender Hunde so aufregt, dass er einen Herzinfarkt erleidet[155].

Häufig ist die Kausalität schwer darstellbar. Ob z. B. ein nervöses Pferd tatsächlich wegen plötzlich auftauchender Hunde durchgeht, kann nicht mit dem Anscheinsbeweis begründet werden. Es muss der genaue zeitliche Zusammenhang dargestellt werden. Ebenso genügt für die Begründung der Kausalität des Todes einer Brieftaube nicht, dass eine Katze in der Nähe des Taubenschlags gesehen wurde[156], oder während des Sturzes eines Fußgängers ein großer Hund in der Nähe war[157].

Bei der Beweisführung der Kausalität ist folgendes zu beachten: Für die Frage, ob die Tiergefahr zu einem Schaden geführt hat (haftungsbegründende Kausalität), gilt § 286 ZPO. Ist streitig, wie hoch der durch die Verwirklichung einer spezifischen Tiergefahr eingetretene Schaden, gilt bezüglich des Nachweises der haftungsausfüllenden Kausalität der Beweismaßstab des § 287 Abs. 1 ZPO[158]. Danach genügt eine überwiegende Wahrscheinlichkeit, dass der Schaden auf der Tiergefahr beruht. Die bloße Möglichkeit reicht nicht aus.

Auch wenn manche Stimmen in der Literatur dafür plädieren, die Adäquanztheorie im Rahmen der Gefährdungshaftung ganz aufzugeben[159] oder die Prüfung in das Tatbestandsmerkmal der spezifischen Tiergefahr zu verlagern, so herrscht doch Einigkeit darüber, dass auch im Bereich der reinen Gefährdungshaftung bestimmte, völlig ungewöhnliche Kausalverläufe billigerweise eine Haftung des Verantwortlichen ausschließen.

Verhaltensbezogene Zurechnungskriterien sind im Bereich der verschuldensunabhängigen Gefährdungshaftung nicht relevant[160]. Die Gefährdungshaftung dient dazu, die Auswirkungen einer konkreten, erlaubt geschaffenen Gefahr auszugleichen. Daher kommt es nicht darauf an, ob der eingetretene Schaden vorausgesehen werden musste, sondern nur darauf, ob es sich um eine spezifische Auswirkung derjenigen Gefahren handelt, hinsichtlich derer der Verkehr nach dem Sinn der Haftungsvorschrift schadlos gehalten werden soll[161]. Grenzen der Zurechnung im Bereich der Gefährdungshaftung ergeben sich somit erst dort, wo es sich nicht mehr um eine spezifische Auswirkung derjenigen Gefahren handelt, vor denen die Haftungsvorschrift schützen soll.

Dementsprechend ist die Haftung des Tierhalters nicht schon deshalb ausgeschlossen, weil z. B. der plötzliche intensive Lärm eines tief fliegenden Düsenflugzeugs auf das Nervensystem der betroffenen Menschen und Tiere wirkt und zu nicht steuerbaren Schreckreaktionen, Fluchtreaktionen, Schutzreaktionen oder

---

155 OLG Karlsruhe, Urt. v. 12.3.1992, Az. 9 U 270/91 = VersR 1993, 615 (616).
156 LG Siegen, Urt. v. 14.7.2005, Az. 5 O 31/05 = NJW-RR 2005, 1340.
157 OLG Koblenz, Beschlüsse v. 21.6.2007 und 13.8.2007, Az. 10 U 1703/06 = BeckRS 2007, 15332.
158 OLG Hamm, Urt. v. 8.9.2004, Az. 13 U 69/04 = OLGR Hamm 2005, 162.
159 Vgl. *Pfab*, VersR 2006, 894.
160 BGH, Urt. v. 27.1.1981, Az. VI ZR 204/79 = NJW 1981, 983.
161 BGH, Urt. v. 27.1.1981, Az. VI ZR 204/79 = VersR 1981, 676 f.

Abwehrreaktionen der Betroffenen führt[162]. Ebenso wird die Tiergefahr als adäquat kausale Schadensursache erachtet, wenn ein Polizist ein ausgebrochenes Rind, das auf eine Autobahn rennt, erschießt und er dabei ein Knalltrauma erleidet und arbeitsunfähig wird[163].

VI. Tierhalter

Eine weitere wesentliche Haftungsvoraussetzung ist die Tierhaltereigenschaft. Der Tierhalter ist Betreiber der „Gefahrenquelle Tier" und als Verantwortlicher eindeutig vom Schutzbereich des § 833 BGB ausgenommen, soweit es um Schäden durch das eigene Tier geht. Als Tierhalter gilt nur, wer ein bestimmtes Maßes an Kontrolle über ein Tier ausübt. Diesen Anforderungen werden selbst Personen, die sich regelmäßig aus eigenem Interesse mit einem fremden Tier beschäftigen, nicht ohne weiteres gerecht. Es wird sich daher zeigen, dass dieses Tatbestandsmerkmal keine Begrenzung der Haftung gegenüber der hier besonders untersuchten Personengruppe der „freiwilligen eigennützigen Nutzer" erlaubt.

1. Der Begriff des Tierhalters

Zum Schadensersatz verpflichtet ist derjenige, der Halter des Tieres ist, § 833 Satz 1 BGB. Mangels einer gesetzlichen Definition wurde der Begriff des Tierhalters über Jahrzehnte durch die Rechtsprechung ausgelegt und konkretisiert. Abstellend auf den Sinn und Zweck des § 833 BGB und seine Funktion im Schadensersatzrecht sieht die Rechtsprechung denjenigen als Tierhalter an, der andere erlaubtermaßen der nur schwer beherrschbaren Tiergefahr aussetzt[164]. Wer „Unternehmer" des mit der Tierhaltung verbundenen Gefahrenbereichs ist, soll für den daraus erwachsenden Schaden einzustehen haben. Nach ihrem Sinn und Zweck handelt es sich bei der Tierhalterhaftung mithin um „Betriebskosten einer gefahrträchtigen Veranstaltung"[165].

Tierhalter ist nach allgemeiner Auffassung demnach, wer das Eigeninteresse und die Entscheidungsgewalt über ein Tier ausübt. Indizien hierfür sind: die Ausübung der Bestimmungsmacht über das Tier, die Tragung der Kosten des Tieres aus eigenem Interesse, die Ziehung des allgemeinen Wertes und Nutzens des Tieres, sowie die Übernahme des Verlustrisikos[166]. Diese Kriterien sind weder abschließend, noch müssen sie kumulativ vorliegen[167].

---

162 BGH, Urt. v. 1.12.1981, Az. VI ZR 111/80 = VersR 1982, 243 f.

163 BGH, Urt. v. 13.11.2003, Az. III ZR 70/03 = AgrarR 2004, 182 (184).

164 BGH, Urt. v. 19.1.1988, Az. VI ZR 188/87 = NJW-RR 1988, 655; OLG Saarbrücken, Urt. v. 17.2.1988, Az. 1 U 31/86 = NJW-RR 1988, 1492; Schleswig-Holsteinisches OLG, Urt. v. 8.7.2004, Az. 7 U 146/03 = MDR 2005, 148.

165 BGH, Urt. v. 19.1.1988, Az. VI ZR 188/87 = NJW-RR 1988, 655.

166 Vgl. BGH, Urt. v. 19.1.1988, Az. VI ZR 188/87 = NJW-RR 1988, 655.

167 Vgl. Thüringer OLG, Urt. v. 23.9.2009, Az. 4 U 420/09 = RuS 2010, 126.

Ein eigenes Interesse an der Haltung des Tieres bzw. die Befugnis, über das Schicksal des Tieres zu bestimmen, sind nach Ansicht der Rechtsprechung und Lehre die wesentlichen Aspekte, die eine Verantwortlichkeit für die Gefahrenquelle begründen und die verschärfte Haftung nach § 833 Satz 1 BGB rechtfertigen[168]. Denn für Schädigungen durch Gefahrenquellen (in diesem Fall: Tiere) soll nur derjenige verschuldensunabhängig haften, der aus eigenem Interesse, „also weil er davon einen Nutzen hat“, andere Menschen der Gefahrenquelle aussetzt[169].

Die Tierhaltereigenschaft ist somit unabhängig von den rechtlichen Eigentums- oder Besitzverhältnissen allein aufgrund der tatsächlichen Verhältnisse zu bestimmen. Zwar wird die tatsächliche Entscheidungsgewalt u. a. durch das Bestehen eines Eigentums- oder Besitzrechts, also durch eine rechtliche Entscheidungsbefugnis, indiziert. Eine rechtliche Entscheidungsbefugnis lässt jedoch keinen zwingenden Rückschluss auf eine tatsächliche Entscheidungsgewalt zu. Denn auch derjenige, der ohne rechtliche Befugnis ein Tier beherrscht, kann Halter im Sinne des § 833 BGB sein[170].

Sofern mehrere Personen als Halter eines Tieres in Betracht kommen, können sie als Mittierhalter gemeinschaftlich haften[171]. Auch eine juristische Person (z.B. ein eingetragener Reitverein) kann Tierhalter sein.

a. Eigeninteresse

Maßgeblich für das Eigeninteresse ist zum einen, wer das Tier im eigenen Interesse und auf eigene Kosten nutzt. Nach ständiger Rechtsprechung erlischt die Tierhalterhaftung auch dann nicht, wenn das Tier zur Verwahrung und Ausbildung einem Dritten übergeben wird[172], solange derjenige, der das Tier weggibt, die genannten Voraussetzungen (Kostentragung, Tragung des Verlustrisikos, allgemeine Nutzung des Tieres bzw. dessen Wertes im eigenen Interesse) weiterhin erfüllt. Ein Wechsel der Tierhaltereigenschaft kommt erst für den Fall in Betracht, dass ein anderer faktisch in die Stellung des bisherigen Tierhalters eintritt und so ein Zuständigkeitswechsel erfolgt[173].

---

168 Gute Übersicht hierzu in Staudinger/*Eberl-Borges* (2007), § 833 Rn. 68 ff.

169 Staudinger/*Eberl-Borges* (2007), § 833 Rn. 72; *Lorenz*, S. 182 f.

170 Zur Haltereigenschaft des Diebes vgl. *Eberl-Borges*, VersR 1996, 1070 (1071).

171 OLG Köln, Beschluss v. 2.7.2010, Az. 19 U 171/09 – juris Tz. 65 ff. (für eine Mithaltereigenschaft spricht, dass sich ein Hund zumindest ein Drittel der Zeit in dem Haus aufhielt, in dem sich auch der Mithalter aufgehalten hat, der für das gesamte Haus Miete zahlte, der Mittierhalter den Hund ausführte, fütterte und er bestimmen konnte, dass der Hund, nachdem er den Mithalter gebissen hatte, nicht eingeschläfert wurde); Thüringer OLG, Urt. v. 23.9.2009, Az. 4 U 420/09 = RuS 2010, 126.

172 BGH, Urt. v. 14.7.1977, Az. VI ZR 234/75 = NJW 1977, 2158; BGH, Urt. v. 19.1.1988, Az. VI ZR 188/87 = NJW-RR 1988, 655.

173 Vgl. BGH, Urt. v. 15.12.1970, Az. VI ZR 121/69 = VersR 1971, 320.

Indizien für ein Eigeninteresse können sein: die Sorge für Obdach und Unterhalt[174], die Kostentragung für den Unterhalt des Tieres, das Tragen des Verlustrisikos, unter Umständen das Tragen der Versicherungskosten, die Nutzung im Haushalts- oder Wirtschaftsbetrieb[175].

Kein Eigeninteresse im Sinne von § 833 BGB hat, wer (z.B. aufgrund eines Vertragsverhältnisses) lediglich Verrichtungen an einem Tier vornimmt, ohne es für eigene Zwecke zu nutzen. Das Tier ist dann gerade nicht Gegenstand der Nutzung und damit auch nicht Gegenstand des maßgeblichen Interesses. Das trifft beispielsweise zu auf Tierärzte, Hufschmiede oder Ausbilder von Reit- oder Kutschpferden[176]. Denn in diesen Fällen bezieht sich das Interesse gerade nicht auf Vorteile, die unmittelbar „aus dem Tier" gezogen werden, sondern auf Vorteile, die lediglich „mittels des Tieres" erzielt werden[177].

b. Entscheidungsgewalt

Neben dem Eigeninteresse an der Haltung und Nutzung des Tieres ist nach Ansicht der Rechtsprechung und Literatur die Entscheidungsgewalt über das Tier ein wesentliches Kriterium bei der Bestimmung der Tierhaltereigenschaft[178]. Die Entscheidungsgewalt ist als abstrakte Entscheidungsgewalt über Existenz und Verwendung des Tieres zu verstehen[179]. Aus § 833 Satz 1 BGB soll derjenige haften, der ein Tier so hält, unterbringt und verwendet, dass hiervon Gefahren für Dritte ausgehen. Bei welcher Person im Schadenszeitpunkt (zufällig) die konkrete Entscheidungsgewalt über das Tier lag, ist daher unbeachtlich[180]. Maßgeblich ist, in wessen Gesamtinteresse das Tier gehalten wird und wessen Wirtschaftsbetrieb oder Haushalt es dient, sodass die Tierhaltereigenschaft durch eine vorübergehende Aufgabe der unmittelbaren Verfügungsgewalt über das Tier oder eine vorübergehende Besitzentziehung nach Ansicht des BGH[181] nicht berührt wird. Inhaber der Entscheidungsgewalt im rechtlich relevanten Sinn sind demnach beispielsweise nicht per se der Reiter auf dem ausschlagenden Pferd oder der Führer des beißenden Hundes, sondern die Personen, die abstrakt-generell darüber entscheiden, ob und mit welchem Reiter ein Pferd geritten werden darf bzw. wann und wo der Hund ausgeführt werden soll. Wie bereits dargelegt, kommt es nicht auf die Entscheidungsbefugnis aufgrund von Eigentums- oder Besitzverhältnissen, sondern auf die tatsächliche Entscheidungsgewalt an. Beides fällt jedoch häufig in einer Person zusammen, sodass der

---

174 LG Hanau, Urt. v. 16.1.2003, Az. 1 O 1130/02 = NJW-RR 2003, 457.
175 Thüringer OLG, Urt. v. 23.9.2009, Az. 4 U 420/09 = RuS 2010, 126.
176 Vgl. BGH, Urt. v. 19.1.1988, Az. VI ZR 188/87 = AgrarR 1988, 235.
177 Vgl. *Lorenz*, S. 185 m.w.N.
178 Vgl. BGH, Urt. v. 14.7.1977, Az. VI ZR 234/75 = NJW 1977, 2158; Staudinger/*Eberl-Borges* (2007), § 833 Rn. 69 m.w.N.
179 Staudinger/*Eberl-Borges* (2007), § 833 Rn. 94.
180 BGH, Urt. v. 17.3.2009, Az. VI ZR 166/08 = VersR 2009, 693, Rn. 20.
181 BGH, Urt. v. 19.1.1988, Az. VI ZR 188/87 = AgrarR 1988, 235 (236).

Entscheidungsbefugnis eine Indizienfunktion zukommt. Indizien für die Entscheidungsgewalt können z. B. sein: unmittelbarer Besitz bzw. tatsächliche Einwirkungsmöglichkeit[182] oder Eigentum[183].

c. *Beispiele*

Bestätigt wurde die Haltereigenschaft z. B. für den Viehhändler[184]; die Stadt, die ein dem Publikum zugängliches eingezäuntes Wildgehege unterhält[185]; einen Tierschutzverein bzw. ein Tierheim[186]. Die - soweit ersichtlich bisher nur theoretische - Frage der Haltereigenschaft des Diebes wird in der Literatur zutreffend bejaht[187].

Die Haltereigenschaft wurde von der Rechtsprechung abgelehnt für den Viehverkaufskommissionär[188]; den Transporteur zum Schlachthof[189]; den Tierarzt, dem das Tier zur Behandlung vorgeführt wird; den Gerichtsvollzieher hinsichtlich eines gepfändeten und anderweitig untergestellten Pferdes und die Person, bei der es untergestellt ist[190]; den Reiter bei einem Proberitt im Rahmen von Verkaufsverhandlungen[191]; den Vater, der seiner Tochter lediglich die Finanzen für die Pferdehaltung zur Verfügung stellt und die Versicherungsprämien zahlt, solange die Tochter Eigentümerin ist und das Pferd allein reitet und pflegt[192]; den Inhaber einer Reitbeteiligung für die Zeit der Überlassung des Pferdes[193] (dieser ist bei entsprechender Selbstständigkeit allenfalls Tierhüter und nicht Tierhalter).

2. *Der minderjährige Tierhalter*

Auch Minderjährige können Tierhalter sein. Es gelten die oben erwähnten Kriterien zur Bestimmung der Tierhaltereigenschaft. Auch hier gilt, dass allein aus dem Umstand, dass das Pferd im Eigentum eines minderjährigen Kindes steht, sich nicht dessen Haltereigenschaft ergibt. Das Eigentum mag zwar ein gewichtiges Indiz für die Haltereigenschaft sein, vor allem dann, wenn der Eigentümer ausschließlich das Tier für eigene Zwecke nutzt. Entscheidend ist jedoch darauf abzustellen, wer als

---

182 Thüringer OLG, Urt. v. 23.9.2009, Az. 4 U 420/09 = RuS 2010, 126.

183 LG Hanau, Urt. v. 16.1.2003, Az. 1 O 1130/02 = NJW-RR 2003, 457.

184 Schleswig-Holsteinisches OLG, Urt. v. 17.2.2005, Az. 7 U 168/03 = OLGR Schleswig 2005, 717.

185 BGH, Urt. v. 13.7.1976, Az. VI ZR 99/75 = VersR 1976, 1175.

186 LG Hanau, Urt. v. 16.1.2003, Az. 1 O 1130/02 = NJW-RR 2003, 457; OLG Zweibrücken, Beschl. v. 12.8.2004, Az. 1 U 65/04 = OLGR Zweibrücken 2005, 247.

187 Vgl. insbesondere *Eberl-Borges*, VersR 1996, 1070 m.w.N.

188 OLG Celle, Urt. v. 14.8.1975, Az. 5 U 20/75 = VersR 1976, 763.

189 RG, Urt. v. 9.12.1941, Az. VI 74/41 = RGZ 168, 331.

190 OLG Hamm, Urt. v. 14.4.1994, Az. 6 U 2/94 = NJW-RR 1995, 409.

191 Schleswig-Holsteinisches OLG, Urt. v. 23.5.1996, Az. 7 U 81/91 = VersR 1997, 634.

192 Schleswig-Holsteinisches OLG, Urt. v. 8.7.2004, Az. 7 U 146/03 = MDR 2005, 148.

193 OLG Frankfurt, Beschluss v. 25.2.2009, Az. 4 U 210/08; Schleswig-Holsteinisches OLG, Urt. v. 21.6.2007, Az. 7 U 50/06 = OLGR Schleswig 2007, 768.

„Unternehmer" des mit der Tierhaltung verbundenen Gefahrenbereiches anzusehen ist[194]. Dementsprechend ist ein bei der Anschaffung des Pferdes 13-jähriges und zur Unfallzeit erst 15-jähriges Mädchen zwar Eigentümerin des Pferdes. Halterin eines Pferdes ist jedoch die Mutter, wenn sie mindestens die Hälfte der mit der Tierhaltung verbundenen Kosten getragen hat und angegeben hat, sie habe ihrer Tochter die Verantwortung für das Tier nicht überlassen können[195].

Sofern die Haltereigenschaft des Minderjährigen aufgrund des vorhandenen Eigeninteresses und der Entscheidungsgewalt bejaht wird, hängt die Haftung von weiteren Voraussetzungen ab, denn die strenge Haftung des (minderjährigen) Halters wäre mit den Grundsätzen des Minderjährigenschutzes nicht vereinbar. Über diese weiteren Voraussetzungen herrscht Streit. Da die Tierhaltereigenschaft bei Minderjährigen jedoch nur selten vorliegt, wird dieses Problem bisher rein theoretisch diskutiert. Eine (gefestigte) Rechtsprechung zu der Frage, welche Schutzstandards gelten sollen, existiert nicht.

Umstritten ist in der Literatur im Wesentlichen, ob für die Begründung der Tierhaltereigenschaft des nicht voll Geschäftsfähigen auf die Geschäftsfähigkeit nach §§ 104 ff. BGB[196] oder auf die Deliktsfähigkeit nach §§ 827 ff. BGB [197] abzustellen ist.

Trotz ihrer systematischen Stellung im Deliktsrecht und damit der Nähe zu § 833 BGB ist die Anwendung der §§ 827 ff. BGB abzulehnen. Die Deliktsfähigkeit, also die Fähigkeit zur Einsicht, Unrecht getan zu haben, ist kein hilfreicher Maßstab für die Ermittlung der Verantwortlichkeit bei der verschuldensunabhängigen Haftung, die gerade nicht auf einem unerlaubten, sondern auf einem erlaubten Handeln beruht. Gegen diesen Ansatz wird daher zu Recht eingewendet, worauf sich denn die Einsicht des Minderjährigen bei der erlaubten Haltung eines Tieres beziehen soll[198]. Zweifelhaft erscheint auch die Ansicht von *Eberl-Borges*[199], wonach auf die Entscheidungsgewalt des Minderjährigen über das Tier abgestellt werden soll. Das Maß der Entscheidungsgewalt soll sich nach dem Reifegrad des Minderjährigen sowie danach richten, ob die Eltern des Kindes Kenntnis von der Haltung des Tieres hatten. Insbesondere wenn die Eltern keine Kenntnis von der Tierhaltung hatten (und diese daher als Anspruchsgegner ausscheiden), soll es allein auf die gesetzlich nicht geregelte Fähigkeit des Minderjährigen zur Selbstbestimmung ankommen. Diese Ansicht bürdet dem Geschädigten eine Reihe von Beweisschwierigkeiten hinsichtlich der elterlichen Kenntnis und der Psyche des Minderjährigen und damit eine Rechtsunsicherheit auf, die durch die Anwendung der §§ 104 ff. BGB analog vermeidbar und daher aus Gründen des Minderjährigenschutzes nicht zwingend hinzunehmen sind.

---

194 BGH, Urt. v. 19.1.1988, Az. VI ZR 188/87 = VersR 1988, 609 m.w.N.
195 BGH, Urt. v. 6.3.1990, Az. VI ZR 246/89 = NJW-RR 1990, 789.
196 Vgl. *Canaris*, NJW 1964, 1987 (1991).
197 MüKo-*Wagner*, § 833 Rn. 30; *Deutsch*, JuS 1987, 673 (678).
198 *Eberl-Borges*, VersR 1996, 1070 m.w.N.
199 *Eberl-Borges*, VersR 1996, 1070.

Die besseren Argumente sprechen somit dafür, den minderjährigen Tierhalter nach dem System der §§ 104 ff. BGB haften zu lassen[200]. Die verschuldensunabhängige Haftung aufgrund der Haltereigenschaft stellt einen rechtlichen Nachteil dar. Diese wird zwar nicht – wie für §§ 104 ff. BGB erforderlich – durch Rechtsgeschäft, sondern durch Realakt begründet. Die entsprechende Anwendung erscheint jedoch vor dem Hintergrund der besseren Praktikabilität vorzugswürdig. Ohne Genehmigung der Tierhaltung durch die Eltern bzw. der gesetzlichen Vertreter scheidet eine Haftung des beschränkt Geschäftsfähigen gemäß § 833 Satz 1 BGB also aus. Dieser Ansatz vermeidet zudem das Risiko, dass sich Unwägbarkeiten bezüglich des Reifegrads des Kindes zu dessen Lasten auswirken.

3. Exkurs: Abgrenzung zum Tierhüter

Nicht Tierhalter, sondern nur Tierhüter ist, wer per Vertrag mit dem Tierhalter die selbstständige (also nicht weisungsgebundene) Aufsicht über das Tier übernommen hat, wie z.B. unter Umständen der Pensionsstallbetreiber[201] oder der Mieter eines Pferdes, dem dieses für eine gewisse Dauer zum selbstständigen Ausritt übergeben wurde[202].

Die Stellung eines Tierhüters im Sinne von § 834 BGB setzt die Übernahme der Aufsichtsführung über das Tier voraus, indem dieser selbstständig über Maßnahmen zur Steuerung des Tieres zu wachen hat[203]. Der Tierhüter haftet daher nicht verschuldensunabhängig, sondern nur wegen (widerlegbar vermuteter) unsorgfältiger Aufsichtsführung für Schäden, die das Tier während der Beaufsichtigung Dritten zufügt.

Zum Kern der vertraglich übernommenen „Führung der Aufsicht über das Tier" im Sinne des § 834 BGB gehört, dass der Übernehmende auch bei einem zwischen ihm und dem Tierhalter bestehenden Abhängigkeitsverhältnis ein gewisses Maß selbstständiger Gewalt über das Tier erlangt[204]. Dies ist regelmäßig zu bejahen, wenn ein Reiter das Pferd für eine eigenständige Nutzung zum Zwecke eines selbstständigen Ausreitens erhält, und damit über ein bloßes Steuern hinaus das Tier auch zu beaufsichtigen hat.

Nicht einmal Tierhüter ist damit derjenige, der nicht selbstständig ausreiten darf oder ein Pferd nur für eine Stunde mietet und während dieser Zeit beispielsweise vom Vermieter Unterricht erhält oder von dessen aufsichtführendem Angestellten bei einem Ausritt begleitet wird[205]. Tierhüter ist ebenso nicht, wer zwar aufgrund

200 So auch *Staudinger/Schmidt,* Jura 2000, S. 349 m.w.N.
201 OLG Hamm, Urt. v. 25.4.2006, Az. 9 U 7/05 = OLGR Hamm 2007, 44.
202 BGH, Urt. v. 30.9.1986, Az. VI ZR 161/85 = NJW 1987, 949; KG, Urt. v. 10.10.1994, Az. 22 U 5514/93 = KGR Berlin 1994, 254.
203 OLG Frankfurt, Beschl. v. 25.2.2009, Az. 4 U 210/08 = NJW-RR 2009, 894, m.w.N.
204 OLG Köln, Urt. v. 13.3.1998, Az. 20 U 100/97 = OLGR Köln 1999, 253.
205 Vgl. OLG Frankfurt, Beschl. v. 25.2.2009, Az. 4 U 210/08 = NJW-RR 2009, 894; *Terbille,* VersR 1995, 129.

eines Vertrages aber dennoch lediglich auf Anweisung handelt, wie z. B. ein Stallbursche oder ein angestellter Reitlehrer[206].

4. Stellungnahme zum Tierhalterbegriff

Der Tierhalter ist in der Regel ohne Abgrenzungsprobleme klar definierbar. Die Tierhaltereigenschaft kann wechseln und z. B. auf einen Entleiher übergehen. In der Regel ist aber der selbständige Nutzer oder der „Nutzer unter Aufsicht" nicht Tierhalter und somit trotz eines nicht unerheblichen Eigeninteresses an der Nutzung des fremden Tieres grundsätzlich von § 833 BGB geschützt. Er ist auch nicht Tierhüter nach § 834 BGB, denn die Tierhüterschaft erfordert eine selbständige Aufsichtsführung aufgrund eines Vertrages. Diese Selbständigkeit fehlt dem kurzfristigen Nutzer (z. B. bei einem Ausritt) sowie dem Reiter unter Aufsicht häufig.

VII. Zwischenergebnis

Der Tierhalter haftet für die Verwirklichung der Tiergefahr, also für jede hinreichende Energieentfaltung des Tieres. Einschränkungen der Haftung aufgrund von Kausalitäts- oder Adäquanzaspekten sind kaum denkbar oder relevant. Der Halter kann auch gegenüber einem Dritten haften, wenn er im Moment der Schädigung nicht dabei war. Er haftet insbesondere gegenüber dem Reiter auf seinem Pferd. Auf Tatbestandsebene besteht daher de lege lata ein hohes Haftungsrisiko des Halters auch gegenüber demjenigen, der sein Tier im eigenen Interesse nutzt. Zu untersuchen ist daher, wie die Haftung interessengerecht eingeschränkt werden kann.

C. Grenzen der Haftung aus § 833 Satz 1 BGB

I. Keine pauschale Grenze des persönlichen Schutzbereichs

Bestimmte Personen- und Berufsgruppen wie Reiter, Tierärzte oder Hufschmiede setzen sich regelmäßig bewusst und gewollt der Tiergefahr aus, sodass ein Bedürfnis besteht, ihnen den Schutz der Tieralterhaftung zu versagen. Schließlich dient die Gefährdungshaftung für Tiere gerade nur dem Schutz desjenigen, der unfreiwillig und zufällig den unbeherrschbaren Risiken von Tieren ausgesetzt ist.

Dennoch haftet der Tierhalter nach allgemeiner Auffassung z. B. auch gegenüber dem Reiter, der freiwillig ein fremdes Pferd reitet und sich dabei verletzt[207]. Denn eine pauschale Beschränkung des Schutzbereichs und somit eine pauschale Versagung von Ersatzansprüchen gegen den Halter ist weder bei Reitern noch bei besonders gefährdeten Berufsgruppen wie Tierärzten[208], Hufschmieden oder Bereitern de

206 OLG Düsseldorf, Urt. v. 11.6.2003, Az. I-4 U 207/01 = VersR 2003, 870; OLG Köln, Urt. v. 13.3.1998, Az. 20 U 100/97 = OLGR Köln 1999, 253.

207 Vgl. nur BGH, Urt. v. 9.6.1992, Az. VI ZR 49/91 = NJW 1992, 2474.

208 BGH, Urt. v. 17.3.2009, Az. VI ZR 166/08 = VersR 2009, 693.

lege lata zulässig. Selbst Personen, die sich ohne Einverständnis des Halters dem Tier nähern, sind grundsätzlich vom Schutzbereich der Tierhalterhaftung umfasst[209].

Eine Beschränkung des Schutzbereichs wäre zum einen nicht mit dem Wortlaut des § 833 Satz 1 BGB vereinbar. Sie entspricht zum anderen nicht dem von der Norm angestrebten Interessenausgleich zwischen dem Betreiber der Gefahrenquelle „Tier" und dem Geschädigten. Dementsprechend führte der BGH[210] aus:

> *„...hätte der Gesetzgeber allgemein den Reitern, eine Personengruppe, die so typisch der Tiergefahr ausgesetzt ist, den Schutz der Tierhalterhaftung nicht gewähren wollen, so hätte dies zum Ausdruck kommen müssen. Es ist mit dem Sinn und Zweck der Vorschrift durchaus vereinbar, die für einen Reiter von dem von ihm gerittenen Pferd ausgehenden Gefahren grundsätzlich in die Tierhalterhaftung einzubeziehen".*

Der BGH[211] erkennt demnach auch Schäden, die der Reiter durch das Pferd erleidet, als eine Folge derjenigen Gefahren an, die die Rechtsgemeinschaft hinnehmen muss, denn „der Reiter stellt sich daher dadurch, dass er sich aus eigenem Interesse auf das (fremde) Pferd setzt, nicht außerhalb des Schutzzwecks der Haftungsnorm."

Wenn Dritte sich freiwillig bzw. aufgrund eines Vertrages in die Gefahrenzone des Tieres begeben, heißt das zudem nicht, dass die Überlassung des Tieres dann ausschließlich in deren eigenem Interesse liegt. Im Gegenteil, oft erfolgen die Verrichtungen an dem Tier, wie z. B. Tierarztbehandlungen, im Interesse des Halters[212].

Es ist daher bei der jetzigen Rechtslage nicht gerechtfertigt, die Haftung des Halters von vornherein entfallen zu lassen. Eine vollständige, nicht nur vorübergehende Verschiebung des Nutzungsinteresses vom Halter auf den Geschädigten ist selten anzunehmen und ließe ohnehin die Haltereigenschaft entfallen, sodass schon aus diesem Grund eine Haftung nach § 833 Satz 1 BGB ausschiede. Die von der Rechtsprechung praktizierte Einbeziehung von Personen wie dem Reiter auf dem fremden Pferd, Hufschmieden[213] oder Tierärzten[214] in den Schutzbereich der Tierhalterhaftung ermöglicht daher einen angemessenen Interessenausgleich. Nach der zutreffenden Ansicht des BGH[215] sei nur in engen Ausnahmefällen denkbar, dass die Tierhalterhaftung schon im Anwendungsbereich ausgeschlossen ist. Außerhalb dieser seltenen Ausnahmen müssten die Verursachungs- und Verschuldensanteile über die Berücksichtigung eines Mitverschuldens nach § 254 BGB abgewogen werden, wobei auch hiernach eine vollständige Haftungsfreistellung nur in eng begrenzten Ausnahmefällen in Betracht komme.

---

209 BGH, Urt. v. 30.04.2013, Az. VI ZR 13/12.
210 BGH, Urt. v. 14.7.1977, Az. VI ZR 234/75 = VersR 1977, 864.
211 Vgl. BGH, Urt. v. 22.12.1992, Az. VI ZR 53/92 = NJW 1993, 2611 (2612).
212 Vgl. BGH, Urt. v. 17.3.2009, Az. VI ZR 166/08 = VersR 2009, 693.
213 BGH, Urt. v. 28.5.1968, Az. VI ZR 35/67 = NJW 1968, 1932.
214 BGH, Urt. v. 17.3.2009, Az. VI ZR 166/08 = VersR 2009, 693; insoweit verfehlt: OLG Nürnberg, Urt. v. 27.3.1997, Az. 13 U 3005/96 = VersR 1999, 240.
215 BGH, Urt. v. 17.3.2009, Az. VI ZR 166/08 = VersR 2009, 693.

Als maßgebliches Kriterium im deutschen Tierhalterhaftungsrecht hervorzuheben ist zum einen, dass der BGH eine flexible, einzelfallbezogene und somit sachgerechtere Einschränkung der Tierhalterhaftung im Wege der Abwägung nach § 254 BGB gegenüber pauschalen Schutzzweckerwägungen bevorzugt. Andererseits verursacht diese Auslegung der Norm aber auch Rechtsunsicherheit, da klare Voraussetzungen für das Nichtgreifen der Tierhalterhaftung fehlen. Diese Kriterien muss es aber geben, denn es gibt Sachverhalte, in denen die Belastung des Tierhalters mit der Gefahrtragung nicht mehr dem gesetzgeberischen Gedanken entspricht, der der Einführung der Tierhalterhaftung zugrunde lag. Zwar entstanden nach der Rechtsprechung Fallgruppen von Ausnahmen, in denen der Schutz der Tierhalterhaftung zu versagen ist. Eine klare Linie ist jedoch infolge eines mittlerweile komplizierten und umstrittenen Geflechts von Ausnahmen und Gegenausnahmen nicht mehr erkennbar, wie im Folgenden dargestellt.

II. Ausschluss der Haftung aufgrund von Schutzzweckerwägungen (Risikoübernahme)

1. Handeln auf eigene Gefahr

Im Bereich der Tierhalterhaftung spielt die Frage der Risikoübernahme z.B. durch Einwilligung bzw. Handeln auf eigene Gefahr bei Reitunfällen eine besonders große Rolle. Der in Anspruch genommene Pferdehalter verteidigt sich im Falle eines Rechtstreits häufig mit dem Einwand, dass der Reiter, der sich trotz der allgemein bekannten Gefahren, die mit dem Reiten einhergehen, auf ein Pferd setzt, in diese Gefahren auch einwilligt[216].

An eine wirksame Einwilligung stellt die Rechtsprechung aufgrund der schwerwiegenden Konsequenzen für den Geschädigten hohe Anforderungen. Dies erst recht, wenn diese Einwilligung nicht ausdrücklich vom Geschädigten erklärt wird, sondern aus dem Verhalten des Geschädigten abgeleitet werden muss. Das Verhalten des Verletzten muss daher „ohne künstliche Unterstellung" als Einwilligung in die als möglich vorgestellte Rechtsgutsverletzung aufgefasst werden können[217].

So entscheidet der BGH[218] in ständiger Rechtsprechung, dass „der Gesichtspunkt des Handelns auf eigene Gefahr nur in eng begrenzten Ausnahmefällen zu einer gänzlichen Haftungsfreistellung des Schädigers führt", nämlich dann, wenn sich der Geschädigte bewusst und ohne triftigen Grund in eine Situation begeben hat, in der ihm die Eigengefährdung droht, wie etwa bei der Teilnahme an besonders

---

216 Für die Erheblichkeit dieses Einwands *Deutsch,* NJW 1978, 1998 (2001); *Dunz,* JZ 1987, 63, *Hasselblatt,* NJW 1993, 2577 (2578).

217 BGH, Urt. v. 14.3.1961, Az. VI ZR 189/59 = BGHZ 34, 355.

218 Vgl. BGH, Urt. v. 17.3.2009, Az. VI ZR 166/08 = VersR 2009, 693; BGH, Urt. v. 3.5.2005, Az. VI ZR 238/04 = NJW-RR 2005, 1183; BGH, Urt. v. 1.4.2003, Az. VI ZR 321/02 = BGHZ 154, 316 (323); BGH, Urt. v. 21.2.1995, Az. VI ZR 19/94 = VersR 1995, 583 (585) m.w.N.

gefährlichen Sportarten. Das Bewusstsein der Gefährdung ist stets Voraussetzung, um ein Handeln auf eigene Gefahr anzunehmen.

Der Aspekt des Handels auf eigene Gefahr greift daher bei der Tierhalterhaftung nur ausnahmsweise ein, nämlich wenn der Verletzte sich bewusst Risiken aussetzt, die über die normale Tiergefahr hinausgehen[219], wenn der Reiter also im Einzelfall Risiken übernommen hat, die über die gewöhnlich mit einem Ritt verbundene Gefahr hinausgehen[220], wie beim Springen bzw. Stafettenzeitspringen[221], generell bei Reitturnieren[222], bei der Dressur[223], bei Fuchsjagden[224] oder wenn ein Reiter ein Tier übernimmt, dass erkennbar bösartiger Natur ist bzw. erst zugeritten werden muss[225]. Erst dann könne ohne künstliche Unterstellung von einem Haftungsausschluss ausgegangen werden, sofern sich in dem Unfallhergang auch das typischerweise erhöhte „Springreiter-Risiko“ oder „Fuchsjagd-Risiko“ verwirklicht habe.

Wenn also ein Reiter freiwillig Springreiten praktiziert, ist mit der Rechtsprechung in der Regel davon auszugehen, dass er die damit verbundenen erhöhten Verletzungsgefahren in Kauf nimmt und eine Haftung des Pferdehalters ausgeschlossen sein kann. Spezielle, mit dem Springreiten verbundene Gefahren sind z. B. das Scheuen des Pferdes vor einem Hindernis oder der Sturz mit dem Pferd in einen Hindernis. Gesteigerte dressurspezifische Gefahren sind vor allem mit Widersetzlichkeiten oder möglicher Überforderung des auszubildenden Pferdes verbunden. Insbesondere beim Training mit jungen Pferden kann es zu Missverständnissen zwischen Reiter und Pferd oder zu Widersetzlichkeiten, z. B. Steigen des Pferdes, kommen, die zu Verletzungen des Reiters führen können. Auch in diesen Fällen geht die Rechtsprechung von einem Handeln auf eigene Gefahr und einem pauschalen Ausschluss des Anspruchs gegen den Tierhalter aus.

Der selbstständige Ausritt auf einem fremden Pferd stellt nach Auffassung des BGH[226] dagegen keine Übernahme einer erhöhten Gefahr dar. Für eine Ausgrenzung

---

219 Vgl. BGH, Urt. v. 3.5. 2005; BGH, Urt. v. 24.11.1954, Az. VI ZR 255/53 = VersR 1955, 116.

220 BGH, Urt. v. 14.7.1977, Az. VI ZR 234/75 = NJW 1977, 2158.

221 OLG Frankfurt, Urt. v. 20.9.1984, Az. 16 U 294/83 = VersR 1985, 670.

222 LG Kassel, Urt. v. 18.3.1987, Az. 5 O 485/86 = RuS 1987, 341.

223 BGH, Urt. v. 9.6.1992, Az. VI ZR 49/91 = NJW 1992, 2474; BGH, Urt. v. 14.7.1977, Az. VI ZR 234/75 = NJW 1977, 2158; gegen die pauschale Einstufung des Dressurreitens als gefährliche Reitsportart wendet sich zutreffend *Terbille* VersR 1994, 1151, vgl. auch OLG Hamm, Urt. v. 20.9.2000, Az.13 U 78/98 = NJW-RR 2001, 390 (Rückwärtsrichten).

224 BGH, Urt. v. 9.6.1992, Az. VI ZR 49/91 = NJW 1992, 2474; BGH, Urt. v. 14.7.1977, Az. VI ZR 234/75 = NJW 1977, 2158; LG Landau, Urt. v. 12.12.1974, Az. O 310/74 = VersR 1976, 10.

225 OLG Hamm, Urt. v. 20.9.2000, Az.13 U 78/98 = NJW-RR 2001, 390; Staudinger/*Eberl-Borges*, (2007) § 833 Rn. 189.

226 BGH, Urt. v. 24.6.1986, Az. VI ZR 202/85 = VersR 1986, 1206; BGH, Urt. v. 14.7.1977, Az. VI ZR 234/75 = NJW 1977, 2158; vgl. auch zur Teilnahme an einer Siegerehrung

dieser Fälle aus der Tierhalterhaftung könnte zwar sprechen, dass der Reiter beim selbstständigen Ausritt deutlich allein die Verantwortung für das Pferd und dessen Verhalten übernimmt. Er will es als Reiter allein anleiten und beherrschen und setzt sich dabei gerade auch mit der unberechenbaren Natur des Pferdes auseinander, das sich ihm unterordnen soll. Damit tritt die Gefahr, die der Tierhalter durch sein Tier für Außenstehende setzt, gegenüber dem eigenverantwortlichen Handeln des Reiters zurück, der sich bewusst dem unberechenbaren Verhalten des Pferdes und der dadurch für ihn bestehenden Gefahr aussetzt. Indessen bestehe diese Situation, wie der BGH[227] feststellt, stets dann, wenn jemand auf ein Pferd steige, um es zu reiten. Derjenige, der allein und selbstständig ausreite, übernehme insoweit keine Gefahr, die über diejenige eines gewöhnlichen Rittes, wozu auch ein selbstständiger Ausritt ins Gelände gehöre, hinausginge.

Aber auch wenn keine gesteigerte Gefahr vorliegt und daher kein Handeln auf eigene Gefahr angenommen werden kann, soll die Haftung nach Ansicht des BGH[228] entfallen, wenn ein Reiter durch ein Pferd verletzt wird, das er sich vom Tierhalter erbeten hatte, um diesem seine bessere Reitkunst zu beweisen. Diese Konstellation falle aufgrund des überwiegenden Eigeninteresses des Reiters an der Nutzung des Pferdes nicht mehr unter den Schutzzweck der Tierhalterhaftung.

2. Widersprüchliches Verhalten des Geschädigten

Die Haftung kann nach Ansicht der Rechtsprechung auch wegen „widersprüchlichen Verhaltens" ausgeschlossen sein, wenn der Reiter ein Pferd in eigenem Interesse nutzt und dabei die im tierischen Verhalten liegenden Gefahren in Kauf nimmt.

In einem Fall, den das OLG Düsseldorf[229] zu entscheiden hatte, verunglückte eine Reiterin mit einem Pferd, zu dessen Erwerb sie zuvor fest entschlossen war. Die Reiterin war zur Zeit des Reitunfalls (noch) nicht Eigentümerin des Pferdes. Sie verklagte den Halter des Pferdes auf Schadensersatz wegen Tierhalterhaftung.

Grundsätzlich gelten folgende Erwägungen: Wenn jemand beim Proberitt mit einem fremden Pferd verunfallt und zu diesem Zeitpunkt die Kaufentscheidung gerade noch nicht feststand, ist die Tierhalterhaftung nicht ausgeschlossen[230]. Das OLG Düsseldorf vertrat jedoch die Ansicht, dass die Tierhalterhaftung gegenüber der Reiterin auf Grund der besonderen Umstände des Falles ausgeschlossen sei,

---

mit einer Ehrenrunde im Galopp: OLG Düsseldorf, Urt. v. 3.4.1984, Az. 4 U 4/84 = VersR 1986, 1244.

227 BGH, Urt. v. 24.6.1986, Az. VI ZR 202/85 = VersR 1986, 1206.

228 BGH, Urt. v. 13.11.1973, Az. VI ZR 152/72 = NJW 1974, 234 (235 f.); klarstellend, dass diese Wertung auf Ausnahmefälle mit endeutig überwiegendem Interesse des Reiters begrenzt bleiben soll: BGH, Urt. v. 14.7.1977, Az. VI ZR 234/75 = NJW 1977, 2158.

229 OLG Düsseldorf, Urt. v. 11.2.2000, Az. 22 U 170/98 = NJW-RR 2001, 390.

230 Schleswig-Holsteinisches OLG, Urt. v. 23.5.1996, Az. 7 U 81/91 = VersR 1997, 634; ähnlich auch OLG Düsseldorf, Urt. v. 12.6.1997, Az. 8 U 206/96 = VersR 1998, 1385.

auch wenn es noch nicht zum Abschluss des Kaufvertrages und der Übereignung des Tieres gekommen war. Die besonderen Umstände sah das OLG Düsseldorf darin, dass die Geschädigte zum Erwerb des Pferdes fest entschlossen war. Das Interesse der Klägerin habe nicht nur darin bestanden, das Pferd aus Freude am Sport zu reiten. Vielmehr sei ihr Interesse an dem Pferd, als sich der Unfall ereignete, dem des Halters sehr nahe gekommen. Sie sei mit dem Pferd nicht nur zu ihrem Vergnügen ausgeritten, sondern sie habe es trainiert und zwar nach eigenem Gutdünken; sie habe mit dem Pferd machen können, was sie für richtig hielt. Viel mehr als der Halter habe sie durch ihr Training das Verhalten des Tieres beeinflussen können. Sie hatte daher nach Ansicht des Gerichts im Verhältnis zum beklagten Tierhalter „eine Stellung inne, die der des Tierhalters so nahe kam, dass die Inanspruchnahme des Beklagten selbst widersprüchlich erscheinen muss".

Auch diese Fallgruppe zeigt, dass sich ein Haftungsausschluss – ohne ausdrückliche Erklärung des Verletzten – nicht allein danach orientieren kann, welche Tätigkeit der Geschädigte ausgeführt hat. Haftungsausschlusserwägungen haben sich vielmehr danach auszurichten, welche Interessenlage vorlag. Der selbstständige Umgang mit einem fremden Tier, speziell das selbstständige Ausreiten mit einem fremden Pferd zum eigenen Vergnügen genügt in anderen Zusammenhängen nicht für einen Ausschluss der Tierhalterhaftung. Erst wenn der Reiter sich wie ein Halter geriert, soll ein Haftungsausschluss angenommen werden können. Unterhalb dieser Schwelle liegen bisher keine praktikablen Kriterien für die Annahme eines Haftungsausschlusses vor.

3. *Stellungnahme*

Grundsätzlich ist der Ansatz der Rechtsprechung zu begrüßen, pauschale Grenzen der Haftung basierend auf Schutzzweckerwägungen wie dem Handeln auf eigene Gefahr nur ausnahmsweise zu bejahen. Dieser Ansatz ermöglicht eine einzelfallgerechte Bewertung des jeweiligen Verursachungsbeitrags des Geschädigten. Die von der Rechtsprechung definierten Ausnahmefälle, also die oben dargestellte Abgrenzung zwischen gewöhnlichen und besonders gefährlichen Tiergefahren oder Reitsportarten, sind jedoch abzulehnen. Zum einen findet eine solche Differenzierung keine Stütze im Gesetz[231]. Zum anderen ist die Annahme der Rechtsprechung, dass beim Spring-, Jagd- oder Dressurreiten stets eine erhöhte Tiergefahr und ein erhöhtes Verletzungsrisiko gegenüber z.B. einem selbstständigen Ausritt bestehe, nicht belegt und daher willkürlich.

Tatsächlich sind gerade alltägliche Verrichtungen an einem Pferd besonders verletzungsträchtig. Die meisten Unfälle mit Pferden, nämlich 37,1% aller Reitsportunfälle, ereignen sich laut einer Studie deutscher Ärzte aus dem Jahr 1994[232] im

---

231 *Kipp*, VersR 2000, 1348; *Spindler* / BeckOK BGB, § 833, Rn. 19 – 23, Stand: 1.10.2007, Edition: 18.

232 Vgl. Giebel, Braun, Mittelmeier, S. 25, 127.

freizeitmäßigen Pferdesport. Mehr als ¼ aller Reitunfälle (28,8%) ereignen sich nicht beim Reiten, sondern beim sonstigen Umgang mit dem Pferd. Dieses alltägliche Risiko soll aber nicht für einen Verlust der Ansprüche gegen den Tierhalter ausreichen. Zwar ist der statistische Anteil der Unfälle, die im Zusammenhang mit Wettkämpfen oder anspruchsvolleren Reitsportaktivitäten geschehen, auch deswegen gering, weil vergleichsweise wenige Reiter auf dem entsprechenden Niveau aktiv sind. Letztlich sitzen geübte Reiter aufgrund ihrer Erfahrung aber auch buchstäblich fester im Sattel und verletzen sich seltener.

Ein Beleg für die höhere Gefährlichkeit anspruchsvollen oder wettkampforientierten Reitens ist bisher nicht erbracht und die Untersuchung entsprechender Studien spricht dagegen, dass die pauschale Annahme erhöhter Risiken in der Rechtsprechung nicht gerechtfertigt ist.

Dieser Auffassung folgen auch bereits vereinzelte Instanzgerichte. So urteilte das OLG Hamm[233] zum Handeln auf eigene Gefahr beim dressurmäßigen Rückwärtsrichten eines Pferdes:

> *„Soweit der BGH in mehreren Entscheidungen das Dressurreiten generell als Beispiel für die Übernahme einer besonderen Gefahr genannt hat, folgt der Senat dem in dieser Allgemeinheit nicht. Es mag sein, dass es auch beim Dressurreiten besonders risikoreiche Übungen gibt, die die Gefährdungshaftung aus § 833 BGB unter dem Gesichtspunkt des Handelns auf eigene Gefahr verdrängen. Es ist aber immer auf den Einzelfall und auf die konkrete Situation abzustellen. Diese Übung des Rückwärtsrichtens, die zu den normalen und eher ungefährlichen Übungen beim Dressurreiten gehört, zählt jedenfalls nicht dazu.“*

Auch auf der Ebene der Haftungsbegrenzung sind pauschale Abgrenzungen oder Fallgruppenbildungen nicht sachgerecht. Ein entsprechender Verletztenbeitrag ist vielmehr individuell im Rahmen von § 254 BGB zu berücksichtigen[234]. Maßgebendes Kriterium für die Beurteilung eines haftungsausschließenden Handelns auf eigene Gefahr ist nicht allein die Gefährlichkeit der Tätigkeit, die zu dem Schaden geführt hat. Im Einzelfall können auch andere Aspekte relevant sein. Ausschlaggebend kann die Interessenlage der Parteien sein, wie folgendes Beispiel aus der Rechtssprechung zeigt: Wenn z.B. ein ehrenamtlicher Turnierrichter als so genannter Bockrichter während eines Geländefahrturniers auf einer Pferdekutsche mitfährt und verunfallt, weil die Kutsche in einer Kurve umkippt, so handelt es sich zwar um eine gefährliche Tätigkeit. Jedoch ist nach den einschlägigen Regeln der Leistungsprüfungsordnung (LPO) der FN das Vorhandensein von Schiedsrichtern bei Fahrveranstaltungen vorgeschrieben, sodass derartige Fahrturniere ohne den Einsatz der ehrenamtlichen Helfer nicht stattfinden könnten. Die Mitfahrt des Schiedsrichters auf dem Kutschbock dient deshalb vor allem dem Interesse der Wettkampfteilnehmer. Der Turnierrichter handelt vorrangig im Interesse des Schädigers bzw. des Pferdehalters. Insofern liegt dann ein triftiger Grund für die Ausübung der gefährlichen

---

233 OLG Hamm, Urt. v. 20.9.2000, Az.13 U 78/98 = NJW-RR 2001, 390.

234 Vgl. auch Staudinger – *Belling/Eberl-Borges* (2008), § 833 Rn. 197 m.w.N.

Tätigkeit vor, der einem Haftungsausschluss wegen Handelns auf eigene Gefahr entgegensteht[235].

Besonderheiten gelten erst recht für den minderjährigen Geschädigten. Der allgemeine Ausschlussgrund „Handeln auf eigene Gefahr" ist bei Minderjährigen allenfalls anwendbar, wenn feststeht, dass sie die besonderen Risiken – wie auch immer man diese definiert – überschauen konnten, sie diese also bewusst übernommen haben. Dass diese Kenntnis vorhanden war, darf nicht wie bei Erwachsenen unterstellt werden, sondern sie ist unter Berücksichtigung des § 828 Abs. 3 BGB zu ermitteln. Maßgeblich sind hierbei die Reitpraxis und die Lebenserfahrung des Minderjährigen[236].

Auch wenn eine Einzelfallbetrachtung für die Begrenzung der Tierhalterhaftung angesichts des weiten Schutzbereichs von § 833 Satz 1 BGB grundsätzlich zu befürworten ist, zeigen die Urteile eine Diskrepanz zwischen der derzeitigen Rechtslage und einer offenbar nicht gering verbreiteten Verkehrsauffassung: In Teilen der Gesellschaft besteht ein Interesse daran, die Haftung des Tierhalters gegenüber Personen, die sich freiwillig einem fremden Tier nähern oder sogar die Kontrolle über das Tier ausüben, in bestimmten Konstellationen auszuschließen. Die Rechtsprechung tut sich aber schwer, klare Kriterien für die Voraussetzungen eines Haftungsausschlusses zu definieren, wenn der Geschädigte nicht ausdrücklich auf seine Ansprüche verzichtet hat. Denn zum einen hat ein Haftungsausschluss schwerwiegende Konsequenzen für den Geschädigten. Zum anderen fehlen – anders als in anderen Bereichen der Gefährdungshaftung (vgl. § 8 Nr. 2 StVG) – gesetzlich definierte Ausschlussgründe. Die Rechtsprechung argumentiert daher zu Recht und – nach der aktuellen Rechtslage ohne Alternative – mit der Intention des § 833 Satz 1 BGB, der einen gerechten Ausgleich dafür biete, dass Dritte das Halten von Tieren und die von diesen Tieren ausgehenden Gefahren dulden müssen[237]. Wie *Hasseblatt* treffend ausführt, kann *„[v]on einem Duldenmüssen [...] jedoch keine Rede mehr sein, wenn sich der später zu Fall Gekommene freiwillig und im eigenen Interesse, obendrein unentgeltlich, auf ein fremdes Pferd setzt"*[238]. Diese Diskrepanz ist allein mit Schutzzweckerwägungen nicht auflösbar.

III. Ausschluss der Halterhaftung aufgrund Gesetzes

Wie bereits ausgeführt, wird in der Literatur[239] kritisiert, dass der Halter auch gegenüber Personen haften soll, denen er sein Tier gefälligkeitshalber und unentgeltlich überlässt. Zwar könne in diesen Fällen ein stillschweigender Haftungsverzicht nicht ohne weitere Anhaltspunkte fingiert werden. Insoweit herrscht Einigkeit mit dem

235 BGH, Urt. v. 20.12.2005, Az. VI ZR 225/04 = NJW-RR 2006, 813.

236 Siehe hierzu unten D.I.2.

237 BGH, Urt. v. 14.7.1977, Az. VI ZR 234/75 = NJW 1977, 2158.

238 *Hasselblatt*, NJW 1993, 2577 (2579).

239 *Hasselblatt*, NJW 1993, 2577 (2578); *Scheffen*, NJW 1990, 2658 (2663); *Deutsch*, NJW 1978, 1998; *Dunz*, JZ 1987, 63; Staudinger/*Reuter*, 12. Aufl., Vor. zu §§ 598 ff. Rn. 9.

BGH. Nach den Grundsätzen von Treu und Glauben sowie dem Sinn und Zweck des § 833 Satz 1 BGB soll jedoch ein Haftungsausschluss wegen Handelns auf eigene Gefahr nicht erst dann zum Tragen kommen, wenn z.B. ein Reiter „besondere" Risiken übernehme. Entgegen der heutigen Rechtsprechung des BGH müsse die Haftung schon dann entfallen, wenn der Verletzte ohne Leistung eines Entgelts die Herrschaft über ein fremdes Pferd vorwiegend im eigenen Interesse und in Kenntnis der damit verbundenen Gefahren übernimmt[240].

Da § 833 BGB keine Anhaltspunkte dafür bereithält, unter welchen Voraussetzungen die Haftung des Halters eingeschränkt sein kann und die Schutzzweckerwägungen ebenfalls kaum eine Grundlage für eine Begrenzung der Haftung bieten, werden häufig Haftungsausschlüsse aus anderen Schuldverhältnissen herangezogen und auf ihre Übertragbarkeit auf die Tierhalterhaftung untersucht. Besteht zwischen Halter und Verletztem ein Vertrag oder eine vertragliche oder gesetzliche Sonderbeziehung, stehen deliktische und (quasi-)vertragliche Ansprüche nebeneinander in Anspruchskonkurrenz[241]. Spezielle gesetzliche Haftungsprivilegierungen aus dem Vertragsrecht können daher Einfluss auf die deliktische Tierhalterhaftung haben. Besonders interessant ist dabei, ob und wie diese vertragsrechtlichen Haftungsprivilegien, die in der Regel auf einer Verschuldenshaftung basieren, auf die als Spezialtatbestand anzusehende Gefährdungshaftung nach § 833 Satz 1 BGB übertragbar sind.

1. Leihe (§§ 599 f. BGB)

Verleiht der Tierhalter sein Tier an einen Dritten, haftet er für Pflichtverletzungen aus dem Leihvertrag gemäß § 599 BGB nur bei Vorsatz oder grober Fahrlässigkeit. Für Fehler der verliehenen Sache haftet er nach § 600 BGB sogar nur bei arglistigem Verschweigen des Fehlers. Nach Ansicht des BGH[242] schlägt diese gesetzliche Haftungsprivilegierung des Verleihers auch auf die konkurrierenden deliktischen Ansprüche des Entleihers durch. Wegen derselben Handlung dürfe also grundsätzlich keine strengere Haftung des Verleihers nach Deliktsrecht stattfinden[243].

---

240 *Hasselblatt*, a.a.O., (2580).

241 BGH, Urt. v. 9.6.1992, Az. VI ZR 49/91 = NJW 1992, 2474.

242 BGH, Urt. v. 9.6.1992, Az. VI ZR 49/91 = NJW 1992, 2474 (Fortführung von BGH, Urt. v. 13.11.1973, Az. VI ZR 152/72 = NJW 1974, 234 und BGH, Urt. v. 14.7.1977, Az. VI ZR 234/75 = NJW 1977, 2158, wo diese Frage noch offen gelassen wurde). In keinem der entschiedenen BGH-Fälle wurde allerdings im Ergebnis das Vorliegen eines Leihvertrags bejaht. Bejaht wurde ein Leihvertrag in LG Braunschweig, Urt. v. 9.4.1997, Az. 9 O 443/96 = VersR 1999, 242.

243 St. Rspr., vgl. RG, Urt. v. 8.10.1907, Az. III 86/07= RGZ 66, 363; RG, Urt. v. 19.6.1916, Az. VI 143/16 = RGZ 88, 317; BGH, Urt. v. 23.3.1966, Az. Ib ZR 150/63 = BGHZ 46, 140 (Ausnahme für § 430 HGB im Verhältnis zu § 823 Abs. 1 BGB), BGH, Urt. v. 20.12.1966, Az. VI ZR 53/65 = BGHZ 46, 313 (316), (Ausnahme für § 708 BGB bei

Besteht – wie im Fall der Leihe – keine vertragliche Haftung für leichte Fahrlässigkeit, ist also bei echter Anspruchskonkurrenz z.B. mit § 833 Satz 1 BGB die strengere Gefährdungshaftung ausgeschlossen[244]. Damit haftet der Verleiher für Schäden, die das verliehene Tier verursacht, nach Ansicht des BGH[245] weder bei einfacher Fahrlässigkeit noch verschuldensunabhängig nach § 833 Satz 1 BGB.

Dass eine Haftungsprivilegierung bezüglich der Verschuldenshaftung auf verschuldensabhängige Ansprüche des Deliktsrechts durchgreifen muss, ist evident, da der gesetzgeberische Wille bezüglich der Vertragshaftung unterlaufen werden könnte, wenn sie nicht auch im Bereich konkurrierender deliktischer Ansprüche zu beachten wäre. Dass die Haftungsprivilegierung aber auch auf verschuldensunabhängige Ansprüche aus Gefährdungshaftung durchschlagen soll, ist dagegen auf den ersten Blick keineswegs zwingend. Denn auch die Gefährdungshaftung ist ihrerseits ein Spezialtatbestand im Haftungsrecht, den der Gesetzgeber aus Wertungsgesichtspunkten für Verletzungen durch Luxustiere festgelegt hat.

Wenn also ein Luxustier verliehen wird, konkurrieren zwei spezielle Anspruchsgrundlagen, von denen einer auf vertraglicher und einer auf deliktischer Ebene auf den konkreten Fall zugeschnitten ist. Die allgemeine Regel, dass eine spezielle Wertung aus dem Vertragsrecht auch im Bereich der unerlaubten Handlung beachtet werden muss, ist möglicherweise nicht anwendbar, da das Gesetz zwei spezielle Wertungen bereithält. Welchem Anspruch der Vorzug zu geben ist, muss – wie *Westerhoff*[246] zutreffend feststellt – danach ermittelt werden, welche der gesetzgeberischen Wertungen im konkreten Fall zur gerechteren Rechtsfolge gelangt.

Nicht ganz fern liegt die Überlegung von *Kummer*[247], dass die Schutzfunktion der Tierhalterhaftung unentbehrlich sei und nicht allein deshalb untergraben werden dürfe, weil im konkreten Fall zwischen dem Tierhalter und dem Verletzten ein Vertragsverhältnis bestehe. Der Verleiher müsse daher verschuldensunabhängig aus § 833 S. 1 BGB haften und vertragliche Haftungsprivilegierungen wären für die Halterhaftung stets unbeachtlich[248]. Diese Argumentation berücksichtigt jedoch nicht, dass die Tierhalterhaftung (wenn auch unter strengen Voraussetzungen) z.B. durch Vereinbarung disponibel ist und daher nicht immer unbedingte Geltung beansprucht. Dem Reiter eines fremden Pferdes steht es beispielsweise frei, auf den Schutz des § 833 Satz 1 BGB im Wege eines vereinbarten Haftungsausschlusses zu verzichten.

Haftung für Verkehrsunfall); BGH, Urt. v. 20.11.1984, Az. IVa ZR 104/83 = BGHZ 93, 23 (29) (Schenkung).

244 BGH, Urt. v. 9.6.1992, Az. VI ZR 49/91 = NJW 1992, 2474; BGH, Urt. v. 14.7.1977, Az. VI ZR 234/75 = VersR 77, 864.

245 BGH, Urt. v. 9.6.1992, Az. VI ZR 49/91 = NJW 1992, 2475.

246 *Westerhoff*, JR 1993, 497 (499).

247 *Kummer*-Soergel, § 599, Rn. 8.

248 So auch Staudinger/*Eberl-Borges*, § 833 Rn. 194.

Nach zutreffender Ansicht der Rechtsprechung[249] muss der Entleiher eine gesetzlich vorgesehene Haftungsprivilegierung im Bereich des Vertragsrechts gegen sich gelten lassen, wenn er sich durch Abschluss eines Leihvertrags dem Regime des Vertragsrechts unterwirft. Anderenfalls wäre die gesetzlich vorgesehene Risikoabwälzung auf den Entleiher im Bereich der Tierleihe ohne ersichtlichen Grund gegenstandslos, da der Entleiher den Verleiher des Tieres stets aus § 833 BGB in Anspruch nehmen könnte[250].

Die prinzipielle Privilegierung des Verleihers ist auch eher hinnehmbar als der Vorschlag von *Kummer*[251], diese Privilegierung für die Tierleihe kategorisch abzulehnen. Denn zum Einen ist das Risiko, dass der Entleiher durch das Tier geschädigt wird wegen des direkten Umgangs mit dem Tier ungleich höher als das von § 833 Satz 1 BGB abgedeckte Risiko, dass die Allgemeinheit bzw. ein mehr oder weniger unbeteiligter Dritter durch das Tier verletzt wird. Der Verleiher ist daher bei der Tierleihe ebenso schutzwürdig wie bei jedem anderen Leihvertrag. Er ist zudem schutzwürdiger als ein Halter, dessen Tier einen Dritten verletzt, der zufällig oder vereinbarungsgemäß, aber gegen Entgelt, in Kontakt mit dem Tier gekommen ist. Zum anderen hat sich der Entleiher – anders als die Allgemeinheit, die durch Tiere gefährdet sein mag – von sich aus dem erhöhten Verletzungsrisiko ausgesetzt. Zwar nimmt ihm das allein noch nicht die Schutzwürdigkeit, da der BGH in ständiger Rechtsprechung zurecht davon ausgeht, dass die Tierhalterhaftung z.B. auch dem Reiter auf dem fremden Pferd zugute kommt, es sei denn, er nimmt besondere Gefahren bewusst in Kauf, die über die Gefahren hinausgehen, die gewöhnlich mit dem Reiten verbunden sind. Bei der Leihe kommt jedoch der Umstand hinzu, dass der Entleiher den Vorteil der Nutzung des Pferdes erlangt hat, ohne eine äquivalente Gegenleistung erbringen zu müssen. Der Verleiher verschafft ihm diesen Vorteil uneigennützig, sodass der Aspekt der Gefälligkeit dominiert. Es besteht daher kein Anlass, die Uneigennützigkeit des Verleihers im Rahmen der Tierleihe ausnahmsweise nicht zu privilegieren. Der Entleiher eines Tieres ist somit nicht schutzbedürftiger als der Entleiher einer Sache. Da auch die §§ 599 f. BGB abdingbar sind, bleibt es dem potenziellen Entleiher überlassen, einen Leihvertrag über ein Tier nur bei Vereinbarung einer verschärften Haftung des Verleihers zu schließen.

Eine Haftungserleichterung, die das Gesetz im Bereich des Vertragsrechts, speziell der Leihe, vorsieht, ist daher auch im Bereich der Tierhalterhaftung zu berücksichtigen. Freilich kann dies nur für spezielle, von § 276 Abs. 1 BGB abweichende Haftungserleichterungen im Vertragsrecht gelten. Anderenfalls würde die Haftung aus § 833 Satz 1 BGB durch die gesetzliche Haftung aus Vertrag regelmäßig auf

249 BGH, Urt. v. 13.11.1973, Az. VI ZR 152/72 = NJW 1974, 234 (235).

250 BGH, Urt. v. 13.11.1973, Az. VI ZR 152/72 = NJW 1974, 234 (235) unter Berufung auf *Knütel*, NJW 1972, 163 (164).

251 *Kummer*, a.a.O.

§ 833 BGB durchschlagen und bei jeglichen Verträgen zwischen Luxustierhalter und Geschädigtem der Halter stets nur aus Verschulden haften[252].

Ein Haftungsausschluss des Tierhalters gegenüber dem Entleiher kommt jedenfalls dann in Betracht, wenn der Entleiher selbst (Mit-)Tierhalter geworden ist. Ein Wechsel der Tierhaltereigenschaft erfordert nach Ansicht der Rechtsprechung[253], dass ein anderer faktisch in die Stellung des bisherigen Tierhalters eintritt. Ein Haftungsausschluss aufgrund der Mittierhaltereigenschaft wurde vom OLG Düsseldorf[254] angenommen, wenn ein Pferd einem Kaufinteressenten nicht nur für einen bloßen Proberitt, sondern einige Wochen lang für eine sorgfältige Eignungsprüfung zur Verfügung gestellt wird, der Kaufinteressent u. a. die Erhaltungskosten zu tragen, das Pferd ausreichend zu füttern und in einer geeigneten Box unterzustellen hat. Kein Wechsel der Halterschaft liegt vor, wenn der Verleiher (auch bei längerfristiger Überlassung eines Tieres an den Entleiher) weiterhin für die Kosten der Tierhaltung aufkommt, den allgemeinen Wert und Nutzen des Tieres für sich in Anspruch nimmt und das Risiko seines Verlustes trägt[255].

2. *Gefälligkeit bzw. außervertragliche Leihe (§ 599 BGB analog)*

Da der Schutzbereich des § 833 BGB die Personen nicht per se ausschließt, könne als dogmatisches Vehikel eine analoge Anwendung von § 599 BGB gelten[256].

Der BGH[257] lehnt eine analoge Anwendung von § 599 BGB auf die außervertragliche Leihe dogmatisch zutreffend ab, da es sich bei den Regelungen über die vertragliche Leihe um ein vom Gesetzgeber besonders ausgeformtes Vertragsverhältnis handele, dessen Haftungsregeln nicht isoliert auf das Deliktsverhältnis übertragen werden können.

3. *Ausnahmen nach § 8 Nr. 2 und § 8a StVG a. F. analog*

Ebenfalls nicht in Betracht kommt ein Haftungsausschluss in entsprechender Anwendung der § 8 Nr. 2 und § 8a StVG a. F. Anders als für Kfz[258] gibt es bei der Tierhalterhaftung keine Ausnahme von der Haftung gegenüber dem Geschädigten, der sich freiwillig den Gefahren des Tieres aussetzt, z. B. freiwillig auf ein Pferd steigt und dann abgeworfen wird. Hierin liegt kein „untragbarer Wertungswiderspruch“[259].

---

252 So auch Staudinger/*Eberl-Borges*, § 833 Rn. 194.

253 Vgl. BGH, Urt. v. 15.12.1970, Az. VI ZR 121/69 = VersR 1971, 320; OLG Düsseldorf, Urt. v. 12.6.1997, Az. 8 U 206/96 = VersR 1998, 1385.

254 OLG Düsseldorf, Urt. v. 12.6.1997, Az. 8 U 206/96 = VersR 1998, 1385.

255 BGH, Urt. v. 19.1.1988, Az. VI ZR 188/87 = NJW-RR 1988, 655 m.w.N.

256 So z. B. Staudinger/*Reuter*, 12. Aufl., Vor. zu §§ 598 ff. Rn. 9; *Schwerdtner*, NJW 1971, 1673 (1675).

257 BGH, Urt. v. 9.6.1992, Az. VI ZR 49/91 = NJW 1992, 2474.

258 Vgl. § 8 Nr. 2 StVG.

259 So aber *Larenz/Canaris*, SchR 2/2, S. 617.

„Die Differenzierung zwischen der Tierhalterhaftung einerseits und der Kraftfahrzeughalterhaftung andererseits ist sachlich dadurch gerechtfertigt, dass die typische Tiergefahr zu ihrer Verwirklichung keiner menschlichen Einwirkung bedarf, wohingegen die von einem Kraftfahrzeug ausgehende Gefahr regelmäßig erst durch menschliches Handeln zur Wirkung gelangt“[260].

Keinesfalls lasse sich nach Auffassung des BGH[261] eine generelle Haftungsfreistellung mit einer Übertragung der für Insassen von Kraftfahrzeugen in § 8 a StVG a. F. getroffenen Regelung begründen. Zu vergleichen sei der Reiter, der die Herrschaft über das Pferd übernommen hat und der insoweit an der Aktualisierung der Tiergefahr besonders teilnimmt, eher mit dem Fahrer eines Kraftfahrzeuges, für den nicht § 8 a StVG a. F. gelte, sondern demgegenüber nach § 8 StVG ganz allgemein die Gefährdungshaftung des Halters ausgeschlossen sei. Aber auch § 8 StVG könne nicht entsprechend auf den Reiter angewandt werden, denn er stelle ebenso wie § 8 a StVG a. F. eine Ausnahmevorschrift dar, die eng auszulegen sei[262] und deren Regelungsgehalt auch nicht auf vergleichbare Sachverhalte anderer Gefährdungshaftungen übertragen werden könne. Die Gefährdungshaftungen enthalten für die einzelnen Haftungsbereiche im Hinblick auf die Besonderheiten der jeweiligen Materie und ihrer Entstehungsgeschichte eigenständige und in sich abgeschlossene Regelungen, die nur aus ihrem jeweiligen Zusammenhang heraus verstanden und angewendet werden können und daher nicht auf andere Gefährdungshaftungen übertragbar seien[263].

4. Sorgfalt in eigenen Angelegenheiten (§ 1359 BGB)

Die Tierhalterhaftung greift nach einer Entscheidung des Kammergerichts[264] wegen des besonderen Haftungsmaßstabs aus § 1359 BGB nicht zwischen Ehegatten. Der Entscheidung lag folgender Sachverhalt zugrunde: Ein Ehepaar ging mit einem angeleinten Hund spazieren. Der Hund gehörte dem Ehemann und wurde auch ausschließlich von diesem gehalten. Das Ehepaar begegnete einem Passanten, der ebenfalls einen Hund ausführte, der allerdings nicht angeleint war. Der Ehemann hatte seinen Hund von der Leine gelassen, damit beide Hunde miteinander spielen konnten. Daraufhin wurde die Ehefrau von beiden Hunden angesprungen und von dem Hund des Passanten gebissen. Der Haftpflichtversicherer des Passanten hatte den Schaden der Ehefrau zunächst vollständig reguliert und sodann in einem Regressprozess gegen den Ehegatten Ersatz der hälftigen Kosten wegen einer mitwirkenden Tiergefahr des Hundes des Ehemannes verlangt.

Das Kammergericht kam zu dem Ergebnis, dass ein Rückgriff des Haftpflichtversicherers gegen den Ehemann nicht möglich sei, weil eine Haftung des Ehemanns

260 Vgl. BGH, Urt. v. 23.9.2010, Az. III ZR 246/09 = NJW 2011, 139.
261 BGH, Urt. v. 9.6.1992, Az. VI ZR 49/91 = NJW 1992, 2474.
262 Vgl. BGH, Urt. v. 3.12.1991, Az. VI ZR 378/90 = VersR 1992, 437.
263 Vgl. BGH, Urt. v. 23.9.2010, Az. III ZR 246/09 = NJW 2011, 139.
264 KG, Urt. v. 6.4.2001, Az. 9 U 2200/99 = MDR 2002, 35.

gegenüber seiner Ehefrau kraft Gesetzes ausgeschlossen sei. Die Regelung des § 1359 BGB beschränke die Haftung eines Ehegatten auf die Einhaltung der Sorgfalt, die er in eigenen Angelegenheiten einzuhalten pflege; dieser Haftungsmaßstab sei auch auf die Haftung aus § 833 BGB anzuwenden[265]. Denn nach der Rechtsprechung des BGH führe z. B. die Begrenzung der Vertragshaftung auf bestimmte Schuldformen dazu, dass wegen derselben Handlung auch keine Haftung nach strengeren Deliktsvorschriften eintreten könne[266], weil damit der besondere Haftungsmaßstab weitgehend außer Kraft gesetzt werden könnte. Gleiches müsse nach Ansicht des KG[267] gelten, wenn der Haftungsausschluss nicht auf einer vertraglichen Grundlage beruhe, sondern unmittelbar durch eine gesetzliche Regelung eintrete. Wird durch die gesetzliche Regelung eine Haftung wegen einfacher Fahrlässigkeit ausgeschlossen, bedeute dies, dass erst recht eine Haftung wegen der Verwirklichung eines Gefährdungstatbestandes ohne Verschulden ausgeschlossen sein müsse.

Anderenfalls, so das KG[268], würde im Falle der Schadensverursachung durch ein Tier der Wertungswiderspruch eintreten, dass derjenige Ehegatte, der diese Schädigung seines Partners als Tierhalter leicht fahrlässig herbeiführt, nicht haften würde, während im Falle eines nicht vorhandenen Verschuldens seine Haftung bestehen würde. Der schuldlos handelnde Ehegatte würde dann genauso haften wie derjenige, der mittels seines Tieres vorsätzlich oder grob fahrlässig seinen Partner schädigt.

5. *Treu und Glauben, (§ 242 BGB)*

Entsprechend der einhelligen Rechtsprechung sind Sachverhalte denkbar, in denen die Grundsätze von Treu und Glauben (§ 242 BGB) eine generelle Haftungsfreistellung des Tierhalters rechtfertigen können[269]. Der Geschädigte handele z. B. widersprüchlich, wenn er sich Risiken bewusst aussetze, die über die normale Tiergefahr hinausgehen und er bei Verwirklichung der besonderen Gefahr den Halter aus dem Gesichtspunkt der Tierhalterhaftung auf Schadensersatz in Anspruch nehme[270]. Die unentgeltliche Überlassung bzw. Übernahme eines Pferdes führt für sich allein noch nicht dazu, dass die Geltendmachung von Ansprüchen aus § 833 BGB gegenüber dem uneigennützigen Tierhalter als treuwidrig zu qualifizieren ist. Vielmehr müssen nach Auffassung der Rechtsprechung wegen der weitreichenden Folgen eines Haftungsausschlusses besondere Umstände hinzutreten, die „dem Schadensersatzbegehren des Geschädigten ein treuwidriges Gepräge geben“[271], z. B. wenn die Überlassung des Pferdes im besonderen Interesse des Geschädigten lag und dieser

265 KG, Urt. v. 6.4.2001, Az. 9 U 2200/99 = MDR 2002, 35.
266 Vgl. BGH, Urt. v. 20.12.1966, Az. VI ZR 53/65 = BGHZ 46, 313 (316 f.) m.w.N.
267 KG, Urt. v. 6.4.2001, Az. 9 U 2200/99 = MDR 2002, 35.
268 KG, a.a.O.
269 BGH, Urt. v. 9.6.1992, Az. VI ZR 49/91 = NJW 1992, 2474; BGH, Urt. v. 20.12.2005, Az. VI ZR 225/04 = VersR 2006, 416.
270 BGH, Urt. v. 20.12.2005, Az. VI ZR 225/04 = VersR 2006, 416.
271 BGH, Urt. v. 18.12.1979, Az. VI ZR 52/78 = VersR 1980, 426 (427).

sich deshalb einem Haftungsverzicht, wäre er von ihm verlangt worden, billigerweise nicht hätte verschließen können[272]".

IV. Ausschluss der Halterhaftung durch Haftungsabreden

Vom Schutzbereich der Tierhalterhaftung ausgeschlossen bleiben Personen, die ausdrücklich oder stillschweigend einen Haftungsverzicht erklärt haben. Ein ausdrückliches Verbot des Haftungsausschlusses, wie bei anderen Gefährdungshaftungstatbeständen (vgl. § 8a StVG oder § 14 ProdHaftG) besteht für die Haftung des Luxustierhalters nicht.

1. Wirksamkeit des Haftungsausschlusses per Individualvereinbarung

Bei individualvertraglichen Haftungsausschlüssen sind der Privatautonomie nur geringe Grenzen gesetzt. Unwirksam sind Vereinbarungen, die gegen gesetzliche Verbote verstoßen (§ 134 BGB) oder sittenwidrig sind (§ 138 BGB). Ein Ausschluss der Gefährdungshaftung bzw. der Haftungsverzicht ist daher individualvertraglich formfrei möglich und kann auch konkludent[273] erfolgen.

Der Anspruchsverzicht setzt den Verzichtswillen und damit die Kenntnis dessen voraus, worauf man verzichtet[274]. Daher muss der Haftungsausschluss auch die Aufklärung über wesentliche Risiken enthalten, die mit dem Umgang des Tieres verbunden sind, sodass sichergestellt ist, dass der Verletzte den Eintritt einer Verletzung in Erwägung gezogen hat[275]. So müssen für die Bejahung eines Haftungsausschlusses gegenüber einem Reitschüler Umfang und Bedeutung der Risikoverlagerung dem Reitschüler deutlich vor Augen geführt werden[276]. Auch eine Haftungsbegrenzung auf bestimmte Schäden oder eine bestimmte Schadenshöhe ist nur wirksam, wenn dem Vertragspartner die Einschränkung deutlich vor Augen geführt wird[277]. Wenn z. B in einer Freizeichnungserklärung eines Reitkursunternehmers gegenüber einem Reitschüler als Ausgleich für die Haftungsbeschränkung auf einen Versicherungsschutz verwiesen wird, dieser Versicherung aber nicht alle Risiken abdeckt, weil z. B. kein Verdienstausfall ersetzt wird, muss der Unternehmer den Reitschüler auch darüber aufklären[278], damit der Reitschüler prüfen kann, inwieweit er das verbleibende Risiko gegebenenfalls anderweitig absichern kann.

---

272 BGH, Urt. v. 18.12.1979, Az. VI ZR 52/78 = VersR 1980, 426 (427).
273 AG Nürnberg, Urt. v. 27.7.2005; Az. 21 C 2563/05 = VersR 2006, 662.
274 Vgl. BGH, Urt. v. 21.2.1995, Az. VI ZR 19/94 = VersR 1995, 583.
275 Vgl. BGH, Urt. v. 21.2.1995, Az. VI ZR 19/94 = VersR 1995, 583.
276 BGH, Urt. v. 14.7.1977, Az. VI ZR 234/75 = NJW 1977, 2158.
277 OLG Düsseldorf, Urt. v. 8.4.1975, Az. 4 U 188/74 = VersR 1975, 1153.
278 OLG Düsseldorf, Urt. v. 8.4.1975, Az. 4 U 188/74 = VersR 1975, 1153.

Nach der Rechtsprechung ist ohne eindeutige ausdrückliche Abrede ein Ausschluss der Gefährdungshaftung daher in der Regel abzulehnen[279]. Ein konkludenter Ausschluss erfordere das Hinzutreten weiterer besonderer Umstände[280].

2. *Bedeutung der Tierhalterhaftpflichtversicherung für die Annahme eines Haftungsverzichts*

Ob ein stillschweigender Haftungsverzicht angenommen werden kann, richtet sich neben dem oben dargestellten nach Ansicht der Rechtsprechung auch danach, ob dem Schädiger Versicherungsschutz für den Schadensfall zusteht[281]. Ein bestehender Haftpflichtversicherungsschutz, erst recht das Bestehen einer Pflichtversicherung, spricht in der Regel gegen einen (stillschweigenden) Haftungsverzicht[282].

Diese für die Haftung aus unerlaubter Handlung entwickelten Grundsätze gelten nach Auffassung des BGH auch für die Gefährdungshaftung nach § 833 Satz 1 BGB[283]. Wenn hinter dem Tierhalter eine Versicherung stehe, spreche dies daher gegen einen stillschweigenden Haftungsverzicht, denn ein Haftungsverzicht, der lediglich den Versicherer entlaste, entspreche – so der BGH – in der Regel nicht dem Willen der Beteiligten und ihrem wohlverstandenen Interesse[284]. Ein Haftungsverzicht setze vielmehr grundsätzlich voraus, dass für den Schädiger, der gerade keinen Versicherungsschutz genießt, ein nicht hinzunehmendes Haftungsrisiko gegeben wäre und darüber hinaus besondere Umstände vorliegen, die im konkreten Fall einen Haftungsverzicht des Geschädigten als besonders naheliegend erscheinen lassen[285].

Auch die gesetzliche Anordnung einer Versicherungspflicht kann nach Auffassung der Rechtsprechung dagegen sprechen, einen stillschweigenden Haftungsverzicht

---

279 Vgl. BGH, Urt. v. 9.6.1992, Az. VI ZR 49/91 = VersR 1992, 1145 m.w.N.

280 Vgl. LG Braunschweig, Urt. v. 9.4.1997, Az. 9 O 443/96 = VersR 1999, 242 bei Nutzung des Pferdes im überwiegenden Eigeninteresse.

281 BGH, Urt. 13.7.1993, Az. VI ZR 278/92 = VersR 1993, 1092; OLG Saarbrücken, Urt. v. 14.8.1997, Az. 3 U 718/96 – 111, 3 U 718/96 = OLGR Saarbrücken 1998, 144 (gefälligkeitshalber übernommener Pferdetransport mit einem fremden Anhänger, für dessen Beschädigung ebenso wie für die Tötung des transportierten Pferdes der Risikoausschluss des Haftpflichtversicherers eingriff).

282 BGH, Urt. v. 29.1.2008, Az. VI ZR 98/07 = NJW 2008, 1591 (für Ansprüche zwischen Teilnehmern einer Motorradsportveranstaltung, bei der alle Teilnehmer haftpflichtversichert waren), diese Entscheidung ist aufgrund der Besonderheit, dass von vornherein erkennbar Versicherungsschutz bestand, im Zweifel nicht übertragbar auf den Bereich der privaten Haftpflichtversicherung, vgl. BGH, Urt. v. 27.10.2009, Az. VI ZR 296/08 = NJW 2010, 537.

283 BGH, Urt. v. 9.6.1992, Az. VI ZR 49/91 = NJW 1992, 2474.

284 Vgl. BGH, Urt. v. 9.6.1992, Az. VI ZR 49/91 = NJW 1992, 2474; BGH, Urt. v. 13.7.1993, Az. VI ZR 278/92 = NJW 1993, 3067; BGH, Urt. v. 26.10.1965, Az. VI ZR 102/64 = NJW 1966, 41.

285 BGH, Urt. v. 13.7.1993, Az. VI ZR 278/92 = VersR 1993, 1092.

anzunehmen. Denn die Versicherungspflicht beruht in der Regel auf der Intention des Gesetzgebers, die Allgemeinheit vor dem zu versichernden Risiko umfassend schützen zu wollen. Die Versicherungspflicht kann zudem ein Vertrauen des Geschädigten darauf implizieren, dass ein Versicherungsschutz bestehe und daher kein stillschweigender Haftungsverzicht gewollt war. Dies kann bei der Auslegung von Tatbestandsmerkmalen berücksichtigt werden. Im Bereich der Haftung für Tiere besteht in den meisten Bundesländern eine gesetzliche Versicherungspflicht nur für Hunde, zum Teil auf beschränkt auf gefährliche Hunde[286]. Somit könnte bei Hundehaltern von einer gesteigerten Schadensverantwortlichkeit ausgegangen werden, indem z. B. strenge Anforderungen an Haftungsausschlüsse gestellt werden.

Dennoch muss betont werden, dass allein das Bestehen eines Versicherungsschutzes – jedenfalls außerhalb von Pflichtversicherungen oder einzelfallbezogenen Billigkeitserwägungen – für die Frage, ob eine Haftung besteht, irrelevant sein muss. Dies entspricht dem allgemeinen Grundsatz, dass sich der Versicherungsschutz nach der Haftung und nicht umgekehrt die Haftung nach dem Versicherungsschutz richtet[287]. Das Bestehen eines Haftpflichtversicherungsschutzes wirkt daher grundsätzlich nicht anspruchsbegründend[288]. Anderenfalls würde man mit dem Bestehen eines Versicherungsschutzes allein die Vermögensverhältnisse einer Partei und nicht deren Erfolgsverantwortlichkeit bei der Frage nach der Haftung berücksichtigen[289]. Es wäre ein Zirkelschluss, von dem Bestehen eines Versicherungsschutzes auf die Haftung zu schließen, da der Eintritt der Versicherung erst die Folge der Haftung ist.

Zumindest außerhalb von Pflichtversicherungen ist daher nach der hier vertretenen Auffassung die Versicherbarkeit oder das Bestehen einer Versicherung nicht maßgeblich dafür, ob eine Haftung besteht[290]. Dass das Fehlen einer allgemeinen Versicherungspflicht für Tierhalter als gesetzgeberisches Versäumnis angesehen werden kann, steht auf einem anderen Blatt.

3. Wirksamkeit des Ausschlusses mittels Allgemeiner Geschäftsbedingungen (AGB)

Gemäß § 309 Nr. 7 lit. a BGB ist ein formularmäßiger Ausschluss der verschuldensabhängigen Haftung für Schäden an Leben, Gesundheit oder Körper unwirksam. Bei Sachschäden ist ein Ausschluss der Haftung für grobe Fahrlässigkeit oder Vorsatz per AGB unzulässig (vgl. § 309 Nr. 7 lit. b BGB).

---

286 Vgl. in Brandenburg: § 1 Abs. 4 Hundehalterverordnung vom 16.6.2004 (GVBl. II/04 S. 458); Berlin: § 1 Abs. 6 des Gesetzes über das Halten und Führen von Hunden in Berlin vom 29.9.2004 (GVBl. S. 424), zuletzt geändert durch Gesetz vom 23.6.2005 (GVBl. S. 338).

287 So wörtlich BGH, Urt. v. 27.10.2009, Az. VI ZR 296/08 = NJW 2010, 537, juris Tz. 14.

288 BGH, Urt. v. 27.10.2009, Az. VI ZR 296/08 = NJW 2010, 537, juris Tz. 14.

289 *Jansen*, S. 624 f.

290 So auch z. B. *Jansen*, S. 625; *Armbrüster*, NJW 2009, 187; *Lorenz*, S. 155.

Was hieraus für die verschuldensunabhängige Haftung des Luxustierhalters folgt, ist dem Wortlaut der Norm nicht zweifelsfrei zu entnehmen. Soll der Ausschluss der verschuldensunabhängigen Haftung hiernach „erst recht" unwirksam oder aber gar nicht erfasst sein?

Grundsätzlich umfasst der Anwendungsbereich der Klauselverbote nach § 309 Nr. 7 BGB auch Schadensersatzansprüche aus unerlaubter Handlung und aus Gefährdungshaftung[291]. Nach dem Wortlaut von § 309 Nr. 7 lit. a BGB, der sich ausdrücklich nur auf Vorsatz und grobe Fahrlässigkeit bezieht, ist die Beschränkung der Gefährdungshaftung zwar nicht geregelt und somit nicht verboten. Die Wirksamkeit eines Haftungsausschlusses scheitert jedoch an § 307 BGB[292]. Hiernach ist unter der gebotenen Berücksichtigung des Gerechtigkeitsgehalts von § 833 Satz 1 BGB und der Risikozuweisung des Gesetzgebers davon auszugehen, dass eine vom Gesetz abweichende Haftungsregelung bzw. ein Haftungsausschluss in der Regel unwirksam sein muss[293]. In der Regel ist daher ein formularmäßiges Abbedingen der verschuldensunabhängigen Einstandspflicht de lege lata unwirksam.

Jedenfalls bei richtlinienkonformer Auslegung von § 309 Nr. 7 bzw. § 307 BGB ist gegenüber Verbrauchern von einem absoluten Verbot formularvertraglicher Haftungsfreizeichnungen für gesetzlich angeordnete Haftung auszugehen[294]. Die Aufteilung der Haftungsausschlüsse in Körperschäden (Nr. 7 lit. a) und sonstige Schäden (Nr. 7 lit. b) beruht auf Nr. 1a des Anhanges der europäischen Richtlinie RL 93/13/EWG. Nr. 1 a) des Anhanges der RL 93/13/EWG ist – anders als § 309 Nr. 7 BGB – nicht auf ein schuldhaftes Verhalten des Verwenders beschränkt. Somit ist nach richtlinienkonformer Auslegung jedenfalls im Verhältnis zwischen Unternehmern gegenüber Verbrauchern auch die verschuldensunabhängige Haftung für Körperverletzung und Tötung nicht formularmäßig abdingbar[295].

Coester-Waltjen kritisiert dies zu Recht als außerordentlich problematischen Eingriff in die Privatautonomie. Eine Abweichung von der gesetzlichen Risikozuweisung ist gegenüber Verbrauchern nicht möglich, obwohl gerade bei gefährlichen Freizeitbeschäftigungen wie z. B. dem Reitsport eine flexiblere Handhabung unbedingt möglich sein müsse[296], nach der hier vertretenen Auffassung jedenfalls dann, wenn sich der Verbraucher aus freien Stücken in die unmittelbare Nähe von Pferden und den damit verbundenen Risiken begibt. Zudem ist zu berücksichtigen, dass Reiter untereinander eine gegenseitige Haftung aus § 833 Satz 1 BGB in vielen Fällen als nicht sozial adäquat betrachten. Insbesondere in den Fällen, in denen ein Pferdehalter sein Pferd regelmäßig einem Dritten überlässt, damit dieser Gelegenheit zum Reiten hat, besteht daher oft nicht einmal ein Bewusstsein für das Haftungsrisiko.

---

291 Staudinger/*Coester-Waltjen* (2006) § 309 Nr. 7, Rn. 4.
292 Staudinger/*Coester-Waltjen* (2006) § 309 Nr. 7, Rn. 39.
293 So auch Staudinger/*Coester-Waltjen* (2006) § 309 Nr. 7, Rn. 39.
294 Vgl. auch MüKo/*Kieninger* (2007) § 309 Nr. 7, Rn. 19; Staudinger/*Coester-Waltjen* (2006) § 309 Nr. 7, Rn. 41.
295 Vgl. Staudinger/*Coester-Waltjen* (2006) § 309 Nr. 7, Rn. 41.
296 Staudinger/*Coester-Waltjen* (2006) § 309 Nr. 7, Rn. 41.

Die Richtlinie bezieht sich allerdings nur auf eine gesetzlich bestehende Haftung. Sie verlangt nicht, dass eine solche Haftung geschaffen wird[297] oder bestehen bleibt.

Eine Möglichkeit, um die Privatautonomie jedenfalls im Bereich der Tierhalterhaftung wiederherzustellen, wäre die Änderung der bestehenden gesetzlichen Risikozuweisung im Bereich gefährlicher Freizeitbeschäftigungen wie dem Reitsport. § 833 Satz 1 BGB müßte dahingehend geändert werden, dass die Haftung des Tierhalters ausgeschlossen ist, wenn der verletzte Reiter umfänglich über die verwirklichten Risiken aufgeklärt wurde. Die Aufklärung des Reiters und dessen Umgang mit dem Pferd trotz Kenntnis der Risiken wäre dann ein gesetzlicher Haftungsausschlussgrund. Ein (unwirksamer) Haftungsausschluss per AGB wäre nicht mehr erforderlich. Eine unangemessene Benachteiligung der Verbraucher bzw. generell der Verletzten wäre hiermit nicht verbunden. Wer sich regelmäßig freiwillig in die Nähe von Tieren begibt, aus freien Stücken mit ihnen umgeht, weiß ohnehin meist um die Verletzungsrisiken. Durch eine Pflicht des Tierhalters zur umfänglichen Aufklärung seiner Vertragspartner werden auch den Reitanfängern die unvermeidbaren Risiken zusätzlich vor Augen geführt. Zudem erlangt der Tierhalter Rechtssicherheit über die Wirksamkeit seines Haftungsausschlusses.

4. Drittwirkung von Haftungsbegrenzungen

a. Haftungsbegrenzung zulasten Minderjähriger

Vereinbarungen über die Beschränkung der Haftung des Tierhalters sind auch dann zulässig, wenn diese Beschränkung zulasten eines Minderjährigen erfolgt. Dies stellt keine unwirksame Abrede zulasten Dritter dar. Wurde die Vereinbarung zur Haftungsminderung bereits vor Eintritt des schädigenden Ereignisses und damit vor Entstehen eines Schadensersatzanspruchs getroffen, hat zum Zeitpunkt der Vertragsabrede noch kein dem Minderjährigen zustehendes Recht bestanden, das beeinträchtigt hätte werden können[298]. Eine solche Haftungsbeschränkung kann der gesetzliche Vertreter daher für ein minderjähriges Kind erklären; insoweit gilt die gesetzliche Regelung des § 107 BGB[299].

b. Haftungsbegrenzung zulasten des Versicherers bzw. Sozialleistungsträgers nach dem Sozialgesetzbuch (SGB)

Hat eine Person, die durch ein Tier verletzt wurde, infolge der Verletzung Versicherungs- bzw. Sozialleistungen empfangen, dann gehen die Ersatzansprüche des Geschädigten insoweit in der Regel auf den Versicherungsträger bzw. den Träger der Sozialhilfe über, § 116 Abs. 1 SGB X. Der Versicherungsträger bzw. der Träger der Sozialhilfe kann dann den Tierhalter für den Ersatz der erbrachten Leistungen

---

297 Staudinger/*Coester-Waltjen* (2006) § 309 Nr. 7, Rn. 41, m.w.N.

298 AG Nürnberg, Urt. v. 27.7.2005, Az. 21 C 2563/05 = VersR 2006, 662.

299 AG Nürnberg, Urt. v. 27.7.2005, Az. 21 C 2563/05 = VersR 2006, 662 unter Verweis auf BGH, Urt. v. 25.3.1958, Az. VI ZR 13/57 = NJW 1958, 905; Palandt, § 254 Rn. 71.

in Regress nehmen. Eine wirksame Verzichtserklärung zwischen dem Tierhalter und dem Geschädigten wirkt auch zugunsten des Tierhalterhaftpflichtversicherers[300] bzw. zulasten der Versicherer des Geschädigten. Somit ist der in § 116 SGB X vorgesehene Regress z. B. des Krankenversicherers gegen den Tierhalter ausgeschlossen. Ist der Haftungsausschluss vor dem Unfall wirksam vereinbart worden, muss ihn auch der Leistungsträger gegen sich gelten lassen[301]. Ein Haftungsverzicht verstößt insbesondere nicht gegen §§ 32 SGB I, 134 BGB. Zwar verbietet § 32 SGB I vertragliche Abweichungen von den Vorschriften des Sozialgesetzbuchs, mithin auch von § 116 SGB X. Mit der Haftungsbeschränkung wird aber nicht der Forderungsübergang nach § 116 SGB X modifiziert, sondern der Anspruch, der nach § 116 SGB X übergehen soll. Der Anspruchsinhaber ist daher nicht gehindert, den Anspruch zu modifizieren oder auszuschließen, bevor die Voraussetzungen des § 116 SGB X vorliegen. Erst nach einem Unfall ist der Geschädigte nicht mehr Anspruchsinhaber, wenn die Krankenversicherung für die Behandlungskosten aufkommen soll.

Sind derartige Ansprüche (ausdrücklich oder stillschweigend) wirksam ausgeschlossen, ist dem Krankenversicherer der Regress verwehrt. § 116 SGB X ermöglicht den direkten Rückgriff der Sozialleistungsträger und dient der Entlastung der Solidargemeinschaft, da es weder sinnvoll ist, dass an den Verletzten doppelt geleistet wird, noch Schädiger und der hinter ihm stehende Versicherer ungerechtfertigt entlastet werden sollen, was im Bereich der Sozialhilfe durch die öffentliche Hand und im Übrigen durch die Solidargemeinschaft der Sozialversicherten finanziert werden müsste[302]. Der Regress soll die Haftung nicht erweitern. Deshalb kann ein Schadensersatzanspruch, der gegen den Geschädigten von vornherein nicht gegeben ist, nicht Grundlage eines Regresses sein.

V. Zwischenergebnis

Die Auswertung der Rechtsprechung und die Vielfalt der diskutierten Haftungsausschlussmöglichkeiten zeigt, dass in der Praxis ein Bedürfnis besteht, die Tierhalterhaftung einzuschränken, wenn sich der Geschädigte freiwillig und ohne sozialen Zwang der Tiergefahr aussetzt. Jedoch greifen die theoretischen Ausschlussmöglichkeiten in der Praxis selten. Den Einwand des Handelns auf eigene Gefahr lässt die Rechtsprechung in dieser Allgemeingültigkeit insbesondere bei „gewöhnlichen" Reitunfällen nicht zu, da anderenfalls die Tierhalterhaftung gegenüber dem Reiter auf dem fremden Pferd nur selten eingreifen würde. Die freiwillige und bewusste Übernahme der normalen Tiergefahr, z. B. bei einem selbstständigen Ausritt[303], soll nicht zum Verlust des Haftungsanspruchs führen. Ein Haftungsausschluss wäre wie in dieser Arbeit bereits ausgeführt auch mit der jetzigen Rechtslage nicht vereinbar.

---

300 OLG Koblenz, Urt. v. 22.4.1986, Az. 12 W 227/86 = VersR 1987, 1149 (Motorradunfall).

301 Hauck/Haines, SGB X, § 116 Rn. 25.

302 *Diederichsen,* VersR 2004, 809.

303 Vgl. BGH, Urt. v. 24.6.1986, Az. VI ZR 202/85 = NJW 1986, 2883.

Dennoch werden juristische Klimmzüge unternommen, um im Einzelfall zu einem fairen Ergebnis zu gelangen. So differenziert die Rechtsprechung zwischen der freiwilligen Übernahme einer besonderen, vom Übernehmenden erkannten Tiergefahr im eigenen Interesse, für die die Haftung nach § 833 Satz 1 BGB nicht eingreifen soll und den allgemeinen Risiken, deren Übernahme die Haftung unberührt lässt. Die freiwillige Übernahme der allgemeinen Tiergefahr berücksichtigt die Rechtsprechung lediglich im Rahmen von § 254 BGB und auch nur dann, wenn sich vorwerfbare Fehler des Verletzten ausgewirkt haben.

Auch wenn der Wortlaut der deutschen Haftungsnorm weit ist und auch den Reiter auf dem fremden Pferd schützt, kann die überwiegende Rechtsprechung hierzu im Ergebnis nicht überzeugen. Es ist willkürlich, demjenigen, der bewusst und gewollt die Kontrolle über ein fremdes Tier übernimmt, ohne Halter zu sein, zu unterstellen, er nehme nur die Risiken in Kauf, die „besonders außergewöhnlich" sind. Dies wäre dann nachvollziehbar, wenn der „gewöhnliche" Reitsport ungefährlich wäre. Aus bereits zitierten Statistiken zum Umgang mit Pferden ist jedoch bekannt, dass die Häufigkeit und die Schwere von Verletzungen durch Pferde gerade bei alltäglichen Verrichtungen am Pferd besonders hoch sind[304]. Auch erscheint es widersprüchlich, dass z. B. ein im Umgang mit Pferden erfahrener Reiter, der einen „riskanten" Reitsport betreibt, keine Ansprüche gegen den Tierhalter hat, wenn sich dieses hohe Risiko verwirklicht, er aber den Halter für einen Huftritt in Anspruch nehmen könnte. Die bisherige Abgrenzung nach besonders gefährlichen Aktivitäten ist daher nicht sachgerecht, solange die Rechtsprechung einzelnen Ausübungsarten des Reitsports „gefühlte Risiken" und keine empirischen Statistiken über die jeweiligen Gefahren zugrunde legt. Auch außerhalb von Sportunfällen sind die Gerichte mangels klarer Auslegungsrichtlinien unsicher, wie die widersprüchlichen Entscheidungen der Instanzgerichte zum Fall des beim Fiebermessen verletzten Tierartzes zeigen. Die Vorinstanz ging noch von einem Handeln des Tierarztes auf eigene Gefahr aus. Eine rechtssichere Beurteilung von Haftungsrisiken ist auf dieser Grundlage derzeit in vielen Fällen nicht möglich.

Die Rechtsprechung lässt sich mangels gesetzlicher Grundlage und ohne eine ausdrückliche Vereinbarung der Parteien nicht zu einer generellen Haftungseinschränkung hinreißen. Der BGH nimmt stattdessen an, dass *„die Praxis [...] sich im Übrigen darauf inzwischen durch vertragliche Abreden und Abschluß von Haftpflichtversicherungen eingestellt haben [dürfte]. Auch das spricht dagegen, nunmehr eine andere Lösung zu suchen"*[305]. De facto sind aber selbst vertraglichen Haftungsausschlussvereinbarungen – wie oben gezeigt – in der Praxis aufgrund der §§ 305 ff. BGB erhebliche Grenzen gesetzt. Diese Grenzen schützen im Zweifel auch denjenigen, der nicht schutzbedürftig ist, zum Nachteil des Tierhalters.

---

304 Vgl. Giebel, Braun, Mittelmeier, S. 25, 127.

305 BGH, Urt. v. 24.6.1986, Az. VI ZR 202/85 = NJW 1986, 2883.

D. Verursachungsbeitrag des Geschädigten

I. Mitverschulden

1. Allgemeines

Das Mitverschulden des Geschädigten ist ein zentraler Einwand gegen die Tierhalterhaftung. Zwar wird dogmatisch infrage gestellt, weshalb bei der Gefährdungshaftung, die unabhängig vom Verschulden des Verantwortlichen besteht, ein Mitverschulden des Geschädigten relevant sein soll[306]. Dem ist entgegen zu halten, dass § 254 Satz 1 BGB nach seinem Wortlaut immer dann anwendbar ist, wenn „bei der Entstehung des Schadens ein Verschulden des Beschädigten mitgewirkt" hat. Ein Verschulden des Schadensersatzpflichtigen ist hingegen nicht erforderlich, sodass § 254 BGB gegenüber allen Schadensersatzansprüchen besteht[307]. Eine Entwurfsfassung des § 254 BGB setzte zwar noch einen „von einem anderen verschuldeten" Schaden voraus[308]. Dieser Wortlaut wurde jedoch im Gesetzgebungsverfahren geändert, sodass auch der gesetzgeberische Wille für eine Anwendbarkeit von § 254 BGB gegenüber der Gefährdungshaftung aus § 833 Satz 1 BGB spricht. Je nach Grad des Mitverschuldens können die Ansprüche des Geschädigten gemäß § 254 BGB somit anteilig oder vollständig ausgeschlossen sein[309].

Ein Mitverschulden liegt vor, wenn der Geschädigte bei der Entstehung des Schadens in zurechenbarer Weise mitgewirkt hat. Der Mitverschuldenseinwand ist dann begründet, wenn der Geschädigte die Sorgfalt außer Acht gelassen hat, die ein verständiger Mensch im eigenen Interesse aufwendet, um sich vor Schaden zu bewahren[310]. Für die Frage, ob ein Mitverschulden anzunehmen ist, kommt es auf die Erkennbarkeit der konkreten Gefährlichkeit des Verhaltens sowie auf die Möglichkeit und Zumutbarkeit ihrer Vermeidung an[311]. Im Bereich der Tierhalterhaftung des § 833 Satz 1 BGB rechtfertigt sich die dort verankerte Gefährdungshaftung aus dem Umstand, dass der Tierhalter aufgrund des nur begrenzt einschätzbaren Tierverhaltens für Dritte ein besonderes Risiko setzt[312]. Im Bereich der Tierhalterhaftung liegt daher ein relevanter Beitrag des Anspruchstellers zur Entstehung des Schadens vor, wenn er diesen Gefährdungsaspekt durch sein Agieren überlagert und eine Situation erhöhter Verletzungsgefahr herbeigeführt hat, obwohl er diese Gefahr erkennen und vermeiden konnte. So zum Beispiel, wenn ein angeketteter Hund sich erkennbar in einer äußerst angst- und stressbelasteten Situation befindet, weil er

---

306 *Hohlbein, Bredenschey, Salzbrunn*, VW 2009, 1430 ff.; auch im US-amerikanischen Recht wird ein Mitverschuldenseinwand gegen eine strikte Haftung aus genau diesem Grund kritisch gesehen, wie noch gezeigt wird.

307 Palandt-Heinrichs, § 254 Rn. 2.

308 *Schmalhorst*, S. 118 m.w.N.

309 OLG Koblenz, Urt. v. 10.5.2012, Az. 2 U 573/09 = VersR 2013, 328 f.

310 BGH, Urt. v. 17.10.2000, Az. VI ZR 313/99 = NJW 2001, 149 (150).

311 Vgl. OLG Hamm, Urt. v. 16.4.2002, Az. 9 U 185/01 = OLGR Hamm 2002, 375 f.

312 Thüringer OLG, Urt. v. 23.9.2009, Az. 4 U 420/09 = RuS 2010, 126.

sich schmerzhaft in der Kette verfangen hat und daher beim Versuch, den Hund zu befreien, befürchtet werden muss, dass der Hund aus Angst beißt[313]. Gegenüber der Gefahrenverantwortung des Tierhalters ist das Gewicht des Beitrages des Verletzten abzuwägen, das sich nach seinem objektiven Anteil an der Verletzung und dem Grad des Sorgfaltsverstoßes gegen das eigene Sicherheitsinteresse bemisst.

Der Sorgfaltspflichtverstoß muss vorsätzlich oder fahrlässig sein. Grundsätzlich wird die Gefährdungshaftung nicht schon durch leichte Fahrlässigkeit des Geschädigten ausgeschlossen[314]. In der Regel ist ein grobes Verschulden des Geschädigten erforderlich[315].

So musste sich eine Hundeführerin, die den Westhighland-Terrier ihrer Nachbarin ausführte und dabei durch die Zugkraft des Hundes über die Leine umgerissen wurde und stürzte, einen Mitverschuldensbeitrag von 50% anrechnen lassen[316]. Das LG Stendal wertete den Vortrag der Klägerin, sie sei von dem Richtungswechsel des Hundes „überrascht" worden, als Mangel an Konzentration und Aufmerksamkeit.

Ein ganz überwiegendes Mitverschulden stellte das OLG Düsseldorf[317] bei einer erfahrenen Reiterin fest, die bei dem Versuch, ein Pferd auf einen Transporter zu verladen, von dem widerwilligen Pferd verletzt wurde. Der Mitverschuldensvorwurf basierte auf dem Umstand, dass sie wusste, dass es bei einem vorangegangenen Versuch, das Pferd auf einen Anhänger zu verladen, zu erheblichen Problemen gekommen war und sie sich trotz ihrer Erfahrung und dieser Warnsignale bei dem zweiten Verladeversuch in dem Gefahrenbereich einen Meter hinter oder seitlich hinter dem Pferd aufgehalten hatte. Hierdurch habe sie in besonders eklatanter Weise trotz Erkennbarkeit der Gefährlichkeit ihres Aufenthaltsorts gegen die Obliegenheit zur Sicherung des eigenen Interesses gehandelt, mit der Folge, dass hierdurch die Haftung der Pferdehalterin für die Tiergefahr in vollem Umfang zurücktritt.

Bei Reitunfällen können über § 254 BGB insbesondere vorwerfbare Reiterfehler berücksichtigt werden[318]. Zudem muss sich der geschädigte Reiter gegebenenfalls eine mitwirkende Tiergefahr seines eigenen Tieres über § 254 BGB anrechnen lassen[319].

Der BGH hat beispielsweise bei einem 37-jährigen Reiter ein 30%iges Mitverschulden bejaht, weil dieser nach seinem zweiten Sturz trotz Indisponiertheit

313 Thüringer OLG, a.a.O.

314 Palandt-*Heinrichs*, § 254, Rn. 55; OLG Düsseldorf, Urt. v. 12.3.2007, Az. I-1 U 192/06.

315 Vgl. OLG Hamm, Urt. v. 16.4.2002, Az. 9 U 185/01 = OLGR Hamm 2002, 375f; OLG Hamburg, Urt. v. 21.4.1981, Az. 12 U 8/80 = VersR 1982, 779.

316 LG Stendal, Urt. v. 25.3.2004, Az. 22 S 185/03, entgegen OLG Stuttgart, Urt. v. 27.3.2002, Az. 2 U 213/01 = ZfSch 2002, 384.

317 OLG Düsseldorf, Urt. v. 29.9.2005, Az. 5 U 21/05 = NJW-RR 2006, 93.

318 BGH, Urt. v. 9.6.1992, Az. VI ZR 49/91 = VersR 1992, 1145; BGH, Urt. v. 24.6.1986, VI ZR 202/85 = VersR 1986, 1206 (1207).

319 BGH, Urt. v. 6.7.1976, Az. VI ZR 177/75 = NJW 1976, 2130; OLG Köln, Urt. v. 13.8.2002, Az. 9 U 185/00 = NJW-RR 2003, 884.

weitergeritten ist[320]. Der Reiter hatte die Nacht zuvor aufgrund einer langen Autofahrt nicht geschlafen und fühlte sich „völlig fertig". Dies verschwieg er dem Reitlehrer und nahm trotzdem an der Reitstunde teil. Das Gericht urteilte, dass sich ein Reitschüler zwar auf die Einschätzung seiner Fähigkeiten durch den Reitlehrer verlassen kann; er muss aber über die Umstände aufklären, die dessen Entscheidung über die Teilnahme des Schülers am Reitunterricht beeinflussen können.

Dagegen kommt ein Mitverschulden grundsätzlich nicht schon deshalb in Betracht, weil ein Reiter trotz körperlicher Beeinträchtigung überhaupt Reitstunden genommen hat, jedenfalls wenn sich der Tierhalter gerade nach seinem Vereinszweck der Reittherapie von Behinderten widmet und vor dem Reitunterricht die Behinderung des Reiters bekannt war. Vielmehr konnte der Reiter unter den besonderen Umständen des Streitfalls damit rechnen, dass die Reitausbildung der Behinderung Rechnung trug[321].

Ein anspruchsminderndes Mitverschulden von einem Drittel erkannte auch das OLG Koblenz in einem Fall, wo eine Reitschülerin ohne Not an einem fremden Pferd in einer Entfernung von nur ca. 140 cm und damit so nahe vorbeiging, dass sie den Angriffs- oder Verteidigungsbewegungen des fremden Pferdes ausgesetzt war und getreten wurde[322]. Führt der Geschädigte selbst ein Pferd mit sich, muss er zu einem anderen Pferd einen hinreichenden Sicherheitsabstand einhalten, damit sich nicht zwischen den Pferden ein Rivalitätsgefühl entwickelt. Verletzt der Geschädigte diese Obliegenheit in grob fahrlässiger Weise, so ist eine Haftung des schädigenden Tierhalters wegen überwiegenden Mitverschuldens ausgeschlossen[323].

Hält ein Reiter sich nach dem Absteigen von einem jungen Pferd im Schlagradius von dessen Hinterhand auf, muss er sich bei einem Unfall ein hälftiges Mitverschulden anrechnen lassen.[324]

Ein Mitverschulden wegen vorwerfbarer Selbstgefährdung liegt jedoch nicht vor, wenn ein Pferdehalter in Trittweite hinter einem anderen Pferd vorbeigeht und dabei durch dessen Huftritt verletzt wird, wenn es nach den baulichen Gegebenheiten keine andere Zugangsmöglichkeit gab, zu seinem in einer Stallgasse angebundenen Pferd zu gelangen, als von hinten an dem anderen Pferd vorbeizugehen[325]. Ein fehlender anderer Zugang ist demnach ein „außerordentlich wichtiger Grund dafür, an der Hinterhand eines Pferdes vorbeizugehen"[326].

---

320 BGH, Urt. v. 19.1.1982, Az. VI ZR 132/79 = VersR 1982, 348.

321 BGH, Urt. v. 21.12.2010, Az. VI ZR 312/09 = VersR 2011, 407.

322 OLG Koblenz, Urt. v. 31.1.2002, Az. 5 U 465/01 = VersR 2003, 1317.

323 Schleswig-Holsteinisches OLG, Urt. v. 20.11.2003, Az. 7 U 72/01 = NJW-RR 2004, 382.

324 LG Itzehoe, Urt. v. 27.3.2003, Az. 4 S 156/02 = SchlHA 2003, 297.

325 OLG Frankfurt, Urt. v. 28.7.2003, Az. 1 U 65/02 = OLGR Frankfurt 2004, 47 f.

326 OLG Frankfurt, a.a.O.

2. Mitverschulden Minderjähriger

Besondere Hürden bestehen nach zutreffender Ansicht der Rechtsprechung[327] bei der Beurteilung von Mitverursachungsbeiträgen von Kindern und Jugendlichen, da sie wegen ihrer noch begrenzten Einsichtsfähigkeit schutzbedürftig sind. Die Berücksichtigung eines Mitverschuldens erfolgt hier nach §§ 827 f. BGB in entsprechender Anwendung[328].

a. Minderjährige bis sieben Jahre

Vom Mitverschuldensvorwurf grundsätzlich ausgenommen sind Kinder, die im Zeitpunkt der Verletzung noch nicht sieben Jahre alt sind. Deren Verursachungsbeiträge werden in entsprechender Anwendung des § 828 Abs. 1 BGB generell nicht berücksichtigt[329], da die für das (Mit-) Verschulden erforderliche Einsichtsfähigkeit – und somit die Schuldfähigkeit – in diesen Fällen fehlt[330].

Zwar wird in der Literatur[331] die Meinung vertreten, die Schuldfähigkeit sei für die Frage, ob sich ein Kind auf einen eigenen Anspruch auf Schadensersatz ein Mitverschulden anrechnen lassen muss, unbeachtlich. Ein Verursachungsbeitrag des Kindes an einem eigenen Schaden sei nach Ansicht von *Esser* nicht anders zu behandeln als ein Unglücksschaden, der den Jugendlichen treffe und den er im Allgemeinen selbst tragen müsse. Nur bei Schäden Dritter, die Ansprüche gegenüber dem Kind geltend machen, knüpften die §§ 827, 828 BGB die Verantwortlichkeit des Kindes bzw. Jugendlichen an seine Einsichtsfähigkeit.

Der BGH[332] hat demgegenüber mit Blick auf den besonderen gesetzlichen Schutz von Kindern unter sieben Jahren stets daran festgehalten, dass Kinder deliktsfähig sein müssen, wenn ihnen ein Verhalten nach § 254 BGB zugerechnet werden soll.

Dementsprechend kann ein Mitverursachungsbeitrag eines schuldunfähigen Kindes allenfalls über eine entsprechende Anwendung des § 829 BGB zur teilweisen Enthaftung des Tierhalters führen[333]. Nach § 829 BGB könnte ein Kind trotz § 828 Abs. 1 BGB insoweit zum Ersatz herangezogen werden, *„als die Billigkeit nach den Umständen, insbesondere nach den* [persönlichen und wirtschaftlichen] *Verhältnissen der Beteiligten, eine Schadloshaltung erfordert und ihm nicht die Mittel entzogen*

327 BGH, Urt. v. 18.11.2003, Az. VI ZR 31/02 = NJW 2004, 772; LG Bielefeld, Urt. v. 27.4.2004, Az. 20 S 7/04 = NJW 2004, 2245, jeweils zu Unfällen im Straßenverkehr.

328 Palandt-*Heinrichs*, § 254 Rn. 9.

329 BGH, Urt. v. 29.10.1974, Az. VI ZR 159/73 = VersR 1975, 133; OLG München, Urt. v. 23.10.2001, Az. 30 U 424/01 = VersR 2003, 871 m. w. N.

330 Ein anderes Ergebnis kann – nur in Ausnahmefällen – aus Gründen der Billigkeit über § 829 BGB analog erreicht werden.

331 *Esser*, SchR I § 47 I 2 d seit der 3. Aufl.

332 BGH, Urt. v. 10.4.1962, Az. VI ZR 63/61 = BGHZ 37, 102 (105); BGH Urt. v. 26. 6. 1973, Az. VI ZR 47/72 = VersR 1973, 925 m.w.N.

333 BGH, Urt. v. 10.04.1962, Az. VI ZR 63/61 = BGHZ 37, 102.

werden, deren er zum angemessenen Unterhalt bedarf". Die Rechtsprechung[334] macht von dieser Möglichkeit wegen der Schutzbedürftigkeit von Minderjährigen und wegen des Ausnahmecharakters der Norm nur äußerst selten Gebrauch, sodass § 829 BGB in der Praxis nur geringe Bedeutung hat.

b. Minderjährige ab sieben Jahren

Ein Mitverschulden bei mindestens sieben Jahre alten Minderjährigen ist gemäß § 828 Abs. 3 BGB nur dann unbeachtlich, wenn diese bei Begehung der schädigenden Handlung nicht die zur Erkenntnis der Verantwortlichkeit erforderliche Einsicht hatten[335]. Die Beweislast trifft also den Minderjährigen, der sich auf seine mangelnde Einsichtsfähigkeit beruft.

Nach entsprechenden Entscheidungen des BGH[336] im Bereich der Gefährdungshaftung nach dem StVG ist ein Mitverschulden von Kindern und Jugendlichen bei der Abwägung der Verursachungsbeiträge in der Regel geringer zu bewerten als das entsprechende Mitverschulden eines Erwachsenen. Dennoch ist eine – sogar vollständige – Enthaftung des Tierhalters zulasten eines geschädigten Kindes über den Mitverschuldenseinwand möglich. Eine Alleinverantwortung des Minderjährigen ist aber selbst bei grobem Mitverschulden nur ausnahmsweise gegeben[337]. Sie setzt insbesondere voraus, dass der Sorgfaltsverstoß des Kindes altersspezifisch auch subjektiv besonders vorwerfbar ist[338].

Im Bereich der Tierhalterhaftung führt dies dazu, dass das Alter und die Erfahrenheit des Kindes im Umgang mit dem Tier bei der Ermittlung des Mitverschuldensbeitrags zu bewerten ist. Der Fahrlässigkeitsvorwurf orientiert sich daher an der Verstandesreife von Kindern und Jugendlichen, die allgemein in der entsprechenden Altersgruppe zu erwarten ist (so genannte Gruppenfahrlässigkeit) und gerade nicht an der individuellen Steuerungsfähigkeit des betreffenden Minderjährigen[339]. Berücksichtigt werden können auch „besondere Umstände eines spontanemotionalen Vorgangs, wie er ganzen Altersgruppen von Jugendlichen und Kindern eigen ist, wie z. B. der Forschungs- und Erprobungsdrang oder die Impulsivität und Überschwänglichkeit"[340] oder auch eine schwärmerische Einstellung gerade junger Mädchen zu Pferden und zum Reitsport[341].

---

334 BGH, Urt. v. 29.10.1974, Az. VI ZR 159/73 = VersR 1975, 133; BGH, Urt. v. 26.06.1973, Az. VI ZR 47/72 = MDR 1973, 921; BGH, Urt. v. 24. 6. 1969, Az. VI ZR 15/68 = VersR 1969, 860.

335 AG Oldenburg (Holstein), Urt. v. 5.10.2007, Az. 22 C 17/07 = juris Tz. 24 (zum Mitverschulden eines 9-jährigen Mädchens, das bei einem Ausritt verletzt wurde).

336 Vgl. BGH, Urt. v. 18.11.2003, Az. VI ZR 31/02 = NJW 2004, 772 m.w.N.

337 LG Bielefeld, Urt. 27.4.2004, Az. 20 S 7/04 = NJW 2004, 2245.

338 BGH, Urt. v. 13.2.1990, Az. VI ZR 128/89 = VersR 1990, 535 (536).

339 BGH, Urt. v. 28.2.1984, Az. VI ZR 132/82 = NJW 1984, 1958.

340 BGH a.a.O.

341 BGH a.a.O.

Der Vorwurf des Mitverschuldens trifft nach diesen Grundsätzen z.B. ein 12-jähriges Mädchen, das sich der Erkenntnis verschließt, dass der erste Ausritt ins Gelände nicht ungefährlich ist; aufgrund alterstypischer Verstandesreife ist es generell fähig, diese Gefahr zu vermeiden[342]. Das OLG Köln hat in diesem Fall neben der Gefährdungshaftung auch ein überwiegendes Verschulden des Tierhalters wegen der Überlassung des Pferdes ohne Erkundigung über das reiterliche Können des Mädchens im Rahmen von § 823 Abs. 1 BGB angenommen. Das Mitverschulden des Kindes wurde mit ¼ bemessen.

Ein vom Pferd gestürztes 15-jähriges Mädchen musste sich ein Mitverschulden von einem Drittel anrechnen lassen, da es – unter Missachtung des ausdrücklichen Reitverbots ihrer Mutter – ohne ausreichende Reitkenntnisse um die Überlassung des Pferdes gebeten hat und außerdem keine Reitkappe trug[343].

II. Mitwirkende Tiergefahr

Der Geschädigte muss sich über § 254 BGB neben dem persönlichen Mitverschulden gegebenenfalls auch die mitwirkende Tiergefahr seines Tieres anrechnen lassen, vergleichbar mit der Betriebsgefahr eines Kraftfahrzeugs, sofern das Tier des Geschädigten zu der Schädigung beigetragen hat[344]. Dies ist häufig der Fall, wenn Hunde verschiedener Halter miteinander spielen und dabei einer der Halter gebissen wird. Die mitwirkende Tiergefahr ist aber auch dann zu berücksichtigen, wenn Tiere verschiedener Halter sich gegenseitig verletzen. In beiden Fällen ist § 254 Abs. 1 BGB als Ausdruck des allgemeinen Rechtsgedankens auch auf die Tierhalterhaftung entsprechend anwendbar[345]. Sofern eine mitwirkende Tiergefahr auf Seiten des Geschädigten in Betracht kommt, ist abzuwägen, in welchem Maße das in dem eigenen Tier jeweils verkörperte Gefahrenpotenzial konkret wirksam geworden ist[346]. Um diesen Prozentsatz reduziert sich dann der Ersatzanspruch des Geschädigten. Die lediglich abstrakte Tiergefahr ist dabei unbeachtlich.

Die rein physische Anwesenheit eines Tieres kann daher eine Mitverursachungsquote grundsätzlich nicht begründen[347]. Insbesondere entfällt nicht zwingend auf jeden der beteiligten Tierhalter (bzw. jedes der beteiligten Tiere) die gleiche Quote, da sich die Tiergefahr trotz des Zusammenwirkens mehrerer Tiere bei den einzelnen Tieren in unterschiedlichem Maße verwirklichen kann[348]. Daher ist auch die Praxis

342 OLG Köln, Urt. v. 10.12.1987, Az. 5 U 96/87 = VersR 1989, 62.

343 BGH, Urt. v. 22.12.1992, Az. VI ZR 53/92 = NJW 1993, 2611.

344 BGH, Urt. v. 6.7.1976, Az. VI ZR 177/75 = NJW 1976, 2130; OLG Köln, Urt. v. 13.8.2002, Az. 9 U 185/00 = NJW-RR 2003, 884.

345 So schon RGZ 67, 120 , 121; ferner BGH, Urt. v. 6.7.1976, Az. VI ZR 177/75 = VersR 1976, 1090.

346 BGH, Urt. v. 5.3.1985, Az. VI ZR 1/84 = NJW 1985, 2416.

347 OLG Stuttgart, Urt. v. 16.4.2002, Az. 10 U 205/01 = VersR 2003, 1318 (angeleinter Pudel).

348 OLG Frankfurt, Urt. v. 12.1.2007, Az. 19 U 217/06 = NJW-RR 2007, 748.

vieler Tierhalterhaftpflichtversicherer, die Beteiligung des geschädigten Tieres per se als mitwirkende Tiergefahr von 50% zu bewerten, unzulässig. Denn in zahlreichen Fällen hat sich eine (mitwirkende) Tiergefahr gar nicht verwirklicht oder ist so gering einzustufen, dass sie vollständig hinter die Gefahr zurücktritt, die von dem schädigenden Tier ausgeht.

So entschied zum Beispiel das OLG Hamm[349] gegen eine Kürzung der Ansprüche des Halters eines Pferdes, welches sich auf der Flucht vor einem Hund verletzte. In diesem Fall hatte sich der Dobermann von der Leine seines Halters losgerissen, war in eine Weide eingedrungen und hatte ein Pferd quer über die Weide in einen Holzzaun gehetzt.

Kritisch bewertet werden müssen dagegen die Erwägungen des OLG München[350], wonach auch bei passivem Verhalten des verletzten Tieres pauschal von einer mitwirkenden Tiergefahr in Höhe von 50% auszugehen sei, welche im vorliegenden Fall nur ausnahmsweise auf 30% gemindert sei, weil der angreifende Hund der aktive Part und zudem deutlich größer war als der verletzte Hund. Es mag zwar zutreffen, dass – wie das Gericht ausführt – z.B. auch ein passiver Hund nur deswegen die Aufmerksamkeit eines anderen Hundes auf sich zieht, weil er eben auch ein Hund ist. Dennoch ist zu berücksichtigen, dass der Luxustierhalter nach Sinn und Zweck des § 833 Satz 1 BGB nicht für bloße Verursachungen, sondern für Gefährdung im Sinne von Tiergefahren, haften soll. Zwar ist nicht auszuschließen, dass sich im Einzelfall auch durch die bloße Anwesenheit eines Tieres ausnahmsweise eine Tiergefahr verwirklichen kann. Eine vom OLG München vertretene pauschale Annahme einer mitwirkenden Tiergefahr von 50% „bei einem Vorfall, an dem zwei Tiere beteiligt sind“[351], ist jedoch verfehlt und widerspricht dem Haftungszweck.

Allein haftet auch der Hundehalter, dessen unbeaufsichtigter Hund ein im Stall angeleintes Pferd anbellt und anspringt und das Pferd sich daraufhin erschreckt, hinfällt und stirbt[352]. Zu vernachlässigen war auch die mitwirkende Tiergefahr eines angeleinten Pudels, der einen fremden, frei herumlaufenden Schäferhund anlockte, woraufhin die Halterin des Pudels von dem Schäferhund verletzt wurde[353]. Zu berücksichtigen war u. a., dass der Pudel angeleint war, während der Schäferhund frei herumlief, und zwar so weit von seinem Halter entfernt, dass der Halter keine Kontrolle mehr über ihn hatte. Die Gefahr des angeleinten Pudels trat daher nach Ansicht des Gerichts hinter die Gefahr zurück, die von dem unkontrolliert herumlaufenden Schäferhund ausging.

Mit 40% bewertete das OLG Düsseldorf[354] die Mitverschuldensquote eines Halters, dessen Pferd infolge einer starken Stressreaktion auf eine in unmittelbarer

---

349 Vgl. OLG Hamm, Urt. v. 28.6.1993, Az. 6 U 71/93 = OLGR Hamm 1994, 43.

350 OLG München, Urt. v. 11.4.2011, Az. 21 U 5534/10 = VersR 2011, 1412.

351 OLG München, a.a.O., FN 359.

352 OLG Oldenburg, Urt. v. 15.1.2001, Az. 13 U 104/00 = Recht und Schaden 2002, 155 (BGH Nichtannahmebeschluss v. 25.9.2001, Az. VI ZR 78/01).

353 OLG Stuttgart, Urt. v. 16.4.2002, Az. 10 U 205/01 = VersR 2003, 1318.

354 OLG Düsseldorf, Urt. v. 28.1.2004, Az. I-15 U 66/01 = juris, Tz. 30.

Nähe zur Koppel stattfindende Jagd starb. Hierbei berücksichtigte das Gericht sowohl die Tiergefahr des verendeten Pferdes als auch das Mitverschulden des Halters selbst, welches das Gericht darin sah, dass der geschädigte Halter sein wertvolles Pferd trotz Kenntnis von der Jagd nicht von der Koppel holte.

Wenn feststeht, dass zwei Tiere am Unfallgeschehen beteiligt waren, aber es zufällig war und nicht geklärt werden kann, welches der beiden Tiere den Geschädigten z.B. gebissen oder umgerannt hat, haften beide Tierhalter zur Hälfte[355]. Denn in jedem Fall hat sich die Tiergefahr auch des Tieres verwirklicht, das den Geschädigten nicht unmittelbar verletzt hat. Wird einer der Halter durch die Hunde verletzt, kann er somit von dem anderen Halter die Erstattung seines hälftigen Schadens beanspruchen[356].

Auch Mitverschuldensanteile von über 50% bis hin zu einer vollständigen Anspruchskürzung sind denkbar. In einem vom OLG Saarbrücken[357] entschiedenen Fall stürzte ein Halter von seinem Pferd, weil dieses sich vor einer Hundemeute erschreckte und bockte. Das Gericht war nach Beurteilung des Geschehensablaufs der Ansicht, dass der gestürzte Reiter ein besonders nervöses und schreckhaftes Pferd habe, das überempfindlich auf normales Hundeverhalten reagiert habe. Daher sei es gerechtfertigt, die Tiergefahr der Hundemeute hinter der überwiegenden mitwirkenden Gefahr des Pferdes gänzlich zurücktreten zu lassen.

Eine Anrechnung der Tiergefahr kommt nicht in Betracht, wenn es sich bei dem verletzten Tier um ein Nutztier handelt und eine Ersatzpflicht des Halters gemäß § 833 Satz 2 BGB wegen erfolgreicher Exkulpation nicht besteht[358].

Eine Anspruchskürzung scheidet grundsätzlich auch aus, wenn den Anspruchsgegner neben der Tierhalterhaftung auch ein Vorwurf aus persönlichem Verschulden trifft, z.B. wenn der geschädigte Reiter absichtlich zu dicht auf ein anderes Pferd aufgeritten ist oder der Halter seinen Hund auf einen Menschen hetzt. Denn die Haftung des Tierhalters – und sei es auch in Form der Berücksichtigung der mitwirkenden Tiergefahr für den eigenen Anspruch – ist entsprechend § 840 Abs. 3 BGB ausgeschlossen, wenn bei der Entstehung des Schadens neben der Tiergefahr ein schuldhaftes Verhalten des Anspruchsgegners mitgewirkt hat[359]. Die Vorschrift gilt unmittelbar zwar nur im Innenverhältnis von mehreren Gesamtschuldnern. Sie ist nach ihrem Sinngehalt jedoch entsprechend anzuwenden auf die gem. § 254 BGB vorzunehmende Abwägung der beiderseitigen Verursachungsanteile[360]. Wenn z.B. ein Pferd in einer Stallgasse durchgeht und der Stallbetreiber sorgfaltswidrig

355 OLG Oldenburg, Urt. v. 4.2.2002, Az. 11 U 79/01 = VersR 2002, 1166.
356 Vgl. OLG Oldenburg, Urt. v. 4.2.2002, Az. 11 U 79/01 = VersR 2002, 1166.
357 OLG Saarbrücken, Urt. v. 14.7.2005, Az. 8 U 283/04 = NJW-RR 2006, 969.
358 AG Plön, Urt. v. 29.11.2005, Az. 1 C 669/05 = AgrarR 2006, 180.
359 Vgl. BGH, Urt. v. 23.9.2010, Az. III ZR 246/09 = NJW 2011, 139; OLG Hamm, Urt. v. 5.6.2000, Az. 13 U 202/99 = OLGR Hamm 2001, 229; OLG Hamm, Urt. v. 13.1.1998, Az. 9 U 131/96 = VersR 2000, 732.
360 Vgl. BGH, Urt. v. 25.10.1994, Az. VI ZR 107/94 = VersR 1995, 90; OLG Hamm, Urt. v. 8.2.1990, Az. 6 U 143/89 = NJW-RR 1990, 794.

versucht, das Pferd aufzuhalten, indem er den Stallausgang durch quer gespannte Führstricke versperrt, das Pferd dann in Panik in die Stricke rennt, sich überschlägt und stirbt, muss sich der Tierhalter für den Schadensersatzanspruch gegen den Stallbetreiber wegen § 840 Abs. 3 BGB nicht die mitwirkende Tiergefahr des eigenen Pferdes anrechnen lassen[361].

III. Mitwirkende Betriebsgefahr / Kollisionen im Straßenverkehr

Bei einem Zusammenstoß zwischen einem Tier und einem Kfz haben sich die Beteiligten ebenfalls ihre jeweiligen Tier- bzw. Betriebsgefahren anrechnen zu lassen. Typisch sind Unfälle, die durch Kollisionen zwischen freilaufenden Tieren und Kfz im Straßenverkehr entstehen. Die Haftungsanteile der Kfz- bzw. Tierhalter bestimmen sich nach § 17 Abs. 2 StVG entsprechend der nach § 254 BGB zu ermittelnden Mitverschuldensanteile.

Trifft keinen der Beteiligten ein Verschulden und haben sich daher tatsächlich nur die jeweiligen Tier- bzw. Betriebsgefahren verwirklicht, wird die Tiergefahr regelmäßig als der schwerwiegendere Beitrag qualifiziert. Teilweise tritt die Betriebsgefahr des Kfz sogar ganz hinter die Tiergefahr zurück.

Läuft z. B. ein aus dem Tierheim entlaufener Schäferhund nachts über die Autobahn und kollidiert mit einem Kraftfahrzeug, so ist eine Haftung des Tierheims bzw. Tierschutzvereins als Tierhalter in Höhe von 80% nicht zu beanstanden[362]. Gleiches gilt bei Unfällen unter Beteiligung von ausgebrochenem Vieh. Hier übersteigt die so genannte Tiergefahr die Betriebsgefahr des Kraftfahrzeugs in der Regel deutlich. Hat der Kfz-Führer den Unabwendbarkeitsnachweis nicht erbringen können, ist eine Mithaftungsquote von 20% sachgerecht, da der Tierhalter nicht aus nachgewiesenem Verschulden, sondern „nur" nach BGB § 833 haftet[363].

Beim Zusammenstoß zwischen einem Lkw und einem scheuenden Pferd, das auf einer öffentlichen Straße geritten wird, den weder der Fahrer noch der Reiter verschuldet haben, haftet der Tierhalter mit einer Quote von 70%, da von einem Pferd im Straßenverkehr die weitaus größere Gefahr ausgeht[364]. Bezeichnenderweise führt das OLG Celle in der Urteilsbegründung aus:

> *„Ein Reiter darf sich in der heutigen Zeit, in der sich das Verhältnis zwischen Mensch und Tier deutlich entfremdet hat, nicht darauf verlassen, dass andere Verkehrsteilnehmer Verständnis für diese tiertypischen Eigenschaften* [in dem Fall: Scheuen vor einem herannahenden LKW] *aufbringen und sich entsprechend rücksichtsvoll verhalten"*[365].

---

361 OLG Hamm, a.a.O.

362 OLG Zweibrücken, Beschl. v. 12.8.2004, Az. 1 U 65/04 = OLGR Zweibrücken 2005, 247.

363 OLG Köln, Urt. v. 16.11.2000, Az. 7 U 64/00 = VersR 2001, 1396.

364 OLG Celle, Urt. v. 19.12.2002, Az. 14 U 94/02 = MDR 2003, 685.

365 OLG Celle, Urt. v. 19.12.2002, Az. 14 U 94/02 = MDR 2003, 685 (686).

Bei der Kollision eines Flugzeuges mit einer Brieftaube, bei der das Flugzeug stark beschädigt – und die Brieftaube getötet wurde – ging das OLG Hamm[366] von einer Haftungsteilung in Höhe von 50% aus.

Eine weitere Ausnahme von dem Grundsatz der meist überwiegenden Haftung des Tierhalters gilt – freilich unter strengen Voraussetzungen, wie später noch zu zeigen ist – für so genannte Nutztierhalter. Wer z.B. Pferde zu gewerblichen Zwecken hält, kann sich nach einem durch ein entlaufenes Pferd verursachten Verkehrsunfall von der Tierhalterhaftung gemäß § 833 Satz 2 BGB entlasten, wenn er für den Fall seiner Abwesenheit vom Gehöft Vorsorge gegen unbefugtes Freilassen der Pferde durch Dritte getroffen hat[367].

VII. Zusammentreffen mehrerer Haftpflichtiger

Ist ein Schaden durch mehrere Haftpflichtige verursacht worden, stellt sich die Frage, wer letztlich gegenüber dem Geschädigten verantwortlich ist.

Grundsätzlich sind mehrere Haftpflichtige gegenüber dem Geschädigten Gesamtschuldner gemäß §§ 840 Abs.1, 426 BGB. Im Innenverhältnis ist in der Regel der Tierhalter überwiegend verantwortlich.

Anderes gilt für die Haftungsverteilung im Innenverhältnis, wenn sich nicht nur Betriebs- bzw. Tiergefahren verwirklicht haben, sondern einen der Beteiligten zusätzlich ein Verschulden trifft, z. B. wenn ein Pferdehalter sein Pferd nicht ausreichend vor einem Ausbrechen auf die Fahrbahn gesichert hat und dieses mit einem Pkw zusammenstößt. In diesem Fall tritt – unabhängig davon, wie hoch die Betriebsgefahr des Pkw zu beurteilen ist – gemäß § 840 Abs. 3 BGB die Haftung des „nur" aus Gefährdung haftenden Pkw-Halters hinter die Verschuldenshaftung des Halters des Pferdes vollständig zurück.

VIII. Zwischenergebnis

Nur über das Mitverschulden nach § 254 BGB erfolgt bisher eine effiziente, interessengerechte Begrenzung der Tierhalterhaftung. Dies gilt neben der Haftung des Halters gegenüber unbeteiligten Dritten insbesondere für die Haftung gegenüber Personen, die sich freiwillig der Tiergefahr aussetzen und die Kontrolle über das schädigende Tier ausüben.

E. Probleme der Beweislast

Entsprechend den allgemeinen Zivilprozessregeln trägt der Geschädigte bzw. der Kläger im Prozess gegen den Tierhalter die Darlegungs- und Beweislast für die anspruchsbegründenden Tatsachen. Hierzu gehören stichpunktartig folgende

366 OLG Hamm, Urt. v. 11.2.2004, Az. 13 U 194/03 = NJW 2004, 2246 f.

367 OLG Nürnberg, Urt. v. 6.4.2004, Az. 9 U 3987/03 = NJW-RR 2004, 1168.

Vorausetzungen: Schädigung durch ein Tier, Haltereigenschaft, Rechtsgutsverletzung, adäquate Kausalität und Schaden. Der Beweis im Sinne des § 286 ZPO ist dann erbracht, wenn die Tatsache mit dem für das praktische Leben brauchbaren Grad von Gewissheit bewiesen wurde, der Zweifeln Schweigen gebietet, ohne diese völlig auszuschließen[368].

I. Tiergefahr

Trotz dieser klaren Beweisgrundsätze ist umstritten, wer die Beweislast für die Tatsache trägt, dass die Rechtsverletzung „durch" ein Tier geschehen ist, die Rechtsverletzung also auf der Verwirklichung einer spezifischen Tiergefahr beruht.

Grundsätzlich ist die Beweislastverteilung im Prozess eng an die streitentscheidende materielle Rechtsnorm geknüpft. Durch die positive oder negative Formulierung von Tatbestandsmerkmalen und durch die Konstruktion von Regel- und Ausnahmetatbeständen hat der Gesetzgeber zum Ausdruck gebracht, welche Partei nach der oben genannten Grundregel das Risiko der Unaufklärbarkeit einer entscheidungserheblichen Tatsache zu tragen hat[369].

Eine entsprechende gesetzgeberische Vorgabe fehlt bei § 833 Satz 1 BGB. Das entscheidende Tatbestandsmerkmal besteht allein aus dem Wort „durch". Der Streit um die Beweislastverteilung dreht sich im Kern um die Frage, ob es sich bei diesem Tatbestandsmerkmal um eine anspruchsbegründende oder eine anspruchsvernichtende Haftungsvoraussetzung handelt[370].

Ein Teil der Literatur[371] und die aktuelle Rechtsprechung[372] sind zu Recht der Ansicht, es handele sich bei der Verwirklichung der spezifischen Tiergefahr um eine anspruchsbegründende, positive Haftungsvoraussetzung, die somit vom Kläger dargelegt und im Bestreitensfall bewiesen werden müsse.

---

368 BGH, Urt. v. 17.2.1970, Az. III ZR 139/67 = BGHZ 53, 245 (256); BGH, Urt. v. 4.7.1989, Az. VI ZR 309/88 = NJW 1989, 2947.

369 Zöller/Stephan, ZPO 24. Aufl. Vor § 284 Rn. 17a.

370 Vgl. *Terbille,* VersR 1994, 1151.

371 Palandt-*Sprau,* § 833 Rn. 21; BGB-RGRK/*Kreft,* § 833 Rdn. 73, mit Hinweis darauf, dass im Allgemeinen auf Seiten des Verletzten die Darlegung und der Beweis eines kausalen Verhaltens des Tieres genügt und der Halter sich durch den Beweis einer Ausnahme von der Haftung befreien kann.

372 OLG Düsseldorf, Urt. v. 26.8.1969, Az. 4 U 26/69 = VersR 1970, 333 (334); OLG Düsseldorf, Urt. v. 15.1.1980, Az. 4 U 134/79 = VersR 1981, 82 (83); OLG Köln, Urt. v. 8. 11. 2002, Az. 1 U 22/02 = VersR 2004, 1014 f.; Brandenburgisches OLG, Urt. v. 14.12.2011, Az. 4 U 19/10 = RuS 2012, 98; OLG Hamm, Urt. v. 18.9.2012, Az. 9 U 162/11, juris Rn. 22.

In früheren Urteilen des BGH[373] und in Teilen der Literatur[374] wird hingegen die Ansicht vertreten, dass das Merkmal der Tiergefahr durch die Fallgruppen, in denen die Tiergefahr fehlt, negativ definiert werde und daher eher dazu diene, die Haftung des Halters auszuschließen. Diese Auffassung wird insbesondere bei Reitunfällen vertreten, bei denen der Reiter ein fremdes Pferd ritt und zu Schaden kam. Das Nichtvorliegen der Tiergefahr sei für den in Anspruch genommenen Halter günstig, sodass er von vornherein für die Umstände, die die Tierhalterhaftung entfallen lassen, beweisbelastet sei[375]. Der Halter profitiere schon davon, dass ihm die Tierhaltung trotz der Gefahren für die Allgemeinheit überhaupt erlaubt sei, weshalb er für alle Tierschäden haften müsse. Im Interesse der Allgemeinheit sei es – zusätzlich zu der verschuldensunabhängigen Haftung des Halters – erforderlich und nach dem Schutzzweck des § 833 Satz 1 BGB gerechtfertigt, dem Tierhalter das Beweisrisiko dafür aufzubürden, dass die Schädigung gerade nicht auf der Verwirklichung der spezifischen Gefahr seines Tieres beruhe[376].

Eine derartige Umkehr der Grundsätze über die Beweislastverteilung ist jedoch weder von dem Prinzip der Gefährdungshaftung gewollt, noch im Interesse des Geschädigten bzw. der Allgemeinheit erforderlich. Der Tierhalter soll nur dann haften, wenn feststeht, dass eine Schädigung auf die Verwirklichung der spezifischen Tiergefahr zurückzuführen ist. Er soll gerade nicht für jede bloße Verursachung eines Schadens unter Beteiligung seines Tieres einstehen müssen[377]. Eine solche Verursachungshaftung wäre jedoch eine wahrscheinliche praktische Folge, wenn man dem Halter das Risiko auferlegte, anspruchshindernde Umstände nicht belegen zu können – ohne dass zuvor ein qualifizierter Zusammenhang zwischen dem Tierverhalten und der Rechtsverletzung positiv festgestellt wurde. Daher muss dieses Beweisrisiko bei dem Kläger verbleiben. Auch bei anderen Gefährdungshaftungstatbeständen muss grundsätzlich der Geschädigte die haftungsbegründenden Tatumstände beweisen[378].

---

373 BGH, Urt. v. 12.1.1982, Az. VI ZR 188/80 = NJW 1982, 763; vgl. auch BGH, Urt. v. 6.3.1990, Az. VI ZR 246/89 = NJW-RR 1990, 789. In diesem Fall bestand die theoretische Möglichkeit, ein Dritter habe das schädigende Tier in eine solche Zwangssituation versetzt, dass es sich nur in der den Schaden verursachenden Weise habe verhalten können. Dann hätte sich nach Ansicht des BGH keine Tiergefahr verwirklicht. Das Gericht bürdete dem Tierhalter die Beweislast hierfür mit der Begründung auf, dass er die Gefahrenquelle „Tierhaltung" selbst eröffnet habe.

374 MüKo/*Wagner*, § 833, Rn. 59; Baumgärtel, 25 Jahre Karlsruher Forum, VersR 1983, 85 (86) m.w.N.

375 Einschränkend *Baumgärtel*, für den Fall einer weiten Auslegung des Begriffs der „Tiergefahr", da dann ein höheres Haftungsrisiko des Halters bestehe, Karlsruher Forum VersR 1983, 85 (86).

376 Vgl. *Baumgärtel*, Beweislast, § 833 Rn. 8; BGH, Urt. v. 6.3.1990, Az. VI ZR 246/89 = NJW-RR 1990, 789.

377 Vgl. Staudinger/*Eberl-Borges* (2008), § 833 Rn. 5.

378 Vgl. *Deutsch*, NJW 1992, 75.

Gegen eine Beweislast des Halters für die spezifische Tiergefahr spricht ferner, dass es eine grundsätzliche Vermutung dafür, dass bestimmte Schäden gewöhnlich durch willkürliches oder unberechenbares Tierverhalten verursacht wurden, nicht gibt[379]. Daher scheiden bereits Beweiserleichterungen zugunsten des Klägers nach den Grundsätzen des Anscheinsbeweises in vielen Tierhalterhaftungsfällen, wie z. B. bei Reitunfällen, von vornherein aus. Eine weitergehende, pauschale Beweislastumkehr ist nach der hier vertretenen Auffassung daher erst recht nicht gerechtfertigt.

Wie *Terbille*[380] zutreffend anmerkt, ist der Geschädigte als Kläger auch nicht schutzbedürftig. Die Beweislast für den Geschädigten bzw. Kläger bezüglich der spezifischen Tiergefahr ist erträglich, da sie sich meist darin erschöpft, eine der typischen Fallgruppen der Realisierung der Tiergefahr nachzuweisen. Das gilt umso mehr nach der hier vertretenen weiten Auslegung der Tiergefahr, wonach der Kläger nur eine irgendwie geartete kausale Kraftentfaltung des Tieres darzulegen und im Bestreitensfall zu beweisen hat.

Es bleibt nach der hier vertretenen Ansicht folglich dabei, dass es sich bei dem Merkmal der spezifischen Tiergefahr um eine anspruchsbegründende Tatbestandsvoraussetzung handelt, zugunsten des Klägers keine Vermutung bezüglich der Verwirklichung der Tiergefahr greift und er somit das Risiko der Unaufklärbarkeit trägt. Der Kläger als beweisbelastete Partei muss somit zunächst den Hauptbeweis über die spezifische Tiergefahr führen. Der Beweis ist erbracht, wenn das Gericht den erforderlichen Grad an Überzeugung von der Richtigkeit der Beweisbehauptung gewonnen hat.

Erst dann muss der Halter den Gegenbeweis führen, d.h. er muss beweisen, warum entgegen der überzeugenden Darstellung des Klägers die Tiergefahr fehlt bzw. sich nicht verwirklicht hat – die Beweisführungslast hat damit gewechselt. Der Gegenbeweis ist erbracht, wenn der Halter den geforderten Grad an Überzeugung des Gerichts verhindert; dazu genügt es, wenn Zweifel an der Richtigkeit der Beweisbehauptung gesät werden. Misslingt schon der Hauptbeweis, muss das Gericht eine Beweisaufnahme über den Gegenbeweis unterlassen, weil die Beweisführungslast nie auf den Tierhalter gewechselt hat. Trägt der Halter also vor, die Tiergefahr liege nicht vor, z. B. weil das Tier – entgegen der Darstellung des Klägers – lediglich wie eine tote Masse ohne eigene Kraftentfaltung gewirkt habe, ist er für diese Behauptung erst dann beweisbelastet, wenn das Gericht zuvor von der gegenteiligen Darstellung des Klägers überzeugt war. Das Fehlen der spezifischen Tiergefahr ist nach hier vertretener Auffassung daher keine (anspruchsvernichtende) Tatsache, für die der Beklagte von vornherein beweispflichtig wäre[381]. Ein entsprechender Vortrag

379 So aber zu Unrecht Soergel/*Krause*, § 833 Rn. 50.

380 *Terbille*, VersR 1995, 129.

381 Zöller/*Greger*, ZPO 24. Aufl. Vor § 284 Rn. 17a; Baumbach/Hartmann, ZPO 52. Aufl. Anh. § 286 Rn. 4 unter Hinweis auf BGH, Urt. v. 14.1.1991, Az. II ZR 190/89 = BGHZ 113, 222 (225).

des Beklagten hat zunächst nur zur Folge, dass das Vorliegen der Tiergefahr streitig ist und sich die Unerweislichkeit der Tatsache zulasten des Klägers auswirkt[382].

II. Kausalität

Der Geschädigte trägt die Beweislast für die Kausalität zwischen der tierischen Verhaltensweise und der Verletzung. Behauptet demnach ein Radfahrer, gestürzt zu sein, weil er einem Hund ausweichen wollte, der plötzlich auf die Straße gelaufen und auf seiner Fahrlinie stehen geblieben sei, ist er (nach substantiiertem Bestreiten dieser Unfallschilderung durch den Tierhalter) beweispflichtig für die Kausalität tierischen Verhaltens[383].

Ist ein Geschädigter möglicherweise von mehreren Tieren gleichzeitig verletzt worden oder lässt sich nicht ermitteln, welches von mehreren Tieren eine Verletzung verursacht hat, so sind gemäß § 830 BGB sämtliche Tierhalter zu gleichen Teilen für den Schaden verantwortlich[384]. „Auch in den Fällen der Tierhalterhaftung ist es gerechter, alle haften zu lassen, die sich an der gemeinsamen Gefährdung in einer ihre Haftung begründenden Weise beteiligt haben, als den Geschädigten leer ausgehen zu lassen“[385].

III. Mitverschulden des Geschädigten

1. Schädigung eines Vertragspartners – § 834 Satz 2 BGB analog?

„Hoffnungslos umstritten“[386] ist die Frage, welchen Einfluss ein Vertragsverhältnis zwischen dem Halter und dem Geschädigten auf die Beweislastverteilung hat.

Unproblematisch ist der Fall, dass der Geschädigte als Tierhüter im Sinne von § 834 BGB zu qualifizieren ist, weil er per Vertrag die eigenverantwortliche Führung der Aufsicht über das Tier übernommen hat. Dann folgt aus § 834 Satz 2 BGB, dass sich der Geschädigte hinsichtlich der Vermutung einer Sorgfaltspflichtverletzung entlasten muss, wenn er gegen den Tierhalter aus § 833 BGB vorgehen möchte. Mißlingt dem Tierhüter der Nachweis, dass er bei Führung der Aufsicht die erforderliche Sorgfalt beachtet hat, sind die beiderseitigen Haftungsanteile – also Tierhalterhaftung und mitwirkendes Tierhüterverschulden – gemäß § 254 BGB zu bestimmen. Im Zweifel haften Tierhalter und Tierhüter zu gleichen Teilen[387].

---

382 Vgl. BGH, Urt. v. 6.3.1990, Az. VI ZR 246/89 = NJW-RR 1990, 789 f.; OLG Hamm, Urt. v. 18.9.2012, Az. 9 U 162/11.

383 OLG München, Urt. v. 23.7.1999, Az. 21 U 6185/98 = MDR 2000, 393.

384 OLG Koblenz, Urt. v. 10.5.2012, Az. 2 U 573/09 = VersR 2013, 328.

385 OLG Koblenz, Urt. v. 10.5.2012, Az. 2 U 573/09 = VersR 2013, 328 (329).

386 So treffend *Baumgärtel* in 25 Jahre Karlsruher Forum VersR 1983, VersR 1983, 85 (86).

387 OLG Frankfurt/M., Urt. v. 25.7.1995, Az. 22 U 82/94 = VersR 1997, 456; *Honsell* MDR 1982, 798, (801f).

Streit über die Beweislastverteilung besteht für den Fall, dass der geschädigte Vertragspartner nicht zugleich Tierhüter ist, z.B. weil er nicht die selbstständige Aufsicht über das Tier übernommen hat.

a. Rechtsprechung

Nach Ansicht der noch überwiegenden aber nicht einheitlichen Rechtsprechung[388] soll sich die reguläre Beweislastverteilung im Verhältnis zwischen Vertragspartnern umkehren: Will der geschädigte Vertragspartner gegen den Tierhalter vorgehen, muss er zunächst entweder die gehörige Erfüllung seiner vertraglichen Pflichten beim Umgang mit dem Tier beweisen oder er muss beweisen, dass der Schaden auch ohne sein Verschulden entstanden wäre[389]. Erst wenn der Beweis gelingt, kommt die Haftung des Tierhalters nach § 833 BGB in Betracht. Gelingt der Beweis nicht, muss er sich das vermutete Verschulden nach § 254 BGB anrechnen lassen. Über den eindeutigen Wortlaut der Norm hinaus wendet die Rechtsprechung die Beweislastumkehr aus § 834 Satz 2 BGB demnach analog auf jegliche Vertragspartner des Halters an, die mit dem Tier umgehen, auch wenn das zugrundeliegende Vertragsverhältnis nicht die Übernahme der selbstständigen Aufsicht über das Tier regelt und der Vertragspartner deshalb gerade nicht als Tierhüter qualifiziert werden kann[390]. Die analoge Anwendung des § 834 Satz 2 BGB sei wegen der hinsichtlich der Einfluss- und Aufklärungsmöglichkeiten des Quasi-Hüters vergleichbaren Interessenlage geboten[391].

So hat das OLG Düsseldorf[392] zulasten einer Reiterin, die sich beim Sturz mit dem Pferd ihres Reitstallbetreibers verletzte, eine Haftung des Reitstallbetreibers aus § 833 BGB abgelehnt. Für die Beweislastverteilung stellte das OLG Düsseldorf neben dem – zu Recht angenommenen – fehlenden positiven Nachweis der Tiergefahr

388 Vgl. für eine Beweislastumkehr zwischen Vertragspartnern: OLG Dresden, Urt. v. 8.9.1999, Az. 8 U 2048/99 = VersR 2001, 1035; OLG Düsseldorf 1980, VersR 1981, 82; OLG Düsseldorf, Urt. v. 22.6.1976, Az. 4 U 292/75 = NJW 1976, 2137; BGH, Urt. v. 26.6.1972, Az. III ZR 32/70 = VersR 1972, 1047 (Obhut über das Tier aufgrund eines Dienstverhältnisses); BGH, Urt. v. 12.1.1982, Az. VI ZR 188/80 = VersR 1982, 366 (367); gegen eine Beweislastumkehr: OLG Hamm, Urt. v. 26.9.2002, Az. 6 U 14/02 = NJW-RR 2003, 239; beachte auch BGH, Urt. v. 17.3.2009, Az. VI ZR 166/08 = VersR 2009, 693, der auch zwischen Vertragspartnern von der Beweislast des Geschädigten ausgeht.

389 OLG Düsseldorf, Urt. v. 22.6.1976, Az. 4 U 292/75 = NJW 1976, 2137; Palandt/*Sprau*, § 833 Rn. 21.

390 Vgl. OLG Düsseldorf, Urt. v. 22.6.1976, Az. 4 U 292/75 = NJW 1976, 2137.

391 BGH, Urt. v. 9.6.1992, Az. VI ZR 49/91 = NJW 1992, 2474.

392 Vgl. OLG Düsseldorf, Urt. v. 15.1.1980, Az. 4 U 134/79 (Nichtannahmebeschluss BGH: Az. VI ZR 33/80) = VersR 1981, 82.

auch darauf ab, dass die Reiterin die ihr obliegende Beachtung der erforderlichen Sorgfalt nicht nachgewiesen habe[393].

b. Literaturansicht

Die Literatur[394] geht hier in Übereinstimmung mit der regulären Beweislastverteilung davon aus, dass der Tierhalter die Darlegungs- und Beweislast für ein Mitverschulden des Geschädigten trägt.

c. Stellungnahme

Die Bemühungen der Gerichte zur Begrenzung der Tierhalterhaftung gegenüber demjenigen, der rein faktisch ein gewisses Maß an Kontrolle oder Aufsicht über ein Tier ausübt, ohne aber Tierhüter nach § 834 BGB zu sein, sind begrüßenswert und legitim. Die Mittel zur Erreichung dieses Zwecks sind es jedoch nicht. Für eine grundsätzliche Beweislastumkehr außerhalb von § 834 BGB besteht keine tragfähige Grundlage und sie wird daher u. a. von *Terbille* zu Recht als zu weitgehend kritisiert[395]. Eine analoge Anwendung von § 834 Satz 2 BGB kommt aufgrund des Ausnahmecharakters der Norm nicht in Betracht. Die Beweislastumkehr trifft den Tierhüter, weil er sich vertraglich verpflichtet hat, die Sorge dafür zu übernehmen, dass das Tier keinen Schaden anrichtet. *„Diese Verpflichtung zur Beaufsichtigung ist weitergehend als die Übernahme der Obhutspflichten, z.B. des Mieters. Das rechtfertigt es, ihm den Beweis dafür aufzuerlegen, dass er seine Vertragspflichten erfüllt und entweder bei der Aufsichtsführung über das Tier die im Verkehr erforderliche Sorgfalt beachtet hat oder der Mangel in der Aufsichtsführung für den Schadenseintritt nicht ursächlich geworden ist“*[396]. Ohne eine mit § 834 BGB vergleichbare Übernahme von Aufsichtspflichten bzw. der Obhut, scheidet eine entsprechende Anwendung der Norm aus[397].

Zu befürworten sind daher die klaren Ausführungen des BGH[398] in einer neueren Entscheidung zur Haftung des Tierhalters gegenüber einem Tierarzt als Vertragspartner. Dort heißt es:

> *„Ob das Verhalten desjenigen, der sich der Tiergefahr vertragsgemäß aussetzt, ohne Tierhüter zu sein (§ 834 BGB), bei der Schadensverursachung mitgewirkt hat, ist ausschließlich nach § 254 BGB zu beurteilen. Für ein die Haftung minderndes Mitverschulden des*

---

393 „Der Reiter, der bei einem Ausritt auf einem Reitpferd zu Schaden kommt, muß beweisen, daß er bei der Leitung des Pferdes die erforderliche Sorgfalt beobachtet hat oder daß ein Mangel an Sorgfalt für den Schadeneintritt nicht ursächlich gewesen ist.“, OLG Düsseldorf, Urt. v. 15.1.1980, Az. 4 U 134/79 (Nichtannahmebeschluss BGH: Az. VI ZR 33/80) = VersR 1981, 82.

394 MüKo/*Wagner*, § 833 Rn. 59, *Terbille*, VersR 1995, 129; *Deutsch* NJW 1978, 1998 (2001); *Baumgärtel*, Karlsruher Forum, VersR 1983, 85 (88) m.w.N.

395 *Terbille*, VersR 1995, 129.

396 *Terbille*, a.a.O., FN 403.

397 So bereits OLG Hamm, Urt. v. 26.9.2002, Az. 6 U 14/02 = NJW-RR 2003, 239.

398 BGH, Urt. v. 17.3.2009, Az. VI ZR 166/08 = VersR 2009, 693, juris Tz. 22.

Geschädigten ist aber regelmäßig der Schädiger darlegungs- und beweispflichtig [...], im Anwendungsbereich des § 833 BGB also der Tierhalter [...]. Dass dieser zu den Handlungen des Geschädigten beim Umgang mit dem Tier möglicherweise mangels Kenntnis nicht ausreichend vortragen kann, rechtfertigt keine Umkehr der Beweislast. Der Geschädigte hat insoweit im Rahmen seiner sekundären Darlegungslast konkret zu seinem Handeln vorzutragen, der Schädiger hat sodann zu beweisen, inwieweit der Vortrag des Geschädigten unrichtig ist [...].“

Auch § 242 BGB bietet keine Basis für eine Beweislastumkehr, (etwa weil es treuwidrig wäre, wenn sich der Geschädigte auf die Tierhalterhaftung berufe, obwohl er selbst für den Schaden verantwortlich sei)[399], da jene Grundsätze in § 254 BGB bereits ihre Ausprägung für das Mitverschulden erfahren haben, die nicht durch einen Rückgriff auf § 242 BGB wieder ausgehebelt werden können[400].

Das Vertragsverhältnis zwischen den Parteien kann die Beweislastverteilung allenfalls in Anlehnung an § 280 Abs. 1 Satz 2 BGB beeinflussen, wenn dem geschädigten Reiter ein Vertragspflichtverstoß positiv nachgewiesen werden kann. Erst dann wäre eine Beweislastumkehr hinsichtlich vermuteten Verschuldens gerechtfertigt.

Gegen eine grundsätzliche Beweislastumkehr für einen Sorgfaltsverstoß des Geschädigten, der nicht Tierhüter ist, spricht zudem, dass von einem regelmäßigen inneren Zusammenhang zwischen der Verletzung vertraglicher Sorgfaltspflichten bzw. dem Verhalten des Vertragspartners überhaupt und dem Schadenseintritt nicht ausgegangen werden kann[401]. Aufgrund der Vielzahl der denkbaren Unfallverläufe kann man von einem Unfall mit Tieren weder auf die Verwirklichung der Tiergefahr, noch auf darauf schließen, dass der geschädigte Vertragspartner seine Pflichten vernachlässigt hat.

Hat der Geschädigte aufgrund des Vertrages mit dem Halter tatsächlich gesteigerte Sorgfaltspflichten, z.B. das selbstständige Training oder die selbstständige Pflege und Versorgung des Tieres übernommen, sodass es ungerecht erscheint, dem Halter die gesamte Beweislast aufzubürden, kann eine gerechte Beweislastverteilung auch in der Form erfolgen, dass der Geschädigte – wenn ihm ein Mitverschuldensvorwurf gemacht wird – die Beachtung der Sorgfalt beweisen muss[402].

Zur Klarstellung sei gesagt, dass eine Beweislastumkehr nach einheitlicher Auffassung dann nicht in Betracht kommt, wenn zwischen dem Geschädigten und dem Halter keine vertragliche Beziehung bzgl. der Obhut über das Tier besteht[403].

---

399 So aber OLG Düsseldorf, Urt. v. 22.6.1976, Az. 4 U 292/75 = NJW 1976, 2137.

400 *Baumgärtel,* Karlsruher Forum, VersR 1983, 85, 86 mit Bezug auf OLG Hamburg, Urt. v. 20.5.1965, Az. 5 U 1/65 = VersR 1965, 1009.

401 *Terbille,* a.a.O.

402 So auch *Terbille,* a.a.O.

403 OLG Celle, Urt. v. 09.11.2006, Az. 20 U 19/06 = VersR 2007, 1661f; entgegen BGH, Urt. v. 9.6.1992, Az. VI ZR 49/91 = NJW 1992, 2474.

2. *Gefälligkeitsverhältnisse*

Das OLG München[404] ging unter Berufung auf den BGH[405] noch einen Schritt weiter und kürzte den Anspruch einer verletzten Reiterin auf Schadensersatz aus Tierhalterhaftung, die ein Pferd aufgrund eines reinen Gefälligkeitsverhältnisses im Beisein des Halters zur Probe ritt und dabei stürzte; auch sie konnte eine Mitverschuldens- und Verursachungsvermutung des § 834 Satz 2 BGB (analog) nicht widerlegen. Zu Unrecht nahm das OLG München an, dass der Fall eine hinsichtlich der Einfluss- und Aufklärungsmöglichkeiten der Reiterin vergleichbare Interessenlage mit § 834 BGB aufweise und zum Zwecke der Begrenzung der Tierhalterhaftung die Beweislastregeln des § 834 BGB gegenüber dem Vorwurf des Mitverschuldens entsprechend anzuwenden seien. Auch das Brandenburgische OLG wendete § 834 BGB in einem vergleichbaren Sachverhalt analog unter Berufung auf den BGH an, da es nicht darauf ankäme, ob die Aufsicht per Vertrag oder aufgrund eines bloßen Gefälligkeitsverhältnisses übernommen werde und die Stellung des Tierhüters überdies nicht an eine rechtsgeschäftliche, sondern an eine tatsächliche Übernahme von Aufsichtspflichten anknüpfe[406].

Entgegen der Rechtsprechung[407] ergeben sich keine Besonderheiten bezüglich der Beweislastverteilung für den Fall, dass der Geschädigte durch ein Tier im Rahmen eines Gefälligkeitsverhältnisses verletzt wird. Insbesondere kommt nach der hier vertretenen Ansicht eine generelle Beweislastumkehr in Bezug auf ein Mitverschulden des Geschädigten in analoger Anwendung von § 834 BGB nicht in Betracht, sofern nicht tatsächlich eine mit § 834 BGB vergleichbare Interessenlage besteht – wovon bei allenfalls tatsächlicher Übernahme der Obhut über das Tier aus Gefälligkeit und ohne vertragliche Pflichtenübernahme nicht ausgegangen werden kann[408]. Für eine analoge Anwendung des § 834 BGB auf diese Fälle fehlt es an einer unbewussten Regelungslücke. Der Gesetzgeber wollte die rein tatsächliche Übernahme der Aufsicht über das Tier aus dem Anwendungsbereich des § 834 BGB heraushalten und hat daher ausdrücklich die Formulierung „durch Vertrag“ in den Wortlaut der Vorschrift einfließen lassen. Nur wer die Aufsicht über das Tier per Vertrag übernimmt, sollte Tierhüter sein[409]. Eine analoge Anwendung von § 834 BGB in Fällen ohne Übernahmevertrag und erst recht im Rahmen von reinen Gefälligkeitsverhältnissen ist daher unzulässig. Zudem kann eine mit § 834 BGB vergleichbare Interessenlage nur vorliegen, wenn der Reiter auch ein gewisses Maß an Selbstständigkeit bei der Führung der Aufsicht erlangt hat, er das Pferd z.B.

---

404 OLG München, Urt. v. 16.6.2010, Az. 20 U 5105/09 = R+S 2010, 390.

405 BGH, Urt. v. 9.6.1992, Az. VI ZR 49/91 = NJW 1992, 2474.

406 Brandenburgisches OLG, Urt. 14.12.2011, Az. 4 U 19/10 = RuS 2012, 98.

407 Vgl. auch OLG Celle, Urt. v. 9.11.2006, Az. 20 U 19/06 = VersR 2007, 1661; OLG Dresden, Urt. v. 8.9.1999, Az. 8 U 2048/99 = VersR 2001, 1035; BGH, Urt. v. 9.6.1992, Az. VI ZR 49/91 = NJW 1992, 2474.

408 *Terbille*, VersR 1995, 129.

409 Staudinger/*Eberl-Borges* (2007), § 834 Rn. 9 f. m.w.N.

selbstständig und allein reiten darf[410], sich der Tierhalter jeder Einflussmöglichkeit auf das Pferd begibt und berechtigterweise den Schluss ziehen durfte, dass der Reiter an seiner Stelle die Aufsichtspflicht übernehmen werde[411]. Somit dürfte auch die Anwesenheit des Halters beim Reiten des Dritten einer analogen Anwendung der Beweislastumkehr zunächst entgegenstehen.

3. Schädigung allein im Herrschaftsbereich des Geschädigten

Eine von dem oben Gesagten abweichende Beweislastverteilung ist allenfalls geboten, wenn die Schädigung ausschließlich im Herrschaftsbereich des Geschädigten eingetreten ist[412]. Hierzu reicht es aber nicht aus, dass sich das schädigende Tier unter der Leitung des Geschädigten befand, sondern auch tatsächlich eine *„dem § 834 BGB vergleichbare Aufklärungssituation“*[413] besteht, also z.B. keine Zeugen oder andere Beweise existieren, die eine Behauptung des Tierhalters bezüglich eines Mitverschuldens des Anspruchstellers stützen könnten. Nur dann ist unter Umständen einer Verschuldensvermutung und damit eine Beweislastumkehr hinsichtlich des Mitverschuldens zulasten des Geschädigten aus Gründen der Beweisnähe zuzustimmen[414], da anderenfalls dem Tierhalter eine Entlastung wohl nie gelingen könnte. Dies folgt jedoch bereits aus den allgemeinen Beweislastregeln und sollte unabhängig davon gelten, ob zwischen den Parteien ein Vertragsverhältnis besteht oder nicht.

IV. Zwischenergebnis

Nach zutreffender Ansicht der Rechtsprechung[415] muss der Geschädigte im Bestreitensfall den Beweis für die Verletzung durch ein Tier erbringen, z.B. dass das Ausrutschen des Pferdes auf einem Asphaltweg gerade auf einem Durchgehen des Pferdes, und nicht auf einem Reiterfehler, z.B. Unterlassen einer durch übliche Hilfen zu gebenden Anweisung an das Pferd, vom Galopp in den Trab zu wechseln, beruhte[416]. Der mangelnde Beweis, dass sich eine Tiergefahr verwirklicht hat, geht zu Lasten des Geschädigten bzw. Klägers[417].

---

410 OLG Frankfurt, Beschl. v. 25.2.2009, Az. 4 U 210/08 = NJW-RR 2009, 894.

411 BGH, Urt. v. 30.9.1986, Az. VI ZR 161/85 = NJW 1987, 949.

412 OLG Düsseldorf, Urt. v. 22.6.1976, Az. 4 U 292/75 = VersR 1977, 182; *Baumgärtel*, Karlsruher Forum, VersR 1983, 85 (88).

413 *Terbille*, VersR 1995, 129.

414 So im Ergebnis, wenn auch mit unzutreffender Begründung Brandenburgisches OLG, Urt. 14.12.2011, Az. 4 U 19/10 = RuS 2012, 98.

415 Vgl. BGH, Urt. v. 12.1.1982, Az. VI ZR 188/80 = NJW 1982, 763.

416 Vgl. OLG Düsseldorf, Urt. v. 15.1.1980, Az. 4 U 134/79 (Nichtannahmebeschluss BGH: Az. VI ZR 33/80) = VersR 1981, 82.

417 Vgl. OLG Düsseldorf, Urt. v. 15.1.1980, Az. 4 U 134/79 (Nichtannahmebeschluss BGH: Az. VI ZR 33/80) = VersR 1981, 82.

Hatte der Geschädigte während des Unfalls die selbstständige Obhut über das Tier vertraglich und nicht aus bloßer Gefälligkeit übernommen, trifft ihn die zusätzliche Beweislast dafür, dass er die ihm obliegende Sorgfalt beachtet hat oder dass der Unfall auch bei Beachtung der Sorgfalt eingetreten wäre.

Diese Beweislast trifft ihn – ohne dass ein Vertrag i.S.v. § 834 BGB vorliegt – nach der hier vertretenen Auffassung aus Gründen der Beweisnähe auch dann, wenn die Schädigung des Vertragspartners allein in seinem Herrschaftsbereich geschah oder ein Vertragspflichtverstoß nachgewiesen wurde. Gelingt dem Geschädigten die Entlastung nicht, so ist bei nachgewiesener Realisierung der spezifischen Tiergefahr im Zweifel von einer hälftigen Verantwortlichkeit von geschädigtem Vertragspartner und Tierhalter auszugehen. Nur bei weit überwiegendem Verschulden des Geschädigten kommt eine vollständige Anspruchskürzung in Betracht.

Unter Anwendung der für § 254 BGB maßgeblichen Beweislastregel, trägt der Anspruchsgeg-ner, also der Tierhalter, die Beweislast für das Vorliegen eines Mitverschuldens des Geschädig-ten. Lässt sich nicht klären, ob den Geschädigten ein Mitverschulden trifft, geht die Nichterweis-lichkeit zu Lasten des Anspruchsgegners, also des Tierhalters. Gleiches gilt bezüglich der in Betracht kommenden mitwirkenden Tiergefahr auf der Seite des Geschädigten – auch dieses muss der Tierhalter beweisen.

Die Beweislast für ein Mitverschulden des Geschädigten oder für eine zu dessen Lasten zu be-rücksichtigende Tiergefahr trifft nach der hier vertretenen Auffassung grundsätzlich den in An-spruch genommenen Tierhalter. Ausnahmen gelten im Rahmen des restriktiv zu handha-benden § 834 BGB sowie für den Fall, dass die Verletzung durch das Tier des Halters in der Sphäre des Geschädigten erfolgte.

V. Anscheinsbeweis bei Reitunfällen

Grundsätzlich können dem Geschädigten auch bei der Schädigung durch ein fremdes Tier die Grundsätze des prima-facie-Beweises zugute kommen, wenn die Schädigung Folge eines so typischen Geschehensablaufs ist, dass alternative Geschehensabläufe vom in Anspruch genommenen Halter dargelegt bzw. bewiesen werden müssten. Die Beweiserleichterung hilft dann unter Umständen im Fall von § 833 Satz 1 BGB beim Nachweis des Kausalzusammenhangs zwischen Verwirklichung der Tiergefahr und Schaden.

Ausnahmen von dieser Regel bestehen jedoch bei Reitunfällen. Weil bei Reitunfällen viele Unfallursachen (Fehler des Reiters oder der Ausrüstung, Verschulden Dritter etc.) denkbar sind, setzt der Sturz vom Pferd keinen Anschein dafür, dass sich eine Tiergefahr verwirklicht hat[418]. Die Gefahr eines Sturzes ist untrennbar mit dem Reitsport verbunden. Reiten erfordert eine gewisse Geschicklichkeit, Aufmerksamkeit und ständige Anpassung an die Situation, sowie Körperbeherrschung

---

418 OLG Koblenz, Urt. v. 21.4.1998, Az. 3 U 899/97 = VersR 1999, 239 f.; *Terbille,* VersR 1995, 129 ff.

und auch Beherztheit. Stürzt ein Reiter oder ein Reitschüler vom Pferd, kann das durchaus allein von ihm oder durch Dritte verursacht worden sein[419]. Stand das Pferd zum Zeitpunkt des Unfalls unter der Leitung des geschädigten Reiters, bleibt es dabei, dass der Reiter als Anspruchsteller beweisen muss, das Pferd habe sich willkürlich verhalten. Für einen Anscheinsbeweis ist allenfalls dann Raum, wenn bewiesen wird, dass sonstige, in der Sphäre des Reiters liegende Ursachen ausgeschlossen sind[420].

F. Verschuldenshaftung des Nutztierhalters nach § 833 Satz 2 BGB

§ 833 Satz 2 BGB beinhaltet eine auf Betreiben konservativer Parteien und landwirtschaftlicher Kreise im Jahre 1908 eingeführte privilegierte Haftung des Nutztierhalters. Die Privilegierung liegt darin, dass der Nutztierhalter im Gegensatz zum Luxustierhalter nicht verschuldensunabhängig, sondern lediglich für ein gesetzlich vermutetes Aufsichtsverschulden haftet. Der Nutztierhalter kann sich von der Haftung entlasten, indem er die Verschuldensvermutung widerlegt. Hierzu muss er beweisen, dass er entweder *„bei der Beaufsichtigung des Tieres die im Verkehr erforderliche Sorgfalt beobachtet oder der Schaden auch bei Anwendung dieser Sorgfalt entstanden sein würde.“* Wegen der Anknüpfung an das Aufsichtsverschulden stellt § 833 Satz 2 BGB einen gesetzlich geregelten Fall der Haftung für die Verletzung von Verkehrssicherungspflichten dar[421].

I. Haustier

§ 833 Satz 2 BGB setzt voraus, dass der Schaden durch ein zu Erwerbs- oder Unterhaltszwecken genutztes Haustier entstanden ist. Der Begriff „Haustier“ ist nicht legaldefiniert. Entsprechend dem allgemeinen Sprachgebrauch und der inländischen Verkehrsauffassung[422] zählen hierzu zahme Tiere, die vom Menschen zu seinem Nutzen (zu haus-, land- und ernährungswirtschaftlichen Zwecken) in seiner Wirtschaft gezogen und gehalten zu werden pflegen und dabei durch Erziehung und Gewöhnung der Aufsicht und dem beherrschenden Einfluss des Menschen unterstehen, wie z. B. Rinder[423], Pferde[424], Hunde, Katzen. Gezähmte wilde Tiere sind keine Haustiere.

---

419 Vgl. OLG Koblenz, Urt. v. 21.4.1998, Az. 3 U 899/97 = VersR 1999, 239 f.; OLG Düsseldorf, Urt. v. 15.1.1980, Az. 4 U 134/79 (Nichtannahmebeschluss BGH: Az. VI ZR 33/80) = VersR 1981, 82.

420 *Terbille,* VersR 1995, 129 ff.

421 Vgl. Palandt-*Sprau,* § 823 Rn. 45.

422 MüKo-*Wagner,* § 833, Rn. 35.

423 OLG Düsseldorf, Urt. v. 18.2.1994, Az. 22 U 170/93 = VersR 1995, 232 f.

424 OLG Koblenz, Urt. v. 8.5.1991, Az. 5 U 1812/90 = VersR 1992, 1017.

Für die Biene ist die Haustiereigenschaft streitig. Nach der herrschenden Meinung kann sie zwar gehalten werden, ist aber nicht zahm und somit kein Haustier[425].

II. Nutztiere

1. Allgemeines / Abgrenzung Luxus / Nutztiere

Der Entlastungsbeweis kommt nur den Haltern von Nutztieren zugute. Per definitionem sind Nutztiere solche Tiere, die dem Beruf, der Erwerbstätigkeit oder dem Unterhalt des Tierhalters zu dienen bestimmt sind. Sie sind gerade keine Luxustiere, also keine Tiere, die allein aus Liebhaberei oder aus sonstigen ideellen Motiven gehalten werden.

Ein Ausschluss der Ersatzpflicht nach § 833 Satz 2 BGB setzt voraus, dass die Tierhaltung einen wirtschaftlich erheblichen Beitrag zum Unterhalt oder Erwerb der Tierhalterin erbringt. Ein Pferd ist daher selbst dann nicht als Nutztier anzusehen, wenn der Halter es nach dem Kauf mit Gewinn wieder veräußern will, denn die Absicht einer nur einmaligen Gewinnerzielung reicht für die Annahme einer beruflichen oder gewerblichen Tätigkeit nicht aus[426]. Auch Einnahmen aus der Erteilung von Reitunterricht auf dem eigenen Pferd von monatlich durchschnittlich 340 Euro, die nicht einmal die Kosten der Pferdehaltung decken, sind im Zweifel ein nur unerheblicher Beitrag zum Unterhalt des Halters und rechtfertigen daher nicht die Anwendung von § 833 Satz 2 BGB[427].

Maßgeblich für die Bestimmung der Nutztiereigenschaft ist die generelle Zweckbestimmung des Tieres, nicht dagegen die konkrete Nutzung im Zeitpunkt der Schädigung. Deshalb ist z. B. ein Pferd, das in der Regel als Holzrückpferd im Wald eingesetzt wird, auch dann ein Nutztier im Sinne von § 833 S. 2 BGB, wenn es ausnahmsweise bei einem Karnevalsumzug als Zugtier eingesetzt wird und dabei jemanden verletzt[428].

2. „Doppelfunktionale Tiere"

a. Grundsätzliches

Bei den meisten Tierarten ist die Qualifizierung als Luxus- oder Nutztier unproblematisch, wie z. B. bei Hühnern oder Kühen. Abgrenzungsprobleme können hingegen auftreten, wenn das streitgegenständliche Tier aufgrund seiner Art einem eindeutigen Nutzungszweck nicht zugeordnet werden kann, wie z. B. bei Hunden und Pferden, die sowohl Luxus- als auch Nutztiere sein können. Hierbei handelt es sich um „potenziell doppelfunktionale" Tiere. Bei solchen stellt die Rechtsprechung darauf ab, welchem Zweck die Tiere objektiv dienstbar gemacht werden und

425 RG, Urt. v. 19.11.1938, Az. VI 127/38, zitiert nach juris.
426 OLG Köln, Urt. v. 16.11.2000, Az. 7 U 64/00 = VersR 2001, 1396.
427 OLG Frankfurt, Urt. v. 25.11.2005, Az. 24 U 128/05 = OLGR Frankfurt 2006, 342.
428 OLG Koblenz, Urt. v. 8.5.1991, Az. 5 U 1812/90 = VersR 1992, 1017.

konkludent gewidmet sind[429]. Nicht erforderlich ist, dass das Tier ausschließlich dem Beruf, Erwerb oder Unterhalt dient. Hat das Tier verschiedene Funktionen, von denen einige dem Erwerbsstreben, andere aber der Freizeitgestaltung zuzurechnen sind, ist für die Beurteilung auf die allgemeine Widmung des Tiers, vor allem seine hauptsächliche Zweckbestimmung abzustellen[430]. Eine Zuordnung dieser doppelfunktionalen Tiere zu den Nutztieren kommt nach zutreffender Ansicht des BGH[431] wegen der engen Definition des Nutztiers und des Ausnahmecharakters der Entlastungsmöglichkeit grundsätzlich nur dann in Betracht, wenn die Nutztiereigenschaft dem Hauptzweck der Tierhaltung entspricht. Daher ist im Zweifel eine Privilegierung des Nutztierhalters eher abzulehnen und somit eine Einstufung als Luxustier vorzunehmen.

b. Einzelfälle

aa. Hunde

Hunde werden in der überwiegenden Zahl der untersuchten Entscheidungen als Luxustiere gehalten, sodass eine privilegierte Haftung des Halters in der Regel zu verneinen ist. Häufig versuchen die Halter darzulegen, dass ihre Hunde zumindest auch als Wachhunde genutzt werden, was jedoch oft nicht gelingt. Zwar können Hunde, die z. B. zur Bewachung nachts leerstehender Räume gehalten werden, unter § 833 Satz 2 BGB fallen. Jedoch reicht die Bewachung von Wohngrundstücken grundsätzlich nicht für die Anwendbarkeit von § 833 Satz 2 BGB aus[432]. Nach diesen Grundsätzen ist ein Hund nicht schon dann ein Nutztier im Sinne des § 833 Satz 2 BGB, wenn er zu einem allgemeinen, jedermann zukommenden Sicherungsbedürfnis gehalten wird[433].

Dies gilt nach Ansicht des BGH auch bei Hunden auf einem Bauernhof[434]. Bei Hunden auf einem Reiterhof mit wertvollen Pferden sei eine genaue Darlegung des Umfangs des Nutztierhaltungszwecks erforderlich. Daher müsse der Halter darlegen

---

429 Vgl. BGH, Urt. v. 24.11.1954, Az. VI ZR 255/53 = VersR 1955, 116 und Urt. v. 19.6.1962, Az. VI ZR 227/61 = VersR 1962, 807 (808).

430 Vgl. BGH, Urt. v. 16.3.1982, Az. VI ZR 209/80 = VersR 1982, 670, 671; BGH, Urt. v. 12.1.1982, Az. VI ZR 188/80 = VersR 1982, 366, 367, BGH, Urt. v. 26.11.1985, Az. VI ZR 9/85 = VersR 1986, 345, 346; MüKo-*Wagner*, aaO, Rdn. 38; Staudinger/*Eberl-Borges* (2007), § 833 Rn. 142; Palandt/*Sprau*, BGB, 64. Aufl., § 833 Rn. 17.

431 BGH, Urt. v. 3.5.2005, Az. VI ZR 238/04 = VersR 2005, 1254.

432 Vgl. BGH, Urt. v. 3.5.2005, Az. VI ZR 238/04 = VersR 2005, 1254; ebenso lehnte das LG Gießen, Urt. v. 29.11.1995, Az. 1 S 347/95 = NJWE-VHR 1996, 23 bei einem Hund, der zum Schutz einer Zeitungsausträgerin im Nebenerwerb diente, eine überwiegende Zweckbestimmung als Wachhund ab. Es sei erforderlich, dass das Tier in erheblichem Umfang dem Beruf, der Erwerbstätigkeit oder dem Unterhalt des Tierhalters diene.

433 OLG Frankfurt, Urt. v. 9.9.2004, Az. 26 U 15/04 = NJW-RR 2004, 1672.

434 BGH, a.a.O.

und beweisen, dass sein Tier ausnahmsweise primär dem Betrieb dient und dabei die Schädigung erfolgte. Einen Beweis des ersten Anscheins für eine Nutztierhaltung gibt es nach Ansicht des BGH bei drei Rottweilern auf einem Reiterhof nicht[435].

Maßgeblich für die Bejahung der Nutztiereigenschaft ist zudem, ob das Tier für den behaupteten Zweck objektiv geeignet ist. Somit ist ein gutmütiger Hund, der als Wachhund eingesetzt wird, kein Nutztier im Sinne des § 833 Satz 2 BGB. Eine „abgeschwächte" Form des Wachhundes, der nur die Anwesenheit von Fremden anzeigen und Kunden nicht verschrecken soll, ist nach Ansicht des LG Bayreuth[436] nicht ohne Weiteres der Nutztierhaltung zuzuordnen. Bei Berücksichtigung einer eher für ein Luxustier sprechenden Haltung eines Hundes im Wohnhaus während der Nachtstunden fehlt es für eine Einordnung als Nutztier i. S. des § 833 Satz 2 BGB an der erforderlichen eindeutigen überwiegenden berufsspezifischen Zweckbestimmung[437].

Gleiches gilt für einen in einem gemeinnützigen Tierheim aufgenommenen Hund. Dieser ist mangels Gewinnerzielungsabsicht des Heims kein Nutztier[438].

bb. Reitpferde eines eingetragenen Vereins

Für die Frage, ob ein Pferd ein Luxus- oder Nutztier ist, spielt die Rechtsform des Betriebes eine entscheidende Rolle. Pferde eines gewerblichen Reitbetriebs fallen nach Ansicht der Rechtsprechung unter § 833 Satz 2 BGB[439].

Kontrovers diskutiert wird die Anwendung der Haftungsprivilegierung auf die Pferdehaltung von Reitbetrieben, die nicht auf einen wirtschaftlichen Geschäftsbetrieb ausgerichtet, sondern als gemeinnützige Vereine organisiert sind (so genannte Idealvereine oder nicht wirtschaftliche Vereine des Privatrechts gemäß § 21 BGB). Diese Vereine verfolgen mit der Pferdehaltung vorwiegend ideelle Ziele, z. B. die Förderung der Jugend. Die Nutztiereigenschaft von Pferden solcher Vereine ist umstritten. Zur Frage, ob sich auch solche Betriebe nach § 833 Satz 2 BGB entlasten können, werden im Wesentlichen drei Standpunkte vertreten.

Nach Ansicht des OLG Frankfurt/Main[440] kann die Pferdehaltung durch einen Idealverein als „Beruf" angesehen werden, da Beruf im weiteren Sinne auch als Aufgabe definiert werden kann und durch die Pferdehaltung oder gerade diese satzungsmäßige Aufgabe verfolgt wird. Wichtig ist hier, dass die Nutzung des Pferdes nicht nur Vereinsmitgliedern offen steht.

---

435 BGH, Urt. v. 3.5.2005, Az. VI ZR 238/04.

436 LG Bayreuth, Urt. v. 21.11. 2007, Az. 12 S 80/07 = NJW-RR 2008, 976 f.

437 LG Bayreuth, Urt. v. 21.11. 2007, Az. 12 S 80/07 = NJW-RR 2008, 976 f.

438 OLG Zweibrücken, Beschl. v. 12.8.2004, Az. 1 U 65/04 = OLGR Zweibrücken 2005, 247.

439 Vgl. OLG Frankfurt, Urt. v. 6.7.2004, Az. 3 U 59/03 = juris, Tz. 5 ff.; OLG Düsseldorf, Urt. v. 27.4.1995, Az. 13 U 97/94 = OLGR Düsseldorf 1995, 251.

440 OLG Frankfurt, Urt. v. 14.6.1994, Az. 14 U 20/93 = VersR 1995, 1362, ähnlich auch OLG Celle, Urt. v. 1.3.1972, Az. 9 U 56/71 = VersR 1972, 469.

Nach ständiger Rechtsprechung des BGH hingegen sind Pferde eines Idealvereins, insbesondere wenn sie im Wesentlichen nur den Mitgliedern zur Verfügung stehen, keine Nutz-, sondern Luxustiere[441]. Gleiches gelte für zu therapeutischen Zwecken verwendete Pferde eines Idealvereins[442]. Der Idealverein arbeite gemeinnützig und übe daher gerade keine Erwerbstätigkeit aus. Zudem seien die zum sportlichen Freizeitvergnügen gehaltenen Pferde unstreitig Luxustiere. Die Pferde würden nicht dadurch zu Nutztieren, dass die Haftung auf einen gemeinnützigen Verein übertragen werde, der diese Haltung zu seiner satzungsmäßigen Aufgabe mache. Die Luxustierhaltung wird durch den Verein quasi nur „gebündelt"[443]. Eine solche Verlagerung der Haltung könne nicht zu Lasten von Dritten gehen, die durch die Tiere geschädigt werden[444]. Dies gelte auch, wenn Vereinspferde im geringen Umfang an Dritte vermietet werden, da es nicht auf die konkrete Verwendung des Pferdes beim Unfall (gewerbliche Vermietung), sondern auf die generelle Nutzung (Vereinspferd) ankomme.

Das OLG Düsseldorf[445] wiederum lehnt die Anwendung von § 833 Satz 2 BGB bei der Vermietung von Pferden generell ab. Diese Entlastungsmöglichkeit sei nur ins BGB aufgenommen worden, um die haus-, land- und ernährungswirtschaftlichen Zwecken dienende Tierhaltung zu begünstigen. Die volkswirtschaftliche Bedeutung dieser Tierhaltung müsse schließlich berücksichtigt werden. Eine solche Bedeutung fehle jedoch bei der Vermietung von Reitpferden. Nach Auffassung des Senats mache es keinen Unterschied, ob sich der Tierhalter selbst am Tier erfreut oder ob er Dritte durch die Vermietung daran teilhaben lässt. Die Allgemeinheit habe hierdurch keine Vorteile, sodass auch eine Privilegierung nicht gerechtfertigt sei.

Diese Entscheidung wurde jedoch zu Recht vom BGH aufgehoben[446]. Die Ausgrenzung von Reitpferden gemeinnütziger Reitvereine aus dem Anwendungsbereich des § 833 Satz 2 BGB geht zu weit und lässt sich auch anhand des Wortlauts der Norm nicht nachvollziehen. Der BGH differenziert also streng zwischen gemeinnützigen und gewerblichen Vereinen. Nur auf letztere ist der Entlastungsbeweis anwendbar[447].

Anhand dieser Diskussion wird erkennbar, dass die Unterscheidung in Luxus- und Nutztiere bzw. in gewerbliche und private Nutzung von Tieren heute nicht mehr zeitgemäß ist. Letztlich ist nicht einleuchtend, weshalb in Zeiten, in denen

---

441 BGH, Urt. v. 26.11.1985, Az. VI ZR 9/85 = VersR 1986, 345; BGH, Urt. v. 16.3.1982, Az. VI ZR 209/80 = NJW 1982, 1589; BGH, Urt. v. 12.1.1982, Az. VI ZR 188/80 = VersR 1982, 366; BGH, Urt. v. 15.12.1970, Az. VI ZR 121/69 = VersR 1971, 320; BGH, Urt. v. 24.11.1954, Az. VI ZR 255/53 = VersR 1955, 116.

442 BGH, Urt. v. 21.12.2010, Az. VI ZR 312/09 = NJW 2011, 1961.

443 OLG Hamm, Urt. v. 22.9.2009, Az. 9 U 11/09, bestätigt in BGH, Urt. v. 21.12.2010, Az. VI ZR 312/09 = R+S 2011, 135.

444 BGH, Urt. v. 12.1.1982, Az. VI ZR 188/80 = NJW 1982, 763 (764).

445 OLG Düsseldorf, Urt. v. 25.10.1985, Az. 14 U 97/85 = NJW-RR 1986, 325 (326).

446 BGH, Urt. v. 27.5.1986, Az. VI ZR 275/85 = NJW 1986, 2501.

447 Vgl. auch LG Hanau, Urt. v. 16.1.2003, Az. 1 O 1130/02 = NJW-RR 2003, 457.

soziales Engagement besonders wichtig ist, um soziale Härten auszugleichen, ausgerechnet die kommerzielle Tierhaltung privilegiert und die gemeinnützige Arbeit mit Pferden diskriminiert wird[448]. Gerade die gewerblichen Reitbetriebe haben die Möglichkeit, die Kosten der Haftung durch eine entsprechende Preisgestaltung auf ihre Nutzer bzw. Mitglieder abzuwälzen. Gemeinnützige Vereine hingegen sind in ihrer Preisgestaltung oft gebunden, um öffentliche Förderungen erhalten und einer breiten Öffentlichkeit Zugang zum Pferdesport gewähren zu können.

Dementsprechend wurde im Zusammenhang mit der Haftung von gemeinnützigen Reitvereinen schon mehrfach die Verfassungsmäßigkeit von § 833 Satz 2 BGB wegen einer möglichen Verletzung des Gleichheitsgrundsatzes in Art. 3 Abs. 1 GG bezweifelt[449].

Der BGH[450] sieht jedoch keine verfassungswidrige Willkür in der Differenzierung von Luxus- und Nutztierhalterhaftung. Auch wenn sich die Voraussetzungen, die den Gesetzgeber im Jahr 1908 veranlasst haben, zugunsten des Nutztierhalters eine Haftungsprivilegierung zu schaffen, im Laufe der Zeit geändert haben, erscheine die Differenzierung zwischen Luxus- und Nutztieren bzw. die Privilegierung von Nutztieren nach wie vor nicht völlig sachfremd[451]. Der allgemeine Gleichheitsgrundsatz verlange nicht, die Haftung des Nutztierhalters an dieselben Voraussetzungen zu knüpfen wie die des Halters eines Luxustieres. Dass letzterer verschuldensunabhängig hafte, während für den Nutztierhalter eine Verschuldenshaftung bei gesetzlich vermutetem Verschulden des Tierhalters gelte, sei nicht willkürlich. Diese unterschiedliche Ausgestaltung der Haftungsvoraussetzungen bewege sich laut BGH noch innerhalb des gesetzgeberischen Gestaltungsspielraums.

Eine Änderung dieses Rechtszustands kann jedoch von den Gerichten nicht geleistet werden. Die Einführung einer gleichartigen Haftung ist vielmehr Aufgabe des Gesetzgebers[452].

III. Aufsichtspflicht und Exkulpation

Nach § 833 Satz 2 BGB werden die schuldhafte Aufsichtspflichtverletzung und die Kausalität zwischen Sorgfaltverstoß und Rechtsgutverletzung widerlegbar vermutet. Für die Entlastung ist daher erforderlich, dass der Tierhalter die Einhaltung anerkannter Sorgfaltsmaßstäbe belegt bzw. dass er nachweist, dass die Verletzung auch bei Beachtung dieser Sorgfalt eingetreten wäre. Maßgeblich ist die Sorgfalt, die von einem besonnenen und umsichtigen Tierhalter in der jeweiligen Situation

448 So wohl auch OLG Hamm, Urt. v. 22.9.2009, Az. 9 U 11/09.

449 BGH, Urt. v. 27.5.1986, Az. VI ZR 275/85 = NJW 1986, 2501; Schleswig-Holsteinisches OLG, Urt. v. 25.9.2008, Az. 7 U 13/08 = SchlHA 2009, 132 m.w.N., a. A. BGH, Urt. v. 30.6.2009, Az. VI ZR 266/08 = NJW 2009, 3233.

450 BGH, Urt. v. 30.6.2009, Az. VI ZR 266/08 = NJW 2009, 3233.

451 BGH, Urt. v. 30.6.2009, Az. VI ZR 266/08 = NJW 2009, 3233.

452 So auch MüKo-*Wagner*, § 833 Rn. 33.

verlangt werden muss[453]. „Beaufsichtigen" bedeutet, sicherzustellen, dass von dem Tier keine Gefahren für Dritte ausgehen. Das Tier muss demnach ordnungsgemäß verwahrt, versorgt und für den genutzten Zweck verwendet werden. Maßgeblich ist die Beachtung der Sorgfalt bei dem streitgegenständlichen Unfall[454]. Vorausgegangene Versäumnisse sind irrelevant, sofern sie nicht auf das Schadensereignis fortwirken. Der Umfang der Aufsichtspflicht richtet sich im Wesentlichen nach der Art des Nutztieres sowie nach dessen konkreter Gefährlichkeit[455]. Allerdings muss nicht jeder abstrakten Gefahr durch vorbeugende Maßnahmen begegnet werden. Haftungsbegründend wird eine Gefahr erst dann, wenn sich für ein sachkundiges Urteil die naheliegende Möglichkeit ergibt, dass Rechtsgüter anderer verletzt werden können[456]. Dementsprechend haftet der Halter eines Wachhundes nicht, wenn der Geschädigte unbefugt in einen Maschinenschuppen des Hundehalters geht und dort von dem angeketteten Wachhund gebissen wird[457].

Es lassen sich folgende allgemeine Ausprägungen der Sorgfaltspflicht kategorisieren, die immer wieder Gegenstand von Rechtsstreitigkeiten sind:

1. *Ausreichende Beaufsichtigung insbesondere im Straßenverkehr (§ 28 StVO)*

Unfälle mit Tieren sind besonders im Straßenverkehr schwerwiegend. Daher gelten dort besondere Sorgfaltsanforderungen, die durch §§ 1 und 28 StVO konkretisiert sind.

Generell gilt, dass sich Tierhalter in der heutigen Zeit, in der sich das Verhältnis zwischen Mensch und Tier deutlich entfremdet hat, nicht darauf verlassen dürfen, dass andere Verkehrsteilnehmer Verständnis für diese tiertypischen Eigenschaften aufbringen und sich entsprechend rücksichtsvoll verhalten[458]. Um Kollisionen zwischen Tieren und Kraftfahrzeugen zu vermeiden, sind grundsätzlich Tiere vom öffentlichen Verkehrsraum fernzuhalten oder nur bei ausreichender Einwirkungsmöglichkeit, z. B. angeleint, zu führen (§ 28 Abs. 1 Satz 1 StVO).

Eine Leinenpflicht[459] besteht nach der StVO jedoch nicht. Es ist daher mehr oder weniger dem Halter bzw. Führer überlassen, wie er das Tier im Straßenverkehr beaufsichtigt. Soweit ein Hund auf Zuruf gehorsam ist, mag auf einer öffentlichen

---

453 Vgl. BGH, Urt. v. 14.6.1976, Az. VI ZR 212/75 = VersR 1976, 1086.
454 Vgl. OLG Karlsruhe, Urt. v. 10.2.1982, Az. 7 U 69/80 = VersR 1983, 928.
455 BGH, Urt. v. 3.5.2005, Az. VI ZR 238/04 = VersR 2005, 1254.
456 BGH, Urt. v. 6.3.1990, Az. VI ZR 246/89 = NJW-RR 1990, 789.
457 OLG Koblenz, Urt. v. 16.10.2003, Az. 10 U 25/03 = OLGR Koblenz 2004, 406.
458 OLG Celle, Urt. v. 19.12.2002, Az. 14 U 94/02 = MDR 2003, 685.
459 Die Missachtung einer Leinenpflicht hätte ohnehin allein Auswirkung auf die Haftung des Nutztierhalters, denn sie würde einen Sorgfaltspflichtverstoß darstellen. Auf die Haftung des Luxustierhalters hat sie keinen Einfluss, da dieser ohne Rücksicht auf die angewendete Sorgfalt für Tiergefahren haftet.

und nicht sonderlich belebten Straße auf eine Leine verzichtet werden können[460]. Der Blickkontakt muss jedoch aufrecht erhalten werden, um bei Annäherung eines Fahrzeugs sofort reagieren zu können[461]. Der Tierhalter trägt jedoch das Risiko, dass sich das nicht angeleinte Tier außerhalb des Blickfeldes der Begleitperson befindet und damit deren Einwirkungsmöglichkeit entzogen ist[462].

§ 28 Abs. 1 Satz 4 StVO erlaubt das Führen eines Hundes von einem Fahrrad aus. Ob das feste Umwickeln des Fahrradlenkers mit der Hundeleine aber noch als „Führen" eines Hundes im Sinne von § 28 Abs. 1 Satz 4 StVO angesehen werden kann, ist zweifelhaft[463]. Jedenfalls muss der Fahrradfahrer besonders aufmerksam fahren, um einen Unfall durch die Art der Befestigung der Leine zu vermeiden.

2. *Sichere Verwahrung*

Der Halter muss dafür sorgen, dass – insbesondere bekanntermaßen aggressive – Tiere sicher verwahrt sind[464]. Im Einzelfall kann es notwendig sein, durch entsprechende Maßnahmen zu verhindern, dass die Tiere ins Freie gelangen und Menschen ohne hinreichende Einwirkungsmöglichkeiten des Halters erheblich verletzen. Gegebenenfalls ist für den Fall der Abwesenheit des Halters vom Gehöft Vorsorge gegen unbefugtes Freilassen der Tiere durch Dritte zu treffen[465].

Die Umzäunung einer Pferdeweide muss nach Ansicht des OLG Köln[466] eine Mindesthöhe von 120 cm erreichen, wobei anzumerken ist, dass diese Höhe von Springpferden in der Regel leicht überwunden werden kann und daher im Einzelfall wohl strengere Anforderungen anzulegen sind. Das Koppelweidetor muss so beschaffen sein, dass es auch gegenüber Fremdeinwirkungen gesichert ist[467]. Eine Rinderweide, die mit einem 100 cm hohen Elektrozaun umgeben ist, genügt den Sorgfaltsanforderungen[468]. Eine Rinderweide, die in unmittelbarer Nähe einer verkehrsreichen Landstraße liegt mit einem Zaun von weniger als 100 cm Höhe, genügt nicht den Sorgfaltsanforderungen, da er von einer Kuh übersprungen werden kann[469].

---

460 OLG München, Urt. v. 23.7.1999, Az. 21 U 6185/98 = MDR 2000, 393; AG Freiburg (Breisgau), Urt. v. 22.11.2005, Az. 11 C 3270/05, juris Tz. 24.
461 OLG München, Urt. v. 23.7.1999, Az. 21 U 6185/98 = MDR 2000, 393; AG Freiburg (Breisgau), Urt. v. 22.11.2005, Az. 11 C 3270/05, juris Tz. 24.
462 OLG München, Urt. v. 23.7.1999, Az. 21 U 6185/98 = MDR 2000, 393.
463 OLG Köln, Urt. v. 13.8.2002, Az. 9 U 185/00 = NJW-RR 2003, 884.
464 BGH, Urt. v. 3.5.2005, Az. VI ZR 238/04 = VersR 2005, 1254.
465 OLG Nürnberg, Urt. v. 6.4.2004, Az. 9 U 3987/03 = NJW-RR 2004, 1168 (an öffentlicher Straße gelegenes Gehöft); OLG Celle, Urt. v. 13.5.2004, Az. 14 U 259/03 = DAR 2004, 701 (Sicherung eines Weidetors z.B. durch eine Kette mit Schloss).
466 OLG Köln, Urt. v. 16.11.2000, Az. 7 U 64/00 = VersR 2001, 1396.
467 BGH, Urt. v. 6.3.1990, Az. VI ZR 246/89 = NJW-RR 1990, 789; OLG Nürnberg, Urt. v. 9.4.1991, Az. 3 U 239/91 = NJW-RR 1991, 1500.
468 OLG Schleswig, Urt. v. 25.9.2008, Az. 7 U 13/08 = SchlHA 2009, 132.
469 OLG Düsseldorf, Urt. v. 28.2.2000, Az. 1 U 131/99 = VersR 2001, 1038.

Die Tierhalterhaftung kann auch dann eingreifen, wenn sich jemand einem Tier unbefugt nähert, das sich in einem umfriedeten Bezirk befindet. Der Halter muss daher zum anderen auch sicherstellen, dass Dritte – insbesondere Kinder – sich nicht ohne weiteres in den Gefahrbereich des Tieres hineinbewegen können. Es bedarf allerdings nur solcher Sicherungsmaßnahmen, die ein verständiger und umsichtiger, in vernünftigen Grenzen vorsichtiger Mensch für ausreichend halten darf, um andere Personen vor Schäden zu bewahren und die ihm den Umständen nach zumutbar sind[470]. Strengere Anforderungen gelten allenfalls, wenn dem Halter bekannt ist oder bekannt sein müsste, dass Kinder unbefugt und ohne gehörige Aufsicht die Bereiche des Pferdestalls und des Pferdekrals zum Spielen benutzen, etwa an der Einzäunung des Krals herumklettern und sich dadurch in Gefahr bringen[471].

Wenn sich z. B. ein Hund in einem eingegrenzten Bereich befindet, muss der Halter dafür Sorge tragen, dass dieser Bereich ausreichend gegen das Betreten durch Dritte und insbesondere Kinder gesichert ist. Geringer sind die Anforderungen an die Sorgfaltspflichten des Halters eines gutartigen Hofhundes gegenüber den zum Hofe gehörenden Personen (im Gegensatz zu fremden Personen)[472]. Ist eine sichere Verwahrung eines bösartigen Tieres nicht möglich, muss der Halter es abschaffen[473].

3. *Sorgfältige Auswahl Dritter, wenn der Tierhalter die Aufsicht delegiert*

Der Tierhalter darf die Beaufsichtigung seines Tieres Dritten überlassen. Bei der Aufsicht über eine große Anzahl von Tieren ist dies unter Umständen sogar erforderlich[474]. Der Tierhalter haftet dann sowohl nach § 833 BGB als auch nach § 831 BGB für seinen Verrichtungsgehilfen. Dem Nutztierhalter kann sich dann nach § 833 Satz 2 BGB (hinsichtlich eines vermuteten Aufsichtspflichtverschuldens bzgl. des Tieres) und § 831 Abs. 1 Satz 2 BGB (hinsichtlich eines vermuteten Aufsichtspflichtverschuldens bzgl. des Gehilfen) entlasten. Inhaltlich unterscheiden sich die Entlastungsmöglichkeiten kaum. Zwar bezieht sich das vermutete Verschulden bei § 831 BGB auf die Auswahl und Überwachung des Verrichtungsgehilfen und nicht primär auch auf die Überwachung des Tieres. Jedoch genügt es für die Entlastung nach § 831 Abs. 2 Satz 1 BGB nicht, den Dritten sorgfältig auszuwählen. Der Geschäftsherr muss ebenso wie bei § 833 Satz 2 BGB stets die gefahrlose Durchführung der Verrichtung sicherstellen und überwachen, sodass auch der Geschäftsherr nie ganz von seiner persönlichen Aufsichtspflicht frei wird. Sobald er bemerkt, dass der Verrichtungsgehilfe mit der Beaufsichtigung des Tieres überfordert ist, muss

470 BGH, Urt. v. 28.4.1992, Az. VI ZR 314/91 = VersR 1992, 844; BGH, Urt. v. 14. 6. 1976, Az. VI ZR 212/75 = VersR 1976, 1086; BGH, Urt. v. 15. 4. 1975, Az. VI ZR 19/74 = VersR 1975, 812.

471 BGH, Urt. v. 28.4.1992, Az. VI ZR 314/91 = VersR 1992, 844.

472 BGH, Urt. v. 18.1.1983, Az. VI ZR 81/81 = AgrarR 1983, 162.

473 Staudinger/*Eberl-Borges*, § 833 (2007), Rn. 151 m.w.N.

474 AG Dresden, Urt. v. 30.1.1998, Az. 114 C 8720/97 = Schaden-Praxis 1998, 156.

er eingreifen, Weisungen erteilen, entsprechende Gerätschaften und Zaumzeug zur Verfügung stellen.

Besonders üblich ist die Delegierung der Aufsichtspflicht bei gewerblichen Reitbetrieben, die Veranstaltungen wie Reitunterricht oder Ausritte unter Aufsicht ihres Personals anbieten. Reitschüler können hieran gegen Entgelt auf betriebseigenen Pferden teilnehmen. Hierbei bestehen besondere Sorgfaltsanforderungen der Rechtsprechung, da die mit dem Reiten zusammenhängenden Gefahren beim Erlernen des Reitens naturgemäß besonders groß sind[475]. Verunfallt z.B. ein Reiter auf einem betriebseigenen Pferd infolge der Verwirklichung einer Tiergefahr, muss der Reitbetrieb nachweisen, dass er den Reitunterricht sorgfältig organisiert und insbesondere einen geeigneten Reitlehrer bzw. eine geeignete Aufsichtsperson ausgewählt hat. Andererseits dürfen die Anforderungen aber auch nicht überspannt werden. Ausreichend ist die Wahrung der Sorgfaltspflichten, wie sie sich für einen allgemein üblichen, ordnungsgemäßen Reitunterricht entwickelt haben. In diesem Rahmen sind Reitunfälle nicht auszuschließen; der Reitunterricht muss aber so organisiert und durchführt werden, dass die Reitschüler nicht in stärkerem Maß gefährdet werden, als dies bei jedem Reitunterricht naturgemäß der Fall ist[476]. Den Betreiber eines Ponyhofs trifft daher kein Verschulden bei der Beaufsichtigung des Reitunterrichts oder der Auswahl des Pferds, wenn ein 12-jähriges reiterfahrenes Mädchen in einer Reitgruppe von Kindern auf einem gutmütigen Pferd reitet und dabei aus ungeklärter Ursache stürzt und sich verletzt[477].

IV. Beweislast

Nach einhelliger Auffassung muss der Halter beweisen, dass es sich bei dem schädigenden Tier um ein Nutzhaustier handelt. Den Halter trifft daher die Beweislast für die Zweckbestimmung des Tieres[478] und dafür, dass er seine Sorgfaltspflicht erfüllt hat[479]. Ob bei einem Haustier eine derart umfangreiche wirtschaftliche Nutzung vorliegt, die es zum Nutztier im Sinne des § 833 Satz 2 BGB werden lässt, ist dann vom Tatrichter nach den Umständen des jeweiligen Einzelfalles zu beurteilen[480].

In der Mehrzahl der untersuchten Entscheidungen kam ein Beweis des ersten Anscheins für die Nutztierhaltung mangels Typizität der jeweiligen Lebenssachverhalte nicht in Betracht[481]. Insbesondere verneint der BGH einen allgemeinen Erfahrungssatz, dass typischerweise nach der allgemeinen Lebenserfahrung die Anschaffung und Haltung von drei Hunden von Bewohnern eines Reiterhofs erfolge, um die Sicherheit der Pferde sicherzustellen. Auch die Bewachung des Wohnhauses

475 OLG Frankfurt, Urt. v. 6.7.2004, Az. 3 U 59/03 = BeckRS 2004, 07174.
476 OLG Frankfurt, Urt. v. 6.7.2004, Az. 3 U 59/03 = BeckRS 2004, 07174.
477 OLG Oldenburg, Beschl. v. 2.9.2003, Az. 15 U 47/03 = NJOZ 2004, 497.
478 Staudinger/*Eberl-Borges*, § 833 (2007), Rn. 141 f.
479 BGH, Urt. v. 3.5.2005, Az. VI ZR 238/04 = ZfSch 2006, 20 m.w.N.
480 BGH, Urt. v. 3.5.2005, Az. VI ZR 238/04 = ZfSch 2006, 20 m.w.N.
481 Vgl. BGH, Urt. v. 3.5.2005, Az. VI ZR 238/04 = ZfSch 2006, 20.

dient in der Regel lediglich der Befriedigung eines allgemeinen, jedermann zukommenden Sicherungsbedürfnisses und lässt nicht auf eine Nutztiereigenschaft schließen[482]. Auch das im Allgemeinen übliche Wegsperren der Hunde tagsüber in den Zwingern besage für die Widmung der Hunde zu Nutztieren nichts[483].

V. Zwischenergebnis und Schlussfolgerungen

Wenn man bedenkt, in welcher Weise sich die Verhältnisse der Tierhaltung in der Landwirtschaft verändert haben, muss der Entlastungsbeweis – jedenfalls für landwirtschaftliche Großbetriebe – als überholt bezeichnet werden[484].

Die Privilegierung des Nutztierhalters gegenüber dem ideelle Interessen verfolgenden Tierhalter erscheint willkürlich und ist aus heutiger Sicht nur noch mit Blick auf die Entstehungsgeschichte des § 833 Satz 2 BGB zu verstehen[485]. Grund für die Einführung des § 833 Satz 2 BGB zu Beginn des 20. Jahrhunderts war unter anderem die Schutzbedürftigkeit kleinerer Landwirte und Lohnfuhrunternehmen, deren wirtschaftliche Existenzen durch eine pauschale verschuldensunabhängige Haftung gefährdet waren.

Diese Schutzbedürftigkeit besteht heute in dieser Form nicht mehr. Die Anzahl der Nutztiere ist seit Einführung der Entlastungsmöglichkeit zurückgegangen[486]. Pferdefuhrunternehmen gibt es kaum noch bzw. ist deren wirtschaftliche Bedeutung als Fortbewegungsmittel marginal. Im Übrigen können es sich auch kleinere landwirtschaftliche Betriebe leisten, sich gegen das Haftungsrisiko zu versichern. Hingegen kommen gemeinnützige Betriebe, wie eingetragene Reitvereine, die aus sozialen Aspekten einen Schutz vor wirtschaftlichen Risiken verdienen, nicht in den Genuss der Privilegierung.

Dementsprechend wird die Verfassungsmäßigkeit von § 833 Satz 2 BGB wegen einer möglichen Verletzung des Gleichheitsgrundsatzes in Art. 3 Abs. 1 GG in Rechtsprechung[487] und Literatur[488] bezweifelt.

Der BGH sieht jedoch zu Recht keine verfassungswidrige Willkür in der Differenzierung von Luxus- und Nutztierhalterhaftung[489]. Abgesehen davon, dass eine Änderung der Rechtslage Aufgabe des Gesetzgebers ist, scheint der BGH den

---

482 Vgl. OLG Köln, Urt. v. 5.11.1998, Az. 1 U 51/98 = VersR 1999, 1293, 1294; Staudinger/*Eberl-Borges*, § 833, Rn. 137.

483 BGH, Urt. v. 3.5.2005, Az. VI ZR 238/04 = ZfSch 2006, 20.

484 Soergel/*Krause*, § 833 Rn. 2.

485 MüKo-*Wagner*, 4. Auflage 2004, § 833 Rn. 3, 33.

486 JurisPK/*Moritz*, § 833 Rn. 36.

487 BGH, Urt. v. 27.5.1986, Az. VI ZR 275/85 = NJW 1986, 2501; Schleswig-Holsteinisches OLG, Urt. v. 25.9.2008, Az. 7 U 13/08 = SchlHA 2009, 132 m.w.N., a.A. BGH, Urt. v. 30.6.2009, Az. VI ZR 266/08 = NJW 2009, 3233.

488 Vgl. MüKo-*Wagner*, § 833 Rn. 33; *Ebert*, jurisPR-BGHZivilR 19/2009 Anm. 4 mit Anm. zu BGH, Urt. v. 30.6.2009, Az. VI ZR 266/08.

489 BGH, Urt. v. 30.6.2009, Az. VI ZR 266/08 = NJW 2009, 3233.

verfassungsrechtlichen Bedenken gegen § 833 Satz 2 BGB de facto vermehrt dadurch zu begegnen, dass er höhere Sorgfaltsanforderungen an die Nutztierhalter stellt, insbesondere an die sichere Verwahrung von Tieren. Somit erschwert der BGH jedenfalls mittelbar eine Entlastung des Halters und passt die Rechtsanwendung der Norm an gesellschaftliche Veränderungen an[490].

Gegenüber der jetzigen Rechtslage vorzugswürdig ist eine einheitliche, verschuldensunabhängige Haftung. Deren Einführung ist jedoch nicht Aufgabe der Rechtsprechung, sondern des Gesetzgebers. Eine einheitliche Gefährdungshaftung entspricht im Übrigen auch dem gemeineuropäischen Standard[491]. Tatsächlich gibt es derzeit verschiedene europäische Rechtsvereinheitlichungsprojekte, die auch die Haftung für Tierschäden zum Gegenstand haben. Die *Principles of European Tort Law* (PETL) enthalten in Art. 5:101 eine Generalklausel der Gefährdungshaftung für außergewöhnlich gefährliche Aktivitäten[492], der Parallelen zum US-amerikanischen Recht aufweist. Der Entwurf eines gemeinsamen Referenzrahmens (DCFR) folgt im Bereich der Gefährdungshaftung dem Enumerationsprinzip und enthält in Art. VI.-3:203 DCFR einen Sondertatbestand für die strikte Haftung des Tierhalters[493]. Somit ist – wie von *Krause*[494] vermutet – eine „Rückkehr zur Konzeption einer generellen Gefährdungshaftung im Rahmen einer europäischen Deliktsvereinheitlichung" möglich und zu befürworten.

Gegen eine Abschaffung des Entlastungsbeweises könnte sprechen, dass die Versicherbarkeit des Tierhalterhaftungsrisikos erschwert werden bzw. die Versicherungsprämien für Nutztierhalter aufgrund der Haftungsverschärfung erhöht werden würde. Wie aber bereits dargelegt, hat der Nutztierhalter aufgrund steigender Sorgfaltsanforderungen bereits jetzt große Hürden zu überwinden, um den Entlastungsbeweis erfolgreich zu führen. Eine weitere erhebliche, wirtschaftlich relevante Steigerung des Haftungsrisikos durch Abschaffung der Entlastungsmöglichkeit ist daher nicht zwingend zu erwarten. Zum anderen ist die Versicherbarkeit eines Risikos nach der hier vertretenen Auffassung unbeachtlich für die Frage, ob eine Haftung dem Grunde nach bestehen sollte.

Lehmann/Auer wenden ein, dass die Abschaffung des Entlastungsbeweises bzw. die Einführung einer einheitlichen Gefährdungshaftung jedenfalls dann zulasten der Allgemeinheit ginge, wenn nicht zugleich eine gesetzliche Versicherungspflicht für Tierhalter eingeführt werde[495]. Auch diese Überlegung trifft nicht ganz den Kern des Problems. Zum einen gibt es bereits eine gesetzliche Versicherungspflicht

---

490 Vgl. jurisPK-BGB/*Moritz* (2008) § 833 BGB, Rn. 47.1 mit Verweis auf die verschärften Sorgfaltspflichten des Nutztierhalters in BGH, Urt. v. 30.6.2009, Az. VI ZR 266/08 = NJW 2009, 3233.

491 Vgl. *v. Bar*, Rn. 210 ff., 354 ff.

492 European Group on Tort Law, Principles of European Tort Law, S. 5 f.; deutsche Übersetzung a.a.O., S. 212 f.

493 *v. Bar/Clive/Schulte-Nölke*, Draft Common Frame of Reference, S. 310.

494 Soergel/*Krause*, § 833 Rn. 2.

495 *Lehmann/Auer*, VersR 2011, 846 (847).

für Hundehalter, wenn auch in unterschiedlichen Ausprägungen. Auch nach der bestehenden Rechtslage trägt der Geschädigte bereits das Risiko, dass der Halter eines Luxus- oder Nutztieres keine ausreichende freiwillige Haftpflichtversicherung abgeschlossen hat. Somit führte die Einführung einer einheitlichen Gefährdungshaftung nicht zu einer Verschlechterung des Schutzes der Allgemeinheit. Eine generelle Versicherungspflicht für Tierhalter ist aber – und insoweit ist den Autoren im Ergebnis zuzustimmen – unabhängig von einer Abschaffung des Entlastungsbeweises überaus wünschenswert.

G. Die Bedeutung sozialversicherungsrechtlicher Haftungsprivilegien

Die Haftung des Tierhalters kann durch die Vorschriften zur gesetzlichen Unfallversicherung modifiziert sein. Zwar regeln diese Normen, insbesondere die §§ 104 ff. SGB VII, in erster Linie Haftungsfreistellungen innerhalb von Arbeitsverhältnissen, wie sie z. B. zwischen einem gewerblichen Tierhalter und dem angestellten Bereiter bestehen können (sog. echte Unfallversicherung).

Wie im Weiteren gezeigt wird, ist das klassische Arbeitsverhältnis jedoch nur die *„Spitze des im privatrechtlichen Haftungsmeer stehenden Eisbergs der sozialrechtlichen Haftungsfreistellungen“*[496]. Denn § 104 Abs. 1 SGB VII kommt über den Arbeitsunfall im abhängigen Beschäftigungsverhältnis hinaus oft auch dann zur Anwendung, wenn eine Privatperson für eine andere wie ein (gesetzlich Unfall-) Versicherter tätig wird und dabei zu Schaden kommt. So kann z.B. einer Person, die in der Freizeit ein fremdes Tier pflegt und dabei verletzt wird, die Inanspruchnahme des Halters wegen Schmerzensgeld infolge der Haftungsersetzung verwehrt sein.

Ein dritter Anwendungsbereich für die Regeln der Haftungsfreistellung ist neben den klassischen Arbeitsverhältnissen und den „Wie-Beschäftigten“ der Bereich der sogenannten „unechten Unfallversicherung“. Hiernach besteht eine Ersatzpflicht der gesetzlichen Unfallversicherungsträger insbesondere bei Unfällen in Kindertageseinrichtungen, Schulen und Hochschulen (§ 2 Abs. 1 Nr. 8 SGB VII). Die „unechte Unfallversicherung“ hat mit fortschreitender Verbreitung des Reitens im Schulsport sowie im Hochschulsport einen zunehmenden Einfluss auf Fragen der Tierhalterhaftung. Inwieweit es in diesem Bereich vor dem Hintergrund der Absicherung des Unfallrisikos durch die Unfallversicherungsträger der öffentlichen Hand zu Haftungsfreistellungen kommt, regeln die §§ 104, 106 Abs. 1, 2 SGB VII.

I. Allgemeines zur Verflechtung von Zivilrecht und Sozialversicherungsrecht

Die Einführung der gesetzlichen Unfallversicherung beruhte vorrangig darauf, die Entschädigung von Arbeitnehmern, die einen Arbeitsunfall erlitten haben, von den

---

496 So treffend *Waltermann,* NJW 2004, 901 (907).

Regeln des zivilen Haftungsrechts zu lösen[497]. Denn eine effektive Entschädigung war für den verunfallten Arbeitnehmer nach dem zivilen Haftungsrecht nicht sichergestellt. Die Beweisnot des Arbeitnehmers in Bezug auf ein Verschulden des Arbeitgebers und die soziale Abhängigkeit des Arbeitnehmers von seinem Arbeitgeber führten dazu, dass der Arbeitnehmer auf die Geltendmachung von Schadensersatzansprüchen oft teilweise oder ganz verzichtete. Es musste daher ein System geschaffen werden, das auch im Rahmen eines Arbeitsverhältnisses einen sicheren und friedlichen Ausgleich zwischen Schädiger und Geschädigtem ermöglicht.

§ 104 SGB VII verfolgt daher mehrere Ziele: Die Haftungsfreistellung des Unternehmers soll rechtliche Auseinandersetzungen zwischen Arbeitnehmer und Arbeitgeber vermeiden und den Betriebsfrieden wahren (Friedensargument)[498]. Die Haftungsfreistellung kommt nur dem Unternehmer zugute, da er allein die Beiträge zur Unfallversicherung zahlt (Finanzierungsargument)[499]. Dafür steht der Verletzte mit dem Versicherungsträger einem zahlungsfähigen Schuldner gegenüber (Liquiditätsargument).

Liegen die Voraussetzungen dieser Haftungsersetzung vor, hat der Geschädigte nur begrenzte Ansprüche gegen den Sozialversicherungsträger. So sind z. B. im Bereich der gesetzlichen Unfallversicherung Schmerzensgeldansprüche stets ausgeschlossen. Dieses Haftungsprivileg ist verfassungsgemäß[500]. Es gilt auch, wenn der Schädiger haftpflichtversichert ist[501].

Dennoch bietet das sozialrechtliche Ausgleichssystem Vorteile gegenüber der Geltendmachung deliktsrechtlicher Ansprüche[502]: Im Interesse der sozialen Absicherung des Geschädigten spielen Beweisfragen (z. B. bezüglich Verursachung) – die im Bereich der Tierhalterhaftung oft komplex sein können – eine untergeordnete Rolle[503]. So muss der Geschädigte kein Verschulden des Schädigers nachweisen; sogar ein Mitverschulden des Geschädigten ist unbeachtlich, es sei denn er handelt vorsätzlich, vgl. § 101 SGB VII; der Geschädigte hat einen solventen Anspruchsgegner und muss zudem nicht die Heilbehandlungskosten vorleisten.

Grundsätzlich steht dem Geschädigten ein Wahlrecht darüber zu, ob er sozialversicherungsrechtliche Ansprüche gegenüber dem Sozialversicherungsträger oder zivilrechtliche Ansprüche gegenüber dem Schädiger geltend macht. Leistet der Sozialversicherungsträger, so gehen zivilrechtliche Ansprüche des Geschädigten gegen den Schädiger im Umfang der erbrachten Leistungen auf den Sozialversicherungsträger über. Der Sozialversicherungsträger hat dann die Möglichkeit,

---

497 *Schulin*, 911, 919.

498 Wannagat-*Waltermann* § 104 SGB VII Rn. 6.

499 Wannagat-*Waltermann*, a.a.O.

500 BVerfG, Urt. v. 7.11.1972, Az. 1 BvL 4/71, 1 BvL 17/71, 1 BvL 10/72, 1 BvR 355/71 = VersR 1973, 269.

501 Vgl. BGH, Urt. v. 12.5.1959, Az. VI ZR 55/58 = VersR 1959, 754; BGH, Urt. v. 8.5.1973, Az. VI ZR 148/72 = VersR 1973, 736.

502 Vgl. *Magnus*, Schadensersatz für Körperverletzung in Deutschland, S. 149 Rn. 4.

503 Vgl. *Fedtke/Magnus*, S. 86, 98 Rn. 15.

den Schädiger in Regress zu nehmen. Zudem ist das Wahlrecht des Geschädigten in vielen Konstellationen ausgeschlossen, z.B. in den noch zu erläuternden Fällen der §§ 104 bis 106 SGB VII. Hier verdrängt das Sozialversicherungsrecht das zivile Haftungsrecht, ohne dass die Beteiligten hierauf Einfluss haben.

In der Praxis ist diese Verflechtung von Zivil- und Sozialrecht *„nicht hinreichend im Bewusstsein verankert“*[504] und wird daher in die Prüfung der Erfolgsaussichten eines Rechtsstreits oft nicht mit einbezogen. Die Haftungsersetzung ist von nicht zu unterschätzender Bedeutung für die Tierhalterhaftung im deutschen Recht.

II. Haftungsersetzung aufgrund von § 104 SGB VII

Ein wichtiger Tatbestand, der zu einer Haftungsersetzung führen kann, ist in § 104 SGB VII normiert. Insbesondere der Anspruch des Geschädigten gegen den Tierhalter auf Ersatz von Personenschäden kann gemäß § 104 Abs. 1 SGB VII ausgeschlossen bzw. durch einen Entschädigungsanspruch gegen den gesetzlichen Unfallversicherungsträger ersetzt sein[505]. Von der Haftungsprivilegierung nach § 104 SGB VII bleibt die Haftung des Halters für erlittene Sachschäden unberührt[506].

Gemäß § 104 Abs. 1 S. 1 SGB VII sind Unternehmer „den Versicherten, die für ihre Unternehmen tätig sind oder zu ihren Unternehmen in einer sonstigen die Versicherung begründenden Beziehung stehen, [...] nach den gesetzlichen Vorschriften zum Ersatz des Personenschadens, den ein Versicherungsfall verursacht hat, nur verpflichtet, wenn sie den Versicherungsfall vorsätzlich [...] herbeigeführt haben.“

§ 104 Abs. 1 SGB VII betrifft seinem Wortlaut nach den Schadensausgleich zwischen einem Unternehmer und einer für ihn tätigen versicherten Person, also einem Beschäftigten. Für den Fall, dass z.B. der angestellte Bereiter während des Trainings der Pferde seines Arbeitgebers einen Schaden erleidet, gelten für die Ersatzansprüche des Bereiters gegen den Unternehmer bzw. Pferdehalter somit besondere Regeln: Verursacht der Unternehmer den Versicherungsfall lediglich fahrlässig oder ist er aufgrund der Tierhalterhaftung[507] zum Ersatz eines Personenschadens verpflichtet, tritt gemäß § 104 Abs. 1 i.V.m. § 2 Abs. 1 Nr. 1 SGB VII der gesetzliche Unfallversicherungsträger anstelle des Unternehmers in die Haftung ein. Anspruchsgegner des Bereiters ist dann ausschließlich der gesetzliche Unfallversicherungsträger. Auch die Gefährdungshaftung kommt also als haftungsbegründende Vorschrift für einen Ausschluss nach § 104 SGB VII in Betracht[508]. Durch die Haftungsersetzung ändert sich auch der Inhalt des Anspruchs. Der Beschäftigte hat keinen Anspruch auf Schmerzensgeld. Auch eventuelle Differenzbeträge zwischen

---

504 *Waltermann*, 1039, 1041.
505 Die Haftung für Sachschäden ist nur selten beschränkt (§ 8 Abs. 3 und § 13 SGB VII).
506 LG Itzehoe, Urt. v. 27.3.2003, Az. 4 S 156/02 = SchlHA 2003, 297.
507 § 104 SGB VII gilt auch für die Ansprüche auf Ersatz des Personenschadens, die auf Gefährdungshaftung beruhen, Wannagat-*Waltermann* § 104 SGB VII Rn. 5.
508 Hauck-*Nehls*, K § 104 Rn. 11.

unfallversicherungsrechtlichen Leistungsansprüchen und dem Schadensersatz sind infolge der Haftungsersetzung ausgeschlossen.

Die Voraussetzungen des § 104 SGB VII im Einzelnen:

1. *Unternehmer als Schädiger*

Unternehmer im Sinne des § 104 SGB VII ist derjenige, dem das Ergebnis des Unternehmens unmittelbar zum Vor- oder Nachteil gereicht (§ 136 Abs. 3 Nr. 1 SGB VII). Was unter einem Unternehmen im Sinne des SGB VII zu verstehen ist, konkretisiert die Zuständigkeitsvorschrift § 121 Abs. 1 SGB VII durch die Begriffe „Betriebe, Verwaltungen, Einrichtungen und Tätigkeiten"[509]. Der sozialrechtliche Unternehmensbegriff entspricht demnach nicht dem allgemeinen Sprachgebrauch oder den Definitionen in anderen Rechtsgebieten, wie z.B. in § 14 BGB; er ist weiter gefasst.

Anlässlich eines Rechtsstreits über die Zuständigkeit eines Unfallversicherungsträgers für die Prüfung eines Betriebsübergangs hat das BSG Kriterien aufgestellt, nach denen Unternehmenseigenschaft im Sinne des SGB VII ermittelt werden kann. Danach liegt ein Unternehmen vor, wenn eine *„planmäßige, für eine gewisse Dauer bestimmte Vielzahl von Tätigkeiten, gerichtet auf einen einheitlichen Zweck und ausgeübt mit einer gewissen Regelmäßigkeit" feststellbar ist*[510]. Für die generelle Frage der Zuständigkeit des Unfallversicherungsträgers ist jedoch von einem noch weitergehenden Unternehmensbegriff auszugehen, der auch kurzfristige, spontane Tätigkeiten von Privatpersonen umfasst[511], sofern es sich um selbstständige Tätigkeiten handelt, also nicht um Tätigkeiten im Rahmen eines abhängigen Beschäftigungsverhältnisses[512].

Typische Indizien für eine Unternehmereigenschaft sind folglich: das Tragen des unternehmerischen Risikos[513], das Schulden eines bestimmten Erfolgs[514], eine selbstständige, eigenverantwortliche Tätigkeit[515] und eine eigene betriebliche Einrichtung[516].

Eine Gewerblichkeit ist für die Bejahung der Unternehmereigenschaft somit nicht erforderlich[517]. Auch ein Verbraucher im Sinne von § 13 BGB kann als Unternehmer

---

509 Auch wenn sich die Definition des Begriffs „Unternehmen" in § 121 Abs. 1 SGB VII formal nur auf die Zuständigkeit der gewerblichen Berufsgenossenschaften bezieht, gilt sie dennoch aus rechtssystematischen Gründen für alle Unfallversicherungsträger einheitlich.

510 BSG, Urt. v. 20.12.1961, Az. 2 RU 136/60 = BSGE 16, 79 (81).

511 Hauck-*Graeff*, K § 121 Rn. 3; Wannagat-*Bigge*, § 121 SGB VII Rn. 4.

512 Wannagat-*Bigge*, § 121 SGB VII Rn. 4.

513 BSG, Urt. v. 13.7.1978, Az. 12 RK 14/78 = SozR 2200 § 1227 Nr. 17.

514 BSG, Urt. v. 28.2.1980, Az. 8a RU 88/78 = SozR 2200 § 539 Nr. 64.

515 BSG, Urt. v. 28.2.1980, Az. 8a RU 88/78 = SozR 2200 § 539 Nr. 64.

516 BSG, Urt. v. 28.2.1980, Az. 8a RU 88/78 = SozR 2200 § 539 Nr. 64.

517 LG Itzehoe, Urt. v. 27.3.2003, Az. 4 S 156/02, SchlHA 2003, 297 (nicht gewerbliche Pferdehaltung).

gemäß § 104 SGB VII qualifiziert werden und von der Haftung für einen Personenschaden befreit sein[518]. Verbraucher gelten insbesondere gegenüber ihren – im privaten Bereich – Angestellten (z. B. Gärtner, Chauffeur, Reinigungskraft) als Unternehmer[519]. Selbst zwischen Eheleuten, Verwandten und Freunden können Beschäftigungsverhältnisse im Sinne von § 2 Abs. 1 Nr. 1 SGB VII begründet werden[520]. Als Unternehmer nach § 104 SGB VII wird daher auch in Anspruch genommen, wer als Halter eines Pferdes einen anderen gebeten hat, dieses zuzureiten[521].

Im Bereich der Tierhaltung wurden von der Rechtsprechung bisher unter anderem folgende Personen als Unternehmer qualifiziert: ein Amateurrennreiter, der ein fremdes Pferd bei einem Rennen reitet, um die notwendige Zahl von Siegen für eine Tätigkeit als Profirennreiter zu erzielen[522], eingetragene Vereine[523] sowie nicht gewerbsmäßige, private Pferdezüchter bzw. (Reit-)Tierhalter[524].

Dass auch die private Tierhaltung ein Unternehmen im Sinne des SGB VII darstellen kann, ergibt sich letztlich auch aus der Zuständigkeitsvorschrift § 128 Abs. 1 Nr. 9 SGB VII, wonach die Unfallversicherungsträger im Landesbereich zuständig sind für Personen, die wie Beschäftigte für nicht gewerbsmäßige Halter von Fahrzeugen oder Reittieren tätig werden. Für die Haftungsbeschränkung nach § 104 SGB VII ist dabei unerheblich, ob der Unternehmer freiwillig oder kraft Gesetzes oder Satzung versichert oder ob er unversichert ist[525].

§ 128 Abs. 1 Nr. 9 SGB VII erfasst den Unternehmer im Sinne von § 136 Abs. 3 Nr. 1 SGB VII[526]. „Reittiere“ sind solche, die zum Zwecke des Reitens tatsächlich genutzt werden; eine nur gelegentliche Nutzung genügt nicht[527]. Bei der gemischten Haltung von Reittieren, wie z. B. bei Reitpferden, die sowohl privat als auch gewerblich genutzt werden, ist – analog der zu Kraftfahrzeugen ergangenen Rechtsprechung – die gesamte Tierhaltung bei der für das gewerbliche Unternehmen zuständigen

518 Hauck-*Riebel*, K § 2 Rn. 272; *Keller* FS zum 40jährigen Bestehen der Sozialgerichtsbarkeit Rhein land-Pfalz, 1994, S. 353 (356) m.w.N.
519 Vgl. *Krasney*, NZS 1999, 577.
520 *Krasney*, a.a.O. FN 535.
521 LG Itzehoe, Urt. v. 27.3.2003, Az. 4 S 156/02, SchlHA 2003, 297 (nicht gewerbliche Pferdehaltung).
522 BSG, Urt. v. 10.3.1994, Az. 2 RU 20/9 = NZS 1994, 470, 471, jedoch nicht verallgemeinerungsfähig, vgl. BSG, Urt. v. 30.6.2009, Az. B 2 U 3/08 R = NZA-RR 2010, 370 (Berufsjockey).
523 BSG, Urt. v. 31.1.1961, AZ. 2 RU 4/58 = SozEntsch BSG 4 § 633 Nr. 3.
524 OLG Frankfurt, Urt. v. 10.11.2003, Az. 22 U 39/01 (private Hengsthaltung) = offen gelassen in BGH, Urt. v. 14.9.2004, Az. VI ZR 32/04 = VersR 2004, 1604; OLG Stuttgart, Urt. v. 27.3.2002, Az. 2 U 213/01 = ZfS 2002, 384 (Ausführen eines fremden Hundes für dessen Halter); OLG Hamm, Urt. v. 8.12.1992, Az. 9 U 29/92 = VersR 1994, 691 (nicht gewerbsmäßige Reittierhaltung), vgl. auch § 128 Abs. 1 Nr. 9 SGB VII.
525 *Bereiter*-Hahn/Mehrtens, SGB VII, § 104 Rn. 4.1.
526 Kater/Leube-*Leube* § 128 Rn. 26.
527 Kater/Leube-*Leube* § 128 Rn. 28.

Berufsgenossenschaft mitversichert, wenn die Tätigkeiten für den Betrieb und die Privatzwecke gleichartig sind und die Gesamtheit der gleichartigen Tätigkeiten im Betrieb die Gesamtheit der gleichartigen Tätigkeiten für Privatzwecke überwiegt; die Nutzung ist nicht etwa in einen privaten und in einen unternehmerischen Teil aufzuspalten[528]. Bei überwiegend privater Nutzung des Reittieres ist hingegen der Unfallversicherungsträger im kommunalen Bereich zuständig[529].

Bei einer Pferdehaltung zu Reitzwecken ist – unabhängig davon, ob sie gewerbsmäßig erfolgt oder nicht – grundsätzlich die Berufsgenossenschaft für Transport und Verkehrswirtschaft (BG Verkehr) der zuständige Unfallversicherungsträger[530]. Alternativ kommt eine Zuständigkeit der Verwaltungs-Berufsgenossenschaft (VBG) in Betracht.

Übersicht[531] über die Zuständigkeiten:

Unternehmensbezeichnung	**zuständiger UV-Träger**
Pensionsstallhaltung	BG Verkehr
Pferdesport-Trainer mit vorhandener Stallhaltung und Trainingsanlage	BG Verkehr (sofern nicht eine Landwirtschaftliche BG zuständig ist)
Pferdesport-Trainer ohne vorhandene Stallhaltung und Trainingsanlage	VBG (sofern nicht eine Landwirtschaftliche BG zuständig ist)
Reitlehrer mit eigenen Schulpferden (Reittierhaltung)	BG Verkehr
Reitlehrer ohne eigene Schulpferde	VBG
Reitsport-Clubs (Vereine)	VBG
Reittier- und Stallhaltungen mit gewerbsmäßiger Zielsetzung	BG Verkehr
Reittierhaltung (privat)	BG Verkehr
Stallgemeinschaften (privat und ohne sportliche Zielsetzung)	VBG

2. Versicherter als Geschädigter

Der Geschädigte muss als „Versicherter“ qualifiziert werden können, damit eine Haftungsersetzung z. B. im Bereich der privaten Pferdehaltung erfolgt. Zum Kreis der Versicherten gehören – wie eingangs erwähnt – die in einem klassischen

528 Vgl. BSG, Urt. v. 31.5.1978, Az. 2 RU 5/78 = BSGE 46, 232 (gewerbliche und nicht gewerbliche Nutzung eines Kfz).

529 *Diel* in: Hauck/Noftz, SGB VII K § 128 Rn. 43.

530 KK/*Ricke*, § 123 SGB VII, Rz. 21.

531 http://www.bg-verkehr.de/mitgliedschaft/Mitgliedschaft%20bei%20der%20BG%20 Verkehr/auslegungsrichtlinien-zur-zustaendigkeit, Zugang: Februar 2015.

Arbeitsverhältnis beschäftigten Personen, aber auch die so genannten Wie-Beschäftigten. Aufgrund der Unschärfe der jeweiligen Qualifizierungsmerkmale und der streng objektiven Anwendung der Vorschrift, die oft losgelöst von der Auffassung der Betroffenen erfolgt, werden auf den ersten Blick fernliegende Sachverhalts-Konstellationen in den Anwendungsbereich der Haftungsersetzung einbezogen, was die Materie in der Praxis scheinbar unberechenbar macht.

Im Folgenden wird anhand von Fallgruppen erläutert, in welchen Konstellationen die §§ 104 ff. SGB VII Einfluss auf die Tierhalterhaftung haben können.

a. Der Beschäftige (Grundfall), § 104 Abs. 1 i.V.m. § 2 Abs. 1 Nr. 1 SGB VII

aa. Allgemeines

Wer „Versicherter" – und somit vom Versicherungsschutz umfasst – ist, definieren die §§ 2 ff. SGB VII. Danach kann der Versicherungsschutz auf Gesetz, Satzung oder freiwilliger Versicherung beruhen. Wichtigste Gruppe der Versicherten sind die gemäß § 2 Abs. 1 Nr. 1 SGB VII gesetzlich Versicherten, die so genannten Beschäftigten.

Der Begriff „Beschäftigung" ist definiert in § 7 Abs. 1 SGB IV als „nichtselbstständige Arbeit, insbesondere in einem Arbeitsverhältnis. Anhaltspunkte für eine Beschäftigung sind eine Tätigkeit nach Weisungen und eine Eingliederung in die Arbeitsorganisation des Weisungsgebers".

Der Begriff „Beschäftigung" ist somit weiter gefasst als der Begriff des Arbeitsverhältnisses. Er erfasst daher auch Fälle, in denen ein Arbeitsverhältnis nicht vorliegt, z.B. bei GmbH-Geschäftsführern. Die Merkmale „Tätigkeit nach Weisungen" und „Eingliederung in die Arbeitsorganisation" sind als Regelbeispiele zu verstehen. Deren Vorliegen ist demnach weder kumulativ erforderlich, noch lässt es einen zwingenden Rückschluss auf das Bestehen eines Beschäftigungsverhältnisses zu. Ausschlaggebend ist das Gesamtbild der Arbeitsleistung[532].

bb. Problem: Abgrenzung zwischen unselbstständiger Beschäftigung und selbstständiger Tätigkeit (z.B. Bereiter oder Ausbilder von Pferden)

Die Abgrenzung der „Beschäftigung" von einer nicht versicherten selbstständigen Tätigkeit ist in der Praxis, insbesondere im Bereich des Sports und dort speziell im Reit- und Pferderennsport, problematisch. Abstrakt gesehen unterscheidet sich die Beschäftigung im Sinne von § 7 SGB IV von der Tätigkeit eines freien Dienst- oder Werkvertragnehmers durch den Grad der *persönlichen* Abhängigkeit bei der Erledigung der Dienst- oder Werkleistung[533]. Die wirtschaftliche Abhängigkeit von einem Arbeitgeber ist nicht ausschlaggebend. Vertragliche Absprachen, z. B. bei einem Berufsjockey über die Art zu Reiten, können auf ein Direktionsrecht des Arbeitgebers einerseits und die Weisungsabhängigkeit des Arbeitnehmers andererseits als

532 Vgl. BSG, Urt. v. 19.8.2003, Az. B 2 U 38/02 R = SGb 2004, 100.
533 BSG, Urt. v. 30.6.2009, Az. B 2 U 3/08 R = NZA-RR 2010, 370 (Berufsjockey).

charakteristisches Merkmal für die Abgrenzung von der selbstständigen Tätigkeit hindeuten.

Für die Unterscheidung im konkreten Fall sind die von der Rechtsprechung entwickelten Abgrenzungskriterien heranzuziehen. Diese Kriterien werden generell objektiv, also unabhängig von der Sichtweise der Betroffenen, entwickelt und angewendet. Dass sich ein Berufsjockey beispielsweise als selbstständig bezeichnet, ist irrelevant für die sozialversicherungsrechtliche Haftung. Nach der Rechtsprechung des BSG sind subjektive Fremd- und Selbsteinschätzungen „untaugliche Hinweise" zur Qualifizierung einer Dienstleistung als abhängige Beschäftigung oder unternehmerische Tätigkeit[534]. Maßgeblich ist, ob die Verkehrsanschauung – gegebenenfalls beschränkt auf die Verkehrsanschauung der maßgeblichen Fachkreise – auf eine persönliche Abhängigkeit des Dienstnehmers gegenüber seinem Dienstgeber schließen lasse[535].

Indizien für ein Beschäftigungsverhältnis können sein: ein Direktionsrecht des Vertragspartners (Arbeitgebers) hinsichtlich Art, Zeit, Ort oder sonstiger Modalitäten der Arbeitsleistung[536]; Bereitstellung des Arbeitsmaterials durch den Arbeitgeber[537]; feste Entlohnung[538] und Überwachung bzw. Qualitätskontrolle durch den Arbeitgeber[539]. Als Beschäftigter gilt daher z.B. ein Jockey oder Bereiter, der vertraglich verpflichtet ist, bestimmte Pferde auf bestimmten Rennveranstaltungen oder Turnieren zu vorher festgelegten Zeiten in einer vom Trainer oder Eigentümer besonders gewünschten Art und Weise zu reiten[540].

Charakteristisch für eine selbstständige Tätigkeit sind dagegen ein hoher Grad an unternehmerischer Entscheidungsfreiheit, das Tragen des unternehmerischen Risikos, das Wahrnehmen unternehmerischer Chancen und die Möglichkeit, Eigenwerbung zu betreiben[541].

Wie viele Sportvereine sind auch gemeinnützige Reitvereine auf die Mitarbeit von Übungsleitern angewiesen, die gegen eine Aufwandsentschädigung die Reitausbildung von Vereinsmitgliedern übernehmen. Auch hier ist die Abgrenzung zwischen Beschäftigung und selbstständiger Tätigkeit einzelfallabhängig, wobei auch die steuerrechtliche Behandlung der Entschädigung des Übungsleiters herangezogen werden kann[542].

---

534 BSG, Urt. v. 30.6.2009, Az. B 2 U 3/08 R = NZA-RR 2010, 370 (Berufsjockey).

535 Vgl. BSG, a.a.O.

536 Vgl. Hess. LSG, Urt. v. 30.11.2000, Az. L 14 KR 777/97 = HVBG-INFO 2001, 2905 ff. (Übungsleiterin im Verein).

537 Hauck-*Riebel* K § 2 Rn. 10; Hess. LSG, Urt. v. 30.11.2000, Az. L 14 KR 777/97 = HVBG-Info 2001, 2905 ff.

538 BSG, Urt. v. 17.3.1992, Az. 2 RU 22/91 = HV-INFO 1992, 1413; Bay. LSG, Urt. v. 27.3.2002, Az. L 2 U 10/00.

539 Hauck-*Riebel* K § 2 Rn. 10.

540 Vgl. BSG, Urt. v. 30.6.2009, Az. B 2 U 3/08 R = NZA-RR 2010, 370 (Berufsjockey).

541 Vgl. *Platz* in: Podzun, US 0300, S. 2.

542 BSG, Urt. v. 14.7.1978, Az. 8 RU 2/78.

So bejahte das BSG[543] die Abhängigkeit der Tätigkeit einer Übungsleiterin im Sportverein, da sie für die geleisteten Übungsstunden – auch im Fall von Krankheit und Urlaub – fest bezahlt wurde, somit kein Unternehmerrisiko trug, ihren Urlaub mit der Vereinsleitung abstimmen und keine eigenen erheblichen Mittel aufbringen musste, da ihr die Sporthalle des Vereins zur Verfügung stand. Aus dem Umstand, dass die Übungsleiterin Ihre Arbeitszeiten nach dem Hallennutzungsplan auszurichten hatte und gegebenenfalls eine Vertretung organisiert werden musste, leitete das Gericht die Eingliederung in den Betrieb ab.

b. Die Erweiterung auf „Wie-Beschäftigte", § 104 Abs. 1 i.V.m. § 2 Abs. 2 S. 1 SGB VII

Der Versicherungsschutz wurde zunächst nur von der Rechtsprechung und dem Schrifttum auf die „Wie-Beschäftigten" ausgeweitet[544]. Deren Versicherungsschutz ist mittlerweile in § 2 Abs. 2 S. 1 SGB VII gesetzlich geregelt[545]. Somit gilt § 104 Abs. 1 SGB VII auch zwischen einem Unternehmer und einem „Wie-Beschäftigten". Ob die nach § 2 Abs. 2 S. 1 SGB VII versicherten „Wie-Beschäftigten" unter die erste Alternative des § 104 Abs. 1 SGB VII („Versicherte, die für ihre Unternehmen tätig sind") fallen[546], oder ob sie nur in einer „sonstigen die Versicherung begründenden Beziehung" zu ihrem Unternehmen stehen[547], ist für die Rechtsfolgen des § 104 SGB VII unerheblich[548] und kann daher dahinstehen.

Eine Tätigkeit „wie ein Beschäftigter" im Sinne von § 2 Abs. 2 S. 1 i.V.m. § 1 Nr. 1 SGB VII liegt nach gefestigter Rechtsprechung des BSG vor, wenn eine ernstliche, den in Betracht kommenden fremden Unternehmen zu dienen bestimmte Tätigkeit verrichtet wird, die dem wirklichen oder mutmaßlichen Willen des Unternehmers entspricht und ihrer Art nach auch von Personen verrichtet werden kann, die in einem dem allgemeinen Arbeitsmarkt zuzurechnenden Beschäftigungsverhältnis stehen. Sie muss ferner unter solchen Umständen geleistet werden, dass sie einer Tätigkeit aufgrund eines Beschäftigungsverhältnisses ähnlich ist und daher die Zurechnung des Handlungsrisikos zum nutznießenden Unternehmen rechtfertigt[549]. Ein persönliches oder wirtschaftliches Abhängigkeitsverhältnis ist bei einem Tätigwerden nach § 2 Abs. 2 S. 1 SGB VII nicht erforderlich[550]. Weiterhin sind die Beweggründe des Handelns für den Versicherungsschutz unerheblich. Der Versicherungsschutz entfällt daher grundsätzlich nicht bei Freundschafts- und

543 BSG, Urt. v. 18.12.2001, Az. B 12 KR 8/01 R = HVBG-INFO 2002, 445.
544 *Krasney,* NZS 1999, 577.
545 § 2 Abs. 2 S. 1 SGB VII: Ferner sind Personen versichert, die wie nach Abs. 1 Nr. 1 Versicherte (d.h. Beschäftigte) tätig werden.
546 So u.a. vertreten von *Lepa*, S. 64 m.w.N.
547 Vgl. Wannagat/*Waltermann,* § 104 Rn. 10 f.
548 Vgl. *Lepa*, S. 64 m.w.N.
549 BSG, Urt. V. 13.8.2002, Az. B 2 U 5/02 R.
550 BSG, Urt. v. 13.8.2002, Az. B 2 U 5/02 R.

Gefälligkeitsdiensten[551]. § 2 Abs. 2 SGB VII erfasst typischerweise auch vorübergehende Tätigkeiten. Auch Kinder können ihren Kräften und Fähigkeiten entsprechend nach Abs. 2 tätig werden, es sei denn, es handelt sich um eine rein spielerische Beschäftigung[552].

aa. Voraussetzungen

Es gelten demnach folgende Voraussetzungen für den erweiterten Anwendungsbereich der Haftungsersetzung:

(1) Ernstliche, wesentliche dem Unternehmen zu dienen bestimmte Tätigkeit

Die Tätigkeit muss bestimmt sein, einem Unternehmen im Sinne des § 136 Abs. 3 Nr. 1 SGB VII zu dienen. Dieses Merkmal dient der Abgrenzung gegenüber Verrichtungen, die wesentlich allein eigenen Interessen zu dienen bestimmt sind. Entscheidend ist dabei die anhand objektiver Umstände nachvollziehbare Sicht der tätigen Person[553]. Ob die zum Unfall führende Tätigkeit tatsächlich dem Unternehmen gedient hat, ist unerheblich. Die Tätigkeit muss keinen wirtschaftlichen Wert haben, sofern es nicht eine ganz unbedeutende Verrichtung ist[554].

Das BSG[555] verneinte eine dem Unternehmen dienende Tätigkeit im Falle einer gelernten Pferdewirtin, die beim Vorstellungsreiten in einem Unternehmen, in dem sie tätig werden wollte, verunglückte. Zwar erhielt das Pferd durch das Vorstellungsreiten auch die erforderliche tägliche Bewegung, jedoch war für die Pferdewirtin das Vorstellungsreiten allein dazu bestimmt, ihrer Bewerbung und nicht dem Unternehmen durch das Bewegen des Pferdes zu dienen. Das Vorreiten und die damit verbundenen Vorbereitungs- und beabsichtigten nachgehenden Pflegehandlungen waren wesentlich geprägt durch die Wahrung eigener Interessen. Sie sollten in ihrer Gesamtheit dem persönlichen beruflichen Fortkommen der Pferdewirtin nutzen.

(2) Wille des Unternehmers

Die Tätigkeit muss dem wirklichen oder mutmaßlichen Willen des Unternehmers entsprechen. Auch hierfür ist die Sicht des Tätigen unter Berücksichtigung der tatsächlichen Einzelfallumstände maßgeblich. Die tätige Person musste davon ausgehen dürfen, dass die Tätigkeit dem wirklichen oder mutmaßlichen Willen des Unternehmers entsprach.

---

551 Vgl. auch BSG, Urt. v. 27. 6. 2000, Az. 2 U 44/00 B = HVBG-INFO 2000, 2316 m.w.N.
552 Wannagat-*Jung* § 2 SGB VII, Rn. 64.
553 Vgl. BSG, Urt. v. 20.1.1978, Az. 2 RU 15/86 = NZA 1987, 539.
554 *Krasney*, NZS 1999, S. 577 (579).
555 BSG, Urt. v. 20.1.1978, Az. 2 RU 15/86 = NZA 1987, 539; ebenso in einem vergleichbaren Fall Bay. LSG, Urt. v. 25.1.2011, Az. L 3 U 5/09.

(3) Arbeitnehmertätigkeit

Die Tätigkeit muss ihrer Art nach von Arbeitnehmern verrichtet werden können. Dieses Tatbestandsmerkmal hat in den letzten Jahren an Bedeutung verloren. Nahezu jede Tätigkeit kann faktisch aufgrund eines Beschäftigungsverhältnisses verrichtet werden.

(4) Tätigkeit „wie ein Beschäftigter“

Die Tätigkeit muss wie ein Beschäftigter und nicht in anderer Eigenschaft oder Funktion ausgeübt werden[556], d. h., es darf gerade keine persönliche Abhängigkeit von einem Unternehmer vorliegen; anderenfalls liegt eine Tätigkeit als „Beschäftigter“ vor. § 2 Abs. 2 S. 1 SGB VII ist dann subsidiär gemäß § 135 Abs. 1 Nr. 7 SGB VII.

bb. Abgrenzungsprobleme der „Tätigkeit wie ein Versicherter“ von „Gefälligkeitsverhältnissen“, „lediglich eigenwirtschaftlich motivierter Tätigkeit“ und dem „Versicherungsschutz von Vereinsmitgliedern“

Wegen der Erweiterung des Anwendungsbereiches ist es also möglich, dass selbst im Rahmen rein privater Hilfeleistungen Schmerzensgeldansprüche gegen einen Tierhalter ausgeschlossen sind, weil der Tierhalter unter Umständen als Unternehmer im Sinne von § 136 Abs. 3 Nr. 1 bis 4 SGB VII gilt und der Verletzte „wie ein Beschäftigter“ tätig geworden ist.

Zwar soll nicht jede Arbeit, die einem Unternehmen dient und dem Willen des Unternehmers entspricht, vom Versicherungsschutz des § 2 Abs. 2 S. 1 SGB VII umfasst sein[557]. Fraglich bleibt, wann eine Tätigkeit nicht mehr mit der Tätigkeit eines („Wie-“) Beschäftigten vergleichbar ist, und damit der Versicherungsschutz und die Haftungsersetzung nach § 104 SGB VII ausbleiben. Die Fülle der ergangenen Rechtsprechung lässt erkennen, dass zumindest in folgenden Situationen ein Versicherungsschutz nicht bestehen soll: (i) bei Gefälligkeitsverhältnissen, (ii) bei einer lediglich eigenwirtschaftlich motivierten Tätigkeit und (iii) bei dem Tätigwerden aufgrund von Vereinsmitgliedschaftspflichten.

Die Rechtsprechung zu den Abgrenzungskriterien ist unüberschaubar und nur schwer in Fallgruppen zu fassen[558]. Eine genaue Einzelfallprüfung ist daher unerlässlich.

---

556 Hauck-Riebel, K § 2, Rn. 270.
557 Hauck-Riebel, K § 2 Rn. 269.
558 Auch Hauck spricht zutreffend von einer „kaum überschaubaren Kasuistik“ Hauck-Riebel, K § 2 Rn. 269.

(1) Gefälligkeitsverhältnisse (bzw. Tätigwerden aufgrund Verwandtschaft / Nachbarschaft)

Grundsätzlich kann ein Beschäftigungsverhältnis (und somit auch ein „Wie-Beschäftigungsverhältnis") sogar zwischen Ehegatten, Verwandten, Lebensgefährten oder Freunden bestehen[559]. Hier muss also differenziert werden, ob der Geschädigte aufgrund der verwandtschaftlichen Beziehung, also aus Gefälligkeit oder tatsächlich „wie ein Beschäftigter" tätig geworden ist.

Nach der Rechtsprechung des BSG entscheidet der Grad der persönlichen Beziehung. Je enger diese Beziehung ist, umso eher ist davon auszugehen, dass die Tätigkeit durch diese Beziehung geprägt ist und nicht wie ein Beschäftigter verrichtet wird[560]. Je enger die Verwandtschaft ist, umso mehr Aufwand ist also für die Bejahung einer Beschäftigung erforderlich. Hierbei müssen insbesondere die tatsächlichen Lebensverhältnisse (enge tatsächliche Lebensgemeinschaft, Zusammenleben im gemeinsamen Haushalt etc.) sowie Art und Umfang der verrichteten Tätigkeit berücksichtigt werden. Je aufwendiger die Tätigkeit ist, umso eher liegt wiederum eine Beschäftigung vor.

In Anwendung dieser Rechtsprechung müssen geringfügige Gefälligkeitshandlungen unter Nachbarn und guten Bekannten, die lediglich durch das Verhältnis der Freundschaft geprägt sind, vom Versicherungsschutz ausscheiden[561]. Auch hier ist entscheidend, wie das Verhältnis praktiziert wird. Je aufwendiger die verrichtete Tätigkeit gemessen an den sonstigen Gepflogenheiten der jeweiligen Bekanntschaft ist, umso eher wird ein Beschäftigungsverhältnis bejaht werden können.

Letztlich ist in dieser stark vom Fallrecht geprägten Materie immer eine Einzelfallprüfung vorzunehmen. Um die Anwendung der Abgrenzungskriterien zu veranschaulichen, sind im Folgenden einige Beispiele aus der Rechtsprechung dargestellt.

So urteilte das LSG Rheinpfalz[562], dass es keine bloße Gefälligkeit darstelle, wenn jemand die Aufgabe übernimmt, ein unruhiges Pferd in seine Box zurückzuführen und dabei durch das ausschlagende Pferd tödlich am Kopf verletzt wird. Diese Tätigkeit werde üblicherweise von einem angestellten Pferdewirt verrichtet. Aufgrund der Schwierigkeit des Hilfsdienstes könne in diesem Fall nicht auf eine bloße Gefälligkeit unter Reitstallkameraden geschlossen werden. Es handele sich nicht mehr um einen aufgrund konkreter sozialer Beziehungen geradezu selbstverständlichen Hilfsdienst, sondern um arbeitnehmerähnliches Tätigwerden.

Das OLG Stuttgart[563] bejahte eine Beschäftigung auch beim Ausführen des Hundes, jedoch ohne dabei eine gesteigerte Schwierigkeit der Tätigkeit festgestellt zu haben. Das Ausführen eines Hundes aus Gefälligkeit für einen Nachbarn stelle

559 BSG, Urt. v. 20.4.1993, Az. 2 RU 38/92 = NZS 1993, 410.

560 BSG, Urt. v. 20.4.1993, Az. 2 RU 38/92 = NZS 1993, 410.

561 BSG, Urt. v. 30.4.1979, Az. 8a RU 38/78 = SozR 2200 § 539 Nr. 57 (Botengang über die Straße zur Übermittlung des Inhaltes eines Telefonats).

562 LSG, Rheinland-Pfalz, Urt. v. 11.6.2002, Az. L 3 U 121/01 = HVBG-INFO 2002, 3494.

563 OLG Stuttgart, Urt. v. 27.3.2002, Az. 2 U 213/01 = ZfSch 2002, 384.

nach Auffassung des Gerichts eine versichertenähnliche Tätigkeit im Sinne von § 2 Abs. 2 SGB VII dar, sodass der Haftungsausschluss des § 104 Abs. 1 SGB VII eingreife, wenn der Ausführende durch ein Verhalten des Hundes geschädigt werde. Da bereits eine geringfügige und kurze Hilfeleistung genüge und ein erheblicher Nutzen nicht erforderlich sei, stelle auch das Ausführen eines fremden Hundes eine für dessen Halter nützliche Tätigkeit dar. Zudem sei grundsätzlich denkbar, dass das Ausführen eines Hundes auch durch eine Person im Rahmen eines Beschäftigungsverhältnisses erfolgen könne.

Das LG Stendal[564] lehnte hingegen nachvollziehbar die Einstufung als *„Beschäftigter"* im Sinne des § 2 Abs. 1 Nr. 1 SGB VII ab, als jemand lediglich im schlichten nachbarschaftlichen Gefälligkeitsverhältnis den Hund des Nachbarn ausführte und wegen eines unvorhersehbaren Richtungswechsels des Hundes stürzte. Derjenige, der im schlichten nachbarschaftlichen Gefälligkeitsverhältnis die Beaufsichtigung des Hundes (oder der Kinder) seines Nachbarn übernehme, sei rechtsbegrifflich nicht als Beschäftigter dieses Nachbarn zu qualifizieren, und zwar nicht nur aus Gründen der üblichen Unentgeltlichkeit solcher sozialer Gefälligkeiten, sondern gerade auch deshalb, weil dieser sozialen Beziehung jede Form der Subordination fremd sei und aus der Sicht beider Beteiligten auch fremd sein solle.

(2) Lediglich eigenwirtschaftlich motivierte Tätigkeit

Kommt der Anspruchsteller bei einer lediglich eigenwirtschaftlich motivierten Tätigkeit zu Schaden, ist sie nicht „wie ein Beschäftigter" tätig geworden. Ansprüche gegen den Schädiger sind dann nicht wegen § 104 SGB VII ausgeschlossen. Zu berücksichtigen ist demnach die Handlungstendenz des geschädigten Helfers. Diese wird anhand der aufgrund objektiver Anhaltspunkte nachvollziehbaren subjektiven Vorstellungen des Helfers ermittelt[565].

Bei gemischter Tätigkeit, die sich in einen versicherten betrieblichen und einen unversicherten privaten Teil zerlegen lässt, entscheidet die Gewichtung der Interessen über den Versicherungsschutz[566]. Dient die Tätigkeit beiden Interessenbereichen, so ist regelmäßig davon auszugehen, dass die Förderung der eigenwirtschaftlichen Zwecke im Vordergrund steht[567]. Dagegen spricht es für einen gesetzlichen Versicherungsschutz, wenn hypothetisch auch ohne Vorliegen des privaten Zweckes die Tätigkeit vorgenommen worden wäre[568].

---

564 LG Stendal, Urt. v. 25.3.2004, Az. 22 S 185/03 = juris, Tz. 21, entgegen OLG Stuttgart, a.a.O.

565 Kater/Leube-*Leube*, § 2 Rn. 38.

566 Kater/Leube-*Leube*, § 2 Rn. 36 ff.

567 Kater/Leube-*Leube*, § 2 Rn. 36 ff.

568 OLG Hamm, Urt. v. 26.9.2002, Az. 6 U 14/02 = NJW-RR 2003, 239.

(a) Tierarztbehandlungen

Die Abgrenzung von eigen- oder fremdwirtschaftlich motivierten Tätigkeiten ist im Bereich der Tierhalterhaftung insbesondere im Zusammenhang mit Tierarztbehandlungen relevant, bei denen der Tierhalter z.B. durch Festhalten und Beruhigen seines Tieres bei der Untersuchung mithilft. Kommt der Tierarzt durch das behandelte Tier zu Schaden, stellt sich die Frage nach einem Haftungsausschluss des Tierhalters aufgrund der Regeln des §§ 104 ff. SGB VII. Soweit ersichtlich, wird eine Anwendung des Versicherungsschutzes im Verhältnis zwischen Tierhalter und Tierarzt jedenfalls dann abgelehnt, sofern es um Ansprüche des Tierarztes gegen den Tierhalter geht, und zwar sowohl dann, wenn der Tierhalter als Unternehmer der privaten Pferdehaltung auftrete, als auch, wenn er Hilfstätigkeiten für den Tierarzt ausübt und damit als Versicherter im Betrieb der Tierklinik zu qualifiziert ist.

So lehnte das OLG Hamm[569] in folgender Konstellation, in dem ein Tierhalter als *Unternehmer* qualifiziert wurde, einen Haftungsausschluss ab: Eine angestellte Tierärztin half beim Verladen eines Pferdes zum Abtransport aus der Klinik und wurde dabei verletzt. Hier wurde die Frage diskutiert, ob die Tierärztin durch ihre Hilfe in den Betrieb der privaten Tierhaltung eingegliedert und daher Wie-Beschäftigte war, mit der Folge, dass Ansprüche gegenüber dem Pferdehalter gemäß §§ 636, 539 RVO a. F. ausgeschlossen gewesen wären. Nach § 636 RVO a. F. ist der Unternehmer den in seinem Unternehmen tätigen Versicherten nur dann zum Ersatz des Personenschadens aus seinem Arbeitsunfall verpflichtet, wenn er den Unfall vorsätzlich herbeigeführt hat oder wenn der Unfall bei der Teilnahme am allgemeinen Verkehr eingetreten ist. Das OLG Hamm lehnte den Haftungsausschluss ab: Die verletzte Tierärztin habe eine Aufgabe wahrgenommen, die sowohl in den Aufgabenbereich ihres Stammunternehmens (Tierklinik) als auch in den des Unfallbetriebs (private Tierhaltung) falle. In solchen Fällen sei in der Regel anzunehmen, dass der Versicherte allein zur Wahrung der Interessen seines Stammunternehmens tätig geworden sei. Ansprüche aus § 833 BGB waren daher nicht ausgeschlossen.

Ebenso urteilte das OLG Hamm[570] in einem ähnlich gelagerten Fall, in dem der Tieralter aufgrund seiner Hilfsdienste unmittelbar bei der tierärztlichen Behandlung als *Versicherter* zu qualifizieren war: Die Tierärztin wurde dabei von dem zu behandelnden Hund gebissen. Die verletzte Tierärztin verlangte ein Schmerzensgeld von der Halterin. Die Halterin berief sich – allerdings vergeblich – auf einen Haftungsausschluss aufgrund sozialrechtlicher Vorschriften (§ 105 Abs. 1 SGB VII, § 106 Abs. 3, 2. Alt. SGB VII). Nach § 105 Abs. 1 SGB VII kommt die Haftungsprivilegierung Versicherten desselben Betriebes zugute, die durch eine betriebliche Tätigkeit einen Versicherungsfall verursachen. Die Halterin war jedoch nicht als Versicherte im Sinne von § 2 SGB VII (auch nicht als Wie-Beschäftigte gemäß § 2 Abs. 2 Satz 1 SGB VII) anzusehen, da sie nicht allein zugunsten des tierärztlichen

569 OLG Hamm, Urt. v. 7.11.1997, Az. 9 U 122/97 = VersR 1999, 448 f. unter Berufung auf BGH, Urt. v. 9.7.1996, Az. VI ZR 155/95 = VersR 1996, 1412.

570 OLG Hamm, Urt. v. 26.9.2002, Az. 6 U 14/02 = NJW-RR 2003, 239 ff.

Betriebes tätig geworden war, sondern mit dem Festhalten ihres Hundes in erster Linie eigene Interessen verfolgte und somit eigenwirtschaftlich und demnach auch nicht mit der Tierärztin in demselben Betrieb tätig war. Maßgeblich war demnach nicht das äußere Bild der Tätigkeit, sondern die Handlungstendenz des Geschädigten. § 106 Abs. 3, 2. Alt. SGB VII scheide ebenfalls aus, weil die Halterin nicht gesetzlich Versicherte ist und somit als Schädigerin nicht selbst zum Kreis der versicherten Personen zählt.

(b) Der Reiter auf dem fremden Pferd

Eine Verschränkung von zivilrechtlichem und sozialrechtlichem Haftungsrecht kann sich auch dann ergeben, wenn sich ein Reiter beim Reiten oder Pflegen eines fremden Pferdes verletzt. Auch hier stellt sich die Frage nach dem Versicherungsschutz und der damit einhergehenden Haftungsersetzung. In diesen Fällen ist die Grenzziehung zwischen einer eigenwirtschaftlich motivierten Tätigkeit und der Tätigkeit als Wie-Beschäftigter besonders schwierig, weil der Reiter das fremde Pferd meist unentgeltlich und wenigstens auch zum eigenen Vergnügen reitet oder es pflegt. Auch hier entscheidet die anhand objektiver Kriterien nachweisbare Handlungstendenz des Geschädigten. Der Beweiswürdigung bzw. den Sachverhaltsschilderungen kommt daher eine ganz erhebliche Bedeutung zu, wie folgende Beispiele verdeutlichen:

Das LSG Berlin[571] hatte einen Fall zu entscheiden, in dem einem 13-jährigen Mädchen eine Stute zusammen mit einer Longe anvertraut wurde. Das Mädchen sollte das Pferd auf einen in der Nähe gelegenen Futterplatz führen, damit die Box der Stute ausgemistet werden konnte. Hierbei ging das Pferd durch und schleifte das Mädchen, das seine Hand nicht von der Longe befreien konnte, über das Gelände, so dass das Mädchen schwere Verletzungen erlitt. Das im Zusammenhang mit dem Zivilrechtsstreit von der Tierhalterhaftpflichtversicherung angerufene LSG Berlin hatte die Frage zu beurteilen, ob das Mädchen durch das Führen des Pferdes für den Tierhalter im Sinne des SGB VII bzw. § 539 II RVO a.F. tätig geworden war, weil diese Arbeit der Tätigkeit eines berufsmäßigen Pferdepflegers ähnlich sei und nicht nur ausschließlich oder vornehmlich eigene Interessen im Hinblick auf den Umgang mit Pferden verfolgt worden sei. Nach Ansicht des LSG Berlin lag jedoch ein nur objektiv arbeitnehmerähnliches Tun vor. In Wirklichkeit habe das Mädchen wesentlich allein ihre Angelegenheiten verfolgt, ist infolgedessen nicht mit fremdwirtschaftlicher Zweckbestimmung und nicht wie im Rahmen eines Beschäftigungsverhältnisses, sondern eigenwirtschaftlich tätig geworden. Folglich verneinte das Gericht einen Versicherungsschutz nach der RVO, denn dem Mädchen sei das Pferd nur überlassen worden, um ihr eine Freude zu machen, weil sie besonders gern

571 LSG Berlin, Urt. v. 8.4.1993, Az. L 3 U 82/91; die Entscheidung des LSG Berlin war bindend für das zivilrechtliche Verfahren BGH, Urt. v. 19.10.1993, Az. VI ZR 158/93 = NJW-RR 1994, 90.

die Pferde umsorgt habe, was für die zuständige Tierhüterin keine Erleichterung, sondern eher eine Last gewesen sei.

In einer scheinbar ähnlichen Konstellation entschied das LSG Rheinland-Pfalz anders. Jemand übernahm auf Bitten eines Pferdehalters den Beritt und die Betreuung eines Pferdes und stürzte bei einem Ausritt. Nach Ansicht des LSG Rheinland-Pfalz[572] lag in dem Fall eine arbeitnehmerähnliche Tätigkeit vor, da ebenso ein kostenloses Ausreiten eines anderen, besser ausgebildeten Pferdes möglich gewesen wäre und die beim Ausreiten verunfallte Person glaubhaft darlegen konnte, dass sie an dem Ausreiten des Pferdes keinen Spaß gehabt hatte.

Nach Auffassung des LSG Baden-Württemberg[573] steht der Anerkennung eines Reitunfalls als Arbeitsunfall auch nicht zwangsläufig entgegen, dass der Verletzte das Reiten auch als Hobby gepflegt hat. In dem zugrundeliegenden Fall erlitt die Klägerin bei einem Reitunfall schwere Verletzungen. Die Klägerin half in unregelmäßigen Abständen bei der Pflege zweier fremder Pferde aus; sie fütterte die Pferde, half beim Säubern des Stalls und ritt die Pferde aus. Für ihre Arbeit bekam sie keine Entlohnung, musste andererseits aber auch nichts für das Reiten bezahlen. Die Klägerin wusste, wo der Schlüssel zum Stall zu finden war, daher konnte sie auch reiten, wenn die Pferdehalter nicht anwesend waren. Diese Vorgehensweise war zwischen den Haltern und der Reiterin abgesprochen.

Die beklagte Unfallversicherung lehnte es ab, den Reitunfall als Arbeitsunfall anzuerkennen, da keine nach § 539 RVO für den Versicherungsschutz erforderliche ernstliche, einem fremden Unternehmen zu dienen bestimmte Tätigkeit vorliege. Es genüge nicht, dass die zum Unfallzeitpunkt ausgeführte Tätigkeit für das Unternehmen nützlich bzw. erforderlich war. Die Tatsache, dass das Pferd am Unfalltag noch nicht bewegt worden war und daher habe geritten werden müssen, reiche deshalb für die Bejahung des Versicherungsschutzes nicht aus. Die Tätigkeit müsse vielmehr im Wesentlichen auf die Belange des Unternehmens gerichtet gewesen sein, nicht auf die eigenen Belange des Versicherten. Für die Klägerin habe nach Auffassung der Unfallversicherung zum Unfallzeitpunkt das Reiten als Freizeittätigkeit im Vordergrund gestanden.

Das LSG Baden-Württemberg folgte der Argumentation der Unfallversicherung nach einer detaillierten Beweiswürdigung nicht. Nach Auffassung des Gerichts war die Klägerin „wie eine Beschäftigte“ tätig geworden, denn der Ausritt am Unfalltag war von einer Handlungstendenz bestimmt, die darauf abzielte, eine der Pferdehaltung dienende Tätigkeit zu verrichten. Dem stehe nicht entgegen, dass die Klägerin damals das Reiten auch als Hobby gepflegt habe. Aus der Beweisaufnahme ergab sich, dass die Klägerin bei den Haltern in erster Linie als Aushilfskraft tätig gewesen sei, da die Halter nachweislich nach einer Person zur Mithilfe bei der Pferdehaltung gesucht hatten. Die Klägerin ist als Aushilfe für die Versorgung von Pferden

572 LSG Rheinland-Pfalz, Urt. v. 19.3.2002, Az. L 3 U 262/01 = HVBG-INFO 2002, 3486.
573 LSG Baden-Württemberg, Urt. v. 3.5.2001, Az. L 1 U 2770 / 99 = HVBG-INFO 2002, 2119 ff.

empfohlen worden. Die Halter seien daher nach der Überzeugung des Gerichts an einer Mithilfe der Klägerin interessiert gewesen und diese Mithilfe habe nicht nur dem Willen der Unternehmer entsprochen, sondern habe sie auch erheblich entlastet und sei daher für die Halter auch von wirtschaftlicher Bedeutung gewesen.

Das Gericht war somit überzeugt, „dass die Klägerin bei der unfallbringenden Tätigkeit nicht rechtlich wesentlich allein ihr privates Vergnügen am Reiten verfolgte“[574]. Dagegen spreche auch die Art und Dauer der gesamten Aushilfstätigkeit. Die Klägerin habe nicht nur gelegentlich, sondern über einen Zeitraum von mehreren Monaten bei den Haltern ausgeholfen. Außerhalb der Schulferien sei sie auf Bitten der Unternehmer tätig geworden. Während der Schulferien sei sie zwar von sich aus aktiv geworden, doch zeige der Umstand, dass ihr die Halter jederzeit Zutritt zu ihrem Anwesen eingeräumt haben, dass es insbesondere auch aus Sicht der Halter nicht um die Ausübung eines rein privaten Reitvergnügens gegangen sei. Das Reiten war daher nach Auffassung des Gerichts vielmehr eine Art Entlohnung für die Mithilfe der Klägerin im Stall und bei der Pflege der Pferde. Bei dieser Sachlage stehe dem Versicherungsschutz nicht entgegen, dass die Klägerin auch Freude am Reiten gehabt habe.

(c) Zwischenergebnis

Somit lässt sich festhalten, dass dem äußeren Anschein nach ähnliche Tätigkeiten wie das Reiten oder Pflegen fremder Pferde haftungsrechtlich unterschiedlich bewertet werden können. Entscheidend für die Frage, ob jemand „wie ein Beschäftigter“ tätig geworden ist, ist nicht allein die Art der Tätigkeit, sondern die im Einzelfall zugrundeliegende Handlungstendenz der Beteiligten. Eigenwirtschaftlich motivierte oder zum eigenen Vergnügen verrichtete Tätigkeiten sind grundsätzlich nicht vom gesetzlichen Versicherungsschutz umfasst. Erheblich für die Ermittlung der Handlungstendenz des Geschädigten sind Art, Dauer, Umfang und Schwierigkeit[575] der Hilfstätigkeit. Der Einwand des „Vergnügens“ verliert daher an Gewicht, je schwerer, zeitintensiver oder gefährlicher die ausgeübte Tätigkeit ist.

(3) Tätigkeiten von Vereinsmitgliedern

Der Großteil der Reiter in Deutschland ist in Reitvereinen organisiert. Ein weiterer, für die Tierhalterhaftung relevanter Aspekt ist daher die Haftung des Reitvereins als Tierhalter gegenüber seinen Vereinsmitgliedern.

Grundsätzlich greift der gesetzliche Versicherungsschutz (und somit der Haftungsausschluss nach §§ 104 ff. SGB VII) zwar nicht, wenn ein Vereinsmitglied bei einer Tätigkeit Schaden erleidet, die der Erfüllung von Mitgliedspflichten dient.

574 LSG Baden-Württemberg, Urt. v. 3.5.2001, Az. L 1 U 2770 / 99 = HVBG-INFO 2002, 2121.

575 Vgl. LSG Rheinland-Pfalz, Urt. v. 11.6.2002, Az. L 3 U 121/01 = HVBG-INFO 2002, 3494.

Denn in diesen Fällen wird die geschädigte Person ausschließlich als Vereinsmitglied und nicht in anderer Eigenschaft tätig. Dennoch kann auch ein Vereinsmitglied zu seinem Verein grundsätzlich in einem Beschäftigungsverhältnis – bzw. „Wie-Beschäftigungsverhältnis" – stehen[576]. Es ist also zu unterscheiden zwischen Arbeitsleistungen, die nur auf Mitgliedschaftspflichten beruhen, und Arbeitsleistungen, die außerhalb dieses Rahmens verrichtet werden.

Zu den auf allgemeiner Vereinsübung beruhenden Mitgliedspflichten zählen nach ständigen Rechtsprechung des BSG im Allgemeinen Tätigkeiten, die ein Verein von jedem seiner Mitglieder erwarten kann und die von den Mitgliedern dieser Erwartung entsprechend auch verrichtet werden[577]. Gekennzeichnet sind diese geringfügigen Tätigkeiten regelmäßig dadurch, dass sie nach Art und Umfang nur wenig zeitlichen oder sachlichen Arbeitsaufwand erfordern, wobei die Geringfügigkeitsmarke je nach Verein verschieden sein kann. Zur Vereinsübung gehören nach der Rechtsprechung des BSG Arbeitseinsätze in einem Umfang von drei bis vier Stunden[578] oder sogar von drei Wochen[579]. Auch hier kommt es daher auf den Einzelfall an, insbesondere auf die im Verein üblichen Mitgliedspflichten und die Stellung des betreffenden Mitglieds in der Vereinsstruktur. Einen ehrenamtlich tätigen Vereinsfunktionär treffen qualitativ und quantitativ andere Mitgliedspflichten als ein „einfaches Vereinsmitglied"[580].

Die Grenze der Geringfügigkeit ist dort überschritten, wo sich eine Arbeitsleistung von wirtschaftlichem Wert deutlich erkennbar von dem Maß an vergleichbarer Aktivität abhebt, das die Vereinsmitglieder üblicherweise aufwenden. Außerhalb der Mitgliedspflichten liegen daher Verrichtungen, die über das hinausgehen, was Vereinssatzung, Beschlüsse der Vereinsorgane oder allgemeine Vereinsübung an Arbeitsverpflichtungen der Vereinsmitglieder festlegen[581].

Bei der Ermittlung der Geringfügigkeitsgrenze sind in erster Linie Tätigkeiten zu berücksichtigen, die unmittelbar dem Verein zugute kommen. Liegen sie zugleich teilweise auch im unmittelbaren persönlichen Interesse des betreffenden Vereinsmitglieds, müssen sie insoweit grundsätzlich unberücksichtigt bleiben[582]. Das Vereinsmitglied wird also nicht wegen besonders häufiger Tätigkeiten versicherungspflichtig, wenn die Häufigkeit im persönlichen Interesse des Vereinsmitglieds lag. Der Beweggrund des einzelnen Vereinsmitglieds für die Übernahme einer vereinsüblichen Tätigkeit ist für die Frage, ob diese auf mitgliedschaftlicher Verpflichtung beruhte, ohne Bedeutung[583].

---

576 St. Rspr., vgl. BSG, Urt. v. 24.3.1998, Az. B 2 U 13/97 R = VersR 1999, 1563; BSG, Urt. v. 5.8.1987, Az. 9b RU 18/86 = SozR 2200 § 539 Nr 123.

577 Vgl. BSG, Urt. v. 13.8.2002, Az. B 2 U 5/02 R = HVBG-INFO 2002, 2511.

578 BSG, Urt. v. 5.8.1987, Az. 9b RU 18/86 = SozR 2200 § 539 Nr. 123 m.w.N.

579 BSG, Urt. v. 24.3.1998, Az. B 2 U 13/97 R = VersR 1999, 1563.

580 BSG, Urt. v. 29.9.1992, Az. 2 RU 38/91 = BSG SozR 3 – 2200 § 539 Nr. 18.

581 BSG, Urt. v. 13.8.2002, Az. B 2 U 29/01 R, juris Tz. 21 = HVBG-INFO 2002, 2511.

582 BSG, Urt. v. 13.8.2002, Az. B 2 U 29/01 R, juris Tz. 26 = HVBG-INFO 2002, 2511.

583 BSG, Urt. v. 13.8.2002, Az. B 2 U 5/02 R, juris Tz. 30.

Dementsprechend nimmt das BSG[584] auch bei Übungsleitern, die zugleich Vereinsmitglieder sind, eine „Wie-Beschäftigung“ nur dann an, wenn die Arbeitsleistung des Übungsleiters über die reinen Mitgliedschaftspflichten hinausgeht. D. h. die Verrichtung muss entweder hinsichtlich ihres Umfanges oder ihrer Art über das hinausgehen, was Vereinssatzung, Beschlüsse der Vereinsorgane und allgemeine Vereinsübung an Arbeitsverpflichtungen der Vereinsmitglieder festlegen. Daran fehlt es nach Ansicht der Rechtsprechung bei Tätigkeiten, die z. B. auf gesellschaftlichen oder körperschaftlichen Verpflichtungen beruhen. In Anwendung dieser Kriterien besteht nach Ansicht des BSG[585] z. B. kein Unfallversicherungsschutz für eine Übungsleiterin eines Reitvereins, die bei der Führung einer Voltigiergruppe während eines Festumzugs vom Vereinspferd verletzt wird. Die Übungsleiterin nahm aufgrund eines Vorstandsbeschlusses mit der von ihr zu betreuenden Voltigiergruppe an einem Festumzug teil, der von einem anderen örtlichen Sportverein organisiert wurde. Für diese Teilnahme, die etwa eine halbe Stunde dauern sollte, war eine finanzielle Gegenleistung nicht vorgesehen. Als beim Wenden des Zuges die voranmarschierende Blaskapelle in Höhe der Pferdegruppe mit dem Spielen einsetzte, scheute das von der Übungsleiterin geführte Vereinspferd. Die Übungsleiterin stürzte und wurde durch einen Huftritt des Pferdes schwer verletzt. Das Gericht war der Auffassung, dass die Übungsleiterin bei der Teilnahme am Umzug lediglich ihre Mitgliedschaftspflichten erfüllt habe. Hierzu zählten auch Tätigkeiten im Zusammenhang mit der Darstellung des Vereins in der Öffentlichkeit.

3. Inhalt und Umfang der Haftungsersetzung

Ist der Schadensersatzanspruch dem Grunde nach gesperrt, so bestehen nur sozialversicherungsrechtliche Ansprüche gegen den Träger der gesetzlichen Unfallversicherung und zwar in dem Umfang, den die staatliche Versicherung für versicherte Personen vorsieht. An die Stelle der Haftung des Tierhalters tritt ein versicherungsrechtlicher Schadensausgleich[586]. Deliktsansprüche gegen den Schädiger sind dann ausgeschlossen, da die gesetzliche Unfallversicherung in solchen Fällen vollständig in die Rechtsposition des Tierhalters eintritt, vgl. § 116 SGB X. Die gesetzliche Unfallversicherung ersetzt jedoch nur die Heilbehandlungskosten und vermehrte Bedürfnisse; ein Schmerzensgeld wird nicht gezahlt. Die Sperrung von Ansprüchen für Personenschäden nach § 104 Abs. 1 SGB VII ist verfassungsrechtlich zulässig[587].

Wurde der Unfall vom Unternehmer grob fahrlässig oder vorsätzlich verursacht, ist die zivilrechtliche Haftung wieder „entsperrt“, d.h. der Geschädigte kann seinen materiellen und immateriellen Schaden geltend machen, § 104 Abs. 1 S. 1 SGB VII. Der Geschädigte kann dann sowohl die sozialrechtlichen Leistungen in Anspruch

584 BSG, Urt. v. 24.2.2000, Az. B 2 U 4/99 R = HVBG-INFO 2000, 1253 (Übungsleiterin einer Voltigier- Gruppe in einem Reitverein).
585 BSG, Urt. v. 24.2.2000, Az. B 2 U 4/99 R = HVBG-INFO 2000, 1253 ff.
586 *Schulin*, 911, 920.
587 Hauck-Nehls, K § 104 Rn. 14.

nehmen als auch verbleibende Schäden, wie insbesondere Schmerzensgeld, vom Schädiger einfordern[588]. Der Sozialversicherungsträger kann dann seinerseits den Schädiger wegen etwaiger Vorleistungen gegenüber dem Geschädigten in Regress nehmen, §§ 110, 111 SGB VII.

III. Verjährung und Prozessuale Besonderheiten, § 108 SGB VII

Abweichend von der dreijährigen Regelverjährung für Schadensersatzansprüche aufgrund des BGB verjähren Ansprüche auf Sozialleistungen nach § 45 Abs. 1 SGB I in vier Jahren nach Ablauf des Kalenderjahrs, in dem sie entstanden sind.

Die Frage, ob die §§ 104 ff. SGB VII einschlägig sind und die Voraussetzungen für eine Haftungsersetzung vorliegen, ist von den Sozialgerichten zu entscheiden. Um divergierende Beurteilungen der Zivil- und der Sozialgerichtsbarkeit zu vermeiden und eine einheitliche Bewertung der unfallversicherungsrechtlichen Kriterien zu gewährleisten, ist daher ein laufender Zivilrechtsstreit nach § 108 Abs. 2 SGB VII von Amts wegen auszusetzen, wenn z. B. entscheidungserheblich ist, ob der geschädigte Reiter zu den nach § 2 SGB VII versicherten Personen gehört[589]. Die Entscheidung des Sozialgerichts ist dann für das Zivilgericht bindend, § 108 Abs. 1 SGB VII. Ein Aussetzungsgrund dürfte schon dann zu bejahen sein, wenn lediglich Anhaltspunkte für das Vorliegen eines Versicherungsfalles der gesetzlichen Unfallversicherung bestehen. Nur wenn ein dem deutschen Sozialversicherungsrecht unterliegender Versicherungsfall von vornherein mit Sicherheit ausgeschlossen werden kann oder feststeht, dass eine Entscheidung im sozialgerichtlichen Verfahren nicht ergehen wird, bedarf es keiner Aussetzung[590].

IV. Zwischenergebnis und Schlussfolgerungen

Auch wenn verfassungsrechtlich unbeanstandet, war doch der Ausschluss des Anspruchs auf Schmerzensgeld stets sozialpolitisch bedenklich[591]. Dies gilt umso mehr, seit das Schmerzensgeld auf alle Gefährdungshaftungen und auf Vertragsverletzungen erweitert wurde[592]. Denn im Bereich der Gefährdungshaftung, in dem der Anspruchsgegner also unabhängig von einem Verschulden haftet und das Schmerzensgeld demnach keine vordergründige Genugtuungsfunktion haben kann, ist der Ausschluss des Schmerzensgeldanspruchs wegen des Haftungseintritt der Versicherung nicht nachvollziehbar.

Es wird daher zu Recht kritisiert, dass der Gerechtigkeitsgehalt der unfallversicherungsrechtlichen Haftungsersetzung heute kaum noch zu erkennen ist[593].

588 *Magnus / Koch*, S. 149 Rn. 3.
589 BGH, Urt. v. 20.4.2004, Az. VI ZR 189/03 = VersR 2004, 931.
590 OLG Celle, Beschluss v. 5.3.2010, Az. 14 W 1/10.
591 *Katzenmeier* JZ 2002, S. 1029 (1036) m.w.N.; *Bogs*, 123, 125, 132.
592 So auch Staudinger/*Schiemann*, § 253, Rn. 27.
593 Staudinger/*Schiemann*, § 253, Rn. 27; *Katzenmeier*, JZ 2002, 1029 (1035 f.).

Auch die stetige Ausweitung des persönlichen Anwendungsbereiches überzeugt nicht. In der Konsequenz führt sie zu einem Verlust zivilrechtlicher Ansprüche des Geschädigten, insbesondere des Schmerzensgeldanspruchs, dem zwar auf den ersten Blick ein Äquivalent in Form des Versicherungsschutzes gegenübersteht. Sinn und Zweck der Haftungsersetzung sind jedoch insbesondere in den Fällen der „Wie-Beschäftigten" nicht vermittelbar. Wesentliche Funktionen der Haftungsersetzung, wie die Wahrung des Betriebsfriedens kommen gerade bei kurzfristigen bzw. nur arbeitsähnlichen Tätigkeitsverhältnissen, wie z.B. zwischen dem Tierhalter und dem Tierarzt oder der Reitbeteiligung, nicht zum Tragen. Dennoch ist einzusehen, dass es ein kaum lösbares Problem darstellt, die Anwendung der §§ 104 ff. SGB VII zu beschränken, ohne jene arbeitsähnlichen Beschäftigungsverhältnisse auszuklammern, für die der Versicherungsschutz gedacht ist.

Wenn also eine Einengung des Anwendungsbereichs ausscheidet, so sollte wenigstens der Leistungsumfang um das Schmerzensgeld erweitert werden, so wie es auch in anderen europäischen Rechtsordnungen der Fall ist[594].

Auch in der Praxis ergeben sich Probleme bei der Aufnahme des Versicherungsschutzes. Maßgeblich für den Beginn des Versicherungsschutzes ist die tatsächliche Aufnahme der Arbeit[595]. Der Auftraggeber hat – wie auch sonst jeder Arbeitgeber bei seinen Mitarbeitern – zu prüfen, ob ein Auftragnehmer bei ihm abhängig beschäftigt oder für ihn selbstständig tätig ist. Ist ein Auftraggeber der Auffassung, dass im konkreten Einzelfall keine abhängige Beschäftigung vorliegt, ist formal von ihm nichts zu veranlassen. Er geht jedoch das Risiko ein, dass bei einer Prüfung durch einen Versicherungsträger und gegebenenfalls im weiteren Rechtsweg durch die Sozialgerichte der Sachverhalt anders bewertet und dadurch die Nachzahlung von Beiträgen erforderlich wird. In Zweifelsfällen wird deshalb empfohlen, das Anfrageverfahren zur Statusklärung bei der Bundesversicherungsanstalt für Angestellte nach § 7a SGB IV einzuleiten, was aber gerade in Bezug auf spontane, kurzfristige Hilfeleistungen nicht immer möglich bzw. praktikabel ist.

Zum Teil wird ohnehin damit gerechnet, dass die große praktische Bedeutung der Ausgleichstatbestände infolge des Abbaus sozialer Sicherungssysteme abnehmen könnte[596].

H. Tierspezifische Fragen im deutschen Schadensrecht

Die Frage, unter welchen Voraussetzungen eine Haftung für Tiere besteht, wird – wie gezeigt – intensiv diskutiert. Nicht weniger kontrovers ist die Frage, in welchem Umfang für eine Rechts- (guts-) verletzung durch Tiere gehaftet werden muss.

Bei der Haftung für Tiere richtet sich die Schadensersatzpflicht im deutschen Recht zunächst nach den allgemeinen schadensrechtlichten Grundsätzen gemäß

594 *Bogs*, 123, 125 m.w.N.
595 LSG NRW, Urt. v. 14.3.2001, Az. L 17 U 234/99 = HVBG-INFO 2001, 3159.
596 *Magnus*, Schadensersatz für Körperverletzung in Deutschland, S. 148, 149 f. Rn. 5.

§§ 249 ff. BGB. D.h., der Tierhalter ist zum Ersatz des durch die Rechtsgutsverletzung entstandenen Schadens verpflichtet. Die Haftung für Tiere wirft jedoch Sonderfragen auf, die eine genauere Diskussion verdienen. Der folgende Abschnitt widmet sich dieser Aufgabe und beschränkt sich weitestgehend auf die Untersuchung von Schadensrechtsproblemen, die typischerweise im Zusammenhang mit der Tierhalterhaftung auftreten.

I. Schadensersatz bei der Verletzung von Eigentum

Ein tierspezifisches Problem des Schadensrechts ist der Schadensersatz für die Verletzung fremder Tiere. Wenn also z.B. ein Hund einen anderen Hund angreift und verletzt, stellt sich die Frage, ob Kosten für die Tierarztbehandlung den Wert des Tieres übersteigen dürfen, oder ob für die Zeit der Erkrankung des Tieres ein Schadensersatz für entgangene Nutzungsmöglichkeiten oder frustrierte Aufwendungen für Futter oder sonstige Haltungskosten gewährt wird.

1. Schadensersatz bei der Tötung eines Tieres

Wenn ein Tier durch ein anderes getötet wird, schuldet der Halter des schädigenden Tieres gemäß § 249 Abs. 2 Satz 1 BGB in der Regel Schadensersatz in Höhe des Wiederbeschaffungswerts des getöteten Tieres. Ein Liebhaberwert hat bei der Berechnung des Schadensersatzes außer Betracht zu bleiben, auch wenn sich einzelne Gerichte hierbei schwertun[597]. So führte das OLG Schleswig aus:

> *„Der Senat verkennt nicht, daß es für einen Hundehalter schmerzlich ist, seinen ihn längere Jahre begleitenden Hund durch das Verhalten eines anderen zu verlieren; da auf Tiere aber die für Sachen geltenden Rechtsgrundsätze anzuwenden sind (vgl. § 90a BGB), muß auch für sie gelten, daß ein persönlicher Liebhaberwert beim Schadensersatz außer Betracht zu bleiben hat, zumal gerade bei Tieren ein solcher Wert geldmäßig kaum zu fassen und zu anderen Fällen kaum abzugrenzen ist.“*[598]

Auch Ausbildungskosten, die für das getötete Tier aufgewendet wurden, sind grundsätzlich nicht gesondert ersatzfähig, es sei denn, das Tier ist noch so jung, dass sich investierte Ausbildungskosten noch nicht rentiert haben[599].

---

597 OLG Schleswig, Urt. v. 27.5.1993, Az. 7 U 9/92 = NJW-RR 1994, 289; ein Affektionsinteresse kann sich aber bei der Höhe zu ersetzender Heilbehandlungskosten auswirken, vgl. OLG München, Urt. v. 11.4.2011, Az. 21 U 5534/10 = VersR 2011, 1412.

598 OLG Schleswig, Urt. v. 27.5.1993, Az. 7 U 9/92 = NJW-RR 1994, 289.

599 OLG Schleswig, Urt. v. 27.5.1993, Az. 7 U 9/92 = NJW-RR 1994, 289.

2. *Wiederherstellungskosten bei Verletzung eines Tieres*

a. *Tierarztkosten, § 251 Abs. 2 Satz 2 BGB*

Aufgrund des Gesetzes zur Verbesserung der Rechtsstellung des Tieres im bürgerlichen Recht[600] wurde die Ersatzfähigkeit von Heilbehandlungskosten bei der Verletzung eines Tieres erweitert.

Seit dem 1. September 1990 sind gemäß § 251 Abs. 2 Satz 2 BGB „die aus der Heilbehandlung eines verletzten Tieres entstandenen Aufwendungen (...) nicht bereits dann unverhältnismäßig, wenn sie dessen Wert erheblich übersteigen." Wird ein Tier verletzt, dann kann der Eigentümer des verletzten Tieres selbst dann Ersatz der aufgewendeten Heilbehandlungskosten verlangen, wenn diese den reinen Sachwert des verletzten Tieres übersteigen, § 251 Abs. 2 BGB.

Die Tatsache, dass der Eigentümer an seinem Tier ein über das bloße Integritätsinteresse hinausgehendes Affektionsinteresse haben kann, wurde teilweise schon vor der Einführung des § 251 Abs. 2 Satz 2 BGB von Rechtsprechung und Literatur in den Zumutbarkeitsgrenzen von § 242 BGB mit unterschiedlichen Begründungen berücksichtigt[601]. So konnte schon nach alter Rechtslage der Eigentümer die aufgewendeten Wiederherstellungskosten auch dann verlangen, wenn sie das Dreifache des Verkehrswerts des Tieres betrugen[602]. Mit der Gesetzesreform beabsichtigte der Gesetzgeber, eine einheitliche Rechtsprechung hinsichtlich der Höhe des Schadensersatzes bei der Verletzung eines Tieres herzustellen[603]. Allein schon aus Gründen der Rechtssicherheit ist die Kodifizierung dieser Rechtslage zu begrüßen.

Auch wann das Gesetz keine klare Verhältnismäßigkeitsgrenze vorgibt, steht somit fest, dass anders als bei Sachen wegen § 251 II 2 BGB bei Tieren, die keine Sachen sind (§ 90a Satz 1 BGB), „die Verhältnismäßigkeitsschwelle nicht bei 130% [des Marktwertes] anzusetzen [ist], sondern höher."[604] Für die Ermittlung des verhältnismäßigen, ersatzfähigen Wiederherstellungsaufwands ist in erster Line das konkrete Affektionsinteresse des Eigentümers an seinem Tier in jedem Einzelfall zu berücksichtigen. Bei einem starken Affektionsinteresse des Halters können Heilbehandlungskosten bis zum Sechsfachen des Sachwerts ersatzfähig sein[605].

---

600 Bundesgesetzblatt 1990, Teil I, S. 1762 f.

601 Vgl. LG München I, Urt. v. 21.6.1978, Az. 34 S 19183/77 = NJW 1978, 1862: „Eine Abstellung darauf, dass nur der gemeine Wert zu ersetzen sei, würde gerade zu einer Vernachlässigung aller persönlichen Empfindungsmomente im Sinne eines Affektionsinteresses hinauslaufen."; LG Lüneburg, Urt. v. 9.2.1984, Az. 1 S 384/83 = NJW 1984, 1243 f.: "Die Heilung eines verletzten Tieres ist nicht die Reparatur einer Sache."; LG Traunstein, Urt. v. 10.8.1983, Az. 5 S 1658/83 = NJW 1984, 1244; Palandt-*Heinrichs*, 37. Aufl. § 249 Rn. 2e; a.A. LG Wuppertal, Urt. v. 10.5.1979 = NJW 1979, 2213.

602 Vgl. LG München I, a.a.O.

603 Gesetzesentwurf BT-Drucksache 380/89, abgedruckt in JZ-GD 1989, S. 63.

604 OLG München, Urt. v. 11.4.2011, Az. 21 U 5534/10 = VersR 2011, 1412 = juris, Tz. 5.

605 OLG München, Urt. v. 11.4.2011, Az. 21 U 5534/10 = VersR 2011, 1412 = juris, Tz. 5.

Jedoch können übertriebene Bindungen an ein Tier die Schadensersatzpflicht des Schädigers nicht erhöhen[606]. Die Verhältnismäßigkeit entfällt umso schneller, je geringer das Affektionsinteresse ist. Bei Nutztieren ist in der Regel keine besonders zu berücksichtigende persönliche Beziehung zum Tier gegeben[607].

Ist das Tier getötet worden, ist kein Raum für § 251 Abs. 2 Satz 2 BGB, da die Wiederherstellung nicht möglich ist. In diesen Fällen kommt nur ein Wertersatz nach dem Marktwert, dem Sachwert oder dem Ertragswert in Betracht, den das Pferd im Zeitpunkt des Todes hatte.

b. Kosten des Unterhalts für das verletzte Tier, § 249 Satz 1 und 2 BGB

Die Haltung von Tieren ist sowohl im privaten als auch im gewerblichen Bereich mit nicht unerheblichen Kosten für Futter, Versicherung und (insbesondere bei Pferden) artgerechter Unterbringung verbunden. Diese Kosten wendet der Eigentümer in der Regel in Erwartung eines Äquivalentes, nämlich der jeweiligen Nutzung des Tieres, auf. Wenn dem Eigentümer die Nutzung seines Tieres zeitweise nicht möglich ist, weil sein Tier verletzt wurde, so können sich die laufenden Kosten für das verletzte Tier aus Sicht des Eigentümers zwar als nutzlose bzw. frustrane Aufwendungen darstellen.

Ersatzfähig sind diese laufenden Kosten nach der Rechtsprechung jedoch nur dann, wenn sie erst infolge der Verletzung entstanden sind[608]. Dies ist z. B. der Fall, wenn ein verletztes Pferd für die Dauer der Heilbehandlung von einer günstigen Offenstallhaltung auf eine teurere Boxenhaltung umgestellt werden muss. Kosten, die auch ohne die Verletzung angefallen wären und somit keine Unfallfolge sind (so genannte „Sowieso"-Kosten), sind nach der Rechtsprechung generell nicht erstattungsfähig. Wird also ein zu privaten Zwecken gehaltenes Reitpferd verletzt, kann der Eigentümer vom Schädiger mangels haftungsausfüllender Kausalität zwischen Rechtsgutsverletzung und Vermögensnachteil keinen Ersatz derjenigen in der Genesungszeit aufgewendeten Futter- und Unterstellkosten beanspruchen, die auch ohne den Unfall angefallen wären[609].

Etwas anderes gilt dann, wenn Aufwendungen in der Phase zwischen dem schädigenden Ereignis bis zu dem Zeitpunkt entstanden sind, an dem eine weitere Behandlung zur Wiederherstellung des ursprünglichen Gesundheitszustands des Tieres nicht mehr erforderlich und möglich erscheint und das Tier statt dessen eingeschläfert werden muss. Ist z. B. der zunächst aussichtsvolle Versuch, ein durch

---

606 LG Lüneburg, Urt. v. 9.2.1984, Az. 1 S 384/83 = NJW 1984, 1243 (1244).

607 AG Frankfurt, Urt. v. 14.6.2000, Az. 29 C 2234/99 – 69 = juris, Tz. 15.

608 BGH, Urt. v. 30.5.1978, Az. VI ZR 199/76 = NJW 1978, 2592 (Rennpferd); OLG Hamm, Beschl. v. 23.10.2008 und v. 8.12.2008, Az. 6 U 136/08 = OLGR Hamm 2009, 133 (Reitpferd); OLG Celle, Urt. v. 25.5.1994, Az. 20 U 2/94 = OLGR Celle 1994, 234 (Jagdhund).

609 OLG Stuttgart, Urt. v. 2.12.2011, Az. 3 U 107/11; OLG Hamm, Beschl. v. 23.10.2008, Az. 6 U 136/08 = OLGR Hamm 2009.

Fremdverschulden verletztes Rennpferd wieder herzustellen, schließlich fehlgeschlagen, dann können auch die in der Zeit zwischen Verletzung und Abschaffung des Tiers angefallenen Kosten der Fütterung als Herstellungsaufwand ersatzfähig sein[610]. Die Rechtsprechung unterscheidet hinsichtlich der Ersatzfähigkeit der laufenden Generalunkosten für Tiere somit danach, ob die Wiederherstellung des Tieres letztlich geglückt oder fehlgeschlagen ist.

3. *Ersatzfähigkeit eines Nutzungsausfallschadens bei der Verletzung oder Tötung eines Tieres*

Wird ein für gewerbliche oder private Zwecke eingesetztes Tier verletzt, besteht zusätzlich zu den Heilbehandlungskosten und den laufenden Unterhaltskosten für den betroffenen Eigentümer das Problem, dass er für die Dauer der Heilung oder Ersatzbeschaffung auf die Nutzung des Tieres verzichten muss.

Praxisrelevant und besonders kontrovers diskutiert[611] ist die Frage, ob der Eigentümer einer beschädigten Sache – und somit auch eines verletzten Tieres – gemäß § 249 Abs. 2 Satz 1 oder § 251 BGB neben den üblichen Schadensposten (z. B. Herstellungs- bzw. Heilbehandlungskosten, Wertminderung) auch eine Entschädigung wegen der entgangenen Nutzungsmöglichkeit verlangen kann.

Die Ersatzfähigkeit einer solchen Einbuße setzt nach der derzeitigen Rechtspraxis voraus, dass sie als Schaden im Sinne des BGB qualifiziert werden kann. Immaterielle Einbußen seien nur ausnahmsweise ersatzfähig, nämlich dann, wenn das Gesetz eine Ersatzpflicht ausdrücklich anordnet, wie bei § 253 BGB[612].

a. Erwerbswirtschaftliche Nutzung

Unproblematisch anerkannt wird der infolge des Nutzungsausfalls entstandene Schaden bei erwerbswirtschaftlich genutzten Sachen bzw. Tieren, welcher in der Regel unter den Voraussetzungen von § 252 BGB als entgangener Gewinn ersatzfähig ist[613], denn nach § 252 Satz 1 BGB umfasst der zu ersetzende Schaden „auch“ den entgangenen Gewinn. Diese Bestimmung stellt nach Ansicht der Rechtsprechung klar, dass nicht nur der Substanzwert, sondern auch die Vermögensvorteile zu ersetzen seien, die der Geschädigte im Zeitpunkt des schädigenden Ereignisses noch nicht inne habe, die er aber ohne es erworben hätte. Dieser Umstand bedürfe insbesondere dann eines zusätzlichen Ausgleichs, wenn für die Nutzung einer Sache oder eines Tieres ein monatliches Entgelt und damit ein erwerbswirtschaftlicher Einsatz des Wirtschaftsgutes vereinbart seien. Eine – zu dem entgangenen Gewinn alternative – Berechnungsmöglichkeit sei der Schaden, der dadurch entstand, dass

---

610 BGH, Urt. v. 30.5.1978, Az. VI ZR 199/76 = NJW 1978, 2592 f.

611 Vgl. *Würthwein*, S. 3; *Graf*, S. 25.

612 BGH, a.a.O.

613 Vgl. BGH, Urt. v. 22.5.2001, Az. VI ZR 368/99 = BGH Report 2001, 636 (entgangener Gewinn wegen nicht möglicher Nutzung eines Dressur-Turnierpferds).

zum Ausgleich des Nutzungsausfalls ein anderes gleichwertiges Pferd angemietet wurde[614]. Auch eine rein abstrakte Nutzungsentschädigung scheint nach der aktuellen Entwicklung der Rechtsprechung des BGH[615] durchsetzbar zu sein, sofern die speziellen Voraussetzungen des Nutzungswillens und der Nutzungsmöglichkeit und schließlich der fühlbaren Beeinträchtigung durch den Nutzungsausfall feststellbar sind.

b. Eigenwirtschaftliche Nutzung

Zwischen Rechtsprechung und Literatur umstritten ist die Ersatzfähigkeit des Nutzungsausfallschadens, wenn eine Sache bzw. ein Tier, z. B. ein Reitpferd, ausschließlich eigenwirtschaftlich genutzt wird und durch den Nutzungsausfall keine zusätzlichen Kosten anfallen, keine zusätzlichen Aufwendungen getätigt werden oder Einnahmen entgehen.

Vom herkömmlichen Schadensbegriff ausgehend, gilt der Grundsatz, dass Nutzungsausfälle von nicht gewerblich genutzten Sachen bzw. Tieren lediglich immaterielle Einbußen darstellen[616].

Von diesem Grundsatz sollen Ausnahmen möglich sein, da Fälle denkbar sind, in denen auch der Ausfall einer nicht gewerblich genutzten Sache eine erhebliche Belastung für den Eigentümer darstellt. Die Reichweite der Ausnahmen ist jedoch zwischen Rechtsprechung und Literatur streitig. Die Anerkennung eines solchen Nutzungsausfalls erfordert in zweifacher Hinsicht dogmatisches Fingerspitzengefühl: Zum einen ist zu definieren, unter welchen Voraussetzungen das deutsche Schadensersatzrecht den Verlust der Nutzungsmöglichkeit als Vermögensschaden und nicht lediglich als immaterielle und daher nicht ersatzfähige Interesseneinbuße ansieht. Zum anderen muss ausnahmsweise ein abstrakter Schadensersatz ermittelt werden, da sich der reine Nutzungsausfall einer privat genutzten Sache nicht in einer konkreten Vermögensminderung niederschlägt. Eine abstrakte Nutzungsentschädigung ist aber nur ausnahmsweise im BGB zugelassen (§§ 288, 290, 849 BGB).

aa. Rechtsprechung

Die Rechtsprechung hat seit Jahrzehnten Bedenken sowohl gegen die Anerkennung des Nutzungsausfalls als Schadensquelle, als auch gegen die Anerkennung und Bewertung der aus dem Nutzungsausfall folgenden Einbußen. Ohne den Nachweis einer dauerhaften Vermögensminderung sieht sie die Gefahr, dass Geldersatz für einen rein immateriellen Verlust gewährt wird; es drohe eine Ausuferung der Schadensersatzpflicht.

---

614 LG Karlsruhe, Urt. v. 4.1.1996, Az. 4 O 40/94 = NJW-RR 1997, 468 f. (verletzungsbedingter Ausfall des Dressurpferdes Rembrandt).

615 BGH, Urt. v. 4.12.2007, Az. VI ZR 241/06 = NJW 2008, 913 (915); siehe auch OLG Düsseldorf, Urt. v. 2.07.2009, Az. 5 U 147/07 = juris, Rn. 28 (gemischt genutzer Pkw); anders noch LG Karlsruhe, a.a.O. FN. 634.

616 Vgl. BGH, Urt. v. 10.6.2008, Az. VI ZR 248/07 = VersR 2008, 1086 (Wohnmobil).

(1) BGH

Die Rechtsprechung des BGH zu der Ersatzfähigkeit des Nutzungsausfalls war lange Zeit uneinheitlich. In einer Entscheidung aus dem Jahr 1978 schien der BGH[617] einer Nutzungsentschädigung für ein Reitpferd nicht abgeneigt. Der Anspruch scheiterte jedoch an einem fehlenden Besitzrecht des Anspruchstellers.

Seit dem Beschluss des Großen Senats des BGH vom 9. Juli 1986 steht fest, dass eine Nutzungsausfallentschädigung für eigenwirtschaftlich genutzte Sachen in engen Grenzen gewährt werden kann. Voraussetzung für die Ersatzfähigkeit ist, dass es um Güter geht, „deren ständige Verfügbarkeit“ für „die eigenwirtschaftliche Lebenshaltung des Eigentümers von zentraler Bedeutung“ ist und „der Eigentümer die Sache in der Zeit ihres Ausfalls entsprechend genutzt hätte“, der Ausfall somit „fühlbar“ ist[618]. Dem Beschluss lag ein Sachverhalt über die vorübergehende Nichtnutzbarkeit eines Wohnhauses zugrunde. Diese Ausnahme vom Grundsatz der Nichtersatzfähigkeit ist nach Ansicht des Großen Senats des BGH gerechtfertigt, da bei Wirtschaftsgütern mit zentraler Bedeutung für die Lebensführung keine Gefahr der Überdehnung des Schadensrechts bestehe. Zum einen betreffe die eigenwirtschaftliche Nutzung solcher Güter deutlich die materiale Vermögenssphäre. Zum anderen könne der Wert der Nutzung gerade wegen der durch die zentrale Rolle standardisierten Einsatzziele anhand objektiver Maßstäbe beurteilt werden, ohne dass die Gefahr bestehe, subjektive Wertschätzungen einfließen zu lassen[619]. Ob eine Sache nach diesen Maßstäben zentral für die Lebensführung des Eigentümers sei, beurteile sich nach der Verkehrsanschauung[620].

Liegen diese Voraussetzungen vor, bestehe eine Beeinträchtigung, die mit dem zeitweisen Verlust einer gewerblich genutzten Sache gleichzusetzen und daher auch gleich zu behandeln sei.

Liegen die Voraussetzungen hingegen nicht vor, bestehe die Gefahr, dass entgegen § 253 Abs. 1 BGB ein Ersatz für Nichtvermögensschäden gewährt werde.

Der BGH erkennt somit an, dass die Beeinträchtigung einer Gebrauchsmöglichkeit auch dann einen ersatzfähigen Schaden darstellen kann, wenn sie sich nicht unmittelbar in einer Vermögensminderung bzw. einem Ausfall an Einnahmen widerspiegelt. Wesen und Bedeutung des Vermögens erschöpften sich nach Auffassung des BGH gerade nicht in dessen Bestand - dem „Haben“. Die Verkürzung der Möglichkeit, Eigentum eigenwirtschaftlich einzusetzen, könne die wirtschaftliche Sphäre des Vermögensträgers ebenso treffen wie ein Ausfall bei erwerbswirtschaftlichem Einsatz des Vermögens, auch wenn sie sich nicht in einem Gewinnentgang auswirke[621]. Im vermögenswerten Recht mitgeschützt seien auch die im Vermögen

617 BGH, Urt. v. 21.2.1979, Az. VIII ZR 124/78 = NJW 1979, 1358.

618 BGH Großer Senat für Zivilsachen, Urt. v. 9.7.1986, Az. GSZ 1/86 = BGHZ 98, 212 (216 f.).

619 BGH, a.a.O., (223).

620 BGH, a.a.O., (223).

621 BGH, a.a.O., (218).

verkörperten Möglichkeiten, das Vermögen (privat) zu nutzen[622]. Insofern würde die strikte Anwendung der Differenzhypothese nach Ansicht des Großen Senats auf eine unangemessene Benachteiligung des Geschädigten gegenüber einem erwerbswirtschaftlichen Sacheinsatz hinauslaufen[623].

Da die Schadenshöhe mangels einer unmittelbaren Vermögensminderung nicht mit der Differenzhypothese messbar ist, muss der Schaden abstrakt berechnet werden. Bei der Bemessung des nur abstrakten Schadens bestehe jedoch wiederum die Gefahr der Überdehnung des Schadensersatzes in den immateriellen Interessenbereich hinein. § 253 BGB ist die äußerste Grenze bei der Bestimmung des Schadens. Es solle daher auf das Erfordernis eines „fühlbaren" Schadens ankommen. Das heißt, der Geschädigte müsse die betreffende Sache, z.B. das Fahrzeug, ohne das schädigende Ereignis auch wirklich gebraucht haben, er muss also zur Nutzung willens und fähig gewesen sein[624].

Die Methode für die Berechnung der Schadenshöhe überlässt der Große Senat des BGH in den Grenzen des § 253 BGB der Praxis, da diese „wesentlich von der jeweils betroffenen Sachgruppe und den für sie bestehenden Regulierungsmechanismen" abhänge. Das heißt die Schadensbemessung muss sich an objektiven Bewertungsmaßstäben ausrichten und darf „eine gleichmäßige Schadensregulierung nicht unmöglich machen"[625]. Hierdurch seien nach Ansicht des BGH auch die Interessen des Schädigers bei der Beweisführung gewahrt. Wie bei Ersatzansprüchen aus erwerbswirtschaftlichen Einbußen sei auch für Verluste bei dem eigenwirtschaftlichen Einsatz einer Sache sichergestellt, dass der Geldersatz einer konkreten, auf das jeweils betroffene Vermögen bezogenen Schadensbetrachtung verhaftet bleibe[626].

Diese einschränkenden Voraussetzungen für den Nutzungsausfallschadensersatz für nicht gewerblich genutzte Sachen, wurden anlässlich einer Entscheidung bezüglich eines Wohnhauses aufgestellt, sie sind jedoch nach Ansicht des Großen Senats des BGH ausdrücklich auf andere Wirtschaftsgüter übertragbar, solange es sich um Sachen handele, auf deren ständige Verfügbarkeit die eigenwirtschaftliche Lebenshaltung des Eigentümers typischerweise angewiesen sei[627]. Welche weiteren Sachgüter erfasst sein könnten, lässt der BGH offen[628]. Hauptanwendungsbereich der Kriterien ist insbesondere der Nutzungsausfall privat genutzter PKW.

Untersucht man die seither ergangenen Entscheidungen zum Nutzungsausfall, so muss man jedoch feststellen, dass der Kreis der Güter, für welche Nutzungsausfall gewährt werden kann, sich seit über 25 Jahren kaum über die Fälle des PKW oder Wohnhauses erweitert hat: Soweit sich der BGH seither selbst geäußert hat, begründen der zeitweilige Verlust der Gebrauchsmöglichkeit eines reinen

622 BGH, a.a.O., (218).
623 BGH, a.a.O., (221).
624 BGH, a.a.O., (220).
625 BGH, a.a.O. unter IV., (225).
626 BGH, a.a.O., (220).
627 BGH, a.a.O., (220, 222, 226).
628 BGH, a.a.O. S. 224.

Freizeitzwecken dienenden Motorrads[629] oder Wohnmobils[630] keinen Anspruch auf abstrakte Nutzungsentschädigung. Auch Reitpferde dürften nach den Maßstäben des BGH mangels der Bedeutung ihrer Verfügbarkeit für die Lebensführung nicht zu dem Kreis der ersatzfähigen Güter gehören.

In einer aktuellen Entscheidung hat der BGH die entgangene Nutzungsmöglichkeit eines Internetzugangs – ohne dass dem Nutzer Mehraufwendungen entstanden oder Einnahmen entgangen sind – als ersatzfähigen Vermögensschaden anerkannt[631].

(2) Instanzgerichte

Bereits vor der Entscheidung des Großen Senats des BGH hatten die Instanzgerichte den Nutzungsausfall aufgrund der Verletzung oder des Verlustes eines (Reit-) Pferdes als nicht ersatzfähigen Schaden beurteilt[632], weil die entgangene Nutzung eines Reitpferdes nach der damaligen Verkehrsauffassung keinen Vermögensschaden darstellte, sondern der Schaden lediglich in entgangener Lebensfreude bestand, die weder objektiv belegbar noch in Geld messbar sei[633]. Auch sei der Mietpreis für ein Reitpferd kein tauglicher Bewertungsmaßstab, denn er entspreche nicht dem individuellen Genusswert des Reitens für den jeweiligen Reiter. Der Genusswert könne sich von „besonderer Begeisterung bis zur Belanglosigkeit, z. B. beim Reiten aus nur gesellschaftlichen Gründen, herabstufen". Interessanterweise berücksichtigte das LG München für seine Wertung auch die (damals noch geringe) Verbreitung der Pferdehaltung bzw. des Reitsports und somit auch den Umstand, dass aufgrund der geringen Verbreitung keine „*Massenrisiken*" existierten. Auch die Rechtsprechung zum Nutzungsentgang wegen Kraftfahrzeugschäden und wegen entgangener Urlaubsfreude[634] sei letztlich auf Schadensersatz für typische Massenrisiken beschränkt. Ein typisches Massenrisiko liege „hier sicher nicht vor; denn schon das Halten eines Reitpferdes zum Vergnügen ist selten, noch seltener die Verletzung eines solchen Pferdes durch unerlaubten Eingriff eines Dritten."[635]

---

629 BGH, Urt. v. 13.12.2011, Az. VI ZA 40/11 = NJW-Spezial 2012, 74.

630 BGH, Urt. v. 10.6.2008, Az. VI ZR 248/07 = VersR 2008, 1086.

631 BGH, Urt. v. 24.1.2013, Az. III ZR 98/12.

632 Vgl. OLG Hamburg, Urt. v. 23.6.1983, Az. 6 U 18/83 = VersR 1984, 242; LG München, Urt. v. 15.11.1978, Az. 15 S 9858/78 = VersR 1979, 384.

633 LG München, Urt. v. 15.11.1978, Az. 15 S 9858/78 = VersR 1979, 384.

634 Vgl. „Seereisefall" des BGH (BGH, Urt. v. 7.5.1956, Az. III ZR 243/54 = NJW 1956, 1234) wonach entgangene Erholung nur deshalb als kommerzialisiert betrachtet werde, weil im Zuge der sozialen Entwicklung Reiseveranstaltungen Bestandteil der allgemeinen Kommerzialisierung der Freizeit und Massenunternehmungen geworden seien.

635 LG München, Urt. v. 15.11.1978, Az. 15 S 9858/78 = VersR 1979, 384.

Seit der Entscheidung des Großen Senats des BGH ist die Rechtsprechung umso zurückhaltender. So war z.B. für das LG Augsburg[636] klar ersichtlich, dass der Nutzungsausfall für ein privat genutztes Reitpferd keinen ersatzfähigen Vermögensschaden darstelle, da der Gebrauchsverlust eines „Luxusgegenstandes“ geltend gemacht werde. Das AG Walsrode[637] stellte – mit fundierterer Begründung – auf die konkrete Nutzung des Pferdes durch die Klägerin ab. Da diese vorgetragen hatte, nur aufgrund eines persönlichen Bedürfnisses zu reiten und nicht substantiiert dargelegt hatte, dass sie auf die Stute als Reitpferd zwingend angewiesen sei und ihre Lebensführung durch den Nutzungsausfall im Reitbetrieb nachhaltig gestört war, könne die vorübergehende Unbenutzbarkeit eines Reitpferdes keinen ersatzfähigen Schaden darstellen. Auch das OLG Hamm[638] entschied, dass der Nutzungsausfall des zu privaten Zwecken gehaltenen Reitpferds nicht ersatzfähig ist, da sich der Nutzungsausfall nicht in typischer Weise auf die materialen Grundlagen der Lebenshaltung des Klägers signifikant ausgewirkt habe und daher als individuelle Genussschmälerung und damit nicht als vermögensrechtlicher Schaden anzusehen ist. Schließlich urteilte auch das OLG Stuttgart[639] mit gleicher Begründung, „dass für ein Pferd, welches in der Freizeit zum Reitsport dient und für die Lebenshaltung nicht von zentraler kommerzieller Bedeutung ist, der Verlust der Nutzungsmöglichkeit entschädigungslos hingenommen werden muss“.

Auch das Pferd eines gemeinnützigen Reitvereins wäre nach der Rechtsprechung in diesem Zusammenhang als ein rein privat genutztes Pferd anzusehen, sodass keine (abstrakte) Nutzungsentschädigung zu gewähren ist. Zwar werden durch das Pferd Mitgliedsbeiträge der Vereinsmitglieder generiert. Ein gemeinnütziger Verein darf jedoch keine wirtschaftlichen Vorteile aus der Vereinstätigkeit bzw. dem Einsatz von Vereinseigentum ziehen, sodass keine erwerbswirtschaftliche Nutzung des Vereinseigentums vorliegen kann. Eine erwerbswirtschaftliche Nutzung der beschädigten Sache ist aber Voraussetzung für einen Nutzungsersatz. Der Nutzungsersatz für von gemeinnützigen Vereinen genutzte Wirtschaftsgüter kommt daher nach der Rechtsprechung nur dann in Betracht, wenn dem Verein ein Vermögensschaden entstanden ist, also wenn der Einsatz der Güter mit einer „vermögensmehrenden, *erwerbs*wirtschaftlichen Verwendung eines Wirtschaftsgutes vergleichbar“ ist[640]. Stellt die entgangene Nutzung keinen Vermögensschaden dar, steht dem gemeinnützigen

---

636 LG Augsburg, Urt. v. 2.12.1987, Az. 6 O 3344/87 = ZfS 1988, 42, dem ist insbesondere entgegen- zuhalten, dass das so genannte „Luxusargument“ zu Recht in dogmatischer Hinsicht für bedenklich gehalten wird, siehe *Medicus*, NJW 1989, 1892.

637 AG Walsrode, Urt. v. 30.1.2006, Az. 7 C 821/05 = RdL 2006, 125; vgl. auch LG Karlsruhe, Urt. v. 4.1.1996, Az. 4 O 40/94 = NJW-RR 1997, 468.

638 OLG Hamm, Beschl. v. 8.12.2008, Az. 6 U 136/08 = VersR 2010, 1047.

639 OLG Stuttgart, Urt. v. 2.12.2011, Az. 3 U 107/11.

640 Moselschiffahrtsobergericht Köln, Urt. v. 26.2.2010, Az. 3 U 178/08 BSchMo = VersR 2010, 1386 (Ersatzanspruch eines Rudervereins wegen eines beschädigten Ruderboots) unter Verweis auf BGH, Urt. v. 10.6.2008, Az. VI ZR 248/07 = VersR 2008, 1086 (Wohnmobil).

Verein bei Beschädigung von Vereinseigentum ein Anspruch auf Ersatz des Nutzungsausfalls nur dann zu, wenn er darlegt, dass infolge der Beschädigung konkrete Aufwendungen getätigt wurden, wie z. B. Kauf oder Ersatzanmietungen[641].

Der – soweit ersichtlich – einzige Fall, in dem die Rechtsprechung die entgangene Nutzungsmöglichkeit eines eigenwirtschaftlich genutzten Tieres als ersatzfähigen Schaden anerkannt hatte, ist der Nutzungsausfall eines verletzten Blindenführhundes[642]. In diesem Fall wurde der angeleinte Führhund des blinden Klägers von dem Rottweiler der Beklagten mehrere Male gebissen, sodass der Führhund tierärztlich versorgt werden musste. Der Kläger begehrte von der Beklagten u. a. Schadensersatz für den zehn Tage dauernden Nutzungsentgang des Führhundes in Höhe von insgesamt 500 Euro. Die Höhe des Schadens (50 Euro pro Tag der entgangenen Nutzung) beruhte dabei auf einer Schätzung des Klägers, die das Gericht für angemessen hielt. Das AG Marburg erkannte den geltend gemachten Nutzungsentgang für den Ausfall des Blindenführhundes mit der Begründung an, dass aufgrund der nunmehr herrschenden neueren Auffassung in Rechtsprechung und Literatur auch über den anerkannten Nutzungsentgang bei beschädigten Kraftfahrzeugen hinaus für andere beschädigte Sachen Nutzungsentgang geltend gemacht werden könne, wenn eine in etwa gleichgelagerte Fallgestaltung vorliege. Dies könne nach Auffassung des Amtsgerichts Marburg bei dem Ausfall eines Blindenführhundes schlechterdings nicht in Abrede gestellt werden.

Die Instanzgerichte hatten somit bisher scheinbar ebenfalls keinen Anlass gesehen, die Rechtsprechung des BGH in Bezug auf die ersatzfähigen Güter wesentlich weiterzuentwickeln. Nur wenige Entscheidungen, etwa zum Nutzungsausfall für Fahrräder[643] und für Laptops treten aus der Masse hervor. Diese Urteile zeigen vorsichtige Ansätze für eine Eweiterung des Kreises der Güter, für die ein Nutzungsausfall gewährt werden könnte, indem einerseits die Grundsätze des BGH konsequent angewendet und andererseits die persönlichen Bedürfnisse der jeweiligen Kläger unter Beachtung der aktuellen, im Laufe der Jahre gewandelten Verkehrsanschauung berücksichtigt werden.

Das LG Lübeck[644] hat den Verlust der Nutzungsmöglichkeit eines Fahrrads als ersatzfähigen Vermögensschaden bewertet, wenn das Fahrrad etwa regelmäßig für den Weg zur Arbeit genutzt wird. Die Höhe der Entschädigung hat das Gericht auf der Grundlage der Mietkosten für ein vergleichbares Fahrrad, gekürzt um den Gewinn des Vermieters in Höhe von ca. 40%, geschätzt. Auch wenn das Kammergericht[645] einen Nutzungsausfallschadensersatz für ein Fahrrad im Ergebnis ablehnte,

641 Moselschiffahrtsobergericht Köln, Urt. v. 26.2.2010, Az. 3 U 178/08 BSchMo = VersR 2010, 1386.
642 AG Marburg, Urt. v. 3.3.1989, Az. 9 C 1001/88 = NJW-RR 1989, 931.
643 LG Lübeck, Urt. v. 8.7.2011, Az. 1 S 16/11 = NJW-Spezial 2011, 682.
644 LG Lübeck, Urt. v. 8.7.2011, Az. 1 S 16/11 = NJW-Spezial 2011, 682.
645 KG, Urt. v. 16.7.1993, Az. 18 U 1276/92 = NJW-RR 1993, 1438.

erkannte es die bereits die gestiegene Bedeutung des Fahrrads an, indem es in einer Entscheidung äußerte:

> *„Die […] vom LG vertretene Auffassung, nach der ein Fahrrad im allgemeinen nicht regelmäßig, sondern nur in mehr oder weniger großen Abständen und dann meist zur Freizeitgestaltung benutzt werde, steht nicht in Einklang mit der Wirklichkeit des täglichen Lebens, wie sie sich in letzter Zeit entwickelt hat."*

Während das AG Ulm[646] im Jahr 1996 noch einen Anspruch auf abstrakte Nutzungsentschädigung für einen Laptop-Computer ablehnte (aber in erfrischender Offenheit anmerkte, dass anhand der Entscheidungen des BGH und der OLG eine Abgrenzung der privat genutzten Wirtschaftsgüter, deren Entbehrung schadensersatzpflichtig mache, von denen, bei deren Verlust oder Ausfall eine Schadensersatzpflicht nicht eintrete, „nur bedingt in rational nachvollziehbarer Weise möglich" sei), haben das OLG München[647] im Jahr 2010 und das LG Stuttgart[648] im Jahr 2009 einen solchen Anspruch für Laptops bzw. PC mittlerweile anerkannt. Das OLG München war der Auffassung, dass es aufgrund der zunehmenden Bedeutung der Nutzung von Computern bzw. Laptops in Privathaushalten „zumindest diskutabel" sei, anzunehmen, dass die ständige Verfügbarkeit eines solchen Geräts mittlerweile zum notwendigen Lebensbedarf gehöre[649]. Analog zu der oben zitierten Reitpferde-Entscheidung des LG München[650] war auch für das OLG München der „hohe Grad der Verbreitung" von Computern ein maßgebliches Entscheidungskriterium, ebenso wie „die ständig zunehmende Internetnutzung im privaten Alltag, sei es zur Informationsbeschaffung, zur Kommunikation, zur Abwicklung von Geschäften oder als Unterhaltungsmedium" [651].

Das LG Stuttgart setzte sich zudem mit der Entscheidung des AG Ulm auseinander und stellte fest, dass sich die Bedeutung von Laptops seit dem Jahr 1997 verändert habe[652]:

> *„Laptops waren damals in der Regel erheblich teurer und weniger leistungsstark als Standcomputer. Ihre Bedeutung lag vor allem in der Mobilität, sodass sie oft als Zweitgerät neben*

---

646 AG Ulm, Urt. v. 17.7.1996, Az. 3 C 1418/96 = NJW-RR 1997, 556: „Auf dieser Grundlage ist für einen Laptop jedenfalls davon auszugehen, dass dieser nach den Anschauungen des Verkehrs nicht als Gegenstand bewertet werden kann, auf dessen ständige Verfügbarkeit die Bürger für ihren eigenen Gebrauch typischerweise angewiesen sind und der für ihre Lebenshaltung von zentraler Bedeutung ist."

647 OLG München, Beschl. v. 23.3.2010, Az. 1 W 2689/09 = VersR 2010, 1229.

648 LG Stuttgart, Urt. v. 15.5.2009, Az. 15 O 306/08 = NStZ-RR 2010.

649 OLG München, Beschl. v. 23.3.2010, Az. 1 W 2689/09 = VersR 2010, 1229.

650 LG München, Urt. v. 15.11.1978, Az. 15 S 9858/78 = VersR 1979, 384.

651 OLG München, Beschl. v. 23.3.2010, Az. 1 W 2689/09 = VersR 2010, 1229.

652 LG Stuttgart, Urt. v. 15.5.2009, Az. 15 O 306/08 = NStZ-RR 2010; das AG Ulm hatte selbst antizipiert, dass die Abgrenzung der ersatzfähigen von nicht ersatzfähigen Gütern in erheblichem Maße von sozialen, technologischen und wirtschaftlichen Entwicklungen bestimmt wird."

einem Standcomputer genutzt wurden. Seither haben sich die Preis- und Leistungsdifferenz reduziert, sodass mobile Geräte nicht nur wesentlich weiter verbreitet sind, sondern häufig den Standcomputer als Erstgerät ersetzt haben“ [653].

Die Höhe des täglichen Nutzungswerts für einen vergleichbaren Computers schätzte das OLG München ohne weitere Begründung auf ca. 2,30 Euro täglich, was einer monatlichen Bruttomiete von ca. 200 Euro entspricht. Das LG Stuttgart hob für den Nutzungswert auf marktübliche Mietpreise ab, die es für einfache Geräte zwischen drei und vier Euro schätzte und von diesem Wert einen Abschlag für den nicht erstattungsfähigen Gewinn des Vermieters und des Alters des vom Geschädigten genutzten Computers vornahm und daher letztlich auf einen Nutzungswert von 1,50 Euro pro Tag kam.

Daneben können nach neuerer Rechtsprechung allenfalls noch Fernsehgeräte[654] der Instanzgerichte für die Lebensführung zentral sein.

bb. Literatur

Die Literaturmeinungen hingegen waren und sind in der Frage, unter welchen Umständen ein Nutzungsausfallschadensersatz zu gewähren ist, uneinheitlich.

(1) Magnus

Magnus befürwortet im Ergebnis die Entscheidung des Großen Senats des BGH[655]. Er lehnt zwar eine Erstattung von Nutzungsausfallschäden ab, will aber Ausnahmen für den Gebrauch der wesentlichen Sachgüter des Einzelnen zulassen, auch wenn die vom BGH vorangetriebene Ausdifferenzierung der Einzelfallgruppen sowohl für den Geschädigten als Anspruchsteller als auch für die nachgeordnete Gerichtspraxis „zu fein gesponnen“ sei[656]. Dogmatisch siedelt er den Schaden anders als der BGH im Bereich des Nichtvermögensschadens an. § 253 BGB hält er für dahingehend (einschränkend) auslegbar, dass „vermögensmäßig nicht fassbare Schäden“ neben den gesetzlich geregelten Ausnahmefällen auch dann ersatzfähig sind, „wenn hierfür ein rechtspolitisch anerkennenswerter Grund besteht“[657] bzw. wenn es anhand eines rational nachprüfbaren Bewertungssystems generell „wünschbar“ erscheine, einen Ersatz zu gewähren[658]. Nach einem Rechtsvergleich kommt *Magnus* zu dem Schluss, dass Rechtssicherheit über die Bildung von Fallgruppen im Wege

653 LG Stuttgart, Urt. v. 15.5.2009, Az. 15 O 306/08 = NStZ-RR 2010.

654 OLG München, Urt. v. 22.4.2010, Az. 1 U 5045/09 = VersR 2010, 814; AG Frankfurt, Urt. v. 16.6.1992, Az. 32 C 2301/91 – 48 = NJW 1993, 137; anders noch LG Berlin, Urt. v. 17.12.1979, Az. 52 S 135/79 = VersR 1980, 830.

655 *Magnus*, S. 339 f.

656 *Magnus*, S. 151.

657 *Magnus*, S. 147.

658 *Magnus*, S. 148.

richterlicher Rechtsfortbildung erreicht werden könne[659]. Gegen die Bemessung der Schadenshöhe anhand eines Marktwertes erhebt *Magnus* Bedenken, solange nicht feststehe, ob eine Einbusse einen ersatzfähigen Schaden darstelle, denn der Verkehr schreibe nahezu jeder Sache einen – mietfähigen – Gebrauchswert zu[660].

(2) Fellmer / Kiel

Nach Ansicht von *Fellmer* und *Kiel*[661] sei für die Frage, ob ein materieller oder ein immaterieller Schaden vorliege, der Kommerzialisierungsgedanke maßgeblich. Ein Nutzungsausfallschaden sei danach nur dann zu ersetzen, wenn die Benutzbarkeit einer Sache einen selbstständigen, über den Substanzwert hinausgehenden Vermögenswert darstelle, z. B. wenn Gebrauchsvorteile auf einem Markt gehandelt und durch Einsatz von Vermögen erkauft werden können. Der Kommerzialisierungsgedanke greife auch bei der Verletzung eines privat genutzten Pferdes. Denn in diesen Fällen gehe es nicht – wie von den Gerichten dargestellt – um die Abgrenzung zwischen materiellen und immateriellen Schäden bzw. um die Frage, ob lediglich ein gewisses Maß an Lebensfreude mit dem Reiten verbunden sei und dieses während der Wiederherstellungszeit ausbleibe. Dies sei ein nicht messbarer immaterieller Schaden. Es müsse hier zwischen der Nutzungsmöglichkeit und dem Genuss während der Nutzung unterschieden werden. Letzterer sei lediglich Folge der Nutzung, er entspreche ihr jedoch nicht[662]. Abzustellen sei auf die Vermögensdisposition des Geschädigten zum Erwerb der Nutzungmöglichkeit. Der Geschädigte habe mit dem Erwerb der Sache einen bestimmten Vorrat an Nutzungsmöglichkeiten erkauft und gerade auch hierfür sein Vermögen eingesetzt. Damit sei entscheidend, ob dem Geschädigten auch nach Wiederherstellung des Pferdes die Gebrauchsmöglichkeit in genau demselben Umfang eröffnet sei wie vorher. Ist ein Gebrauchsvorteil wegen Zeitablaufs nicht nachholbar und somit endgültig entgangen, so sei der Bestand an Nutzungsmöglichkeiten vermindert. Wenn es für derartige Gebrauchsvorteile einen Markt gibt, an dem sich der Geschädigte Ersatznutzungen unter Einsatz seines Vermögens beschaffen kann, so liege in dem Wegfall des Gebrauchsvorteils ein Vermögensschaden, zu dessen Ersatz der Schädiger verpflichtet sei[663].

Nach Ansicht von *Fellmer* und *Kiel*, spreche für die Qualifikation als Vermögensschaden auch die Tatsache, dass die Generalunkosten während der Wiederherstellungszeit weiterlaufen, ohne dass deren Zweck – die Verfügbarkeit des Reitpferdes zu gerade diesem Zeitpunkt – erfüllt werde. Nach *Fellmer* und *Kiel* soll der Pferdehalter daher für die Zeit der Wiederherstellung seines verletzten Pferdes die Kosten

659 *Magnus*, S. 147.
660 *Magnus*, S. 145.
661 *Fellmer/Kiel*, AgrarR 1984, 29 (30).
662 *Magnus* spricht insofern treffend vom „`Vermögenskern` der „Einbuße" und dem „'immateriellen Hof' um den Kern herum" (*Magnus*, S. 180 f.).
663 *Fellmer/Kiel*, AgrarR 1984, 29 (31).

für Unterstellung, Fütterung und Pflege des Pferdes vom Schädiger nach § 249 BGB verlangen können.

(3) Escher-Weingart

Nach Auffassung von *Escher-Weingart* hat jedes intakte Gut oder Recht einen eigenständigen Nutzwert. Dieser Nutzwert verkörpere die Möglichkeit des jederzeitigen Zugriffs auf die Sache zum Zwecke der Nutzung[664]. Der Nutzwert bestehe – entgegen der Ansicht des BGH[665] – nicht in den durch die Nutzung geschaffenen Vorteilen, wie Ersparnis von Zeit und Kraft[666]. Letztere seien lediglich Folgen der Nutzung. Wird in den Bestand von Nutzungsmöglichkeiten eingegriffen, richte sich die Anerkennung von Nutzungsausfallschäden als Vermögensschaden danach, ob die entsprechende Nutzung einen Geldwert hat[667]. Dies ist dann der Fall, wenn es für die Nutzung selbst – nicht für die zugrunde liegende Substanz – einen Markt gibt[668]. Meist werde es sich hierbei um Miet- oder mietähnliche Verträge handeln[669]. Dadurch werde ein Gleichlauf der Ergebnisse der Rechtsfindung mit den objektiven Gegebenheiten erreicht und das Recht der Mehrheit der Bevölkerung als einsichtig erscheinen. Denn wenn die Käuflichkeit bestimmter Nutzungen alltäglich sei, werde auch deren Anerkennung als Vermögensschaden den meisten selbstverständlich erscheinen. Die Verweigerung der Anerkennung von Teilen solcher Schäden hingegen werde den von der Verweigerung Betroffenen nicht nachvollziehbar und somit dem Rechtsfrieden nicht zuträglich sein[670].

Dieses Ergebnis sei nicht auf den Kommerzialisierungsgedanken zurückzuführen[671]. Anders als bei dem Kommerzialisierungsgedanken gehe es nicht um die Umwandlung von Genuss in Geld. Denn der Schaden aufgrund des Nutzungsausfalls bestehe nicht in dem Entgang von Genuss, sondern in den Verlust der jederzeitigen Zugriffsmöglichkeit auf ein Gut. Der Genuss mag eine Folge der Nutzung sein, entspricht ihr aber nicht[672]. Um mit der Terminologie von *Magnus*[673] zu sprechen, geht es *Escher-Weingart* offenbar um den Ersatz des „Vermögenskerns" der Nutzung[674]. Die Berechnung des Schadens erfolgt anhand des Nutzwerts, der wiederum aus dem entsprechenden Marktpreis der Nutzung abgeleitet werden könne[675]. Der Anteil des Nutzwerts entspreche jedoch nicht den Fixkosten, sondern dem Gewinn, der im

664 *Escher-Weingart*, S. 80.
665 BGH, Urt. v. 15.4.1966, Az. VI ZR 271/64 = BGHZ 45, 212 (215).
666 *Escher-Weingart*, S. 80.
667 *Escher-Weingart*, S. 89.
668 *Escher-Weingart*, S. 89.
669 *Escher-Weingart*, S. 104.
670 *Escher-Weingart*, S. 114.
671 *Escher-Weingart*, S. 90.
672 Vgl. *Escher-Weingart*, S. 90.
673 *Magnus*, S. 180 f.
674 *Escher-Weingart*, S. 91.
675 *Escher-Weingart*, S. 117.

Marktpreis enthalten sei, denn dieser Anteil zeige die Wertschätzung der Nutzung durch die Allgemeinheit, d.h. den Preis, den sie über die Fixkosten hinaus für die Nutzung zu zahlen bereit sei[676].

Durch die Anpassung an die Marktverhältnisse trete zwar eine Vermehrung der anerkennungsfähigen Schäden ein. Eine Ausuferung des Schadensrechts sei dennoch nicht zu befürchten (der Vorlagebeschluss zu der Entscheidung des Großen Senats wies zu Recht darauf hin, dass die Ausuferung des Schadensrechts kein Argument sein kann, um einen tatsächlich eingetretenen Schaden nicht zu ersetzen). Denn eine erhebliche Erhöhung der insgesamt zu zahlenden Schadenssummen dürfte mit dieser Lösung nicht verbunden sein[677]. Sollte dieser Ansatz zu einer größeren Anzahl zu ersetzender Schäden führen als der bisher von Entschädigung in Geld erfassten, so beruhe das auf der „Gleichbehandlung gleicher Sachverhalte“[678]. Die eventuelle Zunahme der Schadensersatzansprüche sei demgegenüber hinzunehmen[679].

Eine Vermischung von ideellen mit materiellen Schäden und damit eine Durchbrechung der Schranke des § 253 BGB trete nicht ein, da sich die Eigenschaft des entsprechenden Schadens als Vermögenswert eindeutig aus der Käuflichkeit des entsprechenden Nutzwertes ergebe. Eine Entschädigung in Geld sei lediglich dann möglich, wenn der Nutzwert selbst einen Vermögensschaden darstellt. Ein Ausgleich für eine Genussschmälerung sei damit nicht verbunden[680].

Nach dieser Auffassung wäre der Nutzungsausfall privat genutzter Reitpferde durchaus ersatzfähig, da es für den Nutzwert – jedenfalls derzeit – einen Markt gibt. Die Schadenshöhe entspreche dem im am Markt erzielbaren Mietpreis enthaltenen Gewinn.

(4) Graf

Graf[681] spricht sich für einen Mittelweg aus, der aus seiner Sicht eine offene, flexible Grenzziehung zwischen Vermögens- und Nichtvermögensschäden zulasse. *Graf* akzeptiert die Vorgaben des BGH, wonach die Ersatzfähigkeit des Nutzungsentgangs einen objektiv bewertbaren Funktionsverlust in dem Vermögen des Betroffenen voraussetze; dass also hohe Anforderungen an die Bedeutung der Wirtschaftskraft der Sache für die eigene Lebenshaltung gestellt werden müssten[682]. Er lehnt jedoch die vom BGH favorisierte streng sachgüterbezogene Betrachtung für die Ersatzfähigkeit ausgefallener Gebrauchsvorteile ab, da unklar bleibe, welche Sachen zu der

676 *Escher-Weingart*, S. 117.
677 *Escher-Weingart*, S. 115.
678 *Escher-Weingart*, S. 48.
679 *Escher-Weingart*, S. 48.
680 *Escher-Weingart*, S. 115 f.
681 *Graf*, S. 217.
682 *Graf*, S. 212.

Gruppe zu rechnen seien, deren Nutzung zu ersetzen sei[683]. Analog zu den Prinzipien des gesetzlichen Vollstreckungsschutzes sei vielmehr eine zweckbezogene Betrachtung erforderlich. Für die Ersatzfähigkeit eines Nutzungsausfalls solle daher nach der Dringlichkeit des Bedarfs unterschieden werden[684]. Auch der gesetzliche Vollstreckungsschutz müsse abgrenzen, welche Sachgüter derart wesentlich für die Menschenwürde und die Persönlichkeit des Vollstreckungsschuldners seien, dass sie dem Schuldner erhalten und vor der Vollstreckung bewahrt werden sollen. Hierbei werde eine zweckbezogene Abgrenzung vorgenommen. Die Ersatzfähigkeit sei demnach zu bejahen, wenn der Einsatz eines Wirtschaftsguts unmittelbar zu dem Zweck erfolgte, ein als allgemein und alltäglich anerkanntes Bedürfnis zu befriedigen[685]. Das sei der Fall, wenn das betroffene Gut einem kommerzialisierten Verwendungszweck diene. Welche Zwecke oder Bedürfnisse anerkannt seien, beurteile sich unter Berücksichtigung der Verkehrsanschauung[686]. Hierdurch sei die Untergrenze affektionsfreier, materieller Nutzung definiert[687]. Anerkannte Zwecke seien z. B. zeitsparende Mobilität für Fahrten zur Arbeitsstätte, zu Erholungsmöglichkeiten und zur Erledigung von Besorgungen, Obdach gewährender Wohngebrauch, Gebrauch von Kleidungsstücken zum Schutz des Körpers, sowie diverse weitere im Vollstreckungsrecht geschützte Zwecke (z. B. Ernährung, Information, Fortsetzung der Erwerbstätigkeit etc.), sofern sie kommerzialisiert sind[688]. Dieser Ansatz ermögliche eine Anpassung der Konzeption über den Ersatz materieller Nutzungen an veränderte Bedürfnisse. Wirtschaftsgüter, die derzeit noch keine Rolle für die private Lebensführung spielen, aber in einigen Jahren nahezu unentbehrlich sein können, würden so bei der Frage des Nutzungsausfalls berücksichtigt werden können.

Die Nutzungsentschädigung für Tiere ist nach den Kriterien von *Graf* nicht zulässig. Zwar sind gemäß § 811c Abs. 1 ZPO Tiere, die im häuslichen Bereich und gerade nicht zu Erwerbszwecken gehalten werden, der Pfändung nicht unterworfen. Die Vorschrift würdigt jedoch keine kommerzialisierten Zwecke, sondern berücksichtigt lediglich die – für das deutsche Schadensrecht nicht relevanten – Tierschutzgedanken und die emotionalen Bindungen zwischen dem Eigentümer bzw. Vollstreckungsschuldner und seinem Tier[689]. Es fehlt somit an einem objektiven Bewertungsmaßstab in Form eines kommerzialisierten Verwendungszwecks, so dass die Nutzungsentschädigung an § 253 BGB scheitert[690].

---

683 *Graf*, S. 213.
684 *Graf*, S. 214.
685 *Graf*, S. 214.
686 *Graf*, S. 215.
687 *Graf*, S. 224.
688 *Graf*, S. 215.
689 Vgl. Zöller/*Stöber*, § 811c Rn. 1, 2.
690 *Graf*, S. 200.

(5) Würthwein

Auch *Würthwein* spricht sich im Ergebnis für die Ersatzfähigkeit entgangener Nutzungsmöglichkeiten außerhalb der vom BGH genannten Fallgruppen aus und nimmt dabei, ähnlich wie Graf, keine sachgüter- sondern eine zweckbezogene Differenzierung Nutzungsmöglichkeiten vor.

Dogmatisch liege der schadensrechtlich relevante Verlust nach der Auffassung von *Würthwein* nicht in dem Verlust der Nutzungsmöglichkeit einer Sache, sondern in dem Entgang konkreter Gebrauchsvorteile[691]. Denn die Rechtsordnung knüpfe nicht an die bloße Nutzungsmöglichkeit und damit an die Handlungsfreiheit des Geschädigten an, sondern sie mache Sanktionen davon abhängig, wozu der Einzelne seine Handlungsfreiheit benutzt hätte. Nach dieser Betrachtung, die nur das Interesse des Geschädigten an der Vornahme bestimmter Handlungen, das Interesse auf Ziehung von konkreten Gebrauchsvorteilen schützt, bestehe auch nicht die Gefahr einer uferlosen Ausdehnung der Ersatzpflicht zu Lasten des Schädigers[692]. Diese Differenzierung sei konform mit der Rechtsprechung des BGH, da auch dieser einen subjektiven Schadenseinschlag fordere, indem er auf das „Fühlbarkeitskriterium" abstelle. Da die Ersatzpflicht des Schädigers von der konkreten Vorteilsziehung des Geschädigten aus der Sache, den entgangenen bzw. entgehenden Gebrauchsvorteilen, abhängig sei, bestehe auch aus wirtschaftlicher Sicht nicht die Gefahr einer übermäßigen Belastung des Schädigers[693].

Auch *Würthwein* hält die Differenztheorie zur Ermittlung des Schadens zu Recht für ungeeignet – sie vermittle eine nur „trügerische Sicherheit" bei der Bestimmung von Vermögensschäden und verstelle den Blick auf die eigentlichen Wertungsfragen[694]. Ein Vermögensschaden sei besser vom realen Schaden aus zu bestimmen. Der Wert der entgangenen Gebrauchsvorteile sei auf der Grundlage der Vorhaltekosten oder aber des bereinigten Mietpreises zu ermitteln, die regelmäßig weit unter den Ersatzanmietungskosten liegen[695].

In prozessualer Hinsicht komme dem Geschädigten bei der Darlegung und dem Nachweis entgangener Gebrauchsvorteile die Darlegungs- und Beweislasterleichterung der §§ 252 S. 2 BGB, 287 ZPO zugute[696], d.h. es reiche aus, wenn er darlege, dass ihm aller Wahrscheinlichkeit nach entsprechende Gebrauchsvorteile zugute gekommen wären. Die Darlegung des Entgangs von Gebrauchsvorteilen sei für den Geschädigten bei regelmäßig genutzten Gegenständen des Lebens ungleich leichter. Lasse sich ein gewöhnlicher Gebrauch feststellen (z.B. bei regelmäßig genutzten Gegenständen des täglichen Lebens), sei ein Entgang von Gebrauchsvorteilen gemäß

---

691 *Würthwein*, S. 288 ff., 319.
692 *Würthwein*, S. 290.
693 *Würthwein*, S. 465.
694 *Würthwein*, S. 465.
695 *Würthwein*, S. 465.
696 *Würthwein*, S. 318.

§§ 252 S. 2 BGB, 287 ZPO als wahrscheinlich anzunehmen[697]. Auch bei Luxusgegenständen komme ein Anspruch grundsätzlich in Betracht[698], hier sei jedoch der konkrete Vorteilsentgang darzulegen und nachzuweisen[699].

Nach der Auffassung von *Würthwein* ist eine entgangene Nutzungsmöglichkeit zu ersetzen, sofern der Geschädigte eine konkrete Verwendungsabsicht nachweisen kann. Die Höhe des Schadensersatzes bemisst sich anhand der Vorhaltekosten oder bereinigten Mietkosten, d.h anders als nach *Escher-Weingart* nicht am Gewinnanteil des Mietpreises, sondern an den Fixkosten. Das Vorhandensein eines Marktes wäre daher keine zwingende Vorausetzung für die Ersatzfähigkeit des Schadens. Sofern eine konkrete Vewendungsabsicht nachgewiesen werden kann, wäre auch die entgangene Nutzungsmöglichkeit eines privat genutzten Reitperdes zu ersetzen.

c. Stellungnahme

Der Streit um die Ersatzfähigkeit entgangener Gebrauchsvorteile ist durch den Beschluss des Großen Senats nicht beendet worden. Die Rechtsprechung erkennt zwar eine Gebrauchsmöglichkeit als Vermögensgut an. Dies bedeute „indes nicht, dass jeder Gebrauchsentzug, jede Einbuße von Freizeit und Genuss als ersatzfähiger Schaden anzuerkennen wäre“, da sich Genussmöglichkeiten heute weitgehend mit Geld kaufen ließen[700]. Die Kommerzialisierung eines Bedürfnisses allein reiche also nicht, um einen Ersatz für dessen Entbehrung zu begründen[701].

Eine eindeutige Beantwortung der mit dem Nutzungsausfall verbundenen Rechtsfragen ist daher nach wie vor nicht möglich[702]. Offen bleibt zum einen, wie im konkreten Fall Güter des alltäglichen Bedarfs von Luxusgütern abzugrenzen sind, wann also der Nutzungsausfall (bei Tieren) einen Vermögensschaden und wann eine immaterielle Einbuße darstellt[703]. Zum anderen wird die Unterscheidung der Sachgüter in Luxusgüter und Güter des alltäglichen Bedarfs als dogmatisch unrichtig kritisiert[704]. Das Bürgerliche Gesetzbuch hat für das Schadensrecht keine Definitionen für die Begriffe Vermögen und Vermögensschaden vorgesehen, sondern der Wissenschaft und Praxis zur Ausbildung überlassen[705]. Wesentliche Feststellung der Entscheidung des Großen Senats des BGH ist daher, dass eine § 252 BGB entsprechende Vorschrift für die eigenwirtschaftliche Nutzung des Vermögens zwar fehlt, hieraus aber nicht gefolgert werden kann, dass das Gesetz sich gegen den

---

697 *Würthwein*, S. 315.
698 *Würthwein*, S. 315.
699 *Würthwein*, S. 318.
700 BGH, Urt. v. 10.6.2008, Az. VI ZR 248/07 = NVZ 2008, 453.
701 Staudinger/*Schiemann* (2004), § 251 Rn. 75.
702 *Magnus*, S. 131, *Escher-Weingart*, S.1.
703 Vgl. *Schiemann*, JuS 1988, 20 (25).
704 *Medicus*, Jura 1987, 240.
705 BGH Großer Senat für Zivilsachen, Beschl. v. 9.7.1986, Az. GSZ 1/86 = BGHZ 98, 212.

Geldersatz für Einbußen im eigenwirtschaftlichen Einsatz dieser Wirtschaftsgüter, die sich nicht in einem Gewinnentgang niederschlagen, entschieden hat[706].

Der Kern des Problems liegt, wie *Magnus*[707] treffend ausführt, darin, dass „der gesellschaftliche Wandel [...] zu einer starken Aufwertung von Gütern geführt [hat], von denen der Gesetzgeber von 1900 schadensrechtlich noch keine Notiz nahm oder nehmen konnte [...]". Mit fortschreitendem technischen und gesellschaftlichen Wandel ändert sich auch die Lebensführung, sodass eine flexible, nicht streng an Sachgütergruppen orientierte Grenzziehung erforderlich ist[708]. Auch wenn die Kriterien für den Nutzungsausfallersatz nach Ansicht des Großen Senats auf andere Wirtschaftsgüter übertragbar[709] sein sollen, so zeigt die seither ergangene Rechtsprechung dennoch wenig Flexibilität. Die Untergerichte haben bisher – soweit ersichtlich – kaum die Möglichkeit genutzt, die Fallgruppen, in denen der BGH ein Nutzungsausfall anerkennt, zu erweitern. Auch fast 25 Jahre nach dem Beschluss ist lediglich sicher, dass für den Ausfall der selbst genutzten Wohnung und des Kraftfahrzeugs eine Entschädigung gewährt wird[710]. Zwar sprechen, wie *Magnus*[711] feststellt, „die Untergerichte in der Tendenz meist zurückhaltender und schematischer Ersatz [...] [zu] als die Obergerichte, insbesondere der BGH". Andererseits kann die Zurückhaltung der Untergerichte auch als Beleg dafür interpretiert werden, dass die vom BGH aufgestellten Abgrenzungskriterien für eine abstrakte Bewertung der Sachgüter nicht ausreichen.

Vorzugswürdig erscheint es, einen Nutzungsausfallschaden zu bejahen, wenn es im Schadenszeitpunkt einen Markt für die entgangene Nutzung gibt. Die Voraussetzung, dass das betreffende Gut auch „wesentlich für die Lebensführung" sein müsse, hat keine Grundlage im Gesetz – weder bei der Ersatzfähigkeit des Sachwertes noch bei der des (nach Ansicht des BGH gleichwertig zu behandelnden) Nutzwertes. Dass eine Sache – wie z.B. ein Reitpferd – für einen anderen Geschädigten möglicherweise keinen Geldwert hat, kann keine Rolle spielen, da das Schadensrecht auf die konkrete Situation beim Geschädigten abstellt[712]. Auch Luxuseigentum ist bei Zerstörung zu ersetzen und Reichtum des Opfers letztlich das Risiko des Schädigers. Gleiches muss für den Nutzungsausfall gelten, wenn – wie der Große Senat des BGH anerkennt – die Nutzungsmöglichkeit auch rein privat genutzten Eigentums vom Vermögensschutz umfasst ist.

Das Abstellen auf den Markt bzw. eine Kommerzialisierung ermöglicht eine objektive und gerade nicht der Wertung des einzelnen Richters überlassene Abgrenzung von Vermögensschäden und Nichtvermögensschäden[713] und gewährleistet eine

---

706 BGH Großer Senat für Zivilsachen, Beschl. v. 9.7.1986, Az. GSZ 1/86 = BGHZ 98, 212.
707 *Magnus*, S. 2.
708 So auch *Graf*, S. 176, 223.
709 BGH, a.a.O. (220).
710 Vgl. auch bereits *Schiemann*, JuS 1988, 20 (25).
711 *Magnus*, S. 273.
712 *Escher-Weingart*, S. 47, m.w.N.
713 So auch *Escher-Weingart*, S. 47.

an die sich verändernde Lebenswirklichkeit angepasste Rechtsanwendung. Die Existenz eines Marktes verhindert andererseits die Ausuferung in den Bereich von reinen Immaterialgüterschäden. Es ist daher zu erwarten, dass diese Methode der Schadensermittlung im Grenzbereich zwischen Vermögens- und Nichtvermögensschäden größere Bedeutung als die Differenzmethode erlangen wird[714].

Die entgangene Nutzungsmöglichkeit ist daher grundsätzlich sowohl bei Tieren als auch bei anderen Sachen als materieller Schaden anzuerkennen. Bei Tieren erscheint dies besonders einleuchtend, da hier eine entgangene Nutzungsmöglichkeit – wie *Fellmer* und *Kiel* treffend feststellen - „unnachholbar“ verloren ist. Zwar ist die Gebrauchsmöglichkeit auch bei Gegenständen endlich. Jedoch ist – so auch *Teigelack*[715] – diese Endlichkeit der Gebrauchsmöglichkeit bei Tieren im Gegensatz zu Kraftfahrzeugen unabhängig von ihrer tatsächlichen Nutzung. Während bei Gegenständen ein Gebrauchsvorteil in der Regel nur zeitlich hinausgeschoben ist, altern Tiere (auch) bei unterbrochener Nutzung.

Weniger ausschlaggebend ist nach der hier vertretenen Auffassung, der von *Fellmer* und *Kiel* angeführte Frustationsgedanke, wonach für die Qualifikation als Vermögensschaden auch die Tatsache spreche, dass die Generalunkosten für ein privat genutztes Pferd während der Wiederherstellungszeit weiterlaufen, ohne dass deren Zweck, die Verfügbarkeit des Reitpferdes zu gerade diesem Zeitpunkt, erfüllt werde. Auch der Umstand, dass das Pferd während der Heilungsphase einen Trainingsrückstand erleide und sich auch sonst durch die Verletzung in seinem gesamten Verhalten möglicherweise erheblich verändere, ist eher dem Bereich der Wertminderung zuzuordnen.

II. Schadensersatz bei der Verletzung von Personen (insbesondere Schmerzensgeld)

Ist wegen der Verletzung des Körpers und der Gesundheit Schadensersatz zu leisten, kann auch für den Schaden, der kein Vermögensschaden ist, eine „billige Entschädigung in Geld“ verlangt werden, § 253 Abs. 2 BGB. Hierzu zählt insbesondere das Schmerzensgeld.

Seit dem Urteil des *Großen Zivilsenats* aus dem Jahr 1955[716] ist klargestellt, dass es sich bei Schmerzensgeld um einen „Anspruch eigener Art mit einer doppelten Funktion [handelt]: Er soll dem Geschädigten einen angemessenen Ausgleich“ für erlittene Unbill gewähren und „zugleich dem Gedanken Rechnung tragen, dass der

---

714 Vgl. auch *Manner*, Tagungsbericht 66. Deutscher Juristentag, JZ 2007, 232 (233): „In Zukunft ist eine Vermehrung der Stimmen für eine Erweiterung der Ersatzfähigkeit von Nichtvermögens-schäden denkbar, sofern ein Rechtsgut kommerzialisierbar ist.“

715 *Teigelack*, AgrarR 2008, 307 (312).

716 Entscheidung des Großen Zivilsenats vom 6.7.1955, BGHZ 18, 149 = NJW 1955, 1675.

Schädiger dem Geschädigten Genugtuung schuldet für das, was er ihm angetan hat“[717].

Bis zum Jahr 2002 bestand ein Anspruch auf Schmerzensgeld grundsätzlich nur bei der Verschuldenshaftung, und nur ausnahmsweise auch in einem Fall der Gefährdungshaftung, nämlich der Haftung des Luxustierhalters, vgl. § 847 BGB a. F. Mit Inkrafttreten des zweiten Schadensrechtsänderungsgesetzes[718] wurde der Schmerzensgeldanspruch in § 253 Abs. 2 BGB (also im Allgemeinen Schuldrecht) neu gefasst und somit die Anwendbarkeit des Schmerzensgeldanspruchs auf sämtliche Schuldverhältnisse erweitert. Somit sind sowohl Luxus- als auch Nutztierhalter Schmerzensgeldansprüchen wegen Schäden, die ihre Tiere verursachen, ausgesetzt.

Durch die Ausweitung des Schmerzensgeldanspruches auf (alle) Fälle der Gefährdungshaftung ist die Genugtuungsfunktion des Schmerzensgeldes zumindest infrage gestellt worden[719]. Schließlich knüpft die Haftung des Luxustierhalters gerade nicht unmittelbar an ein persönliches Fehlverhalten. Es wird daher von einer zumindest partiellen Verabschiedung von der Genugtuungsfunktion gesprochen[720]. Der Schmerzensgeldanspruch dient somit – jedenfalls im Bereich der Gefährdungshaftung – vorrangig dem Ausgleich entstandener und der Prävention zukünftiger Schäden.

Erfolgt die Regulierung von Personenschäden über Tierhalterhaftpflichtversicherer, kann der Ausgleich von Schäden aufgrund der Vielzahl möglicher Haftungsbegrenzungsmöglichkeiten zu einem langwierigen Prozess werden. Bestehen jedoch keine Einwendungen gegen den Schmerzensgeldanspruch, kann eine grundlose Leistungsverweigerung des Haftpflichtversicherers des Halters bei der Bemessung des Schmerzensgeldes berücksichtigt werden. So hat das OLG Köln einen „Strafzuschlag“ auf das Schmerzensgeld in Höhe von DM 30.000 zuerkannt, weil der Haftpflichtversicherer des beklagten Tierhalters über einen Zeitraum von über vier Jahren keinerlei Zahlungen an den Kläger geleistet hat[721].

Ein Schmerzensgeldanspruch aufgrund eines Schockschadens verursacht durch die Tötung oder Verletzung eines Haustiers ist dem deutschen Rech fremd. Zwar kann ein solcher Anspruch gemäß § 823 Abs. 1 BGB im Zusammenhang mit der Verletzung naher Angehöriger entstehen, wenn der Anspruchsteller durch psychische Einwirkung an der Gesundheit verletzt ist. Allerdings ist der Kreis der Berechtigten wegen Schockschmerzensgelds beschränkt. Der BGH verlangt, dass ein starkes negatives Erlebnis über die gesundheitlichen Beeinträchtigungen hinausgehen müsse, denen nahe Angehörige bei Todesnachrichten erfahrungsgemäß ausgesetzt sind[722],

717 Leitsatz des BGH, BGHZ 18, 149.

718 Zweites Gesetz zur Änderung schadensrechtlicher Vorschriften vom 19.7.2002, BGBl. I S. 2674.

719 *Liepa* spricht sogar von einem „praktischen Wegfall der Genugtuungsfunktion des Schmerzensgeldes“, vgl. *Liepa*, S. 37 Fn. 119.

720 So auch *Wagner*, NJW 2002, 2049 (2054).

721 OLG Köln, Urt. v. 16.11.2000, Az. 7 U 64/00 = VersR 2001, 1396.

722 Palandt/*Sprau*, § 823 Rn. 4.

beispielsweise das Erleiden eines Schocks infolge des Miterlebens des Unfalltodes eines nahen Angehörigen[723]. Auch sei der Anspruch auf Schmerzensgeld wegen einer Schockverletzung auf nahe Angehörige beschränkt[724].

Somit kann ein Hundehalter kein Schmerzensgeld fordern, selbst wenn er wegen der Verletzung eines Hundes mit dessen Tod als Folge einen Schock erleidet[725]. Voraussetzung ist bei diesen Fällen aber immer, dass ein Mensch zu Tode gekommen ist. Eine Ausdehnung des Schmerzensgeldanspruchs auch auf fremde oder entfernte Angehörige hätte eine rechtlich nicht mehr klar abgrenzbare, mit der Funktion des § 847 BGB nicht mehr in Einklang stehende Auswucherung des Anspruchs zur Folge. Wenn aber schon eine Ausdehnung auf fremde oder entfernte Angehörige für rechtlich unzulässig erachtet werde, müsse dies nach Auffassung des AG Frankfurt auf jeden Fall für die Verletzung und den Tod eines Hundes gelten.

Auch für entstandene Ängste und Leiden eines Hundes hat ein Halter keinen Anspruch auf Schmerzensgeld: „Ein Schmerzensgeld für Leiden von Tieren ist im deutschen Zivilrecht nicht vorgesehen und wesensfremd. Zwar hat das Bürgerliche Gesetzbuch in § 90a BGB anerkannt, dass Tiere als Lebewesen keine Sachen und durch besondere Gesetze geschützt sind. Das bedeutet aber nicht, dass Tiere damit dem Menschen gleich gestellt wären. Soweit nichts anderes bestimmt ist, sind auf Tiere die für Sachen geltenden Vorschriften anzuwenden, § 90a S. 3 BGB.“[726]

723 LG München I, Urt. v. 6.3.1980, Az. 19 O 12956/78 = ZfS 1980, 200.
724 Vgl. hierzu auch Überblick von *Deutsch*, ZRP 2001, 351.
725 AG Frankfurt, Urt. v. 14.6.2000, Az. 29 C 2234/99 = NJW-RR 2001, 17.
726 AG Wiesbaden, Urt. v. 18.8.2011, Az. 93 C 2691/11 (34) = NJW-RR 2012, 227.

Kapitel 2. Die (strikte) Haftung für Tiere im US-amerikanischen Recht

Die Haftung für Tiere ist auch im US-amerikanischen Recht bekannt und dort ebenfalls Teil des Deliktsrechts (*law of torts*). Deliktsrecht ist *state law* und daher innerhalb der USA nicht einheitlich geregelt. Es beruht zwar zu einem wesentlichen Teil auf gewohnheitsrechtlichen *common law* Regeln, die durch Richterrecht (*case law*) fortgebildet wurden – und somit auf einer Rechtsquelle, die in fast allen Bundesstaaten beachtet wird[727]. Zuständig für die Entwicklung und Modifizierung dieses Gewohnheitsrechts durch *case law* sind jedoch die *state courts*[728]. Auch die Gesetzgebungskompetenz zur Ergänzung der *common law* Regeln durch *statutes* liegt bei den einzelnen Bundesstaaten. Das Deliktsrecht und damit auch die Regeln über die Haftung für Tiere sind daher grundsätzlich in allen 50 Bundesstaaten unterschiedlich geregelt. Trotz einzelstaatlicher Besonderheiten sind die zugrunde liegenden Prinzipien ähnlich, sodass sich die folgende Darstellung der Zusammenfassung der wesentlichen Haftungsregeln widmet.

A. Haftungsgrundlagen

Ähnlich dem deutschen Recht gibt es im angloamerikanischen Rechtskreis mehrere Rechtsgrundlagen, auf die eine Haftung für von Tieren verursachte Schäden gestützt werden kann. In Betracht kommen Haftungsregeln aus dem *common law*, die – vereinfacht dargestellt – unterscheiden zwischen einer verschuldensunabhängigen Haftung (*strict liability*) und einer Haftung wegen einer Sorgfaltspflichtverletzung (*negligence*).

Die Regeln des *common law* werden einigen Aspekten durch Gesetze (so genannte *statutes*) ergänzt, modifiziert oder überlagert werden. Ein *statute* kann die Regeln des *common law* ändern. Wenn also der Wortlaut eines kodifizierten Gesetzes in klarem Widerspruch zu den Regeln des Gewohnheitsrechts steht, ist das Gesetz maßgeblich[729]. Neben der *common law* Haftung sind daher insbesondere kodifizierte gesetzliche Haftungsbegrenzungs- oder -ausschlussgründe zu beachten.

727 Eine Ausnahme ist der durch das französische Recht geprägte Bundesstaat Louisiana.

728 Vgl. *Erie v. Tompkins*, 304 U.S. 64 (1938): "There is no general federal common law".

729 Vgl. Kranzush v. Badger State Mutual Casualty Company, 307 N.W.2d 256, 266 (1981) m.w.N.

I. Die Haftung nach dem *common law*

Die maßgeblichen Haftungstatbestände nach dem *common law* unterscheiden einerseits nach der Art des schädigenden Tieres, z. B. zwischen exotischen oder domestizierten, einheimischen Tieren, und andererseits nach der Art der Rechtsverletzung, z. B. Beeinträchtigung von Rechten an Grundstücken (*trespass*) oder Verletzung von Personen.

Bei der auf *common law* begründeten Haftung für Tiere kommen insbesondere folgende deliktische Tatbestände (*torts*) als Haftungsgrundlage in Betracht: (i) Haftung für *trespassing animals*, (ii) Haftung für *wild animals*, (iii) Haftung für *domesticated animals* und (iv) *negligence*.

1. Strikte Haftung für Besitzstörungen durch Tiere (strict liability for trespassing animals)

a. Allgemeines

Nach der *common law strict liability for trespassing animals* haftet der Halter von *barnyard animals*, also von Tieren, die typischerweise auf einem Bauernhof gehalten werden, verschuldensunabhängig für deren *trespass to land*[730]. *Trespass* ist ein *tort*, also ein deliktsrechtlicher Tatbestand, vergleichbar mit einer zivilrechtlichen Haftung für Besitzstörung im deutschen Recht. Die Haftung bezieht sich in erster Linie auf die Besitzstörung an einem fremden Grundstück, sowie unmittelbare (Folge-) Schäden wie die Zerstörung der landwirtschaftlichen Anbauten (Saat, Bepflanzung) auf diesem Grundstück. Auch Körperverletzungen können geltend gemacht werden, wenn diese eine direkte Folge des *trespass*[731] sind.

Ein ursprünglicher Schutzzweck dieses *torts* war der Schutz der Landwirte vor Beschädigungen ihrer Betriebe – insbesondere ihrer Felder und Saat – durch freilaufendes fremdes Weidevieh[732]. Die Haftungsregel verpflichtet den Eigentümer der Tiere mittelbar, diese sorgfältig einzuzäunen.

b. Ausnahmen

aa. Fencing Statutes

Halter von Weidetieren sollen durch die *trespass* Haftung dazu angehalten werden, ihre Tiere einzuzäunen, um Schäden oder Beeinträchtigungen Dritter durch weidende Tiere zu vermeiden. Da dies in kargen, gering besiedelten Regionen der USA, z. B. den Bundesstaaten Utah, Wyoming, Colorado und Texas, aufgrund der natürlichen Gegebenheiten unverhältnismäßigen Aufwand bedeuten kann, wurde die *common*

730 „Where my beasts, of their own wrong, without my will and knowledge, break another's close, I shall be punished, for I am a trespasser with my beasts", anonymer Fall Mich 12. Hen. VII, Keilway 3b, pl. 7.

731 *Dobbs*, § 343, S. 943, m.w.N.

732 *Dobbs,* Torts, S. 942 f.

law Haftung für *trespass* unter anderem auf Betreiben einiger Rinderzüchter durch *statutes*, also kodifizierte gesetzliche Regelungen, modifiziert. In diesen so genannten *„open range" states*, insbesondere in der Prärie im Mittleren Westen, wo (i) Weidevieh über lange Strecken getrieben werden muss, um ausreichend Weidegras zu finden und (ii) nicht überall genug Holz verfügbar ist, um Weidezäune zu errichten, gilt die so genannte *„fencing out" rule*[733]. Diese besagt, dass der Halter von weidendem Vieh nur dann verschuldensunabhängig für Schäden durch *trespass* haftet, wenn der geschädigte Grundstückseigentümer sich hinreichend durch sorgfältige Einzäunung seines Grundstücks vor dem Eindringen der Tiere gesichert hat und der Schaden trotzdem eingetreten ist[734]. Der Geschädigte muss beweisen, dass er sein Grundstück sorgfältig gesichert hat. Gelingt dem Geschädigten dieser Beweis nicht, so kommt lediglich eine Haftung aus *negligence* in Betracht, wenn der Halter sein Vieh auf das fremde Gründstück getrieben hat[735].

Mit zunehmender Besiedelungsdichte ländlicher Gegenden häufen sich auch Konflikte zwischen den Eigentümern der Weidetiere und den übrigen Landwirten, mit der Folge, dass der *fencing in rule* durch entsprechende *statutes* zum Teil wieder zur Durchsetzung verholfen wird[736]. Diese Gebiete werden auch *herd districts* genannt. Der Halter haftet nach diesen *statutes* für Schäden, die durch freilaufendes Vieh verursacht wurden. Er haftet jedoch nicht, wenn die Tiere aus einem

---

733 Vgl. Colo. Rev. Stat § 35–46–102; Nev. Rev. Stat. Ann. § 569.450 (2002); *Haskins v. Andrews, Woming Supreme Court, 12. Wyo. 458, 76 P. 588 (1904); Gibbs v. Jackson*, Texas Supreme Court, 1999, 990 S.W.2d 745; Act approved Feb. 5, 1840, 4th Cong., R.S., § 2, 1840 Repub. Tex. Laws 179, 180; *Dobbs*, Torts, S. 943.

734 Vgl. Utah, Agricultural Code, Chapter 25, Section 4.25.8:
"(1) The owner of any neat cattle, horse, ass, mule, sheep, goat, or swine that trespasses upon the premises of another person, except in cases where the premises are not enclosed by a lawful fence in a county or municipality that has adopted a fence ordinance, is liable in a civil action to the owner or occupant of the premises for any damage inflicted by the trespass.
(2) A county representative may intervene to remove the animal and the county is entitled to fair compensation for costs incurred. If the animal is not claimed within 10 days after written notification is sent to its owner, a county representative may sell the animal to cover costs incurred.
(3) Notwithstanding Subsections (1) and (2), the owner of any neat cattle, horse, ass, mule, sheep, goat, or swine that trespasses upon the premises of another person is not liable in a civil action to the owner or occupant of the premises for damage inflicted by the trespass if:
(a) the animal enters the premises from an historic livestock trail, as defined in Section 57–13b-102; and
(b) the premises that was trespassed is not enclosed by an adequate fence at the time the trespass occurs."

735 *Dobbs*, § 343, S. 943; *Garcia v. Sumrall*, 58 Ariz. 526, 121 P. 2d 640 (1942).

736 Vgl. für Wyoming: 13 Wyo. L.J. 136, 1958 – 1959; für Tennessee: Tennessee Code Annotated, § 44- 8–401.

ordnungsgemäß umzäunten Bereich ausgebrochen sind[737]. Innerhalb einzelner Bundesstaaten, wie z.B. Arizona und Indiana, können unterschiedliche Regelungen gelten, d. h., es kann in einem wenig besiedelten Gebiet eines Staates mit verbreiteter Viehzucht die *fencing out rule* gelten (so genannter *open range district*), während in einem dichter besiedelten Bereich des Staates die *fencing in rule* gilt[738] (so genannnter *herd district*).

Anhand der Flexibilität des *fence law* wird deutlich, wie zweckmäßig anpassungsfähige Regeln bei der Haftung für Tiere sind, und dass das US-amerikanische Recht in diesem Bereich zügige Reaktionen auf veränderte Bedürfnisse der Gesellschaft erlaubt.

bb. Hunde und Katzen

Die *trespass* Regel gilt in erster Linie für landwirtschaftlich genutzte Tiere. Sie gilt nicht für Haus- bzw. Schoßtiere, wie Hunde und Katzen, da durch das bloße „Herumstreunen" dieser Schoßtiere erfahrungsgemäß keine nennenswerten Schäden verursacht werden, sodass eine strikte Haftung zum Schutz der Interessen der Allgemeinheit gerade nicht erforderlich ist[739].

Für diese Tiere kann aber eine Haftung wegen *negligence* bestehen, wie später ausgeführt wird. Zudem gibt es in einigen Bundesstaaten *statutes*, die die Haftung für gefährliche Hunde regeln bzw. die eine ausnahmslos strikte Haftung für jegliche von Hunden verursachten Schäden anordnen[740].

cc. Tiere auf und an Highways

Eine *trespass* Haftung scheidet auch aus, wenn der Verantwortliche sein Vieh erlaubterweise („*lawfully*"), d.h. in der Regel tagsüber und unter Aufsicht[741], an einem *highway* entlang treibt bzw. sich der *highway* in einem *open range*[742] Gebiet, also z.B. außerhalb von Städten oder Dörfern befindet, so dass der Halter daher per se nicht für Schaden weidender Tiere haftet[743]. Liegen diese Ausnahmevoraussetzungen vor, kommt allenfalls eine Haftung wegen *negligence* in Betracht[744], sofern im Einzelfall

---

737 *Moon v. Johnston*, 47 Tenn. App. 208, 337 S.W.2d 464 (1959).

738 Vgl. für Arizona: Ariz. Rev. Stats. § 3–1421 (hier können die Steuerzahler über die Regel, die gelten soll, abstimmen); für Indiana: Indiana Code 32–26-2–2; *Dobbs*, Tort, S. 944.

739 *Buckle v. Holmes*, 54 A.L.R. 89; *Prosser/Keeton*, On Torts, 5th edit. Ch.13 § 76 S. 539.

740 *Prosser/Keeton*, On Torts, 5th edit. Ch.13 § 76 S. 539.

741 *Adamson v. Blanchard*, 990 P.2d 1213, 1219 (1999).

742 Idaho Code Ann. § 25–2118 und § 25–2402 (West).

743 Vgl. *Adamson v. Blanchard*, 990 P.2d 1213, 1217 (1999).

744 *Dobbs*, Torts, S. 944 f.; *Carrow Co. v. Lusby*, 167 Ariz. 18, 804 P.2d 747 (1990).

eine Sorgfaltspflicht des Viehalters gegenüber anderen Straßenverkehrsteilnehmern besteht[745].

Die vergleichsweise milde Haftung für freilaufende Tiere an *highways* führt zu der paradoxen Wertung, dass allenfalls eine *negligence* Haftung in Betracht kommt, wenn in einem *open range district* die Kühe beim üblichen Weidetrieb auf eine angrenzende Straße laufen und dort mit einem voll besetzten Reisebus kollidieren[746], andererseits aber ein Landwirt in einem *herd district* verschuldensunabhängig haftet, wenn seine Kühe aus einer schlecht gesicherten Koppel ausbrechen und den Blumenkohl des Nachbarn abfressen. Einzelne Bundesstaaten, wie z. B. Ohio[747], gehen daher dazu über, die Privilegierung der *highway* – Fälle durch *statutes* abzuschaffen.

2. Strikte Haftung für Tiere (strict liability for animals)

Außerhalb von Besitzstörungen (*trespass*) richtet sich die *common law* Haftung für Tiere unter anderem danach, ob die Verletzung von einem wilden Tier (*ferae naturae*) oder von einem domestizierten Tier (*mansuetae naturae*) verursacht wurde[748]. Für Halter wilder Tiere gilt per se eine strikte, also verschuldensunabhängige Haftung, während Halter domestizierter Tiere in der Regel verschuldensabhängig haften und nur unter weiteren Voraussetzungen der strikten Haftung unterliegen, weil die Tiere im Einzelfall gefährliche Eigenschaften (*dangerous prospensities*) haben, die der Verantwortliche (*owner* oder *keeper*) kennt oder kennen muss.

Grund für die strengere Haftung für *wild animals* gegenüber der Haftung für domestizierte Tiere ist die Annahme, dass wilde, nicht einheimische Tiere einen „Fremdkörper" in der Gesellschaft und somit eine Gefahr darstellen, die über das allgemeine Schadensrisiko hinausgeht. Da deren Haltung zudem meist keinen Nutzen für die Allgemeinheit hat, soll die Tiergefahr nicht von der Allgemeinheit hingenommen werden müssen[749]. Ein fehlendes Verschulden des Verantwortlichen soll diesen daher nicht entlasten.

a. Strikte Haftung für wilde Tiere (wild animals)

Der Halter eines wilden Tieres haftet verschuldensunabhängig für die von dem Tier verursachten Verletzungen[750]. Es ist daher unerheblich, ob der Halter alle denkbaren Anstrengungen unternommen hat, um das Tier sicher zu verwahren und die

---

745 *Dobbs,* Torts, S. 945; *Douglass v. Dolan,* 286 Ill App.3d 181, 675N.E.2d. 1012,221 Ill. Dec. 588 (1997).
746 *Simon Roberts,* 31 Mod. L. Rev. 683 (1968).
747 Ohio Revised Code, Title IX, Chapter 951.02.
748 4 Am.Jur.2d. Animals § 80.
749 *Dobbs,* Torts, S. 949.
750 *Rogers,* Tort, S. 475 ff.

Verletzung zu verhindern. Diese traditionelle *common law* Haftungsregel wird nach wie vor von den amerikanischen Gerichten angewendet[751].

aa. Wildes Tier (*wild animal*)

Wann ein Tier als „wild“ gilt, richtet sich in erster Linie danach, wo die Tierart typischerweise beheimatet ist, und ob sie sich vom Menschen halten und zähmen lässt[752]. Tiere von anderen Kontinenten gelten per se als wild, unabhängig von einer etwaigen Zähmung. Ein Elefant mag somit in Burma als domestiziertes Tier gelten, weil er als Lastentier eingesetzt wird. In England bzw. den USA wird er jedoch als wildes Tier qualifiziert. Die arttypische Gefährlichkeit des jeweiligen Tieres ist zweitrangig. Unerheblich ist auch das Wesen des konkreten Tieres, so dass der Nachweis der Ungefährlichkeit des konkreten Tieres die Haftung des Halters im Einzelfall unberührt lässt. Der Halter haftet daher auch, wenn sein wildes Tier jahrelang zahm war und plötzlich seine gefährlichen Eigenschaften wieder hervortreten.

Die strenge Haftung des Halters wilder Tiere ist in ihrer Rechtsfolge vergleichbar mit der Gefährdungshaftung für Luxustiere im deutschen Recht. Es besteht auch hier insbesondere keine Entlastungsmöglichkeit wegen fehlender Kenntnis der Gefährlichkeit des Tieres.

Haftungsprivilegierungen könne jedoch in Bezug auf wilde Tiere greifen, die in öffentlichen bzw. staatlich betriebenen Zoos oder Nationalparks[753] gehalten werden[754]. Einige Gerichte lehnen in diesen Fällen die Anwendung der *strict liability* gegen den hoheitlichen Zoobetreiber aus Gründen der Immunität ab[755]. Hauptsächliches Argument ist hier oft die Pflicht des Hoheitsträgers zum Betrieb solcher Zoos oder der Nutzen der öffentlichen Zoos für das Wohl der Allgemeinheit[756]. Eine Haftung wegen *negligence* ist aber möglich[757].

bb. Kausalität (*cause*) und Zurechnung (*proximate cause / dangerous propensity*)

Die Haltung von wilden Tieren birgt besondere Risiken für die Allgemeinheit. Die strenge Haftung wurde konzipiert, um die Verantwortlichkeit für absehbare Folgen dieses erhöhten Risikos zu regeln[758]. Entsprechend dem Haftungszweck, die Allgemeinheit vor ortsunüblichen Gefahren durch wilde Tiere zu schützen, haftet der

---

751 Restatement (Second) of Torts, § 507 (1).

752 Restatement (Second) of Torts, § 506.

753 *Ashley v. United States*, 326 F.2d 499 (8th Cir. 1964).

754 C.J.S. vol. 3a, Animals § 171, S. 662.

755 Vgl. *Shipley/Soehnel*, Governmental liability from operation of zoo, 92 A.L.R.3d 832 m.w.N.

756 *Grover v. City of Manhattan*, 198 Kan. 307, 424 P.2d 256 (1967); *McKinney v. San Francisco* (1952) 109 Cal App 2d 844, 241 P2d 1060.

757 *Ashley v. United States*, 326 F.2d 499, 500 (8th Cir. 1964).

758 *Prosser/Keeton*, Torts, § 79, S. 560.

Verantwortliche eines wilden Tieres nicht für jegliche kausale Schäden. Die Ersatzpflicht besteht nur dann, wenn der Schaden gerade auf eine typische gefährliche Eigenschaft (*dangerous propensity*) des wilden Tieres zurückzuführen ist[759] – also auf eine Eigenschaft, die ein wildes Tier für die Allgemeinheit gefährlicher macht als ein domestiziertes Tier[760]. Die Kenntnis des Halters von diesen gesteigerten Gefahren ist nicht erforderlich; sie wird als allgemein bekannt vorausgesetzt. Dementsprechend haftet der Halter eines Bären, wenn der Bär Dritte angreift, auch wenn der Halter Vorkehrungen zur Sicherung des Bären getroffen hatte.

Der Tierhalter haftet trotz allem nicht für die Verwirklichung ganz untypischer, völlig unvorhersehbarer Risiken. Was im Rahmen des Gewöhnlichen bzw. Vorhersehbaren liegt, ist (auch) von der Art des Tieres im Einzelfall abhängig und liegt daher oft im Ermessen der Jury[761]. So ist etwa der Halter eines Bären oder eines Elefanten nicht für den Schaden haftbar, der dadurch entstanden ist, dass ein Pferd bei dessen Anblick scheute, denn dieser Schaden liegt außerhalb des mit der Haltung wilder Tiere verbundenen vorhersehbaren Risikos[762]. Eine strikte Haftung scheidet ebenfalls aus, wenn ein entlaufener Bär auf der Straße einschläft und ein Autofahrer mit diesem Hindernis kollidiert[763]. Für diese allenfalls gewöhnlichen Tiergefahren, die nicht zwingend mit der Gefärlichkeit der jeweiligen Tierart zusammenhängen, haftet der Halter nur bei Kenntnis der schadensursächlichen Eigenschaften.

cc. Verantwortlicher (*owner, keeper, harborer*)

Verantwortlicher im Sinne der *common law* Haftung ist – ähnlich wie im deutschen Recht – in erster Linie der *keeper*, also der Halter[764]. Daneben kommen auch der Eigentümer (*owner* bzw. *possessor)* sowie derjenige in Betracht, der das Tier in seinem Haushalt beherbergt (*harborer*[765]). Die Terminologie ist nicht einheitlich. Die Begriffe *owner, keeper* und *harborer* werden nicht immer klar voneinander abgegrenzt[766], sie sind dennoch nicht identisch[767]. Wie auch im deutschen Recht ist Frage

759 *Dobbs*, Torts, S. 959.

760 Restatement (Second) of Torts, § 507 (2).

761 *Prosser/Keeton*, Torts, § 79, S. 561.

762 *Scribner v. Kelley*, 1862 WL 4526 (N.Y. Gen. Term. 1862); *Bostock-Ferari Amusement Co. v. Brocksmith*, 34 Ind. App. 566, 73 N.E. 281 (1905).

763 Restatement (Second) of Torts, § 509 (2).

764 *Dobbs*, Torts, S. 948, Restatement (Second) of Torts, § 514.

765 Restatement (Second) of Torts, § 514.

766 Vgl. Wis. Stat. § 174.02(5): "Owner" includes any person who owns, harbors or keeps a dog"; insbesondere in älteren Entscheidungen wurden die Begriff zm Teil synonym verwendet, vgl. *Hagenau v. Millard*, 182 Wis. 544, 547, 195 N.W. 718 (1923).

767 *Pawlowski v. American Family Mutual Insurance Co.*, 777 NW 2d 67 (Wis. Super. Ct. 2009), S. 72.

der Verantwortlichkeit zu einem großen Teil eine Tatsachenfrage[768]. Entscheidend ist letztlich, welche Person im Zeitpunkt der Verletzung in hinreichendem Umfang die Sachherrschaft („*possession*") über das Tier ausübt, was auch der Fall sein kann, wenn der Verantwortliche bei dem Unfall nicht anwesend ist[769]. Wird die Sachherrschaft von mehreren Personen gleichzeitig ausgeübt, können diese Personen meist parallel in die Haftung genommen werden.

Nach dem *common law* und auch nach den meisten *statutes* liegt die Verantwortung für Schäden, die ein Tier anrichtet, in erster Linie beim *owner* (Eigentümer) bzw. *keeper* (Halter)[770]. Die Begriffe *owner* und *keeper* werden häufig im selben Atemzug verwendet[771]. Der *owner* kann zugleich *keeper* sein. Das ist jedoch nicht zwingend. Ebenso muss der *keeper* nicht zwangsläufig *owner* des Tieres sein, z. B. kann eine Person ein Tier ohne Einverständnis des Eigentümers halten.

Wer *keeper* ist, wird von vielen Gerichten anhand der so genannten „3-C-Regel" bestimmt. Danach ist *keeper*, wer zu einem gewissen Grad *custody* (Aufsicht), *care* (Pflege) und *control* (Bestimmungsmacht) über das Tier ausübt[772]. Die Rechtsprechung sieht solche Personen als *keeper* an, die wie ein Eigentümer für ein Tier sorgen und es kontrollieren[773], ohne aber zwingend Eigentümer zu sein. In den untersuchten Entscheidungen wurde der *keeper* daher z. B. anhand folgender Kontrollfragen bestimmt: Wer füttert das Tier[774]; wer bezahlt die Kosten der erforderlichen Lizenz[775], wer beaufsichtigt das Tier[776]; auf wessen Zuruf reagiert das Tier[777]?

768 *O'Donnell v Pollock* (1898) 170 Mass 441, 49 NE 745; Osborn v Leach (1924, App, Montgomery Co) 2 Ohio L Abs 458; *Steinberg v. Petta,* (1986) 501 NE2d 1263.

769 Vgl. *Koetting v. Conroy*, 223 Wis. 550, 270 N.W. 625 (1936).

770 *Stehl v. Dose*, 403 NE2d 1301 (1980); *Fontecchio v. Esposito*, 485 N.Y.S.2d 113 (N.Y. App. Div. 1985)

771 Vgl. *Verret v. Silver*, 309 Minn 275, 244 NW2d 147 (1976).

772 Vgl. *Holcomb v. Colonial Associates, L.L.C.*, 570 S.E.2d 248 (N.C.Ct. App. 2002); 64 A.L.R.4th 963, Who "harbors" or "keeps" dog under animal liability statute, John P. *Ludington*, LL.B. m.w.N.; *Good man v. Kahn* (1987) 182 Ga App 724, 356 SE2d 757; *Steinberg v. Petta* (1986) 114 Ill 2d 496, 103 Ill Dec 725, 501 NE2d 1263, 64 ALR4th 955.

773 Vgl. *Waters v. Powell*, 232 P.3d 1086 (Utah Ct. App. 2010) und Bezugnahme auf *Neztsosie v. Meyer*, 883 P.2d 920 (Utah 1994); "keeper "undertakes to manage, control, or care for [the dog] as dog owners in general are accustomed to do. [...] [A] lthough "[i]t is difficult to frame a universal definition of keeper, the assumption of custody, management, and control is intrinsic to the definition. The term implies the exercise of a substantial number of incidents of ownership by one who though not the owner, assumes to act in his stead."

774 *Lanna v. Konen* (1935) 119 Conn 646, 178 A 425; *Whittemore v. Thomas* (1891) 153 Mass 347, 26 NE 875.

775 *Davidson v. Manning* (1916) 168 Ky 288, 181 SW 1111; *Whittemore v. Thomas* (1891) 153 Mass 347, 26 NE 875.

776 Lanna v. Konen (1935) 119 Conn 646, 178 A 425.

777 Lanna v. Konen (1935) 119 Conn 646, 178 A 425.

Dennoch kann die *keeper* Eigenschaft unter bestimmten Umständen leicht auf einen Dritten, z. B. einen behandelnden Tierarzt, übergehen bzw. durch diesen begründet werden, indem er das Tier regelmäßig füttert, kontrolliert und für es sorgt. So wurde die Haltereigenschaft einer Tierarztassistentin in Bezug auf einen Hund bejaht, den die Eigentümer für eine Kastration vorübergehend an eine Tierklinik abgaben[778]. Eine Tierarztassistentin wollte dem Hund kurz nach seiner Ankunft in Vorbereitung der Operation einen Maulkorb anlegen, als sie von ihm gebissen wurde. Das Gericht war der Auffassung, dass die Eigentümer die vollständige Aufsicht über das Tier an die Tierklinik übergeben und die Tierklinik diese Aufsicht bewusst bzw. durch Vertrag übernommen hatte. Die Tierklinik habe ein materielles Interesse an der Übernahme der Aufsicht gehabt. Es sei daher in diesem Fall interessengerechter, die Tierklinik bzw. deren Mitarbeiter als Verantwortliche denn als Schutzbedürftige zu qualifizieren[779]. Da die Assistentin im maßgeblichen Zeitpunkt der Verletzung[780] selbst als *keeper* zu qualifizieren war, standen ihr keine Ausgleichsansprüche gegen die Eigentümer des Hundes wegen *strict liability* zu[781]. Auch Angestellte in Einrichtungen zur vorübergehenden Hundebetreuung (so genannte *dog kennels*) können selbst als *keeper* qualifiziert werden und somit vom Schutzbereich der *strict liability* ausgenommen sein[782].

Unter einem *harborer* dagegen versteht man eine Person, die weder Eigentümer des Tieres ist, noch eine hinreichende Kontrolle über das Tier ausübt, aber dem Tier Unterschlupf gewährt, es gelegentlich füttert[783]. Der Begriff ist daher weniger auf das Eigentum oder die Sachherrschaft über das Tier bezogen. Dennoch sind die Kategorien *owner*, *keeper* und *harborer* haftungsrechtlich gleichgestellt. Als *harborer* qualifiziert wurde z.B. eine Person, die ihre Wohnung vorübergehend mit dem Eigentümer von zwei Hunden geteilt, den Hunden somit Unterschlupf gewährt

778 *Salisbury v. Ferioli*, 49 Mass. App. Ct. 485, 730 N.E.2d 373 (2000); vgl. auch *Tschida v. Berdusco*, 462 N.W.2d 410 (Minn. Ct. App. 1990).

779 *Salisbury v. Ferioli*, 49 Mass. App. Ct. 485, 730 N.E.2d 373 (2000): "One involved in custody of a dog for medical care seems a most unlikely plaintiff under a statute intended for the benefit of outsiders who are unable to protect themselves from injury by dogs."

780 Vgl. *Armstrong v. Milwaukee Mut. Ins. Co.*, 202 Wis. 2d 258, 267–268 & n.7 (1996): "[...] it is clear that a person's status as keeper can change over time, with the focal point being the time of the injury."

781 *Salisbury v. Ferioli*, 49 Mass. App. Ct. 485, 730 N.E.2d 373 (2000).

782 Waters v. Powell, 232 P.3d 1086 (Utah Ct. App. 2010); Armstrong v. Milwaukee Mut. Ins. Co., 202 Wis. 2d 258, 267–268 & n.7 (1996).

783 Vgl. *Pawlowski v. American Family Mutual Insurance Company*, 777 NW 2d 67 (Wis. Super. Ct. 2009) unter Hinweis auf *Pattermann v. Pattermann*, 173 Wis. 2d 143, 496 N.W.2d 613 (Ct. App. 1992): "`harboring' is often defined as sheltering or giving refuge to a dog. Thus, `harboring' apparently lacks the proprietary aspect of keeping."

hatte[784]. Das bloße Dulden der Anwesenheit oder das Füttern eines freilaufenden Hundes begründet daher noch keine *owner*, *keeper* oder *harborer* Eigenschaft[785].

b. *Strikte Haftung für gefährliche Haustiere* (abnormally dangerous domestic animals)

Wie eingangs festgestellt können auch Halter von *domestic animals* einer verschuldensunabhängigen Haftung unterliegen. Dies setzt voraus, dass die Verletzung auf einer ungewöhnlich gefährlichen oder bösartigen Eigenschaft des Tieres beruht und der Halter diese Eigenschaft kannte oder kennen musste[786]. Grund für die Haftung ist nicht allein die konkrete Gefährlichkeit des Tieres, sondern die Kenntnis des Verantwortlichen von der Gefährlichkeit (*scienter)*, sowie der Umstand, dass er die Allgemeinheit diesem Risiko aussetzt. Derjenige, der weiß, dass er eine Gefahrenquelle betreibt, muss diese rechtlich auf eigenes Risiko betreiben[787].

Ausnahmen von diesem Grundsatz bestehen im Bundesstaat Louisiana. Dort wurde die *common law* Regel für Tierhalter dahingehend modifiziert, dass der *owner* eines Tieres stets verschuldensunabhängig für Schäden haften soll, die sein Tier verursacht. Der *owner* kann sich von seiner Haftung nur entlasten, indem er beweist, dass der Schaden durch den Geschädigten selbst, durch Dritte oder durch höhere Gewalt verursacht wurde[788]. Die *common law* Regel in Louisiana ist daher vergleichbar mit den deutschen Regeln zur Haftung des Luxustierhalters.

Zudem haben viele Bundesstaaten für Hundehalter aufgrund der hohen Gefahr durch Hundebisse eine generelle *strict liability* aufgrund von *statutes* angeordnet[789].

aa. Haustiere (domestic animals)

Ob ein Tier als „*wild*" oder „*domesticated*" gilt, richtet sich, wie bereits dargestellt, in erster Linie nach der Herkunft und der Nutzbarmachung der jeweiligen Tierart für den Menschen. Erhebliche Verletzungen oder ernsthafte Schäden durch *domesticated animals* sind selten bzw. gelten als kalkulierbare Risiken, da der Mensch mit dem Umgang mit einheimischen Tieren vertraut ist. Die abstrakte Gefährlichkeit der

---

784 *Pawlowski v. American Family Mutual Insurance Company*, 777 NW 2d 67 (Wis. Super. Ct. 2009), S. 78. Die Hunde hatten eine Person verletzt. Da der Eigentümer samt den Hunden später auszog und nicht mehr ausfindig gemacht werden konnte, verklagte die Verletzte die vorübergehende Mitbewohnerin des Eigentümers.

785 *Verret v. Silver*, 309 Minn 275, 244 NW2d 147 (1976); *Raymond v. Bujold*, 89 NH 380, 199 A 91 (1938).

786 Vgl. Restatement (Second) of Torts, § 509; *Hagadorn-Garmely v. Jones*, 744 N.Y.S.2d 538 (App. Div. 3d Dep't 2002).

787 "One who keeps anything likely to do mischief if it escapes 'must keep it at his peril'" (Mr. Justice *Blackburn)*. Der *leading case* zu der Herleitung der *strict liability* ist *Rylands v. Fletcher* (1868) LR 3 HL 330.

788 *Daniel v. Cambridge Mut. Fire Ins. Co.*, 368 So. 2d 810, 813 (La. Ct. App. 1979).

789 Nachweise siehe *Prosser/Keeton*, Torts, § 76, S. 539 Fn. 20.

Tierart ist nicht ausschlaggebend. Zu den *domesticated animals* zählen daher auch z.B. Bullen, Hengste und Bienen[790]. Die Verhaltensweisen dieser etwas gefährlicheren Haustiere werden als allgemein bekannt unterstellt, da sie seit Jahrhunderten vom Menschen gehalten werden. Das für diese Tiere typische Verletzungsrisiko gilt aufgrund des gewohnten Umgangs somit nicht als ungewöhnlich hoch und wird der Allgemeinheit zugemutet[791]. Das *common law* unterscheidet somit für die Haftung unter anderem nach der Gewöhnung und dem Wissen der Gesellschaft über die Verhaltensweisen dieser Tiere. Der Zweck der Haltung ist – ander als im deutschen Recht, das bei Haustieren nach Nutz- und Luxustieren unterscheidet – irrelevant. Dies ist ein bemerkenswerter Unterschied zum deutschen Recht.

bb. Besondere Gefährlichkeit (vicious, abnormaly dangerous propensity)

Eine strikte Haftung für ein Haustier besteht nach dem *common law* grundsätzlich nur für Tiere mit außergewöhnlich gefährlichen Eigenschaften[792].

Interessant ist, dass die Verwirklichung gewöhnlicher Gefahren von Haustieren grundsätzlich nicht ausreicht, um die strikte Haftung auszulösen. Erforderlich ist vielmehr eine gesteigerte Gefährlichkeit, die eher dem Verhalten eines wilden als dem eines domestizierten Tieres entspricht[793]. Dass ein Hund gebissen hat, ein Pferd ausgeschlagen oder ein Bulle sich einmal widersetzlich verhalten hat, reicht – anders als im deutschen Recht – meist nicht, um eine strikte Haftung zu begründen[794]. Der Geschädigte muss nachweisen, dass das betreffende Haustier eine abartige, gefährliche Neigung (*vicious, abnormal oder dangerous propensity*) hat[795], das Tier also im Vergleich zu domestizierten Artgenossen besonders häufig beißt oder sich besonders aggressiv verhält. Dies führte in der Praxis in einigen Jurisdiktionen zu einer „*first bite rule*" in dem Sinn, dass die erstmalig zugefügte Verletzung bzw. der

---

790 Restatement (Second) of Torts § 509, cmt. d.

791 Restatement (Second) of Torts § 509, cmt. e.

792 Restatement (Second) of Torts, § 509; "A dangerous propensity is a tendency of the animal to do any act that might endanger the safety of persons or property in a given situation." vgl. *Ross v. Lowe*, 619 N.E.2d 911, 914 (Ind.1993); in vielen Bundesstaaten gelten wie bereits erwähnt Ausnahmen, z.B. wird bei der Haftung für Hunde aufgrund von *dog-bite statutes* zum Teil auf den Nachweis einer *dangerous propensity* verzichtet.

793 *Kinley v. Bierly*, 876 A.2d 419, 422 (Pa. Super. Ct. 2005).

794 *Bloom v. Van Lenten*, 965 N.Y.S.2d 661, 662 (N.Y. App. Div. 2013) (herumtollender Hund); *Jividen v. Law*, 194 W.Va. 705, 461 S.E.2d 451 (1995) (Pferd); *Williams v. Hawkins*, 304 So. 2d 75, 77 (La. Ct. App. 1974), applic. denied, 307 So. 2d 373 (1975) ("Allegations of being 'high strung' or 'skittish' and testimony that the horse was acting up could not possibly be interpreted as a 'dangerous propensity,' especially when considered in light of the common knowledge that a great many horses at times are skittish, high strung, and act up."); Dubois v. Meyers, 684 P.2d 940 (Colo. Ct. App. 1984); *Lawrence v. Windsor*, 693 S.W.2d 853 (Mo. Ct. App. 1985).

795 *Dobbs*, Torts, S. 946; *Kinley v. Bierly*, 876 A.2d 419, 422 (Pa. Super. Ct. 2005).

erste gefährliche Biss eines Haustiers im Zweifel keine Haftung begründet. Zwingend ist dies zwar nicht[796], denn ein Tier mag Anzeichen für eine Gefährlichkeit zeigen, ohne dass es bereits zuvor zu einer Verletzung gekommen sein muss[797]. Die Beweislast für die Gefährlichkeit liegt jedoch bei dem Geschädigten.

Die Tatbestandsmerkmale „*dangerous propensity*" nach US-Recht und „spezifische Tiergefahr" nach deutschem Recht sind somit nicht identisch. Nach amerikanischem Recht besteht gerade keine strikte Haftung, wenn sich ganz typische Tiergefahren verwirklichen – der *keeper* soll nur für atypische, besonders gefährliche Verhaltensweisen einstehen, sofern er wusste, dass sein Haustier diese Eigenschaften hat.

Es stellt sich die Frage, wie der Beweis einer „*dangerous propensity*" praktisch zu erbringen ist bzw. wann eine tierische Verhaltensweise *abnormal* oder *dangerous* ist. Allgemeine Maßstäbe existieren hier nicht. Die untersuchte Rechtsprechung ist kaum verallgemeinerungsfähig und stark vom Einzelfall und der Rechtsauffassung des zuständigen Gerichts abhängig. So entschied z. B. der *Texas Court of Appeals*, dass es – im Vergleich zu anderen Hunden – keine abartige oder untypische Neigung eines Hundes darstelle, auf einen Briefträger zuzulaufen und ihn anzubellen, so dass der Briefträger bei dem Versuch, rückwärts vor dem Hund zu flüchten stürzt und sich verletzt[798]. Auch die Häufigkeit der Verhaltensweise ist nicht zwingend ausschlaggebend, denn dass ein Hund in der Vergangenheit bereits gebissen hat, ist z. B. unerheblich, wenn der streitgegenständliche Hundebiss vom Verletzten provoziert wurde[799]. Die Haftung scheidet aus, wenn das Tier zwar gefährlich war, die konkrete Verletzung aber auf einer gewöhnlichen Tiereigenschaft beruhte[800].

Um zwischen gewöhnlich bzw. ungewöhnlich gefährlichen Tieren unterscheiden zu können, bedarf es einer gewissen Sachkunde. Aus Sicht eines deutschen Richters läge es daher nahe, sich eines gerichtlichen Sachverständigen zu bedienen und ein verhaltensbiologisches Gutachten einzuholen. So weit ersichtlich spielen Sachverständige in den untersuchten US Gerichtsverfahren in erster Linie als *expert witnesses*, also als Parteigutachter, eine Rolle[801]. Äußerst selten beauftragten US Gerichte gerichtliche Gutachter. Diese Beobachtung deckt sich mit den Feststellungen anderer Autoren bzw. einer generellen Tendenz in der amerikanischen Gerichtspraxis[802]. In den hier untersuchten Fällen befassten sich die Gerichte dementsprechend ohne

796 *Dobbs*, Torts, S. 946.

797 Einige Bundesstaaten haben jedoch von der Möglichkeit Gebrauch gemacht, eine „first bite rule" durch *statutes* einzuführen, vgl. hierzu *Ward Miller*, Annotation, Modern Status of Rule of Absolute or Strict Liability for Dogbite, 51 A.L.R. 4th 446 (1987).

798 *Dunnings v. Castro*, 881 S.W.2d 559 (1994).

799 *Trager v. Thor*, 445 Mich. 95, 516 N.W.2d 69 (1994).

800 *Dobbs*, Torts, S. 946.

801 So z. B. in dem erwähnten Briefträger-Fall *Dunnings v. Castro*, 881 S.W.2d 559 (1994).

802 *Sven Timmerbeil*, The Role of Expert Witnesses in German and U.S. Civil Litigation, 9 Ann. Surv. Int'l & Comp. L. 163, 168 (2003) m.w.N.

zusätzliche Konsultation eines gerichtlichen Sachverständigen mit z. T. skurril anmutenden Fragen. So wurde schon diskutiert, ob es eine *dangerous propensity* eines Pferdes darstellt, während des Sattelns den Bauch aufzublähen, damit der Sattelgurt nicht zu fest sitzt, mit der Folge, dass der Sattel beim Losreiten später lose ist und samt Reiter vom Pferderücken rutscht[803]. Reitern dürfte diese – durch unsachgemäßes Satteln hervorgerufene – Verhaltensweise bei Pferden bekannt sein. Das Gericht verneinte die Annahme einer *dangerous propensity* und somit eine *strict liablity* des Halters im Ergebnis zu Recht. Allein dieses Beispiel lässt jedoch vermuten, dass das Abgrenzungskriterium *dangerous propensity* sehr viel Auslegungsspielraum lässt und ohne einheitliche Leitlinien, wie sie durch Sachverständige vorgegeben werden könnten, konturlos und wenig praktikabel ist.

cc. Verantwortlicher / Zurechnung

(a) Verantwortlicher (keeper)

Für Schäden durch ungewöhnlich gefährliche Haustiere haftet der *keeper* oder *owner*. Hierzu gelten die Ausführungen unter A.I.2.a.aa. entsprechend.

(b) Kenntnis des Halters (scienter)

Der Halter muss Kenntnis von der ungewöhnlichen Gefährlichkeit seines Haustieres gehabt haben. Kenntnis, also *scienter*, in diesem Sinne bedeutet positives Wissen oder wissen müssen[804]. Ausreichend hierfür ist, dass dem Halter aufgrund tatsächlicher Umstände klar sein musste, dass sein Tier ungewöhnlich gefährlich ist. Die Beweislast trägt der Geschädigte[805]. Diese Regelung weist Parallelen zum ALR auf, denn auch dort spielte die Kenntnis des Halters von gefährlichen Eigenschaften seines Haustieres eine entscheidende Rolle.

Zugunsten des Halters eines *domestic animals* wird – wie bereits erläutert – grundsätzlich vermutet, dass von *domestic animals* keine erhöhte Gefahr für Menschen ausgeht[806]. Daher muss der Geschädigte die Vermutung der Ungefährlichkeit widerlegen und beweisen, dass das Tier gefährliche Eigenschaften bereits in der Vergangenheit aufwies und der Halter dies wusste bzw. hätte wissen müssen[807].

Der Beweis der Kenntnis gilt in der Regel als erbracht, wenn der Geschädigte nachweist, dass sich das betreffende Tier in Gegenwart des Halters bereits schon

803 *Kaplan v. C Lazy U Ranch*, 615 F. Supp. 234, 237 (D. Colo. 1985).

804 Restatement (Second) of Torts, § 509, cmt b.

805 vgl. *Carmel*, S. 160 m.w.N.

806 *Royer v. Pryor*, 427 N.E.2d 1112, 1117 (Ind.Ct.App.1981): "Under Indiana common law, all dogs, re gardless of breed or size, are presumed to be harmless, domestic animals. Absent a statute to the contrary the common law presumption must prevail"; *Eason v. Miller* (1980) 153 Ga.App. 420, 265 S.E.2d 340; *Andrews v. Jordan Marsh Co.* (1933) 283 Mass. 158, 186 N.E. 71.

807 Restatement (Second) of Torts, § 509; *Doyle v. Monroe County Deputy Sheriff's Ass'n, Inc.*, 195 Misc. 2d 358, 758 N.Y.S.2d 791 (Sup 2003).

einmal so verhalten hat, also z. B. ein Hund schon einmal jemanden gebissen hat. Die Rechtsprechung ist zu den Anforderungen an den Beweis jedoch nicht einheitlich. Wie bereits beschrieben, gibt es im *common law* grundsätzlich keine „*first bite rule*“, denn der Halter mag Anzeichen für eine Gefährlichkeit des Tieres erkennen, noch bevor sie sich das erste Mal realisiert[808]. In der Praxis läuft es in der Regel dennoch darauf hinaus, wenigstens einen Vorfall aus der Vergangenheit nachzuweisen, um das Gericht bzw. die Jury von der Kenntnis des Halters zu überzeugen[809]. Gefährliche Verhaltensweisen, die das Tier nach dem Angriff zeigt, sind in Bezug auf den streitgegenständlichen Angriff irrelevant[810].

3. *Die verschuldensabhängige Haftung aus* negligence

Negligence ist der zentrale Haftungstatbestand im *common law*. Er begründet eine Haftung für die Verletzung von Sorgfaltspflichten. Im Bereich der Haftung für Tiere gelangt der Grundsatz zur Anwendung, wenn jemand, z. B. beim Halten eines Tieres, eine Sorgfaltspflicht missachtet, und Dritte hierdurch zu Schaden kommen. Die Haftung aus *negligence* stellt somit gerade keine Haftung für das tierische Verhalten, sondern für das persönliche Verhalten des Verantwortlichen dar und ist daher im Grundsatz mit der Haftung aus § 823 BGB vergleichbar.

Weil die Haftung aus *negligence* nur mittelbar an das Verhalten eines Tieres, sondern primär an die Sorgfaltspflichtverletzung des Verantwortlichen anknüpft, lassen sich hieraus keine wesentlichen Ansätze für das hier zu untersuchende Problem der strikten Haftung für Tiere ableiten.

Dennoch darf nicht unterschlagen werden, dass der Tatbestand aufgrund seiner generalklauselartigen Ausgestaltung im anglo-amerikanschen Recht eine ganz zentrale Bedeutung im Haftungsrecht hat. Er führt den Geschädigten oft zum Erfolg, wenn dem Halter eines schädigenden Tieres keine strikte Haftung auferlegt oder nachgewiesen werden kann. Auch ist der persönliche Anwendungsbereich bei der Haftung aus *negligence* größer als bei der *strict liability* und kann grundsätzlich jeden erfassen, der beim Umgang mit einem Tier nicht sorgfältig gehandelt und dadurch die Verletzung eines Dritten verursacht hat. Während im Fall der *strict liability* die größte Hürde darin bestehen dürfte, eine *dangerous propensity* und die entsprechende Kenntnis des Verantwortlichen nachzuweisen, besteht die Schwierigkeit bei einer Klage aus *negligence* darin, ein Näheverhältnis zwischen dem Geschädigten

---

808 Vgl. *Van Houten v. Pritchard*, 315 Ark. 688, 870 S.W.2d 377 (1994).

809 Diese Beweisschwierigkeiten bestehen nicht, wenn die *strict liability* des Halters aufgrund eines statutes besteht, denn die strict liability statutes schreiben eine Haftung für Haustiere ohne Rücksicht auf die Kenntnis des Halters vor. Insbesondere für Hunde wurden solche statutes in ca. der Hälfte der Bundesstaaten eingeführt, vgl. *Ward Miller*, Annotation, Modern Status of Rule of Absolute or Strict Liability for Dogbite, 51 A.L.R. 4th 446 (1987).

810 Vgl. *Lachenman v. Stice*, Ind. App. 838 N.E.2d 451 (2006).

und dem Anspruchsgegner sowie das Bestehen einer Sorgfaltspflicht gegenüber dem Geschädigten zu beweisen.

a. Anspruchsvoraussetzungen

Die wesentlichen Haftungsvoraussetzungen lauten wie folgt:

aa. Sorgfaltspflicht (*duty of care*)

Anknüpfungspunkt der Haftung wegen *negligence* ist die Verletzung einer gegenüber dem Geschädigten geschuldeten Sorgfaltspflicht (*duty of care*). Voraussetzung ist eine rechtlich anerkannte Pflicht oder Obliegenheit, die dazu verpflichtet, andere durch Beachtung anerkannter Sorgfaltsmaßstäbe vor vorhersehbaren Verletzungen zu bewahren[811], also z. B. vorhersehbare Schädigungen durch Tiere zu verhindern, soweit dies möglich ist. Auch bei der Verwirklichung eines typischen Risikos, mit dem immer gerechnet werden muss, aber das nicht immer verhindert werden kann, besteht eine Haftung nur dann, wenn der Verantwortliche eine Sorgfaltspflicht verletzt hat und der Schaden bei sorgfältigem Handeln nicht eingetreten wäre. Eine Haftung wegen *negligence* besteht somit nur dann, wenn die Verwirklichung des Risikos oder der Schaden durch ein sorgfältiges Handeln des Verantwortlichen hätte verhindert werden können.

Anders als im deutschen Recht muss der Verantwortliche also grundsätzlich nur verschuldensabhängig für typische Tiergefahren einstehen. Die Haftung wegen *negligence* ähnelt daher der unerlaubten Handlung nach § 823 Satz 1 BGB.

Die *negligence* Haftung ist kein „tierhalter-spezifischer", sondern vielmehr ein generalklauselartiger Haftungstatbestand. Grundsätzlich schuldet jede Person ihrer Umwelt gegenüber die Beachtung von Sorgfaltsstandards zur Vermeidung von vorhersehbaren Schäden. Da die erfassten Sorgfaltspflichten nicht definiert sind, sondern von den Gerichten auf Einzelfallbasis entwickelt werden[812], gibt es eine unüberschaubare Fülle an Anwendungsbereichen.

bb. Sorgfaltspflichtverletzung (*breach of duty*) und Schaden (*harm*)

Diese Sorgfaltspflicht muss der Verantwortliche verletzt haben, obwohl ihm die Einhaltung zumutbar gewesen wäre. Infolge der Verletzung muss dem Geschädigten ein Schaden entstanden sein. Eine Sorgfaltspflichtverletzung kann daher darin bestehen, dass ein Besitzer seinen Hund auf der Straße frei umherlaufen lässt und

---

811 Prosser/Keeton, § 164.

812 Vgl. *Todd v. State Through Social Services*, 96–3090, p. 8 (La. 9/9/97), 699 So.2d 35, 39, (1997 Louisiana Supreme Court): "Every negligence case must be decided on its own facts and circumstances."

der Hund mit einem Motorradfahrer kollidiert[813]. Auch Trainern und Reitlehrern obliegen Sorgfaltspflichten gegenüber ihren Schülern[814].

cc. Zurechenbarkeit (*direct cause and proximity*)

Zwischen der Pflichtverletzung und dem Schaden muss ein kausaler und zurechenbarer (*foreseeable*) Zusammenhang bestehen. Ein zurechenbarer Zusammenhang (*foreseeability*) fehlt, wenn eine Verletzung eingetreten ist, die so fernliegend war, dass der Anspruchsgegner nicht mit ihr rechnen musste. Ein Zusammenhang bzw. *foreseeabilty* wurde bejaht zulasten eines Betreibers einer Pferderennbahn, der ein Tor auf der Rennstrecke versehentlich offen gelassen hatte, während Pferde auf der Strecke trainiert wurden, mit der Folge, dass eines der Pferde gegen den Willen des Reiters durch das offene Tor stürmte und sich dabei schwer verletzte[815].

b. Beweislast des Verletzten

Der Verletzte muss als Anspruchsteller jede einzelne Voraussetzung der *negligence* Haftung beweisen.

II. Haftung aufgrund von Gesetzen (*statutes*)

In der Mehrzahl der Bundesstaaten werden die oben dargestellten *common law* Regeln zur Haftung für Tiere mittlerweile durch *statutes* ergänzt oder überlagert. Besonders verbreitet sind so genannte *strict liability statutes*, welche die strikte *common law* Haftung für Tiere in Gesetzesform wiedergeben und häufig auch verschärfen. Diese *statutes* spielen eine große Rolle bei Hundebissen, denn gerade bei Hundebissen wurden die Haftungsvoraussetzungen nach den *common law* Tatbeständen (also (i) *strict liability* bzw. *scienter*, auch bekannt als „*one (free) bite rule*“ oder (ii) *negligence*) zum Teil für nicht mehr interessengerecht gehalten, da die erforderliche Kenntnis (*scienter*) oder Sorgfaltspfichtverstöße häufig nur sehr schwer beweisbar sind[816].

So entschied z.B. der Supreme Court von South Carolina in *Hossenlopp v. Cannon*[817], dass der durch einen Hundebiss Geschädigte nicht (mehr) nachweisen müsse, dass ein Hund schon einmal gefährliche Eigenschaften gezeigt hat, denn es sei allgemein bekannt, dass Hunde eine Neigung zum Beißen haben. Es sei angemessener, in solchen Fällen auf den Nachweis der Kenntnis des Halters zu verzichten und für die

---

813 Terral v. Louisiana Farm Bureau Casualty Insurance Co., 892 So. 2d 732 (La. Ct. App. 2005).

814 *Galardi v. Seahorse Riding Club*, 20 Cal. Rptr. 2d 270, 275 (Ct. App. 1993).

815 *Alaimo v. Racetrack at Evangeline Downs*, 893 So. 2d 190 (La. Ct. App. 2005).

816 *State v. Ruisi*, 9 Neb. App. 435, 616 N.W.2d 19 (2000): “...the public policy of the State is that dog owners are held to a very high standard in order to protect the public from injury by dogs.”

817 *Hossenlopp v. Cannon*, 285 S.C. 367, 329 S.E.2d 438 (1985).

Haftung nur an den Biss anzuknüpfen. Der Halter könne sich aber von der Haftung entlasten, wenn er belegt, dass der Hund von dem Geschädigten provoziert wurde. Im Anschluss an die Entscheidung wurde in South Carolina ein *„dog bite statute"* erlassen, das diese strenge Haftung inklusive des Ausschlusses wegen Provozierens des Hundes seither gesetzlich anordnet[818].

Insgesamt 30 Bundesstaaten haben bisher *statutes* eingeführt, die die *scienter* Haftung bzw. *„one bite rule"* entweder abschaffen oder wesentlich ändern[819], indem sie z.B. den Halter stets einer strikten, also verschuldensunabhängigen Haftung unterwerfen, es sei denn, der Geschädigte hat sich selbst nicht rechtmäßig verhalten und z.B. den Hund provoziert. Vier weitere Bundesstaaten und der District of Columbia haben zwar *statutes* erlassen, die die *scienter* Haftung kodifizieren oder nur geringfügig, z.B. durch Beweiserleichterungen, modifizieren[820]. Nur 16 überwiegend ländlich geprägte Bundesstaaten haben keine *statutes* erlassen und halten an der *common law* Haftung wegen *scienter* oder *negligence* fest[821].

Die Bundesstaaten, in denen *strict liability statutes* existieren, haben gemeinsam, dass dort die *scienter* Haftung für bestimmte Fälle durch die *strict liability* überlagert

818 S.C.Code of Laws § 47-3-110 (1987).

819 Alabama (§ 3 - 6 -1 Code of Alabama (1975)), Arizona (Arizona Rev. Stats. § 11-1020 (für Schäden durch freilaufende Hunde) und § 11-1025 (für Schäden durch Hundebisse)), Kalifornien (California Civil Code § 3342), Colorado (Col. Rev. Stats. § 13-21-124), Connecticut (General Statutes § 22- 357), Delaware (DE ST TI 9 § 913), Florida (Florida Stats. Chapter 767.04), Illinois (510 ILCS 5/16), Indiana (Ind. Code 15-20-1-3), Iowa (I. C. A. § 351.28), Kentucky (KRS § 258.235), Louisiana (LA C.C. Art. 2321), Maine (7 M.R.S.A. § 3961), Massachusetts (General Laws of Massachusetts, Ch. 140 § 155), Michigan (Mich. Comp. Laws Ann., sec. 287.351), Minnesota (Minn. Stats. Ann. § 347.01 und § 347.22), Missouri (R.S.MO. 273.036), Montana (MCA 27-1-715 und 81-7-402), Nebraska (NE Rev. St. § 54-601), New Hampshire (N.H. Rev.Stat. 466:19), New Jersey (N.J. Permanent Stat. § 4:19-16), Ohio (Ohio Rev. Code § 955.28), Oklahoma (4 Okl. St. Ann. § 41 bis 47), Pennsylvania (3 P.S. § 459- 501-A bis § 459-507-A), Rhode Island (RI Gen. Laws § 4-13-16), South Carolina (S.C.Code of Laws § 47-3-110), Utah (Utah Stats. § 18-1-1), Washington (RCW § 16.08.40), West Virginia (WV Code § 19.20.13), Wisconsin (Wis. Stat. Ann., § 174.02).

820 Georgia (Ga. Code Ann. § 51-2-7), Hawaii (HRS § 663-9), New York (NY AGRI & MKTS § 121), Tennessee (T.C.A. § 44-8-413); District of Columbia (DC ST § 8-1080 und § 8-1812): Hier begründen die *statutes* nur dann Ansprüche, wenn die Schädigung durch ein Tier erfolgt ist, das aufgrund fahrlässigen Verhaltens des Halters frei umherläuft bzw. entlaufen ist. Nur dann muss der Geschädigte nicht nachweisen, dass das Tier *dangerous prospensities* hatte, um so Anreize für eine sichere Verwahrung von Tieren, speziell von Hunden, zu schaffen.

821 Alaska, Arkansas, Idaho, Kansas, Maryland, Mississippi, Nevada, New Mexico, North Carolina, North Dakota, Oregon, South Dakota, Texas, Vermont, Virginia, Wyoming; meist existieren aber *statutes*, die zumindest strafrechtliche Konsequenzen für die Halter beißender Hunde anordnen, vgl. V. T. C. A., Health & Safety Code § 822.005.

ist. Das frühere Verhalten des Tieres bzw. Hundes ist dann für die Haftung des Halters meist irrelevant. Auch ein Nachweis von *negligence* des *owners* ist nicht erforderlich. Die *common law strict liability* bzw. *scienter* Haftung besteht aber in der Regel neben der *statutory strict liability* fort[822].

Die *strict liability statutes* können nach der Reichweite ihrer Anwendungsbereiche in drei Kategorien eingeteilt werden. So gibt es *statutes*, die (i) nur die Haftung für Bisse oder Angriffe von Hunden regeln (*dog bite statute*), (ii) auf die Haftung für Hunde beschränkt sind (*dog liability law*) oder (iii) für jegliche Schäden durch Haustiere (*domestic animals*) die Haftung anordnen (*animal control act*).

Weitere Unterschiede bestehen in Bezug auf das Schadenserfordernis. Häufig gelten die *statutes* nur für die Angriffe auf bzw. Verletzung von Personen. So hatte ein Reiter in Oklahoma, der von seinem Pferd stürzte, als dieses von einem Hund angegriffen wurde und scheute, keine Ansprüche gegen den Hundehalter nach dem *statute*, da der Hund keine Person, sondern nur ein anderes Tier (nämlich das Pferd) angegriffen hatte[823]. In Pennsylvania[824] and Colorado[825] z. B. gelten die *statutes* sogar nur für besonders schwere Bissverletzungen. In Maine haftet der Halter oder Eigentümer nur für Schäden, die sein Hund außerhalb des Grundstücks des Halters verursacht. In Indiana können sich nur solche Personen auf die *statutory strict liability* berufen, die sich zur Zeit des Bisses an einem Ort befanden, den sie „zur Ausführung einer gesetzlichen Pflicht aufsuchen mussten“[826], also in erster Linie zugunsten von Briefträgern. Außerhalb dieser Fälle gilt in Indiana weiterhin die (widerlegbare) Vermutung aus dem *common law*, dass Hunde ungefährlich sind[827].

Die *statutes* weichen auch im Umfang des Schadensersatzes voneinander ab. So ist der *owner* nach dem Colorado *statute* nur für Vermögensschäden (*economic losses*) strikt haftbar, nicht aber für immaterielle Schäden wie Schmerzen oder Schockschäden, welche gesondert unter den Voraussetzungen der *common law strict liability* geltend werden können. In New York umfasst der Schadensersatz nach den *statutes* nur Arztkosten. Weitergehende Schäden müssen hier ebenfalls nach den *common law* Regeln – mit der damit verbundenen gegebenenfalls Beweislast für die Kenntnis des Halters – geltend gemacht werden.

Auch die Haftungsausschlussgründe variieren von Staat zu Staat. In den meisten Bundesstaaten kann sich der *owner* gegen die Haftung mit den anerkannten Einwänden verteidigen, auch wenn diese Einwände nicht speziell im *statute* erwähnt sind[828]. Andere Staaten sehen fast keine Haftungsausnahmen vor. So gelten bei

---

822 *Warner v. Wolfe* (1964) 176 Ohio St 389, 27 Ohio Ops 2d 356, 199 NE2d 860.

823 4 Okl. St. Ann. § 42.1. *Nickell v. Sumner*, 1997 OK 101, 943 P.2d 625 (Okla. 1997).

824 3 P.S. § 459–501-A through § 459–507-A, "Dangerous Dog Statute".

825 Col. Rev. Stats. § 13-21-124.

826 Ind. Code 15–20-1–3.

827 *Cook v. Whitsell-Sherman*, 796 N.E.2d 271 (Ind. 2003).

828 vgl. *Howard v. Allstate Insurance Co.*, 520 So.2d 715 (La. 1988); *Ambort v. Nowlin*, 709 S.W.2d 407 (Ark. 1986); *Budai v. Teague*, 515 A.2d 822 (N.J. Super.L. 1986); *Malott v. Hart* (1988, 3d Dist) 167 Ill App 3d 209, 118 Ill Dec 69, 521 NE2d 137.

Hundebissen in Arizona[829], Connecticut[830], Florida[831] Montana[832] und Ohio[833] nur die ausdrücklich erwähnten Einwände, wie Provokation des Tieres und *trespass*, während andere anerkannte Einwände wie *assumption of risk* oder *comparative negligence* ausgeschlossen sind. Im Bundesstaat Florida wurde ein spezieller Haftungsausschlussgrund geschaffen. Hier kann der Halter nämlich durch das Aufstellen von gut lesbaren Warnschildern mit der Aufschrift „Bad Dog" der *statutory strict liability* entgehen[834]. Andere *statutes* erfordern, dass sich der Anspruchsteller zunächst in Bezug auf ein vermutetes eigenes Verschulden entlastet und z. B. wie in Massachusetts[835] und Minnesota[836] gefordert nachweist, dass er keinen *trespass* oder ein anderes *tort* begangen hat und den Hund auch nicht provoziert hat. In Louisiana muss der Geschädigte nachweisen, dass der Unfall vermeidbar war[837].

Insgesamt bleibt festzuhalten, dass *statutes* bei der Haftung für Tiere im amerikanischen Recht mittlerweile eine große Rolle spielen und Haftungsfragen nicht mehr nur auf Basis des *common law* beantwortet werden können. Durch die *statutes* gewinnt – jedenfalls bei der Haftung für Hunde – die *strict liability* an Relevanz. Viele *statutes* ordnen eine Haftung des Halters an, unabhängig davon, ob dieser Kenntnis von gefährlichen Eigenschaften seines Tieres hatte. Die Halterhaftung wird daher zum Teil als *absolute liability* beschrieben. Dies erleichtert die Rechtsverfolgung für die Geschädigten – jedenfalls, sofern es sich um Geschädigte handelt, die unfreiwillig mit dem Tier in Kontakt gekommen sind. Hat sich der Geschädigte freiwillig in die Nähe des Tiers begeben und hatte er im Zeitpunkt der Schädigung das Tier unter seiner Kontrolle, greifen die *statutes* in der Regel nicht, da hier häufig von

---

829 *Massey v. Colaric*, 151 Ariz. 65, 725 P.2d 1099 (1986).

830 *Duell v. Coyle*, 22 Conn Supp 332, 171 A2d 427 (1961).

831 *Donner v. Arkwright-Boston Mfrs. Mut. Ins. Co.*, 358 So 2d 21 (1978) (construing Florida Statute § 767.01); *Rattet v. Dual Secur. Systems, Inc.*, (Fla App D3) 373 So 2d 948 (1979), (Fla) 447 So 2d 887, *Porter v. Allstate Ins. Co.* (Fla App D5) 497 So 2d 927, 11 FLW 2366 (1986).

832 vgl. *Stroop v. Day*, 271 Mont. 314 (1995); siehe auch *Quellos v. Quellos*, 643 N.E.2d 1173 (Ohio Ct. App. 1994); *Massey v. Colaric*, 725 P.2d 1099 (Ariz. 1986); *Seim v. Garavalia*, 306 N.W.2d 806, 811- 12 (Minn. 1981); *Nicholes v. Lorenz*, 237 N.W.2d 468 (Mich. 1976).

833 *Pulley v. Malek*, 25 Ohio St 3d 95, 25 Ohio BR 145, 495 NE2d 402 (1986).

834 Florida Stats. Chapter 767.04; *Stickney v .Belcher Yacht, Inc.* (1983, Fla App D3) 424 So 2d 962 und (Fla) 450 So 2d 1111; vgl. aber auch *Flick v. Malino* (1979, Fla App D5) 374 So 2d 89, wonach ein Hinweisschild die Haftung gegenüber einem 3-jährigen Kind, das nicht lesen kann, wohl nicht ausschließen dürfte; auch greift der Haftungsausschluss durch ein Warnschild dann nicht, wenn der Hundehalter seine Besucher bittet, dass Schild zu ignorieren, da der Hund sicher verwahrt sei, *Noble v. Yorke*, 490 So. 2d 29 (Fla. 1986).

835 Vgl. *Sullivan v. Ward*, 304 Mass. 614, 615–616; *Curran v. Burkhardt*, 310 Mass. 466, 467; *Rossi v. DelDuca*, 344 Mass. 66, 69.

836 Minn. Stats. Ann., § 347.22.

837 *Pepper v. Triplet*, 864 So.2d 181 (La. 2004).

einer Risikoübernahme (*assumption of risk*) ausgegangen wird. So konnte sich z. B. ein Geschädigter, der aus Gefälligkeit den Hund des Anspruchsgegners ausführte, nicht auf das statute berufen[838]. Gleiches galt für eine Reiterin, die von einem Pferd fiel, weil es scheute.[839]

Die Haftungsform ähnelt in diesen Fällen stark der deutschen Gefährdungshaftung nach § 833 Satz 1 BGB, wobei Auslegungsfragen, z. B. hinsichtlich der Art und Weise der erforderlichen Schädigung anders als im deutschen Recht aufgrund der für angloamerikanische Gesetzestechnik typischen ausführlichen Legaldefinitionen eine untergeordnete Rolle spielen.

Schaut man sich die diversen *statutes* im Detail an, sind große Unterschiede zwischen den Bundesstaaten in Bezug auf Anwendungsbereich, Haftungsvoraussetzungen, Haftungsausschlussgründe und Umfang des Schadensersatzes feststellbar. Neben den *statutes* bleiben die *common law* Anspruchsgrundlagen jedoch anwendbar. Greift also ein *statute* nicht oder deckt es einen spezifischen Schaden nicht ab, kann der Geschädigte seine Rechte aufgrund der *common law* Tatbestände weiter verfolgen. Das Haftungsrisiko des Hundehalters ist in der Praxis meist über die *homeowners and renters insurance* Policen der Hundehalter gedeckt. Zudem sind auch in den USA zum Teil Haftpflichtversicherungen für gefährliche Hunde mit Mindestdeckungssummen gesetzlich vorgeschrieben[840].

III. Anspruchskonkurrenz

In den meisten Bundesstaaten[841] hat der Kläger die Möglichkeit, sowohl aus *negligence* als auch aus *strict liability* zu klagen (*dual approach* oder *two pronged*

838 *Hassell v. Wenglinski* (1993), 243 Ill.App.3d 398, 183 Ill.Dec. 807, 612 N.E.2d 64.

839 *Meyer v. Naperville Manner*, 262 Ill.App.3d 141, 199 Ill.Dec. 572, 634 N.E.2d 411: „There is no legal or policy justification for extending the protection of the Act to a rider of a horse. Once the rider mounts the horse, the rider is no longer a bystander or observer but is someone who has asserted dominion over the animal and is an active partner with the animal in recreational activity. The rider assumes control and responsibility for the horse. While a cause of action may be stated under other theories of liability, there is none under the Act."; *Ennen v. White*, 232 Ill.App.3d 1061, 1066, 174 Ill.Dec. 219, 598 N.E.2d 416 (1992).

840 Vgl. Cleveland, Ohio, Codified Ordinances § 604.04(a).

841 Vgl. *Jividen v. Law*, 461 S.E.2d 451 (Ct. App. W.Va. 1995) m.w.N. insbesondere auf: *DeRobertis v. Randazzo*, 462 A.2d 1260, 1266 (N.J. 1983): "If either the dog is not vicious or the owner does not know of its vicious propensities, then negligence, not absolute liability, applies."; *Dunnings v. Castro*, 881 S.W.2d 559, 562 (Tex. Ct. App. 1994): "Dunnings contends that even though the court found the bull was not vicious and did not display any tendency to be vicious, it did not preclude the court from considering whether there was any negligence on the part of the employer. We agree with Dunnings' analysis."; *Loder v. State*, 607 N.Y.S.2d 151, 153 (N.Y. App. Div. 1994); *Drake v. Dean*, 19 Cal. Rptr. 2d 325, 330 (Cal. Ct. App. 1993):"The common law recognizes negligence as a distinct legal theory of recovery for harm

approach). Eine Klage wegen *negligence* bietet gegenüber Ansprüchen aus der *common law* (nicht *statutory*) *strict liability* den Vorteil, dass der Kläger bei der Klage aus *negligence* die Kenntnis bzw. vorwerfbare Unkenntnis des *owners* von den gefährlichen Eigenschaften des Tieres nicht nachweisen muss. In Bundesstaaten, die eine „*modern strict liability*“ also *strict liability* aufgrund von *statutes* (für Hunde) eingeführt haben, dürfte die Bedeutung der *negligence claim* hingegen in den Hintergrund getreten sein.

IV. Zwischenergebnis

Nach dem *common law* haften Halter von wilden Tieren verschuldensunabhängig. Gleiches gilt für Halter von einheimischen, domestizierten Tieren, die besonders gefährliche Eigenschaften aufweisen, welche dem Halter nachweislich bekannt sind oder bekannt sein müssen (*scienter*). Im Übrigen haftet der Halter nur dann für Schäden, die sein Tier anrichtet, wenn er eine Sorgfaltspflicht verletzt hat. Eine mit § 833 Satz 1 BGB vergleichbare verschuldensunabhängige Haftung im U.S. amerikanischen Recht besteht daher nur für wilde Tiere bzw. besonders gefährliche einheimische Tiere. Die Praxisrelevanz der strikten *common law* Haftung für *wild animals* ist aufgrund der geringen Verbreitung wilder Tiere deutich geringer, als die der *scienter* Haftung für *domestic animals*. Aber auch die *scienter* Haftung kommt selten zur Anwendung. Denn häufig stehen Halter und Geschädigter nicht einer persönlichen Beziehung zueinander, so dass es dem Geschädigten nicht gelingt, dem Halter eines einheimischen Tieres die erforderliche Kenntnis der gefährlichen Eigenschaften seines Tieres nachzuweisen. Unter den *common law* Haftungstatbeständen bei der Haftung für Tiere hat daher *negligence* die größte Bedeutung.

B. Grenzen der Haftung

I. Allgemeine Haftungsausschlüsse und Haftungsbegrenzungen

Das amerikanische Recht kennt eine Vielzahl von rechtlichen Verteidigungsmitteln (*defenses*), die zum Ausschluss oder zur Begrenzung einer Haftung führen können. Auch im amerikanischen Recht hat ein Beitrag des Verletzten einen großen Einfluss auf die Haftung für Tiere.

caused by domestic animals that are not abnormally dangerous.“; *Trager v. Thor*, 516 N.W.2d, 69, 75 (Mich. 1994): “Negligence actions in domestic animal injury cases have been recognized by the Court of Appeals, usually as an alternative theory of liability to a strict liability claim when scienter cannot be shown.“; *Arnold v. Laird*, 621 P.2d, 138, 140 (Wash. 1980): “[We have never held that]... there cannot be both an action based upon negligence and one based upon common law “strict liability”.

1. Risikoübernahme (primary assumption of risk)

Nach der *Doctrine of Primary Assumption of Risk*, einer Regel des *common law*, sind Ansprüche des Geschädigten vollständig ausgeschlossen sind, wenn der Geschädigte gegenüber dem Schädiger ausdrücklich oder konkludent auf die Erfüllung von Sorgfaltspflichten verzichtet, und sich später genau jenes Risiko verwirklicht, das durch die Beachtung der Sorgfaltspflichten minimiert werden sollte. Die *doctrine* ist sowohl auf Ansprüche aus *statutory strict liability*[842], *strict liability*[843] als auch auf Ansprüche wegen *negligence*[844] anwendbar und kann diese ausschließen. Die *doctrine* ist vergleichbar dem Einwand des Handelns auf eigene Gefahr nach deutschem Recht, nach dem Ansprüche des Geschädigten ebenfalls ausgeschlossen sein können, wenn er Risiken erkennt und bewusst in Kauf nimmt.

Die *doctrine* kommt häufig bei Ersatzansprüchen im Zusammenhang mit der Teilnahme an gefährlichen Tätigkeiten oder Sportarten[845], insbesondere bei Reitunfällen[846] zur Anwendung:

> "Under the doctrine of primary assumption of risk, a person who voluntarily participates in a sporting activity generally consents, by his or her participation, to those injury-causing events, conditions, and risks which are inherent in the activity [...]. Risks inherent in a sporting activity are those which are known, apparent, natural, or reasonably foreseeable consequences of the participation. An assessment of whether a participant assumed a risk depends on the openness and obviousness of the risks and the participant's skill, experience, and conduct under the circumstances."[847]

Nach der *doctrine* wird die Einwilligung eines Teilnehmers einer sportlichen Aktivität in jene Risiken konstruiert, die typischerweise mit der Aktivität verbunden sind. Der potenzielle verantwortliche Schädiger schuldet dem Teilnehmer daher meist keine spezielle Sorgfalt, mit Ausnahme der Pflicht, typische und unvermeidbare Risiken nicht grob fahrlässig zu erhöhen[848].

Insbesondere bei Reitunfällen wird die *doctrine* herangezogen, um das Dilemma zwischen der grundsätzlich bestehenden Verantwortlichkeit des *keepers* einerseits

---

842 *Swerdfeger v. Krueger* (1960) 145 Colo 180, 358 P2d 479.

843 Vgl. *Adams v. Lewis*, No. G031197, 2004 WL 2192336 (Cal. Ct. App. Sept. 30, 2004).

844 Vgl. *Nelson v. Landbroke Racing Corp.*, No. A106855, 2005 WL 995554 (Cal. Ct. App. April 2005).

845 Vgl. *Knight v. Jewett* (1992) 3 Cal.4th 296, 311.

846 *La Sans Kirkland v. Raleigh Hall*, Supreme Court, Appellate Division, Second Department, New York. 2007 WL 678362, March 6, 2007; *Daniel v. Cambridge Mut. Fire Ins. Co.*, 368 So. 2d 810, 814 (La. Ct. App. 1979).

847 *Johnson v. City of New York*, 2009 WL 4282859 (N.Y. Sup. Ct. Nov. 30, 2009 – unveröffentlicht).

848 *Kahn v. East Side Union High School Dist.*, (2003) 31 Cal.4th 990, 1005: "[A] purveyor of recreational activities owes a duty to a patron to not increase the risks inherent in the activity in which the patron has paid to engage [...]." (Haftung des Schwimmlehrers).

und dem bewussten Eingehen bestimmter Risiken durch den Reiter andererseits, aufzulösen. Demnach wird das Risiko, z.B. von einem Pferd zu fallen, als typisches Reitsportrisiko erachtet, mit der Folge, dass Ansprüche des verletzten Reiters infolge der freiwilligen Risikoübernahme in der Regel vollständig ausgeschlossen sind[849]. Beruft sich der verantwortliche *keeper* zu seiner Verteidigung auf den Einwand *assumption of risk*, muss er zum einen nachweisen, dass der Geschädigte Kenntnis von den Risiken hatte. Zum anderen muss er belegen, dass die Verletzung auf der Verwirklichung des übernommenen Risikos beruhte.

Ob der Einwand der *assumption of risk* den Haftungsanspruch abwehrt, hängt auch davon ab, wie erfahren der Geschädigte ist. Einem Reitanfänger wird eine konkludente *assumption of risk* in der Regel nicht entgegengehalten werden können.

In *Lipari v. Babylon Riding Center, Inc.*[850] nahm der Kläger ohne jegliche Reiterfahrung an einem geführten Ausritt teil, der vom späteren Beklagten organisiert wurde. Der Kläger hatte zuvor angegeben, dass er keine Reiterfahrung habe. Die Reitergruppe sollte von zwei Berittführern beaufsichtigt werden. Während des Ausritts fühlte sich der Kläger unsicher und bat einen der zwei Berittführer wiederholt umzukehren. Dies wurde abgelehnt. Später scheute das Pferd und der Kläger stürzte und verletzte sich. Zum Zeitpunkt des Sturzes ritten beide Berittführer am Kopf der Gruppe etwa drei Pferdelängen vom Pferd des Klägers entfernt.

Die Klägerin verklagte den Reitstallbetreiber auf Schadensersatz. Der Einwand des Beklagten bzgl. einer *assumption of risk* wurde vom Gericht verworfen, da der beklagte Reitstall nicht dargelegt hatte, dass der Kläger als Reitanfänger das erhöhte Risiko eines unbeaufsichtigten Ausritts in Kauf genommen habe[851]. Der Kläger hatte nach Auffassung des Gerichts nur die Risiken eines beaufsichtigten Ausritts akzeptiert. Zwar hätte er dadurch grundsätzlich auch das Risiko akzeptiert, von einem scheuenden Pferd zu stürzen. Da die Berittführer den Reitanfänger nach Auffassung des Gerichts aber unter Verstoß gegen anerkannte Regeln handelten, weil sie einen Reitanfänger pflichtwidrig unbeaufsichtigt am Ende der Gruppe hat reiten lassen, hat sich nach Auffassung des Gerichts das Risiko eines unbeaufsichtigten Ausritts und somit ein gegenüber dem eingegangenen Risiko erhöhtes Risiko eines Sturzes verwirklicht, auf das der Kläger nicht hingewiesen wurde. Hätten sich die Berittführer pflichtgemäß verhalten, indem ein Berittführer stets an der Seite des Klägers geblieben wäre, hätte dieser das Pferd beim Scheuen beruhigen und dem Kläger Instruktionen für das richtige Verhalten geben können, wodurch der Sturz hätte eventuell verhindert werden können.

Der Fall *Lipari v. Babylon Riding Center, Inc.* zeigt daher, dass der Erfahrungsstand des Geschädigten Einfluss auf die Bejahung einer Risikoübernahme hat. Je weniger

849 Eslin v. County of Suffolk, 18 AD3d 698, 699 (NY App. 2005); Kinara v Jamaica Bay Riding Academy, Inc., 11 A.D 3d 588; Becker v. Pleasant Val. Farms, 261 A.D.2d 427; Freskos v. City of New York, 243 A.D.2d 364.

850 *Lipari v. Babylon Riding Center, Inc.*, 796 N.Y.S.2d 632 (App. Div. 2005).

851 *Lipari v. Babylon Riding Center, Inc.*, 796 N.Y.S.2d 632 (App. Div. 2005).

Reiterfahrung ein geschädigter Reiter hat, umso zurückhaltender sind die Gerichte mit der Annahme einer Risikoübernahme (*assumption of risk*). Einem erfahrenen Reiter wird dagegen schnell die erforderlich Kenntnis der gewöhnlichen Gefahren des Reitens und damit auch die Risikoübernahme unterstellt, so geschehen in der unveröffentlichen Entscheidung *Tilson v. Russo*[852]. Hier wollte die Klägerin (eine erfahrene Reiterin) ein Pferd des beklagten Reitstalls zum Training nutzen und wurde von dem Pferd gebissen. Eine *negligence* Klage gegen die Eigentümer des Pferdes hatte jedoch keinen Erfolg, da sie nach Ansicht des New Yorker Berufungsgerichts mit dem Reiten verbundene Risiken in Kauf genommen hatte.

Andererseits verdeutlicht *Lipari v. Babylon Riding Center, Inc.*, dass einem Geschädigten – insbesondere wenn er freiwillig eine Sportart ausübt, die typische unvermeidbare Risiken birgt – *assumption of risk* nicht entgegengehalten werden kann, wenn diese typischen Risiken durch menschliches sorgfaltswidriges Handeln erhöht wurden[853]. Denn der Geschädigte nimmt zwar typische Risiken in Kauf nimmt, er verzichtet aber gerade nicht auf die Einhaltung der gebotenen Sorgfalt zur Kontrolle dieser Risiken, soweit diese kontrollierbar sind. Bei auch nur einem Sorgfaltsverstoß des Verantwortlichen kann ihm der Einwand bereits verwehrt sein. Die Relevanz des Verteidigungsmittels *primary assumption of risk* in einem Rechtsstreit ist daher eher gering und es verbleibt grundsätzlich ein hohes Haftungsrisiko bei dem Verantwortlichen bzw. dem Tierhalter.

2. *Mitverursachung* (secondary assumption of risk – contributory negligence)

Ein weiterer möglicher Einwand gegen die Haftung des *keepers* ist *contributory negligence.* Im Unterschied zur *(primary) assumption of risk* bezieht sich der Einwand nicht auf das Inkaufnehmen von erkannten Risiken sondern auf einen Verursachungsbeitrag des Geschädigten. Er ist vergleichbar mit dem deutschen Mitverschuldenseinwand gemäß § 254 BGB und ermöglicht es, Beitrag des Verletzten an der Verursachung des entstandenen Schadens zu berücksichtigen. Der Einwand ist daher nicht per se gesperrt, wenn der Anspruchsgegner, also der *keeper*, eine ihm obliegende Sorgfaltspflicht verletzt und dadurch Risiken erhöht hat. C*ontributory negligence*, kann daher die *negligence* Ansprüche gegen den *keeper* trotzdem begrenzen oder ganz ausschließen. Der Einwand wurde daher auch *secondary assumption of risk* genannt.

852 *Tilson v. Russo* N.Y.S.2d, 2006 WL 1703632 (N.Y.A.D. 3 Dept.) 2006 N.Y. Slip Op. 05070, Vgl. auch *Stanislav v. Papp*, 2009 WL 2929772 (N.Y.Sup.Ct.Sept. 9, 2009; aff'd 911 N.S.S.2d 60 (2010)): "As a person with experience riding horses, plaintiff was aware that the risks of falling from a horse or a horse acting in an unintended manner are inherent in the sport."; *Johnson v. City of New York*, 2009 WL 4282859 (N.Y. Sup. Ct. Nov. 30, 2009 – unveröffentlicht).

853 Vgl. *Azad v. Mill Creek Equestrian Ctr., Inc.*, B169611, 2004 WL 2850009 (Cal. Ct. App. Dec. 13, 2004).

Ähnlich wie die *(primary) assumption of risk* führte der Mitverschuldenseinwand nach der *pure contributory negligence doctrine* fast immer zu einem vollständigen Verlust der Ersatzansprüche des Geschädigten. Im Laufe der Jahre wurde das Alles-oder-Nichts-Prinzip der *pure contributory negligence doctrin* jedoch als zu drakonisch empfunden. Seit Mitte des 20. Jahrhunderts hat sich aufgrund diverser *tort law reforms* die Ansicht durchgesetzt, dass ein Mitverschulden des Geschädigten in der Regel nur zu einer Kürzung des Anspruchs – und nur bei ganz überwiegendem Mitverschulden zu einem vollständigen Ausschluss – führen sollte[854]. Anderenfalls ist der Ersatzanspruch des Geschädigten entsprechend seinem Verursachungsbeitrag zu kürzen. Zur Abgrenzung des neuen Quotenteilungsprinzips gegenüber dem früheren Alles-oder-Nichts-Prinzip wird der Begriff *comparative negligence* verwendet[855].

In 46 US-Bundesstaaten gilt derzeit die *comparative negligence doctrine.* Die Anwendung der Doktrin ist jedoch nicht einheitlich. In 13 der 46 Bundesstaaten wird der *pure comparative negligence* Ansatz verfolgt, das heißt, jegliches Mitverschulden wird nur anteilig berücksichtigt[856]. Die restlichen 33 Bundesstaaten wenden ein *modified comparative fault* System an, das heißt, dass der Geschädigte ab einem Mitverschuldensanteil von 50%[857] bzw. 51%[858] sämtliche Ansprüche verliert. Nur vier Bundesstaaten, nämlich Alabama[859], Maryland[860], North Carolina[861]

---

854 Vgl. *Looschelders*, S. 97 f., m.w.N.

855 *Prosser/Keeton*, Torts §§ 65, 67.

856 Alaska, Arizona, Kalifornien, Florida, Kentucky, Louisiana, Mississippi, Missouri, New Mexico, New York, Rhode Island, South Dakota und Washington.

857 Arkansas, Colorado, Georgia, Idaho, Kansas, Maine, Nebraska, North Dakota, Oklahoma, Tennessee, Utah und West Virginia wenden die 50% Regel an.

858 Connecticut, Delaware, Hawaii, Illinois, Indiana, Iowa, Massachusetts, Michigan, Minnesota, Montana, Nevada, New Hampshire, New Jersey, Ohio, Oregon (*Brown v. Link Belt Corp.*, 565 F2d 1107 (1977)), Pennsylvania, South Carolina, Texas, Vermont, Wisconsin und Wyoming folgen der 51% Regel.

859 Vgl. Alabama, vgl. *Williams v. Delta Int'l Machinery Corp.*, 619 So.2d 1330, 1333 (Ala. 1993): "[after] exhaustive study and these lengthy deliberations, the majority of this Court, for various reasons, has decided that we should not abandon the doctrine of contributory negligence, which has been the law in Alabama for approximately 162 years.".

860 Board of County Commissioners of Garrett County Maryland v. Bell Atlantic Maryland, Inc., 695 A.2d 17 (Md. 1997): "Under Maryland law, contributory negligence of a plaintiff will ordinarily bar his, her, or its recovery. Contributory negligence is that degree of reasonable and ordinary care that a plaintiff fails to undertake in the face of an appreciable risk which cooperates with the defendant's negligence in bringing about the plaintiff's harm."

861 N.C.Gen.Stat. § 99–4(3); zwar wurde im Sommer 2011 im Zuge des Tort Reform Act ein Gesetzesentwurf über die Einführung der pure *comparative negligence* eingebracht (Bill H732), der aber soweit ersichtlich nicht verabschiedet wurde, http://www.ncga.state.nc.us/gascripts/BillLookUp/BillLookUp.pl?Session=2011&BillID=H732&submitButton=Go.

und Virginia[862], sowie der District of Columbia[863] lehnen *comparative negligence* grundsätzlich ab und halten an der *contributory negligence* fest.

Uneinigkeit besteht zwischen den Bundesstaaten auch zu der Frage, ob ein Mitverschulden des Geschädigten zu einem teilweisen oder vollständigen Ausschluss der Haftung aus *strict liability* führen kann. Nach der traditionellen, nicht durch *statutes* modifizierten *common law strict liability* galt die *conributory negligence* im Gegensatz zur *assumption of risk* nicht als Anspruchshindernis[864]. Denn wenn es nach der *strict liability* für die Haftung nicht auf ein Verschulden des Halters ankommt, soll auch ein Mitverschulden des Verletzten nicht entlastend berücksichtigt werden[865]. Die Berücksichtigung des Mitverschuldens bei einer verschuldensunabhängigen Haftung bzw. die Gewichtung der Haftungsbeiträge käme nach Einsicht einzelner Gerichte einem Vergleich zwischen Äpfeln und Birnen gleich[866]. Insbesondere bei der Produkthaftung erscheint es einigen unbillig, die Gefährdungshaftung zu begrenzen, da der Produkthersteller doch vielfältige Möglichkeiten hat, die Kosten der Haftung innerhalb der Herstellerkette zu verteilen[867]. Dagegen wird eingewendet, dass *strict liability* keine *absolute liability*, also keine Garantie- oder Verursachungshaftung und der aus *strict liability* Haftende kein "Versicherer" sein solle[868]. Es sei gerecht, dass das Schadensrisiko wegen Mitverschuldens von demjenigen zu tragen sei, der es verursacht habe, nämlich dem Geschädigten[869].

Die Gerichte der Bundesstaaten sind nach wie vor in dieser Frage gespalten. Während in den meisten Bundesstaaten die Gerichte etwa seit Mitte des 20. Jahrhunderts der Auffassung sind, dass der Mitverschuldenseinwand gegen *strict liability* zulässig ist (z.B. in Kalifornien[870], Wisconsin[871], New Hampshire[872], Rhode Island[873],

---

862 *Baskett v. Banks*, 45 S.E.2d 173 (Va. 1947).

863 Wingfield v. People's Drug Store, 379 A.2d 685.

864 Restat. 2d of Torts, § 515 (1).

865 Restat. 2d of Torts, § 515 (1), comment (b): "Since the strict liability of the possessor of an animal is not founded on negligence, the ordinary contributory negligence of the plaintiff is not a defense to the action."

866 Vgl. *St. Claire Hospital v. Schmidt*, 148 Wis. 2d 750, 759, 437 N.W. 228 (Ct. App. 1989): "Indeed, comparing strict liability and negligence 'is ... comparing apples and oranges, for [strict liability] is based upon the public-policy premise that a seller is socially responsible for what he [or she] puts into the stream of commerce irrespective of [the] degree of care.' On the other hand, negligence is based upon a theory of fault."

867 *Schwartz*, S. 179 m.w.N.

868 *Dippel v. Sciano*, 37 Wis.2d 443, 155 N.W.2d 55 (1967): "Strict liability, however, was not intended to be absolute liability, nor did it make sellers insurers."

869 Schwartz, S. 179 m.w.N.

870 *Daly v. General Motors Corp.*, 20 Cal. 3d 725 (1978).

871 *Austin v. Ford Motor Co.*, 86 Wis. 2d 628, 273 N.W.2d 233 (1979).

872 *Hagenbuch v. Snap-On Tools Corp.*, 339 F. Supp. 676 (D.N.H. 1972).

873 *Ritter v. Narragansett Elec. Co.*, 109 R.I. 176, 191, 283 A.2d 255, 263 (1971).

Arkansas, Maine, Mississippi, Hawaii[874], Louisiana[875]), lehnen andere Bundesstaaten dies ab[876]. Ob der Mitverschuldenseinwand gegenüber der strikten Haftung für Tiere zulässig ist oder nicht, kann nicht verallgemeinert werden und ist letztlich – je nach Bundesstaat – im Einzelfall für die jeweilige Haftungssituation anhand des Wortlauts der existierenden *comparative negligence statutes* sowie anhand der einschlägigen haftungsbegründenden *strict liability statutes*[877] zu prüfen.

Der Begriff *(secondary) assumption of risk* wird heute in vielen Bundesstaaten gemieden, da er durch uneinheitliche und widersprüchliche Verwendung mittlerweile für ein ganzes „potpourri“[878] an Konzepten und Doktrinen steht. Dies gilt jedenfalls für die *comparative negligence* Staaten, da sie ein Mitverschulden des Geschädigten als *comparative negligence* nach dem jeweiligen Verursachungsbeitrag berücksichtigen, sodass die *(secondary) assumption of risk* in der *comparative negligence* aufgegangen ist[879]. Allenfalls in den Bundesstaaten, die an der *contributory negligence* Doktrin festhalten, dürfte der Terminus *assumption of risk* noch Bedeutung haben – und zwar im Sinne eines haftungsausschließenden Mitverschuldens des Geschädigten.

3. Zwischenergebnis

Wesentliche Verteidigungsmittel, die dem Verantwortlichen zur Verfügung stehen, beinhalten den Einwand der assumtion of risk sowie der *contributory bzw. comparative negligence.*

Während die *assumption of risk* unter dem Gesichtspunkt der – auch im deutschen Recht bekannten – freiwilligen Risikoübernahme zu einem vollständigen Ausschluss der Haftung führen kann, berücksichtigt die *contributory bzw. comparative*

874 *Chapman v. Brown*, 304 F 2d. 149 (9th Cir.1962).

875 *Hyde v. Chevron U.S.A., Inc.*, 697 F.2d 614, 620 (5th Cir.1983); *Dorry v. Lafleur*, 399 So.2d 559 (La.1981): "Where a plaintiff's negligence contributes to his own damage, there is no reason to ignore his fault in every case simply because the defendant's liability is based on some legal fault other than negligence. Quite to the contrary, the plaintiff's negligence should carry more, not less, consequence when the defendant is strictly liable, but less culpable than the plaintiff. [...] Under what circumstances a plaintiff's contributory negligence should bar his recovery in a strict liability case should be developed on a case by case basis".

876 Siehe Oregon (*Brown v. Link Belt Corp.*, 565 F2d 1107 (1977)).

877 Vgl. das strict liability statute von Wisconsin für Hundebisse (W.S.A. 174.02(1)(a).) wonach contributory negligence ausdrücklich als defense zugelassen ist, siehe auch Fandrey ex rel. Connell *v. American Family Mut. Ins. Co.*, 2004 WI 62, 680 N.W.2d 345 (Wis. 2004).

878 *Blackburn v. Dorta*, 348 So.2d 287, 290 (Fla.1977).

879 Vgl. *Galardi v. Seahorse Riding Club*, 20 Cal. Rptr. 2d 270, 273 (Ct. App. 1993); Li v. Yellow Cab Co.,13 Cal.3d 804, 119 Cal.Rptr. 858, 532 P.2d 1226 (1975), Bulatao v. Kauai Motors, Ltd.,49 Haw. 1, 406 P.2d 887 (1965); *Blackburn v. Dorta*, 348 So.2d 287, 293 (Fla.1977) m.w.N.

negligence einen eigenen Verursachungsbeitrag des Geschädigten – vergleichbar mit dem Mitverschulden nach § 254 Abs. 1 BGB. Je nach Jurisdiktion kann auch dieser Mitverschuldens-Einwand entweder zu einem vollständigen oder nur zu einem teilweisen Verlust des Anspruchs führen.

II. Haftungsausschluss aufgrund von *statutes* (*Equine Activity Statutes & Recreation Statutes*)

Wie bereits einleitend festgestellt, hat sich – ähnlich wie in Deutschland – auch in den USA ein nicht unbeachtlicher Wirtschaftszweig rund um die freizeitmäßige und die professionelle sportliche Nutzung von Pferden entwickelt. Im Zuge dieser Entwicklung wurde es für erforderlich gehalten, die Haftung für Tiere im Bereich des Breitensports zu modifizieren. In mittlerweile 46 Bundesstaaten[880] gelten daher so genannte *Equine Activity Statutes* oder *Equine Activity Liability Acts (EALA)*. Sie beschränken die zivilrechtliche *strict liability* und *negligence* Haftung derer, die *equine activities*, also pferdesportliche Aktivitäten, anbieten bzw. durchführen[881], wie z.B. Pferdehalter und Reitclubs. Die *statutes* regeln im Wesentlichen, dass ein professioneller (nicht zwingend gewerblicher) Anbieter von pferdesportlichen Aktivitäten nicht für Schäden eines Teilnehmers haftet, die dadurch entstehen, dass sich ein typischerweise mit dem Pferdesport verbundenes Risiko, ein so genanntes *inherent risk*, verwirklicht.

1. *Entstehung*

Die Entstehung der *EALA* war bedingt durch eine zunehmend geschädigtenfreundliche Rechtsprechung[882], die in den USA ab den 1960er Jahren generell im *tort law*[883] und insbesondere im Zusammenhang mit sportlichen Unfällen wie Reitunfällen[884] zu verzeichnen war.

Ursprünglich, d.h. bis zu den 1960er Jahren, konnte sich ein Reitstallbetreiber oder ein sonstiger potenzieller Schadensersatzpflichtiger relativ erfolgreich mit dem Einwand der *assumption of risk* oder *contributry negligence* gegen Haftungsansprüche des Geschädigten verteidigen[885], die auf Verletzungen durch pferdesportlichen Aktivitäten beruhten. Dies galt insbesondere dann, wenn sich der Geschädigte freiwillig in die unmittelbare Nähe des Tieres begeben und im Zeitpunkt der Verletzung

880 Seit 2006 gelten sie in 46 Bundesstaaten der USA, jedoch nicht in Kalifornien, Maryland, Nevada und New York; http://tarlton.law.utexas.edu/dawson/ equine/equ_menu.htm; http://www.americanequestrian.com/equinelaws.htm.

881 Vgl. *Centner*, Modifying Negligence Law for Equine Activities in Arkansas, S. 638f.; *Carmel*, S. 160.

882 Vgl. *Centner*, S. 999, 1002; *McEvoy*, S. 201.

883 *Centner*, S. 1002 m.w.N.

884 *Carmel*, S. 157, 167.

885 Restatement of Torts § 496A.

selbst die Kontrolle über das Pferd ausgeübt hatte sowie bereits bei minimalen Verursachungsbeiträgen des Verletzten. Die *assumption of risk* als anspruchshindernde Einrede und die *contributory negligence* als anspruchsvernichtende Einrede führten zu einem vollständigen Verlust der *common law* Ansprüche des Geschädigten. Auf Sorgfaltspflichtverletzungen des Verantwortlichen oder auf dessen Kenntnis von *dangerous prospensities* des Tieres kam es dann nicht mehr an.

Ab den 1960er Jahren setzte sich jedoch wie bereits ausgeführt die Auffassung durch, dass ein vollständiger Ausschluss von Ansprüchen nicht bei jedem Beitrag des Verletzten gerechtfertigt ist und die *pure contributory negligence doctrine* durch *statutes* in eine *pure* bzw. *modified comparative negligence rule* ersetzt werden sollte. Ab diesem Zeitpunkt stieg die Zahl der Haftungsprozesse gegen Reitstallbetreiber bzw. Halter von Pferden, da Geschädigte trotz eigenen Mitverschuldens Schadensersatzzahlungen erwarten konnten. Zudem wurde eine geschädigtenfreundliche Rechtsprechung von einigen Stimmen auch darauf zurückgeführt, dass Richter und Jurymitglieder – wie wohl auch der Großteil der amerikanischen Bevölkerung – nicht mehr über den erforderlichen Sachverstand in Bezug auf typische Verhaltensweisen der Tiere verfügten, um beurteilen zu können, welche typischen Risiken vorhersehbar, aber unvermeidbar sind – und für die der Halter daher nicht einzustehen hat bzw. die vom Reiter in Kauf genommen werden. Es bestand ein Bedürfnis, einen Verantwortlichen auch für gewöhnliche, nicht kontrollierbare Tiereigenschaften zu finden. Die Geschädigten taten sich schwer damit, ein Missgeschick einfach hinzunehmen[886] – ein Umstand, der zum Teil auch auf fehlende oder mangelnde soziale Sicherungssysteme in den USA zurückzuführen ist, die insbesondere bei Unfällen Anreize schaffen, einen Verantwortlichen zu suchen, der z.B. für Heilbehandlungskosten aufkommen soll. Der Rechtsweg dient daher zum Teil auch als Ersatz für staatliche Wohlfahrtsprogramme, während in der europäischen Mentalität der Sinn für Eigenverantwortung für eigene Unfälle ausgeprägter sein dürfte[887].

Die steigende Anzahl der Haftungsfälle bescherte in erster Line den Betreibern von Reitanlagen erhebliche wirtschaftliche Nachteile durch hohe Rechtsschutzkosten und drastisch steigende Versicherungskosten[888]. Versicherungspolicen wurde zum Teil gar nicht mehr ausgestellt[889], sodass viele Pferdehöfe den Betrieb einstellen mussten[890]. Da sich um die Nutzung von Pferden herum ein bedeutender

886 *Centner*, Equestrian Immuity, S. 44, 67.

887 *Centner*, Equestrian Immuity, S. 39 f., 67.

888 *Centner*, S. 997, 999; *Centner*, Equestrian Immunity, S. 48.

889 Vgl. *Amburgey v. Sauder*, 605 N.W.2d 84, 93 (Mich. Ct. App. 1999): "[A]ccording to a 1993 article in the Detroit Free Press, insurance carriers stopped writing policies for horse rental operations from 1985 to 1988."

890 Vgl. *Amburgey v. Sauder*, 605 N.W.2d 84, 93 (Mich. Ct. App. 1999) – in dieser Entscheidung stellte der Michigan Court of Appeals fest, dass mindestens ein Drittel der in Michigan öffentlich zugänglichen Pferdebetriebe in den 1990er Jahren wegen der hohen Versicherungs- und Unterhaltskosten schließen musste.

Wirtschaftszweig entwickelt hatte, bestand ein großes ökonomisches und politisches Interesse daran, die zivilrechtliche Haftung von Anbietern pferdesportlicher Aktivitäten zu begrenzen und damit auch deren Versicherungskosten und Kosten für Rechtsstreitigkeiten zu reduzieren.

Die Gesetzgeber in 46 Bundesstaaten haben daher seit den 1990er Jahren *statutes* erlassen[891], die die Haftung begrenzen und so nicht nur Pferdehalter, sondern generell auch Reitstallbetreiber, Reitsportveranstalter, Reitlehrer etc. vor missbräuchlichen Klagen schützen sollen. Der Zugang der Allgemeinheit zu Pferden (aber auch exotischeren Tieren wie Lamas, die z. B. für Trekking Touren genutzt werden) und zu pferdesportlichen Aktivitäten wird von den jeweiligen Gesetzgebern als schützenswertes Gut bewertet[892]. So enthält beispielsweise das *statute* von Colorado folgende Erklärung des Gesetzgebers zu seinen Motiven:

> *"The general assembly recognizes that persons who participate in equine activities or llama activities may incur injuries as a result of the risks involved in such activities. The general assembly also finds that the state and its citizens derive numerous economic and personal benefits from such activities. It is, therefore, the intent of the general assembly*

891 Für detaillierten Nachweis siehe Anhang; zu den 46 Bundesstaaten gehören: Alabama, Alaska, Arizona, Arkansas, Colorado, Connecticut, Delaware, Florida, Georgia, Hawaii, Idaho, Illinois, Indiana, Iowa, Kansas, Kentucky, Louisiana, Maine, Massachusetts, Michigan, Minnesota, Mississippi, Missouri, Montana, Nebraska, New Hampshire, New Jersey, New Mexico, North Carolina, North Dakota, Ohio, Oklahoma, Oregon, Pennsylvania, Rhode Island, South Carolina, South Dakota, Tennessee, Texas, Utah, Vermont, Virginia, Washington, West Virginia, Wiconsin, Wyoming.

892 Vgl. auch z. B. Kentucky, Kentucky Revised Statutes, Title XXI, Chapter 247.401: "The General Assembly finds that activities involving the use and exhibition of farm animals are engaged in by a large number of citizens of Kentucky and that these activities also attract to Kentucky a large number of nonresidents, significantly contributing to the economy of Kentucky. Since it is recognized that there are inherent risks in working with, exhibiting, and using farm animals which should be understood by participants in farm animal activities and which are essentially impossible for owners of farm animals or sponsors of farm animal activities to eliminate, it is the purpose of KRS 247.401 to 247.4029 to define the areas of responsibility and affirmative acts for which activity sponsors, professionals, and participants shall be responsible, to specify risks of injury for which activity sponsors, professionals, and participants shall not be responsible, and to specify areas of responsiresponsebilities of farm animal participants. Therefore, the General Assembly determines that to preserve and promote the long Kentucky tradition of activities involving farm animals and the health and safety of the citizens of Kentucky and visitors to the Commonwealth of Kentucky, KRS 247.401 to 247.4029 are necessary to instruct persons voluntarily engaging in farm animal activities of the potential risks inherent in the activities."; Mississippi Code, § 95–11-1; Montana, Mont. Code Anno., § 27–1-725 (2003).

to encourage equine activities and llama activities by limiting the civil liability of those involved in such activities.'"[893]

2. Funktion und Voraussetzungen

Die *statutes* modifizieren die *common law* Haftung für *negligence* gegenüber Personen, die an pferdesportlichen Aktivitäten (*equine activities*) teilnehmen[894] und sind sehr ähnlich aufgebaut. Generell soll ein Anbieter oder Veranstalter gegenüber seinen Teilnehmern, nicht für typische, meist unvermeidbare Risiken (*inherent risk*) des Pferdesports haften, es sei denn, er hat die Verwirklichung eines solchen Risikos durch die Verletzung von Sorgfaltspflichten begünstigt. Die *statutes* defnieren, was ein *inherent risk* im Reitsport ist und stellen klar, dass der Verantwortliche keine Sorgfalt zur Vermeidung dieser Risiken schuldet[895]. Das Risiko der Verwirklichung eines *inherent risk* trägt daher allein der Geschädigte und nicht der Veranstalter der Tätigkeit[896]. Einige Stimmen sehen hierin eine Rückkehr zu den Grundsätzen der *(primary) assumption of risk*[897], welche im Zuge der Einführung der *comparative negligence* an Bedeutung verloren hatten. Für andere, die der Meinung sind, dass die *primary assumption of risk* gleichbedeutend ist mit der Feststellung, dass in bestimmten Konstellationen keine *duty of care* besteht, ist dies lediglich die Klarstellung, dass dem Anspruchsgegner keine Sorgfaltspflicht obliegt.

a. Pferdesportliche Tätigkeit (equine activity)

Der sachliche Anwendungsbereich der *statutes* ist (mit Ausnahmen in Colorado[898], Iowa[899], Kentucky[900], Minnesota[901], Mississippi[902], Oklahoma[903] und

---

893 Colorado, Colo.Rev.Stat.Ann. § 13–21-119 (1); mit nahezu gleichem Wortlaut: Illinois, 745 ILCS 47/5.

894 Vgl. *Centner*, Modifying Negligence Law for Equine Activities in Arkansas, S. 638f.

895 So steht im Wyoming Safety Act ausdrücklich: "A recreational provider has no duty to 'eliminate, alter or control the inherent risks within the particular sport or recreational opportunity.'" Wyo. Stat. Ann. § 1–1-123(b).

896 *Centner*, Liability Concerns, S. 105.

897 *Sweet*, S. 362 f.; *Frank v. Mathews*, No. WD 62842 (Missoury Ct. App. 2004): "[...] it appears that the purpose of the Equine Liability Act is to codify the common law assumption of risk principle in the context of a specific recreational activity."

898 In Colorado sind neben Equiden auch Lamas erfasst, vgl. Colo.Rev.Stat. § 13–21-119 (1994).

899 In Iowa und Kansas erstreckt sich der sachliche Anwendungsbereich auf *domesticated animals*, vgl. 2009 Merged Iowa Code and Supplement, Title XV, Subtitle 5, Chapter 673.1; Kansas Statutes, Chapter 60–4001.

900 Hier erfasst der sachliche Anwendungsbereich *farm animals*, vgl. Kentucky Revised Statutes, Title XXI, Chapter 247.4015.

901 Das statute bezieht sich auf *livestock*, vgl. Minnesota Statutes 604A.12 1c.

902 In Mississippi sind sowohl *equines* als auch *livestock* erfaßt, Mississippi § 95–11-1.

903 Das statute bezieht sich auf *livestock*, vgl. Oklahoma Statutes § 76–50.2.

Wisconsin[904]) ausdrücklich auf *equine activities* beschränkt, also auf Aktivitäten, die im Zusammenhang mit Pferden, Ponys, Maultieren, Mauleseln oder Eseln stehen. Als „*equine activity*" werden in der Regel folgende Tätigkeiten definiert:

(1) Veranstaltungen, wie Shows, Turniere, Messen, da das Gesetz pferdesportliche Aktivitäten und daher auch die Teilnahme an Wettkämpfen fördern möchte. Dementsprechend haftet der nach dem *statute* Verantwortliche nicht, wenn ein Pferd während eines Turniers im Starterbereich ausschlägt und eine andere teilnehmende Reiterin verletzt[905]. Unfälle im Zusammenhang mit Pferderennen – soweit diese überhaupt in dem jeweiligen Bundesstaat erlaubt sind – sind dagegen vom sachlichen Anwendungsbereich der *statutes* ausdrücklich ausgenommen[906].
(2) das Trainieren von Equiden,
(3) das Einstellen bzw. Verwahren von Equiden,
(4) das Reiten, Ausprobieren oder Bewerten eines fremden Equiden (entgeltlich und unentgeltlich),
(5) (Wander-)Ritte, Reitjagden oder andere Aktivitäten, die von einem *equine sponsor* veranstaltet werden.

All diese Aktivitäten haben gemeinsam, dass sich der Teilnehmer freiwillig in Kontakt mit einem Equiden begibt, mit dem Ziel ein gewisses Maß an Kontrolle über das Tier auszuüben. Hufschmiedearbeiten oder tierärztliche Untersuchungen sind bis auf wenige Ausnahmen[907] ausdrücklich vom Anwendungsbereich der *statutes* ausgenommen, sodass in diesen Fällen ähnlich wie im deutschen Recht in der Regel keine Haftungsfreistellung in Betracht kommt. Zwar erfordern auch diesen Tätigkeiten eine Nähe und Kontrolle über das Tier. Im Unterschied zu den erfassten Tätigkeiten, ist die Kontaktaufnahme und die Ausübung von Kontrolle hier nicht das eigentliche Ziel sondern lediglich das Mittel zum Zweck, nämlich der Ausführung tiermedizinisch notwendiger und vertraglich geschuldeter Leistungen.

Equine activity statutes sind aufgrund ihres Zwecks in der Regel nicht einschlägig, wenn jemand beim privaten Reiten seines eigenen Pferdes von einem anderen Pferd verletzt wird[908]. In diesen Fällen fehlt es an der erforderlichen „Außenwirkung" der reiterlichen Aktivität; es gelten dann daher die allgemeinen Haftungsregeln.

---

904 Das statute bezieht sich auf *recreational activities* wozu auch horseback riding gehören soll, vgl. Wis. Stat. § 895.525(2).

905 *Gautreau v. Washington*, Court of Appeals of Louisiana, First Circuit, 1996, 672 So.2d 262.

906 Vgl. Colorado (Colo.Rev.Stat. § 13-21-119 (1994); Montana (Mont. Code Ann. § 27-1-728 (1993); Virgina (Va. Code Ann. § 3.1-796.131); Washington (Wash. Rev. Code Ann. § 4.24.540 (West 1994).

907 Vgl. Tenn.Code Ann. § 44-20-102(3)(E) (1993) (Hufschmied); Utah Code Ann. § 78-27b-102(2)(a) (Supp.1994) (Tierarzt).

908 Vgl. *Carl v. Resnick*, 714 N.E.2d 1 (Ill. App. 1999).

Die Grenze zwischen rein privaten und im Gegensatz dazu öffentlichen Reitsportaktivitäten ist fließend. Im Zweifel kommt es darauf an, ob das in Betracht kommende *statute* die Tätigkeit aufzählt, während der der Unfall passiert ist. Dementsprechend muss der Reiter auf dem eigenen Pferd, der durch ein anderes Pferd verletzt wird, dann mit einer Haftungsprivilegierung des Gegners rechnen, wenn der Unfall während einer (oft privat veranstalteten) Fuchsjagd erfolgt, da die Fuchsjagd in einigen Bundesstaaten als pferdewirtschaftsfördernde Aktivität erachtet und daher ausdrücklich in die jeweiligen *statutes* aufgenommen wurde[909].

Die Teilnahme an touristischen Kutschfahrten als Passagier ist bei Auslegung der *statutes* ebenfalls von der Haftungsprivilegierung ausgenommen, da deren "Teilnehmer" in der Regel nicht mit den pferdetypischen Risiken vertraut sind und auch überhaupt keine Kontrolle über das Kutschpferd haben, sodass ein pauschaler Ausschluss der Halterhaftung in diesen Fällen nicht gewollt ist[910]. Hier kann ein Handeln auf eigene Gefahr – wie auch im deutschen Recht – nur sehr schwer unterstellt werden, da sich der Passagier – im Gegensatz zum Reiter – weniger direkt den Gefahren des Pferdes aussetzt. Die Gefahr, dass das Kutschpferd durchgeht und mit der Kutsche stürzt, ist weniger wahrscheinlich als die Gefahr, unmittelbar vom Pferd verletzt zu werden und rechtfertigt daher einen Haftungsausschluss nicht von vornherein.

b. Anbieter (equine activity sponsors)

Die *statutes* sollen *equine activity sponsors* und *equine professionals*[911] vor der Haftung für pferdesportspezifische Risiken schützen.

Equine activity sponsors sind per Definition natürliche Personen und Personenzusammenschlüsse, die *equine activities* anbieten, organisieren, Flächen oder Ausrüstung hierfür zur Verfügung stellen, namentlich Pony Clubs, 4-H Clubs[912], Jagdclubs, Reitclubs, Schulen oder Colleges, Anbieter von therapeutischem Reiten, etc. Anders als im deutschen Recht setzt die Haftungsfreistellung des *sponsors* in 49 der 50 *statutes* nicht voraus, dass der *sponsor* gewerblich handelt. Es werden sowohl *profit* als auch *nonprofit sponsors* erfasst[913]. Die Ausnahme betrifft Minnesota[914], dort

---

909 Vgl. Georgia, Official Code of Georgia Ann. § 4-12-2 (1994), *Muller v. English*, Georgia Court of Appeals, 472 S.E.2d 448 (Ga.App. 1996).

910 *Friedli v. Kerr*, 2001 WL 177184 (Tenn.App. 2001).

911 Mit Ausnahme von Arizona; Arkansas, Ark. Stat. Ann. § 16–120-201 (1993); Minnesota; Vermont.

912 Hierbei handelt es sich um eine große amerikanische Jugendorganisation mit mehr als 6,5 Millionen Mitgliedern. Die Organisation bezweckt die Jugendförderung, insbesondere die Ausbildung und Entfaltung der vier „Hs", nämlich „head, heart, hands, and health", daher der Name.

913 Vgl. *Centner*, Modifying Negligence Law for Equine Activities in Arkansas, S. 645.

914 Minnesota Statutes, 604A.12 (2) (2009).

genießen sogar ausschließlich „*nonprofit organizations*", also nicht gewerbliche Anbieter, den Schutz des *statute*.

Equine professionals werden meist definiert als Personen, die entgeltlich („*for compensation*") Reit- oder Fahrunterricht erteilen oder Equiden an Dritte überlassen[915]. Für ihre Haftung spielt die Entgeltlichkeit durchaus eine Rolle.

Während einige *statutes* ausschließlich auf *equine activity sponsors* und *equine professionals* beschränkt sind, haben andere *statutes* einen weiteren persönlichen Anwendungsbereich. Sie gewähren die Immunität nicht nur gegenüber *sponsors* oder *professionals*, sondern teilweise gegenüber jedermann („*any body*"), der *equine activities* organisiert[916]. Dabei fällt auf, dass obwohl die *common law* Haftungsgrundlagen für die Verantwortlichkeit für Tiere überwiegend an die Eigenschaft als *owner* oder *keeper* anknüpfen, die Haftungsfreistellung *Equine Activity Statutes* nicht – jedenfalls nicht ausdrücklich – den Eigentümern oder Haltern zugute kommt. Lediglich Arizona bezieht die Haftungsfreistellung ausdrücklich auf *owners of an equine*[917]. Es wird dementsprechend vertreten, dass *statutes*, die ausdrücklich nur *equine professionals* und *equine activity sponsors* begünstigen, nicht auf solche *owner* anwendbar sind, die die Tiere aus Liebhaberei halten und Dritten überlassen[918] (so genannte *social hosts*). Allein aus dem Wortlaut ergibt sich das nicht, da jedenfalls *equine activity sponsors* per Definition nicht gewerblich handeln müssen, sodass auch *social hosts* unter den Begriff *sponsor* subsumiert werden könnten. Jedoch hat der Tennessee Court of Appeals diese Ansicht in Auslegung des Tennessee Equine Activities Act (TEAA) in einer jüngeren Entscheidung[919] bestätigt und festgestellt, dass ein informeller Ausritt mit Freunden nicht unter das TEAA fällt. Die *statutes* ändern das *common law* und sind daher eng auszulegen. Derjenige, der sein Pferd im Rahmen von „*completely informal, social recreational activities*" Dritten überlässt, ist kein *sponsor* im Sinne des TEAA. Hierunter sind nach dem Sinn und Zweck des Gesetzes nur Personen zu verstehen, die regelmäßig pferdesportliche Veranstaltungen durchführen, die zudem für die Öffentlichkeit oder MItglieder zugänglich sind[920]. Das heißt aber nicht, dass der *host* stets haftet, sondern lediglich, dass sich seine Haftung nach dem *common law* richtet.

---

915 Vgl. Washington Rev. Code Wash. (ARCW) § 4.24.530 (6).

916 Vgl. Colo. Rev. Stat. Ann. § 13-21-119 (3).

917 Arizona Revised Statutes, 12–553; ebenfalls etwas aus dem Muster fällt New Jersey, wo für die Haftungsfreistellung an den *operator* einer *equestrian area*, also an die Person angeknüpft, die die Bestimmungsmacht über die Flächen hat, auf denen *equine activities* stattfinden, New Jersey Statute, 5:15–2.

918 *Centner*, S. 1012, 1015, allerdings unter Bezugnahme auf *Dolezal v. Carbrey*, 778 P.2d 1261 (Ariz. Ct. App. 1989). Zum Zeitpunkt des Urteils war noch kein EALA erlassen. Das später erlassene *statute* begünstigt ausdrücklich *owner*.

919 *Smith v. Phillips*, 2010 WL 1221436 (Tenn. Ct. App. Mar. 29, 2010): "Further, based on the language of the statutes, we cannot conclude that the legislature intended that immunity apply to a social ride among horseowners who are friends."

920 *Smith v. Phillips*, 2010 WL 1221436 (Tenn. Ct. App. Mar. 29, 2010).

c. *Pferdesportspezifische Gefahr* (inherent risk of equine activities)

Der Verantwortliche soll nach den meisten *statutes* nicht für *inherent risks of equine activities* haften. *Inherent risks* sind nach den überwiegend einheitlichen Definitionen jene Gefahren oder Umstände, die integraler Bestandteil von *equine activities* sind[921]. So lautet die Definition des Colorado *statutes* (C. R. S. A. § 13–21-119 (2)(f)):

> *(f) "Inherent risks of equine activities" and "inherent risks of llama activities" means those dangers or conditions which are an integral part of equine activities or llama activities, as the case may be, including, but not limited to:*
>
> *(I) The propensity of the animal to behave in ways that may result in injury, harm, or death to persons on or around them;*
>
> *(II) The unpredictability of the animal's reaction to such things as sounds, sudden movement, and unfamiliar objects, persons, or other animals;*
>
> *(III) Certain hazards such as surface and subsurface conditions;*
>
> *(IV) Collisions with other animals or objects;*
>
> *(V) The potential of a participant to act in a negligent manner that may contribute to injury to the participant or others, such as failing to maintain control over the animal or not acting within his or her ability.*

Als Beispiele werden somit einerseits Risiken aufgezählt, die unmittelbar mit dem Equiden zusammenhängen, nämlich die Eigenschaft eines Equiden, sich so zu verhalten oder auf Umfeldeinflüsse zu reagieren, dass Personen in dessen Nähe verletzt oder getötet werden können. Andererseits wird auch das Risiko menschlichen Fehlverhaltens bei der Ausübung der Kontrolle über ein Tier erfasst, siehe das oben zitierte *statute* unter Ziff. (V). Einige *statutes*[922] verzichten sogar ganz auf das Tatbestandsmerkmal *inherent risk* und stellen nur darauf ab, ob die Verletzung bzw. der Schaden in einem hinreichenden Zusammenhang mit einer *equine activity* steht. Die Haftungsfreistellung ist dann nicht auf *inherent risks* beschränkt, sondern gilt (vorbehaltlich der Ausnahmefälle) zunächst für sämtliche Verletzungen, die im Zusammenhang mit einer *equine activity* erfolgt sind.

Die Definition des Begriffs *inherent risks* zeigt, dass in erster Linie die Haftung für „gewöhnliche" Risiken, begrenzt sein soll, während das deutsche Zivilrecht im Ergebnis dazu tendiert die Tierhalterhaftung für gesteigerte Gefahren entfallen zu

---

921 Inherent risk of equine activity, including: (1) the propensity of an equine animal to behave in ways that may result in personal injury or death to a person on or around it; (2) the unpredictability of an equine animal's reaction to sound, a sudden movement, or an unfamiliar object, person, or other animal; (3) certain land conditions and hazards, including surface and subsurface conditions; (4) a collision with another animal or an object; or (5) the potential of a participant to act in a negligent manner that may contribute to injury to the participant or another, including failing to maintain control over the equine animal or not acting within the participant's ability.

922 Vgl. Idaho Code of Civil Procedure, § 6–1802(1); Illinois Statute, 745 ILCS 47/15.

lassen. Der Begriff *inherent risk* ist – soweit er sich auf Gefahren bezieht, die dem Equiden unmittelbar anhaften wie z.B. Durchgehen oder Scheuen des Pferdes – teilweise deckungsgleich mit der spezifischen Tiergefahr nach deutschem Recht[923]. Der *provider* oder *sponsor* schuldet daher in Bezug auf diese Risiken grundsätzlich keine (besonders intensive) Sorgfalt gegenüber dem Teilnehmer. Die Haftung für *negligence* trotz der Verwirklichung eines *inherent risk* ist vielmehr auf enumerativ aufgezählte Fälle von Sorgfaltspflichtverletzungen beschränkt. Diese Fallgruppen bilden die Gegenausnahme zu dem gesetzlich angeordneten Haftungsausschluss. Ist eine Fallgruppe einschlägig, greift das haftungsbegrenzende *statute* nicht und es gilt jeweils die reguläre Haftung des Halters.

Bei diesen Gegenausnahmen handelt es sich in erster Linie um Pflichtverletzungen des Anbieters z.B. bei der Einschätzung des reiterlichen Könnens des Teilnehmers oder der Auswahl eines dem reiterlichen Können des Teilnehmers entsprechenden Pferdes[924]. Diese Ausnahmen lassen sich angelehnt an *Centner*[925] und *Speziale*[926] wie folgt kategorisieren:

(1) *fehlerhafte Ausrüstung oder Zäumung (faulty tack exception).* Die Haftungsfreistellung gilt nicht, sofern der Verantwortliche wissentlich oder unwissentlich fehlerhafte Ausrüstung für den *participant* oder fehlerhaftes Sattel- bzw. Zaumzeug verwendet hat. Somit haftet der Anbieter trotz des EALA wegen *negligence*, wenn ein Reiter vom Pferd stürzt, weil der Reitlehrer den Sattelgurt nicht festgezogen hat[927].

(2) *fehlerhafte Auswahl des Pferdes oder Überforderung des Teilnehmers (mismatched horse and rider exception).* Der Verantwortliche bleibt auch dann haftbar, wenn

923 Wobei die spezifische Tiergefahr nach deutschem Recht nicht nur gewöhnliche Unarten, sondern auch besonders agressive Verhaltensweisen erfasst.

924 Vgl. das *statute* von Wisconsin unter W. S. A. 895.481:
"(3) The immunity under sub. (2) does not apply if the person seeking immunity does any of the following:
(a) Provides equipment or tack that he or she knew or should have known was faulty and the faulty equipment or tack causes the injury or death.
(b) Provides an equine to a person and fails to make a reasonable effort to determine the ability of the person to engage safely in an equine activity or to safely manage the particular equine provided based on the person's representations of his or her ability.
(c) Fails to conspicuously post warning signs of a dangerous inconspicuous condition known to him or her on the property that he or she owns, leases, rents or is otherwise in lawful control of or possession.
(d) Acts in a willful or wanton disregard for the safety of the person.
(e) Intentionally causes the injury or death."

925 *Centner*, S. 1019.

926 *Speziale*, S. 92 ff.

927 *Zuckerman v. Camp Laurel, Inc.*, 2010 WL 746049 (D. Me. Mar. 1, 2010).

er sich nicht im Rahmen des Zumutbaren ein Bild vom Können des *participant* macht, und dem *participant* ein Pferd überlässt, das ihn überfordert und seine Sicherheit gefährdet[928]. Der Verantwortliche muss demnach im Rahmen des Zumutbaren das Können des Teilnehmers anhand seiner Auskünfte über seine Reiterfahrung beurteilen, ein passendes Pferd zuteilen und nur solche Aktivitäten erlauben, die der Teilnehmer auch bewältigen kann. Kann der Teilnehmer belegen, dass der Verantwortliche eine dieser Anforderungen missachtet hat, greift die Haftungsbegrenzung nicht[929].

(3) *verdeckte, schadensträchtige Beschaffenheit der Reitanlage oder des Geländes (latent defect exception).* Der Verantwortliche ist verpflichtet, durch Warnschilder vor verdeckten gefährlichen Beschaffenheiten („*dangerous latent conditions*") der Reitanlage oder des Geländes – soweit er hiervon Kenntnis hat – zu warnen. Tut er dies nicht, haftet er für Schäden, die dem *participant* hierdurch entstehen. *Dangerous latent conditions* sind nicht zu verwechseln mit "*hazards such as surface and subsurface conditions*", die in der Regel zu den pferdesportspezifischen Risiken zählen, für die nicht gehaftet werden soll[930]. Der Geschädigte trägt die Beweislast für die Ausnahmetatbestände[931].

(4) *grobe Versäumnisse (omission exception).* Hierzu zählen speziell geregelte Ausnahmen, wonach der Verantwortliche für spezielle Sorgfaltspflichtverstöße oder vorsätzliches oder grob fahrlässiges Handeln haftbar bleibt. Die EALA sehen in der Regel vor, dass ein Anbieter gegenüber dem Teilnehmer im Anwendungsbereich des EALA für vorsätzliche Sorgfaltspflichtverletzungen (*willful or wanton disregard for the safety of the participant*) einstehen soll[932] und zwar insbesondere dann, wenn es der Verantwortliche versäumt hat, ein erhöhtes und zugleich vermeidbares Risiko abzuwenden[933].

Die Haftung aus *common law strict liability* wird durch die *statutes* jedoch nicht berührt. Der aus der strikten Haftung für Haustiere bekannte Terminus *dangerous prospensities,* der eine für die jeweilige Tierart untypische, gesteigerte Gefährlichkeit beschreibt, wird von den haftungsbegrenzenden *statutes* nicht verwendet, sodass hierfür keine Immunität gewährt wird. Dies ist auch folgerichtig, da die EALA primär an eine gefährliche Tätigkeit (anstelle einer Tiergefahr) anknüpfen und sie zudem in erster Linie auf eine Haftungsfreistellung für unvermeidbare gewöhnliche (im Gegensatz zu gesteigerten) Gefahren abzielen.

---

928 Vgl. Tenn. Code Ann. § 44-20-104(b).
929 *Mettler v. Nellis*, 995 N.W.2d 861 (Wis. Ct. Ap. 2005); *Centner*, S. 1021.
930 Siehe oben unter c. dd.
931 *Centner*, S. 1018.
932 Wis. Stat. Ann. § 895.481(3), (d).
933 *Speziale*, S. 99.

d. *Teilnehmer (participant)*

Zweck der *statutes* ist es, die Haftung gegenüber dem *participant*, also dem Teilnehmer, zu begrenzen. *Participant* wird definiert als jede Person, die professionell oder als Amateur, entgeltlich oder unentgeltlich[934], an *equine activities* teilnimmt. Der Qualität der definierten *equine activities* und dem Sinn und Zweck der *statutes* ist zu entnehmen, dass die Haftungsbegrenzung nur gegenüber Personen gelten soll, die sich bewusst oder zumindest in zurechenbarer Weise einem *inherent risk* aussetzen und somit auch über ein gewisses Maß Kontrolle in Bezug auf das Risiko bzw. das schädigende Tier verfügen müssen. Nicht vom Anwendungsbereich erfasst sind konsequenterweise unbeteiligte Personen, wie z. B. Zuschauer[935], die durch gefährliche Eigenschaften eines Pferdes mehr oder weniger zufällig verletzt werden. Diese Fälle sind daher außerhalb der EALA aufgrund der bereits dargestellten *common law* Regeln zu entscheiden. Dagegen muss auch der Besucher eines Reitstalls unter Umständen mit der Haftungsprivilegierung des Reitstallbetreibers rechnen, wenn er von einem dort untergebrachten Pferd verletzt wird, da das Gesetz einen effektiven Schutz der Reitsportanbieter bezweckt und daher auch der Besuch des Reitstalls und der Aufenthalt in unmittelbarer Nähe von *equine activities* erfasst sein kann[936]. Im Einzelfall ist jedoch auf den genauen Wortlaut es *statutes* zu achten. So ist nach dem *statute* von Arizona das Reiten und somit die Ausübung der Kontrolle über das schädigende Pferd Voraussetzung für die Anwendung der Norm[937]. Nach Auffassung des Arizona Court of Appeals[938] sei die Haftung des Reitstallbetreibers gegenüber einer Reitschülerin daher nicht aufgrund des *statutes* ausgeschlossen, wenn die Reitschülerin sich beim Führen eines Pferdes verletzt. In dem zugrunde liegenden Fall *Bothell v. Two Point Acres, Inc.* wurde der Unfall dadurch verursacht, dass sich ein zweites Pferd zwischen das Mädchen und ihr Pferd drängte, sich dadurch der Führstrick spannte und der Zug auf den Führstrick (den sich das Mädchen um die Hand gewickelt hatte) zu Verletzungen an der Hand führte. Da das Mädchen ihr Pferd während des Unfalls nicht ritt sondern nur führte und die Verletzung zudem durch ein zweites Pferd verursacht wurde, über das das Mädchen gar keine Kontrolle ausübte, sei das *statute* nach enger Auslegung nicht anwendbar.

---

934 „Whether or not a fee is paid".

935 Vgl. Florida Statutes Annotated, Title XLV., Chapter 773.01 (1).

936 *Amburgey v. Sauder*, 605 N.W.2d 84, 93 (Mich. Ct. App. 1999).

937 A.R.S. § 12–553.

938 *Bothell v. Two Point Acres, Inc.*, 192 Ariz. 313, 965 P.2d 47 (App. 1998).

e. *Warnhinweis* (warning notice)

In den meisten Staaten[939] setzen die *statutes* zusätzlich voraus, dass der *equine sponsor* oder *professional* den Teilnehmer z.B. in seinen Verträgen[940] oder durch Aushänge[941] auf der Reitanlage (oder beides) auf das *statute* hinweisen muss, um sich auf die Haftungsbegrenzung berufen zu können. Die *statutes* schreiben in der Regel den zwingenden Wortlaut dieser Hinweise sowie die Schriftgröße, die Schriftfarbe und die Platzierung der Warnhinweise auf Schildern vor, die typischerweise wie folgt lauten müssen:

> *„WARNING - Under Colorado Law, an equine professional is not liable for an injury to or the death of a participant in equine activities resulting from the inherent risks of equine activities, pursuant to section 13–21-119, Colorado Revised Statutes."*

Fehlt ein ordnungsgemäßer Warnhinweis, greift die Haftungsbegrenzung nicht. Einige *statutes* ordnen diese Rechtsfolge ausdrücklich an[942]. Wenn die Rechtsfolge nicht angeordnet wird, dürfte sie sich aufgrund der Auslegung des *statutes* ergeben[943]. Auch ein über das *statute* hinausgehender, zu weit gefasster Ausschluss ist unwirksam[944].

In den letzten Jahren ist die Konzeption dieser Haftungsausschlüsse durch die Rechtsprechung in Frage gestellt worden. So verklagte in dem Fall *Mettler v. Nellis*[945] eine 15-jährige Reiterin, die in ihrer vierten Reitstunde im Galopp vom Pferd fiel, als sie gegen einen Pfosten ritt, ihre Reitlehrerin, weil diese sie nicht ordnungsgemäß

---

939 23 der 44 statutes verlangen den wortlautgetreuen Warnhinweis in der Umgebung, wo die pferdesportliche Aktivität stattfindet sowie in allen schriftlichen Verträgen, die solche Aktivitäten betreffen. Vier Bundesstaaten verlangen lediglich Hinweisschilder, ohne zusätzliche Hinweise in Verträgen. Zwei Bundesstaaten vertragliche Hinweise, aber keine Schilder. In zwei weiteren Bundesstaaten reicht ein Hinweis in Verträgen oder auf Schildern aus. Drei Bundesstaaten schreiben Haftungsfreizeichnungsformulare mit genauer Textvorgabe vor. Die zehn verbleibenden Staaten schreiben gar keine Hinweispflicht vor.

940 Vgl. Tenn. Code Ann. § 44–20-105.

941 Vgl. Tenn. Code Ann. § 44–20-105.

942 Alabama, Georgia, Louisiana, Mississippi, Oregon.

943 Vgl. *Centner*, S. 1017, FN. 159.

944 *Frank v. Matthews*, 136 S.W.3d 196 (Mo.Ct.App. 2004), der Stallbetreiber hatte über den Wortlaut des statutes hinaus noch jegliche Haftung ("any liability") für Schäden ausgeschlossen.

945 *Mettler v. Nellis*, 995 N.W.2d 861 (Wis. Ct. Ap. 2005): "The releases include an assumption of the "unavoidable risks inherent in all horse-related activities," but that language is buried in fine print and the releases do not define what those risks are. [...] Nellis claims that other language in the releases, stating that "the inherent risks of equine activities" are defined in WIS. STAT. § 895.481(1)(e), adequately explains what risks are being assumed. However, we strictly construe any ambiguity against Nellis, [...], and we cannot conclude that such a meaning would be unmistakable to a layperson."

angewiesen und beaufsichtigt habe. Die Reitlehrerin berief sich zu ihrer Verteidigung unter anderem auf den Haftungsausschluss aufgrund des *equine immunity statute*, Wis. Stat. § 895.481, und die entsprechenden vertraglichen Haftungsabreden und Hinweisschilder. Das Gericht folgte jedoch der Ansicht der Klägerin, wonach auch nach dem *statute* keine Immunität bestehe, da die Reitlehrerin ihre Schülerin entgegen Wis. Stat. § 895.481(3)(b) überfordert und zu früh habe galoppieren lassen. Zudem ging das Gericht darauf ein, dass ein pauschaler Ausschluss der Haftung für „*inherent risks*", wie ihn das *statute* vorsieht, intransparent sei, weil ein Laie im Zweifel nicht erfassen könne, was im Detail unter einem *inherent risk* zu verstehen sei. Daran ändere auch der Verweis des Hinweistextes auf das *statute* nichts. Somit dürfte die Zweckmäßigkeit jener *statutes*, die (nur) einen pauschalen Verweis auf „*inherent risks*" für die Hinweisschilder vorschreiben, zumindest fraglich sein.

3. Rechtsfolge

Rechtsfolge der *statutes* ist bis auf wenige Ausnahmen, dass die Haftung des Verantwortlichen gegenüber demjenigen ausgeschlossen ist, der sich bewusst und gewollt in die Nähe eines Tieres begibt und der einen Schaden erleidet, der ausschließlich auf der Verwirklichung eines *inherent risk* beruht. Die Haftungsfreistellung greift nur dann nicht, wenn einer der Ausnahmetatbestände einschlägig ist, wofür der Teilnehmer beweispflichtig ist. Der Verantwortliche haftet also nicht schon für jede fahrlässig fehlerhafte Anleitung, sondern nur noch im Rahmen der speziell definierten Ausnahmen. Somit ist die Beweislast des Geschädigten auf bestimmte Sorgfaltspflichtverletzungen der Ausnahmefälle konkretisiert und hierdurch verschärft.

Ausnahmen stellen isoweit die EALA von Hawaii, Connecticut und Pennsylvania dar. Das *statute* von Hawaii gewährt lediglich eine widerlegbare Vermutung, dass Verantwortliche bei der Verwirklichung eines *inherent risk* nicht fahrlässig gehandelt hat[946]. Ähnlich schwer ist die erfolgreiche Geltendmachung der Haftungsfreistellung nach dem Recht von Pennsylvania. Dort ist nur die Haftung wegen *negligence* ausgeschlossen und zwar nur dann, wenn der Verantwortliche beweisen kann, dass der Geschädigte die Schäden infolge „*equine activity*" nach der „*doctrine of knowing voluntary assumption of risk*" bewusst in Kauf genommen hat[947]. Die Beweislast für die Einwilligung trägt somit der Verantwortliche. Über das EALA hält Pennsylvania somit an der *doctrine*, wonach ein Mitverschuldensbeitrag des Geschädigten zum vollständigen Verlust des Anspruchs führt, fest. In Connecticut wird eine *assumption of risk* fingiert, es sei denn, der Geschädigte kann nachweisen, dass einer der aufgezählten Ausnahmefälle vorliegt[948].

Die *statutes* stellen somit klar, dass Ersatzansprüche der Teilnehmer wegen typischer Risiken nicht bestehen; zudem erschweren die EALA teilweise die Beweislast

---

946 Hawaii, Hawaii Revised Statutes, § 663 B-2 (a).

947 4 P.S. §§ 601–606.

948 Connecticut, General Statutes of Connecticut Sec. 52–557p.

des Geschädigten für konkurrierende *negligence* Ansprüche. Liegen die Voraussetzungen des jeweils anwendbaren Equine Activity Statute vor, ist die Haftung des Halters wegen *strict liabilty*[949] und wegen *negligence* grundsätzlich ausgeschlossen, es sei denn, das jeweilige Gesetz ordnet ausdrücklich Gegenteiliges an. So regelt z. B. das *statute* von Pennsylvania ausdrücklich, dass nur die Haftung für *negligence* ausgeschlossen sein soll, aber die *strict liability* Haftung im Übrigen unberührt bleibt[950]. Außerhalb des Anwendungsbereichs der EALA lassen sie aber die *common law* Haftung, speziell die Haftung für *negligence*, unberührt[951].

Weitergehende individuelle Haftungsausschlussvereinbarungen sind nicht zulässig. Gehen zusätzliche Vereinbarungen dennoch über den Haftungsausschluss der *statutes* hinaus, z. B. durch Aufzählung zusätzlicher Haftungsausschlussgründe, so sind diese Vereinbarungen in der Regel wegen Verstoßes gegen öffentliche Interessen unwirksam. Die *statutes* bilden somit zugleich den Rahmen für zulässige Haftungsausschlüsse.

4. *Zwischenergebnis und Schlussfolgerungen*

Bis zur Einführung der EALA wurden die Sorgfaltspflichten noch sehr weit definiert. Denn mit zunehmender Verbreitung des Reitsports gab es zwangsläufig mehr Reitanfänger, die ohne jeglichen Kontakt mit Pferden aufgewachsen waren, daher typische Verhaltensweisen von Pferden wie den ausgeprägten Fluchtinstinkt und Herdentrieb nicht kannten, beim Umgang mit den Tieren von deren Schreckhaftigkeit und der Heftigkeit ihrer Reaktionen überrascht waren, und sich verletzt hatten. Zum Schutz dieser Teilnehmer statuierte die Rechtsprechung im Laufe der Zeit zum Teil überzogene Sorgfaltspflichten, wie z. B. Hinweispflichten in Bezug auf ganz typische Eigenschaften des Tieres oder Risiken. So wurde vor Erlass der EALA in der Entscheidung *Jones v. Walker*[952] die Haftung einer Pferdehalterin aus *negligence* bejaht, weil sie die Reiterin ihres Pferdes nicht ausreichend angewiesen hatte. Die Halterin hatte ihr Pferd einer Bekannten, die selbst erfahrene Reiterin war, für die Teilnahme an einem Turnier überlassen. Die Reiterin und spätere Klägerin ritt zunächst zum Aufwärmen auf dem Abreiteplatz, der jedoch sehr voll war und stieß – während sie die Kontrolle über das Pferd ausübte – mit einem anderen Reiter zusammen und verletzte sich. Das Gericht folgte der Klägerin darin, dass die Beklagte als Halterin und Eigentümerin des Pferdes es sorgfaltswidrig versäumt habe, der Klägerin die weitere Teilnahme an dem Turnier zu untersagen, um so den Unfall zu verhindern.

Aufgrund solch ausufernder Rechtsprechung hatte sich somit die Grenze, an der *negligence* endete und die *assumtion of risk* in Bezug auf typische Risiken begann, zulasten des Halters bzw. des Verantwortlichen verschoben.

949 *Amburgey v. Sauder*, 605 N.W.2d 84, 93 (Mich. Ct. App. 1999).
950 4 P.S. Chapt. 13, § 605.
951 Vgl. *Centner*, Modifying Negligence Law for Equine Activities in Arkansas, S. 659.
952 *Jones v. Walker*, 433 S.E.2d 726, 727 (Ga. Ct. App. 1993).

Die Risikosphären der Beteiligten sollen wieder interessengerecht und klar abgegrenzt werden durch (i) die gesetzliche Definition von *inherent risks* und die Klarstellung, dass diese Risiken vom Geschädigten zu tragen sind, und (ii) durch die konkrete Aufzählung der Ausnahmefälle, in denen die Haftungsbegrenzung nicht gelten soll. Die *EALA statutes* fingieren daher, dass der Geschädigte sich über ganz typische und nicht immer vermeidbare Risiken bewußt ist, diese akzeptiert und er insoweit auf die Einhaltung einer besonderen Sorgfalt durch den Verantwortlichen verzichtet hat (*primary assumption of risk*).

Diese reformierte Risikozuweisung nach den EALA veranschaulichen folgende Fälle:

Aufgrund des *statutes* haftete ein Reitstallbetreiber in dem Fall *Markowitz v. Bainbridge Equestrian Center, Inc.*[953] nicht dafür, dass ein Pony, das der Stallbetreiber relativ neu erworben hatte, auf einem geführten Ritt durch freies Gelände wegen eines Donnerschlags scheute und den Reiter, einen 7-jährigen Jungen, abwarf. Zwar argumentierten die klagenden Eltern, dass der beklagte Reitstallbetreiber dem Jungen ein anderes Pony hätte zuteilen müssen, und zwar eines, das schon länger in dem Reitbetrieb eingesetzt worden und mit der Umgebung vertraut gewesen sei. Das Gericht wies aber zu Recht auf Aussagen eines Sachverständigen hin, wonach jedes Pferd – egal welchen Alters oder Ausbildungsstands – dazu neigt, sich zu erschrecken. Das Risiko hätte sich daher auch auf einem anderen Pferd verwirklichen können. Insofern habe sich genau jenes Risiko verwirklicht, das durch die *statutes* dem Geschädigten zugewiesen werden soll. Allenfalls grobe Missachtungen von Sicherheitsstandards durch den Reitstallbetreiber hätten die Immunität nach dem *statute* entfallen lassen können[954]. Solche konnte das Gericht aber aufgrund der gründlichen Vorbereitung der Teilnehmer und der Beaufsichtigung des geschädigten Jungen während des Ausritts (sein Pony wurde von einem 20-jährigen Mädchen geführt) nicht erkennen.

In dem Fall *Biesty v. Flynn*[955] wurde ebenfalls bestätigt, dass keine Haftung für schreckhaftes Verhalten eines Pferdes besteht. In dem Fall hatte ein Pferdetrainer die Ausbildung eines schreckhaften Pferdes übernommen. Nach einigen Tagen des Trainings stürzte der Trainer, weil sich das Pferd vor einem Geräusch (einem quietschenden Tor) erschreckt hatte. Das Gericht bestätigte, dass sich eine typische Gefahr des Reitens realisiert hatte und die Halter des Pferdes nach dem Farm Animal Activities Act[956], von der Haftung freigestellt waren, da ihnen keine Pflicht obliegt, solche Risiken zu minimieren. Auch in dem Fall *Perry v. Whitley Country 4H Club, Inc.*[957] entschied der Indiana Court of Appeals aufgrund des Indiana Equine Activity

953 *Markowitz v. Bainbridge Equestrian Center, Inc.*, No. 2006-P-0016, 2007 Ohio App. LEXIS 1411 (Ohio Ct. App. Mar. 30, 2007).

954 R.C. 2305.321(B)(2)(d).

955 *Biesty v. Flynn*, No. 2011-CA-000084-MR (January 27, 2012, unveröffentlicht).

956 Kentucky Revised Statutes (KRS) 247.401.

957 *Perry v. Whitley Country 4H Club, Inc.*, 931 N.E.2d 933 (Ind. Ct. App. 2010).

Statute gegen eine Sorgfaltspflicht eines Turnierverantstalters gegenüber den Teilnehmern, das Risiko des Scheuens und Austretens eines Pferdes zu minimieren.

Die Haftung für Tiere im Bereich des Pferdesports hat sich durch die Einführung der EALA dennoch nicht grundlegend geändert. Wie bereits dargestellt, haftet der *keeper* schon nach dem *common law* grundsätzlich nicht verschuldensunabhängig für die Verwirklichung gewöhnlicher Tiergefahren, sondern in erster Linie für Sorgfaltspflichtverstöße. In der Rechtsanwendung wurde diese Haftung jedoch in einigen Bundesstaaten durch die neue Bewertung des Mitverschuldens des Geschädigten verwässert und die Haftung auch auf gewöhnliche (Tier-) Gefahren erweitert. Die Gesetzgeber sahen sich daher veranlasst, zu kodifizieren, für welche Risiken der Verantwortliche nach dem *common law* haften soll, um die Haftungsrisiken in der Reittouristikbranche auf das vom Gesetz gewollte Maß zurückzuführen. Insofern haben die EALA einerseits nur deklaratorischen Charakter[958], der aber andererseits hierdurch auch eine, nicht zu unterschätzende, rechtssichernde Funktion. Dies gilt vor allem für jene EALA, die sowohl eine Hinweispflicht durch Warntafeln als auch und Haftungsausschlussformular vorsehen.

Obwohl die haftungsbegrenzenden *statutes* ihren Ursprung in den so genannten „*Good Samaritan statutes*“ – also haftungsbegrenzenden Normen zum Schutze von wohltätigen oder für das Allgemeinwohl wichtigen Personen- oder Berufsgruppen, wie z.B. Ärzten – haben[959], sind sie meist gleichermaßen auf gewerbliche und nicht gewerbliche Personen anwendbar. Im Gegensatz dazu kommen nach dem deutschen Recht nur gewerblich handelnde Verantwortliche in den Genuss entsprechender Haftungsprivilegien. Da die Haftung für Tiere im amerikanischen Recht – anders als im deutschen Recht – nicht ausschließlich an Verhaltensweisen des Tieres anknüpft, zählen zu den *inherent risks* zudem nicht nur gefährliche Eigenschaften des Equiden, sondern auch Risiken[960] durch die Beschaffenheit des Geländes und des Bodens, auf dem geritten wird, Risiken durch Fahrlässigkeit des Teilnehmers und das Risiko von Kollisionen mit anderen Teilnehmern oder Dritten[961].

Wie effektiv der Haftungsausschluss ist, hängt letztlich von der Formulierung und den Umständen des Einzelfalls, z.B. der Reiterfahrung des Geschädigten, ab. Unglücklich ist der Umstand, dass die gesetzlich vorgegebenen Haftungsausschlüsse zum Teil nicht sorgfältig genug formuliert und von amerikanischen Gerichten für unwirksam erklärt wurden. Zu weit gefasste *statutes* sind daher im Zweifel nicht so effektiv; gleiches gilt für abschließende Aufzählungen, die das jeweils verwirklichte Risiko nicht explizit enthalten.

Zusammenfassend ist somit festzuhalten, dass die EALA zum Teil der Nachbesserung bedürfen, es auch noch fehlende oder uneinheitliche Rechtsprechung zu Einzelfragen gibt, insgesamt aber der begehrte Schutz vor einer ausufernden

958 So auch zutreffend *Carmel*, S.166, 174.
959 Vgl. *Centner*, Modifying Negligence Law for Equine Activities in Arkansas, S. 660.
960 “Certain hazards such as surface and subsurface conditions”.
961 Vgl. O.C.G.A. § 4-12-2 (1994); Tenn. Code Ann. § 44-20-102(1)(A).

Inanspruchnahme der Reitbetriebe eingetreten ist[962]. Die Versicherungskosten haben sich laut *Merryman*[963] dennoch seit der Einführung der EALA nachweislich stabilisiert. Dies gelte bemerkenswerter Weise auch für Staaten, die die *statutes* nicht eingeführt haben, so dass diese verbleibenden Staaten wie z. B. Maryland zum Teil keinen Anreiz mehr haben, die EALA ebenfalls zu beschließen[964]. Vorteile der *statutes* sind, dass die Teilnehmer an *equine activities* weitgehend über die damit verbundenen Risiken belehrt werden. Eine gründliche Sachverhaltsermittlung im Schadensfall, um die Fälle der Verwirklichung eines *inherent risk* oder eines außerhalb davon liegenden Falls von *negligence* von einander abzugrenzen, bleibt jedoch unerlässlich.

Haftungsbegrenzende *statutes* haben sich insgesamt als ein erfolgreicher Trend in den USA erwiesen. Auch in anderen Bereichen, in denen Personen freiwillig Risiken eingehen, setzen sich vergleichbare *statutes* durch. So gibt es generell im Freizeitsportbereich bereits über 50 spezielle *sport responsibility statutes*, z. B. für Skifahren, Rollschuhlaufen, Sportschiessen, etc. gibt oder im so genannten „Agritourism“[965]. Diese Entwicklung ist – obwohl sie im Wesentlichen jedenfalls für die ursprünglich bedrohte Pferdesportbranche interessengerecht erscheint – nicht uneingeschränkt zu begrüßen. Denn die Tatsache, dass auch stärkere Branchen der Freizeitindustrie die Möglichkeit haben, eigene Bedürfnisse mit solchen Gesetzen zulasten und auf Kosten von Verbrauchern zu schützen, ist durchaus mit Argwohn zu betrachten.

III. Haftungsvereinbarungen

1. Allgemeines

Auch in den USA kennt man den Grundsatz der Vertragsfreiheit, sodass auch nach US-amerikanischem Recht ein potenzieller Anspruchsgegner seine Haftung durch Vereinbarung (also *„liability releases“* oder auch *„exculpatory agreements“*) grundsätzlich ausschließen darf. Die Wirksamkeit solcher Verträge wird innerhalb der USA unterschiedlich beurteilt. Relativ unproblematisch sind Haftungsvereinbarungen, die nachträglich die Haftung für *negligence* ausschließen sollen[966]. Die meisten Gerichte lassen auch *releases* oder *waivers* für zukünftige Sorgfaltspflichtverletzungen zu[967], es sei denn, es gibt ausnahmsweise ein besonderes öffentliches Interesse an

962 *Sweet*, S. 373.
963 *Merryman*, S. 140.
964 *Merryman*, S. 143.
965 *Centner*, Equestrian Immunity, S. 56.
966 Vgl. *Hawkins v. Peart*, Utah Supreme Court, 37 P.3d 1062, October 30, 2001:"Compromise of an existing claim, however, relates to negligence that has already taken place and is subject to measurable damages. Such releases involve actual negotiations concerning ascertained rights and liabilities."
967 Dies wird zum Teil auf einen im *common law* verankerten Grundsatz zurückgeführt, nach dem Personen, die keine öffentlichen Aufgaben wahrnehmen, über ihre

der sorgfaltsgerechten Ausführung der Leistung bzw. Tätigkeit[968]. Jedoch bestehen gegen solche Ausschlüsse grundsätzliche Bedenken, da mit einem präventiven Haftungsausschluss auch die Motivation des Begünstigten entfallen kann, sich sorgfaltsgerecht zu verhalten[969]. Die Gerichte legen solche Vereinbarungen daher streng zulasten des Begünstigten aus[970]. Unklare Haftungsausschlüsse sind unwirksam[971].

Es gelten eine Vielzahl von weiteren Ausnahmen, die unter dem Stichwort „Verstoß gegen die öffentliche Ordnung" (*violation of public policy*) der Wirksamkeit eines Haftungsausschlusses entgegenstehen können. So bestehen z. B. grundsätzliche Bedenken gegen Haftungsausschlüsse, die sich nicht nur auf *ordinary negligence*, sondern auch auf schwerere Sorgfaltspflichtverstöße beziehen.

Viele Bundesstaaten haben versucht, weitere abstrakte Kriterien zu definieren, anhand derer diese Untwirksamkeit ermittelt werden kann. Diese Grundsätze sind zum Teil in den Entscheidungen *Jones v. Dressel* und *Tunkl v. Regents of the University of California* niedergelegt[972] und werden von vielen Gerichten herangezogen[973]. Danach wird untersucht, (i) ob dem aus der Haftungsvereinbarung Begünstigten eine Sorgfaltspflicht gegenüber der Allgemeinheit oblag, (ii) die Art der Leistung,

---

vertragliche Haftung wegen *negligence* verhandeln dürfen, vgl. 6A Arthur Linton Corbin, Corbin on Contracts, § 1472, S. 596 f. (1962): "It is generally held that those who are not engaged in public service may properly bargain against liability for harm caused by their ordinary negligence in performance of contractual duty; but such an exemption is always invalid if it applies to harm wilfully inflicted or caused by gross or wanton negligence."

968 *Hawkins v. Peart*, Utah Supreme Court, 37 P.3d 1062, October 30, 2001: "[...] most courts allow release of liability for prospective negligence, except where there is a strong public interest in the services provided". "An exculpatory clause that relieves a party from future liability may remove an important incentive to act with reasonable care. These clauses are also routinely imposed in a unilateral manner without any genuine bargaining or opportunity to pay a fee for insurance.[...]."

969 *Hawkins v. Peart*, Utah Supreme Court, 37 P.3d 1062, October 30, 2001: "[...] most courts allow release of liability for prospective negligence, except where there is a strong public interest in the services provided". "An exculpatory clause that relieves a party from future liability may remove an important incentive to act with reasonable care. These clauses are also routinely imposed in a unilateral manner without any genuine bargaining or opportunity to pay a fee for insurance.[...]."

970 "Contracts against liability for negligence are not favored by law and are strictly construed against parties relying thereon", *Glant v. Lloyd's Register of Shipping*, 141 Wn. 253, 262, 251 P. 274, 277 (1926).

971 *Hiett v. Lake Barcroft Cmty. Ass'n*, 244 Va. 191, 418 S.E.2d 894, 896–97 (Va.1992).

972 *Tunkl v. Regents of the University of California*, 60 Cal.2d 92, 32 Cal.Rptr. 33, 383 P.2d 441, 445–46 (Cal.1963); *Jones v. Dressel*, 623 P.2d 370, 376 (Colo.1981).

973 Siehe z. B. *Porubiansky v. Emory Univ.*, 156 Ga.App. 602, 275 S.E.2d 163, 167–68 (Ga.Ct.App.1980); *Olson v. Molzen*, 558 S.W.2d 429, 431 (Tenn.1977); *Wagenblast v. Odessa Sch. Dist.*, 758 P.2d 968, 971 (Wash.1988); *Kyriazis v. Univ. of W. Va.*, 450 S.E.2d 649, 654–55 (W.Va.1994).

die Gegenstand des Haftungsausschlusses sein soll, (iii) die Art und Weise des Zustandekommens des Vertrags, insbesondere die Waffengleichheit der Parteien bei den Vertragsverhandlungen und (iv) ob der Wille der Parteien hinsichtlich der Haftungsvereinbarung klar und eindeutig zum Ausdruck kommt[974].

Die von der Rechtsprechung herausgearbeiteten Merkmale eines unwirksamen Haftungsausschlusses weisen in einigen Punkten Parallelen zu einer AGB-Prüfung nach den §§ 305 ff. BGB auf. Folgende Gründe können somit zur Unwirksamkeit einer Haftungsausschlussvereinbarung führen:

a. *Kein Ausschluss für vorsätzliche oder grob fahrlässige Schädigung* (willful conduct)

Der *common law* Grundsatz über vertragliche Haftungsausschlüsse erachtet Haftungsvereinbarungen in der Regel für unwirksam, wenn sie auch die Haftung für *willful or wanton misconduct* ausschließen, also die Haftung für Schädigungen, die vorsätzlich (willfully) oder aufgrund grober Fahrlässigkeit (*gross or wanton negligence*) verursacht wurden. Auch die amerikanischen Gerichte scheinen hierbei keine geltungserhaltende Reduktion von Haftungsklauseln zuzulassen. So wurde ein Haftungsausschluss, der eine Haftung für jegliche Schäden, also nicht nur Reitunfälle, vollumfänglich ausschließen und auch Vorsatz umfassen sollte, aus *public policy* Gründen für unwirksam erklärt, obwohl sich im Streitfall ein *inherent risk* realisiert hatte und kein Vorsatz vorlag[975].

b. *Verstoß gegen ein Gesetz*

Da die öffentliche Ordnung bzw. *public policy* eines Bundesstaates definiert ist durch die Gesamtheit seiner Normen einschließlich seiner Verfassung[976], kann ein *public policy* Verstoß insbesondere darin bestehen, dass eine Haftungsvereinbarung die Grenzen des (bereits haftungsbegrenzenden) *statutes*, wie z.B. einem Equine Activity Statute, überschreitet. Im Bundesstaat New York zum Beispiel existiert ein so genanntes *recreational statute*[977]. Dieses *statute* schreibt vor, dass haftungsbegrenzende Vereinbarungen für Freizeitaktivitäten (*releases for recreational activities*) unwirksam sind, sofern die Aktivität zum Zwecke der Erholung (und nicht zum Training) ausgeübt wird und der Kunde ein Entgelt für die Freizeitaktivität zahlt. Dieses *statute* gilt auch im Verhältnis zwischen Reitanlagenbetreibern und deren

---

974 *Jones v. Dressel*, 623 P.2d 370, 376 (Colo.1981).

975 *Mettler v. Nellis*, 995 N.W.2d 861 (Wis. Ct. Ap. 2005), vgl. auch *Frank v. Matthews*, 136 S.W.3d 196 (Mo.Ct.App. 2004), der Stallbetreiber hatte über den Wortlaut des statutes hinaus noch jegliche Haftung ("any liability") für Schäden ausgeschlossen.

976 Eversole v. Eversole, 169 Ky. 793, 185 SW. 487, 489 (1916): „The public policy of a state is determined by its constitution and statutes, and where these are silent, by the decisions of its courts."

977 General Obligations Law § 5–326 (New York); Equine Activity Statutes existieren in New York nicht.

Nutzern also Reitern[978], insbesondere bei Wanderritten[979], allerdings nicht gegenüber Reitschülern, die Unterrichtsstunden nehmen[980]. Ein Haftungsausschluss, der mit einem Teilnehmer eines Wanderritts in New York vereinbart wird, ist daher unwirksam. Ein Verstoß gegen die öffentliche Ordnung liegt auch vor, wenn durch Vereinbarung eine gesetzlich angeordnete Haftung begrenzt werden soll oder wenn eine Haftung über haftungsbegrenzende *statutes* (wie z. B. *Equine Activity Statutes*) hinaus, begrenzt werden soll[981].

c. *Pflicht gegenüber der Allgemeinheit* (existence of a duty to the public)

Eine Unwirksamkeit wegen eines *public policy* Verstoßes ist zu bejahen, wenn dem Verwender des Haftungsausschlusses Sorgfaltspflichten gegenüber der Allgemeinheit oblagen (*duty to the public*), wie das z. B. bei Krankenhäusern, Schulen oder öffentlichen Verkehrsmitteln der Fall ist. Diese Fallgruppe ist im Zusammenhang mit der Haftung für Tiere weniger relevant, aber sie sei der Vollständigkeit halber erwähnt. Haftungsbegrenzungen sind demnach unwirksam, wenn der Verwender der Haftungsvereinbarung (Dienst-) Leistungen erbringt, auf die die Allgemeinheit angewiesen ist und der Verwender seine Verhandlungsmacht gegenüber dem Vertragspartner ausnutzt, indem er ihn mit vorformulierten Haftungsklauseln konfrontiert und der Vertragspartner keine Möglichkeit hat, sich z. B. durch zusätzliches Entgelt die Einhaltung von Sorgfaltspflichten zu sichern, sodass der Vertragspartner bei der Durchführung des Vertrags der Kontrolle und damit auch dem Risiko von Sorgfaltspflichtverletzungen des Verwenders ausgesetzt ist[982]. Bei (reit-)sportlichen Veranstaltungen ist dies nicht der Fall[983].

d. *Kein Knebelungsvertrag* (adhesion contract)

Auch nach amerikanischem Recht muss der Vertrag über die Haftungsbegrenzung von den Beteiligten freiwillig geschlossen worden sein. Das ist nicht der Fall, wenn ein Vertrag einseitig von einer Partei – meist einem Unternehmer – zur Verwendung gegenüber der Allgemeinheit gestellt wird, die Allgemeinheit auf die angebotenen Leistungen angewiesen ist bzw. diese schlecht anderweitig bekommen kann, und

---

978 *Brancati v. Bar-U-Farm, Inc.*, 583 N.Y.S.2d 660 (App.Div. 1992).

979 *Filson v. Cold River Trail Rides, Inc.*, 661 N.Y.S.2d 841 (N.Y.A.D. 1997).

980 *Salazar v. Riverdale Riding Corporation*, 183 Misc.2d 145, 701 N.Y.S.2d 879 (S. Ct. Nassau Co. 1999).

981 *Berlangieri v. Running Elk Corporation*, 76 P.3d 1098 (N.M. 2003); *United States District Court in Hawaii in King v. CJM Country Stables*, F.Supp.2d, 2004 WL 943443 (D.C.Haw. 2004).

982 *Tunkl v. Regents of Univ. of California*, 60 Cal.2d 92, 32 Cal.Rptr. 33, 383 P.2d 441, 445–46 (Cal.1963).

983 Vgl. *Street v. Darwin Ranch*, United States District Court, Wyoming 75 F.Supp.2d 1296, November 12, 1999

sich daher widerwillig und ohne Verhandlungsmöglichkeit auf die vorgelegten Vertragskonditionen einlässt[984].

Diese Vorgaben scheinen zunächst gegen eine Wirksamkeit von vorformulierten Haftungsvereinbarungen – insbesondere gegen die Verwendung der in den Equine Activity Statutes enthaltenen Haftungsausschlüssen – zu sprechen. Zu beachten ist jedoch, dass ein Vertragschluss auf einer ‚take-it-or-leave-it' Basis nicht für die Annahme eines Knebelungsvertrags genügt. Insbesondere im Zusammenhang mit Freizeitaktivitäten sind diese einseitig gestellten Haftungsvereinbarungen mittlerweile sehr üblich und werden generell für zulässig gehalten[985]. Erst wenn sich der Vertragspartner in einer Zwangslage befindet, die der Verwender ausnutzt und ihn quasi zwingt, den Vertrag abzuschließen, kann von einem Knebelungsvertrag gesprochen werden. Dies ist nach Ansicht der Rechtsprechung bei Freizeitaktvitäten nicht der Fall[986], sodass Haftungsvereinbarungen, die in Übereinstimmung mit haftungsbegrenzenden *statutes* geschlossen werden, auch ohne Verhandlung wirksam sind.

e. *Klarer Wortlaut* (intention of the parties is expressed in clear and unambiguous language)

Eine wirksame Haftungsausschlussvereinbarung setzt, wie auch im deutschen Recht, voraus, dass der Vertragspartner die Risiken kennt, bezüglich derer er auf seine Ansprüche verzichten soll. Auch hier kommt das bereits mehrfach erwähnte Problem zum Tragen, dass gegenwärtig kein grundlegendes Verständnis der Allgemeinheit für typische Risiken von Haustieren (oder für tierische Verhaltensweisen generell) vorausgesetzt werden kann. Im Zweifel ist der Vertragspartner eingehend zu belehren[987] und der Inhalt der Belehrung bestenfalls schriftlich festzuhalten, da die Vereinbarung zulasten des Begünstigten streng ausgelegt wird[988]. Uwirksam ist daher ein Haftungsausschluss, der sich zwar an einem Equine Activity

---

984 *Jones v. Dressel*, 623 P.2d 370, 376 (Colo.1981).

985 *Markowitz v. Bainbridge Equestrian Center, Inc.*, No. 2006-P-0016, 2007 Ohio App. LEXIS 1411 (Ohio Ct. App. Mar. 30, 2007); *Courbat v. Dahana Ranch, Inc.* (Haw.2006), 141 P.3d 427, 439; Berlangieri *v. Running Elk Corp.* (N.M. 2003), 76 P.3d 1098, 1113.

986 *Markowitz v. Bainbridge Equestrian Center, Inc.*, No. 2006-P-0016, 2007 Ohio App. LEXIS 1411 (Ohio Ct. App. Mar. 30, 2007); *Berlangieri v. Running Elk Corp.* (N.M. 2003), 76 P.3d 1098, 1113.

987 Vielleicht etwas überspitzt, aber dennoch den Punkt treffend, warnt *Dawson* (S. 43) in Bezug auf die Gestaltung von Haftungsausschlüssen gegenüber Reitern: "*Lawyers should assume that horseback* riders know as much about the risks of horse activities as medical patients know about the risks of brain surgery."

988 Vgl. *Wright v. Loon Mountain Equestrian Center*, Supreme Court of New Hampshire, 1995, 663 A.2d 1340.

Statute orientiert, aber durch Zusätze unklar wird[989] oder wo die Reichweite des Haftungsausschlusses durch Verweise auf Gesetze intransparent ist[990]. Unwirksam war auch ein Haftungsausschluss des Veranstalters einer Hundeshow im Verhältnis zur Eigentümerin eines teilnehmenden Hundes, da nach der Formulierung unklar blieb, ob nur Ansprüche wegen der Verletzung des Hundes oder – wie in dem Fall streitgegenständlich – der Verletzung des Eigentümers erfasst waren[991].

Auch ohne eine wirksame Haftungsvereinbarung besteht die Möglichkeit, dass eine Haftung des Halters z. B. nach der *doctrine of primary assumption of risk* ausgeschlossen ist.

2. *Haftungsausschlüsse gegenüber Minderjährigen*

Nach Schätzungen erleiden in den USA jährlich 23.000 Menschen unter 20 Jahren Unfälle mit Pferden[992]. Ähnlich dem deutschen Recht wird daher auch im US-Recht diskutiert, ob und unter welchen Voraussetzungen Haftungsvereinbarungen gegenüber Minderjährigen bzw. gegenüber den gesetzlichen Vertretern im Namen der Minderjährigen wirksam sind.

a. Vereinbarung mit einem minderjährigen Vertragspartner

Heute gilt in den meisten Bundesstaaten[993] der Grundsatz, dass Verträge mit Minderjährigen schwebend unwirksam (*voidable*) sind. Sie sind (erst) dann endgültig unwirksam, wenn sich eine Partei auf die Unwirksamkeit beruft bzw. die weitere Durchführung des Vertrages ablehnt, was bei Haftungsausschlussvereinbarungen dadurch zum Ausdruck gebracht werden kann, dass der Minderjährige trotz der Vereinbarung Klage auf Schadensersatz erhebt[994]. Uneingeschränkt wirksam sind

989 *Frank v. Matthews*, 136 S.W.3d 196 (Mo. Ct. App. 2004), der Stallbetreiber hatte über den Wortlaut des *statutes* hinaus noch jegliche Haftung ("any liability") für Schäden ausgeschlossen.

990 *Mettler v. Nellis*, 995 N.W.2d 861 (Wis. Ct. Ap. 2005).

991 *Tatman v. Space Coast Kennel Club, Inc.*, 27 So. 3d 108 (Fla. Dist. Ct. App. 2010).

992 Children's Safety Network, Equestrian Safety Fact Sheet, Marsh Field Clinic, I (Mai 2005); http://www.childrenssafetynetwork.org/sites/childrenssafetynetwork.org/files/SafeEquestrianPractices.pdf

993 *Byrne v. Simco Sales Service of Penna., Inc.*, 179 F.Supp. 569, 570 (E.D.Pa.1960); *Dilallo v. Riding Safely, Inc., Florida* Court of Appeal, 1997, 687 So. 2d 353; *Smoky, Inc. v. McCray*, 196 Ga.App. 650, 396 S.E.2d 794, 797 (Ga.Ct.App.1990): Der Vertrag eines 14jährigen, in dem er auf alle seine An sprüche wegen möglicher Reitunfälle gegenüber einem Ranchbetreiber verzichtet ist zunächst schwebend unwirksam und letztlich endgültig unwirksam, wenn das Kind den Ranchbetreiber auf Schadensersatz wegen eines Reitunfalls verklagt.; *Del Santo v. Bristol County Stadium, Inc.*, 273 F.2d 605 (1st Cir.1960); *Celli v. Sports Car Club of Am., Inc.*, 29 Cal.App.3d 511, 105 Cal.Rptr. 904 (Cal.Ct.App.1972).

994 *Dilallo v. Riding Safely, Inc., Florida* Court of Appeal, 1997, 687 So. 2d 353.

lediglich Verträge über *necessities*[995], also Verträge über Güter des täglichen Bedarfs, was an den so genannten „Taschengeldparagraphen" § 110 BGB erinnert. Haftungsausschlussvereinbarungen mit Minderjährigen entfalten daher im Streitfall keine rechtliche Wirkung.

Unklar ist, ob der Minderjährigenschutz durch die vergleichsweise neuen *Equine Activity Statutes* unterlaufen wird, da die gesetzlichen Haftungsfreistellungen nicht zwischen Minderjährigen und Erwachsenen unterscheiden.

In dem Fall *Dilallo v. Riding Safely*[996]*, Inc.* wurde die Wirksamkeit eines Haftungsausschlusses, den ein 14-jähriges Mädchen vor einem Ausritt unterschrieben hatte, mit den oben genannten Argumenten des Minderjährigenschutzes verneint. Der Beklagte Stallbetreiber berief sich für einen Haftungsausschluss erfolglos auf das Equine Activity Statute von Florida. Zwar wäre nach dem *statute* ein Haftungsausschluss für *inherent risks* zulässig[997]. Das *statute* war aber erst nach dem Unfall in Kraft getreten. Einen rückwirkenden Effekt des *statute* lehnte das Gericht ab, weil ein rückwirkender Effekt insbesondere dann nicht zulässig ist, wenn dem Betroffenen hierdurch nachträglich Rechtspositionen verloren gingen[998]. Der Entscheidung könnte daher mittelbar entnommen werden, dass ein Haftungsausschluss, der entsprechend den Vorgaben des in Florida geltenden *statute* entspricht, auch gegenüber Minderjährigen zu einem Haftungsausschluss führen kann. Denn anderenfalls hätte das Gericht die Frage des rückwirkenden Effekts auch dahinstehen lassen können. Zwingend ist dies aber nicht. Gesicherte Rechtsprechung liegt daher auch zu dieser Frage aufgrund der Tatsache, dass die Equine Activity Statutes noch so neu sind, nicht vor[999].

b. Vereinbarung mit den Eltern über Ansprüche des Minderjährigen

Letztlich müssen daher Haftungsvereinbarungen mit den gesetzlichen Vertretern der Minderjährigen geschlossen werden. Aber auch diese so genannten *parental waiver* sind problematisch. Spätestens seit der Entscheidung *Mastroianni v. Curtis*[1000]

---

995 *Byrne v. Simco Sales Service of Penna., Inc.*, 179 F.Supp. 569 (E.D.Pa.1960); *Dilallo v. Riding Safely, Inc., Florida* Court of Appeal, 1997, 687 So. 2d 353.

996 *Dilallo v. Riding Safely, Inc., Florida* Court of Appeal, 1997, 687 So. 2d 353.

997 Fl.St. § 773.02.

998 "A substantive statute is presumed to operate prospectively rather than retrospectively unless the Legislature clearly expresses its intent that the statute is to operate retrospectively. This is especially true when retrospective operation of a law would impair or destroy existing rights. [...] Chapter 773 does not provide for retroactive application. It is clear that the Legislature intended to destroy existing rights by barring recovery for persons injured by equine activity and reviving a defense that was not available on the effective date of the legislation to protect equine owners or sponsors, namely the affirmative defense of assumption of the risk. [...] Accordingly, we conclude that the trial court reversibly erred in applying chapter 773 retroactively to bar appellants' claim."

999 Siehe auch *Sweet*, S. 365.

1000 *Mastroianni v. Curtis* (1979), 78 Ill.App.3d 97, 33 Ill.Dec. 723, 397 N.E.2d 56.

wird die Wirksamkeit von Haftungsausschlüssen bzw. Verzichtserklärungen in Bezug auf *negligence* Ansprüche, die Eltern für zulasten ihrer minderjährigen Kinder mit Dritten abschließen bzw. abgeben, in den meisten Bundesstaaten verneint[1001]. Eltern bzw. die gesetzlichen Vertreter eines minderjährigen Kindes sind ohne ausdrückliche gesetzliche oder gerichtliche Erlaubnis nicht befugt, im Namen ihrer Kinder auf deren Ansprüche gegenüber Dritten zu verzichten. Dies gilt sowohl für den Verzicht auf bereits entstandene Ansprüche als auch für den Verzicht auf mögliche zukünftige Ansprüche[1002].

Ob die Equine Activity Statutes als ausdrückliche gesetzliche Grundlage dafür qualifiziert werden könnten, dass gesetzliche Vertreter von Minderjährigen Haftungsausschlüsse im Namen der Minderjährigen vereinbaren dürfen, ist fraglich. Einige *statutes* jedenfalls beziehen minderjährige Teilnehmer (und somit potenzielle Geschädigte) ausdrücklich in den Anwendungsbereich der haftungsbegrenzenden *statutes* mit ein.

Nach dem *statute* von Utah (§ 78B-4-203) sind Haftungsausschlüsse auch gegenüber Minderjährigen bzw. deren gesetzlichen Vertretern wirksam:

> „(1) An equine or livestock activity sponsor shall provide notice to participants of the equine or livestock activity that there are inherent risks of participating and that the sponsor is not liable for certain of those risks.
> (2) Notice shall be provided by:
> (a) posting a sign in a prominent location within the area being used for the activity; or
> (b) providing a document or release for the participant, or the participant's legal guardian if the participant is a minor, to sign."

Die Regelung in Pennsylvania (4 P.S. § 60 (a)) erstreckt sich dagegen ausdrücklich nur auf Erwachsene.

> "(a) Assumption of risk. As to those within the scope of this act, liability for negligence shall only be barred where the doctrine of knowing voluntary assumption of risk is proven with respect to damages due to injuries or death to an adult participant resulting from equine activities."

1001 Vgl. *Fedor v. Mauwehu Council, Boy Scouts of Am.*, 21 Conn.Supp. 38, 143 A.2d 466, 467–68 (Conn.Super.Ct.1958); *Meyer v. Naperville Manner, Inc.*, 262 Ill.App.3d 141, 199 Ill.Dec. 572, 634 N.E.2d 411, 414–15 (Ill.App.Ct.1994); *Doyle v. Bowdoin Coll.*, 403 A.2d 1206, 1208 n. 3 (Me.1979); *Fitzgerald v. Newark Morning Ledger Co.*, 111 N.J.Super. 104, 267 A.2d 557, 558–59 (N.J.Super. Ct. Law Div.1970); *Childress v. Madison County*, 777 S.W.2d 1, 6–7 (Tenn.Ct.App.1989); *Munoz v. II Jaz Inc.*, 863 S.W.2d 207, 209–10 (Tex.App.1993); *Scott v. Pac. W. Mountain Resort*, 119 Wash.2d 484, 834 P.2d 6, 10–12 (Wash.1992); *Hawkins v. Peart*, 37 P.3d 1062 (Utah 2001).

1002 *Meyer v. Naperville Manner, Inc.*, 634 N.E.2d 411 (Ill.App. 1994), S. 414–415; *Scott v. Pac. W. Mountain Resort*, 119 Wash.2d 484, 834 P.2d 6, 10–12 (Wash.1992); *Hawkins v. Peart*, 37 P.3d 1062 (Utah 2001).

In dem Fall *Mettler v. Nellis*[1003] wurde ein Haftungsausschluss, dessen Formulierung sich zum Teil an dem für Wisconsin gesetzlich vorgegebenen Wortlaut orientierte und der von einem gesetzlichen Vertreter für einen Minderjährigen unterschrieben wurde, durch ein Gericht für unwirksam erklärt. Jedoch nicht wegen einer Unvereinbarkeit mit dem Minderjährigenschutz (diese Frage wurde offengelassen), sondern u. a. wegen des intransparenten Wortlauts. Zwar hatte der Beklagte entsprechend dem Wisconsin *statute* darauf hingewiesen, dass die Haftung für Schäden durch *„inherent risks of equine activities, as defined in section 895.481(1)(e) of the Wisconsin Statutes"* ausgeschlossen ist. Das Gericht meinte jedoch, dass bei der gebotenen strengen Auslegung von Haftungsausschlüssen zulasten des Verwenders einem Laien nicht klar sei, welche *„inherent risks"* gemeint seien[1004].

In dem Fall *Markowitz v. Bainbridge Equestrian Center*[1005] bestätigte der Court of Appeal von Ohio eine Haftungsausschlussvereinbarung, die den Vorgaben des Equine Activity Statute von Ohio entsprach und von einer Mutter für ihren minderjährigen Sohn unterschrieben wurde. Das zugrunde liegende *statute* sah ausdrücklich vor, dass Eltern eine Haftungsvereinbarung für ihre Kinder unterzeichnen dürfen, sodass das Gericht keine Einwände gegen die Wirksamkeit hatte.

Somit wären Haftungsausschlüsse von Eltern zulasten ihrer Kinder, wenn diese durch *statutes* zugelassen sind, hinzunehmen, da in diesen Fällen eine gesetzliche Grundlage für den Haftungsausschluss zulasten des Minderjährigen besteht. Eine weitergehende Umgehung des Minderjährigenschutzes dürfte nicht zu befürchten sein. Schließlich enthalten sämtliche *statutes* einen Ausschlussgrund, der besagt, dass der Haftungsausschluss zugunsten des *equine provider* nicht gilt, sofern er ein Pferd überlässt, ohne sich zuvor sorgfältig über die Fähigkeiten des Teilnehmers und seine Tauglichkeit in Bezug auf einen sicheren Umgang mit dem Pferd und eine sichere Ausübung der Aktivität informiert zu haben[1006]. In diesem Rahmen dürfte dem *equine provider* insbesondere bei der Überlassung von Pferden an Minderjährige ein erhöhter Sorgfaltsmaßstab auferlegt sein, dessen Beachtung der Pferdehalter

---

1003 *Mettler v. Nellis*, 995 N.W.2d 861 (Wis. Ct. Ap. 2005).

1004 *Mettler v. Nellis*, 995 N.W.2d 861 (Wis. Ct. Ap. 2005): "The releases include an assumption of the "unavoidable risks inherent in all horse-related activities," but that language is buried in fine print and the releases do not define what those risks are. [...] Nellis claims that other language in the releases, stating that "the inherent risks of equine activities" are defined in WIS. STAT. § 895.481(1)(e), adequately explains what risks are being assumed. However, we strictly construe any ambiguity against Nellis, [...], and we cannot conclude that such a meaning would be unmistakable to a layperson."

1005 *Markowitz v. Bainbridge Equestrian Center, Inc.*, No. 2006-P-0016, 2007 Ohio App. LEXIS 1411 (Ohio Ct. App. Mar. 30, 2007).

1006 "[...] failed to make reasonable and prudent efforts to determine the ability of the participant to engage safely in the equine activity, or to determine the ability of the participant to safely manage the particular equine based on the participant's representation of his or her ability."

im Streitfall beweisen müsste. So weit ersichtlich, dürfte die Verantwortung für Verletzungen eines Minderjährigen im Zweifel bei dem *equine provider* verbleiben.

C. Tierspezifische Probleme im amerikanischen Schadensrecht

I. Überblick über relevante Arten des Schadensersatzes

Die maßgebliche Rechtsfolge für ein *tort* sind *damages*, also Schadensersatz. Im anglo-amerikanischen Recht werden mehrere Typen von *damages* nach der Art des zu ersetzenden Schadens (materiell oder immateriell) sowie ihrem Zweck (zum Ausgleich des Schadens oder zu Strafzwecken) unterschieden.

1. Compensatory damages

Zweck der *compensatory damages* habe in erster Linie eine Ausgleichsfunktion. Der Geschädigte soll finanziell für erlittene Nachteile entschädigt werden. *Compensatory damages* werden sowohl für materielle Schäden („*economic loss*") als auch für immaterielle Schäden („*non economic loss*"), z. B. aufgrund von Personenschäden oder Eigentumsverletzungen, gewährt.

Auch im US-amerikanischen Recht trifft den Geschädigten eine Schadensminderungspflicht („*duty to mitigate damages*").

a. Economic Loss

Unter *economic loss* sind alle dem Geschädigten tatsächlich angefallenen Kosten zu verstehen, die durch die schädigende Handlung verursacht wurden. Hierzu gehören bei der Verletzung oder Tötung eines Tieres beispielsweise der Wertersatz für das Tier sowie angefallene Tierarztbehandlungskosten. Insbesondere die Bestimmung des Wertersatzes für ein Tier wird kontrovers diskutiert wie im weiteren Verlauf gezeigt wird.

b. "Pure" Economic Loss

Unter *"pure" economic losses* versteht man entgangene Gewinne oder verlorene Chancen. Diese sind gewöhnlich nicht von der *negligence*-Haftung umfasst und nur im Rahmen von speziellen *torts* ersatzfähig, bei denen es dem Schädiger darauf ankam, diesen Gewinn oder die Chance zu vereiteln („*pure economic loss rule*"). Ausgenommen von dieser Regel sind Personenschäden und Eigentumsverletzungen. In diesen Fällen kann auch die *negligence*-Haftung zum Ersatz des *pure economic loss* (entgangener Lohn infolge eines Personenschadens) verpflichten. Grund für die restriktive Entschädigung des *pure economic loss* ist die Befürchtung vor ausufernden Schadensersatzforderungen und die Schwierigkeit, den *pure economic loss* zu beziffern.

c. Non-Economic Loss

Mit *non-economic loss* werden immaterielle Schäden wie erlittene Schmerzen („*pain and suffering*") bezeichnet. Diese Schadensposition soll für erlittene körperliche Schmerzen und damit verbundene psychische Leiden entschädigen (z.B. bei Entstellung, entgangener Lebensfreude oder – in einigen Staaten sogar – verkürzter Lebenserwartung etc.). Wie auch in Deutschland sind die amerikanischen Gerichte zurückhaltend bei der Gewährung von Schadensersatz für immaterielle Schäden / *non-economic loss.* Über die Frage, ob auch für die Schmerzen oder Schockschäden wegen des Verlustes eines geliebten Tieres Ersatz durch *non-economic compensatory damages* beansprucht werden kann, wird in den letzten Jahren in den USA eine rege diskutiert, wie in diesem Abschnitt beleuchtet wird.

2. Punitive Damages

Der Strafschadensersatz bzw. *punitive damages* sind kein *remedy*, also kein Schadensersatz im strengen Sinn, denn sie haben keine Ausgleichsfunktion, sondern dienen vielmehr der Bestrafung des Täters für eine besonders verwerfliche Tat[1007].

Der Strafschadensersatz wird häufig im Zusammenhang mit verschuldensabhängigen *torts* und gewöhnlich dann gewährt, wenn der Täter besonders böswillig, rücksichtslos und vorsätzlich gehandelt hat[1008]. So wurden *punitive damages* gegen den Angestellten einer Tierauffangstation verhängt, der eine zugelaufene Katze noch am selben Tag erschießen ließ, anstatt sie, wie gesetzlich vorgeschrieben, mindestens fünf Tage zu verwahren[1009]. Hierdurch seien die Besitzrechte des Eigentümers der entlaufenen Katze fahrlässig und rücksichtslos verletzt worden. Auch für die bösartige Tötung eines Tieres werden wegen *intentional infliction of emotional distress* sowohl nach *case law* als auch aufgrund spezieller *statutes punitive damages* zuerkannt[1010]. Zum Teil wurden Zahlungen in Höhe von USD 1.000[1011] und USD 75.000[1012] verhängt.

Zwar sind *punitive damages* im Bereich der verschuldensunabhängigen Haftung denkbar. So wurden z.B. aufgrund einer Produkthaftung *punitive damages* zuerkannt, weil der Verantwortliche einen schadensursächlichen Produktfehler und die damit verbundenen Schadensrisiken kannte und sich dennoch bewusst entschieden hat, den Defekt nicht zu beheben[1013]. Dennoch knüpfen *punitive damages* in erster

---

1007 Vgl. *Molzof v. United States*, 502 U.S. 301 (1992); *BMW of North America Inc. v. Gore*, 517 U.S. 559 (575), 116 S.Ct. 1589, 134 L. Ed.2d 809 (1996); vgl. auch *Root*, S. 429 f.

1008 vgl. *Mitchell v. Heinrichs* 27 P.3d 309 Supreme Court of Alaska (2001).

1009 *Wilson v. City of Eagan*, 297 N.W.2d 146, 151 (Minn. 1980).

1010 *Byszweski*, S. 219 m.w.N.

1011 *La Porte v. Associated Independents, Inc.*, 163 S.2d 267, 269 (Fla. 1964).

1012 *Burgess v. Taylor*, 44 S.W.3d 806, 91 A.L.R.5th 749 (Ky. Ct. App. 2001).

1013 *Grimshaw v. Ford Motor Co.*, 119 Cal.App.3d 757 (1981).

Linie an eine verwerfliche Handlung einer Person an[1014], sodass sie im Zusammenhang mit der Haftung für Tiere nur eine untergeordnete Bedeutung haben.

II. Ersatz des materiellen Schadens

1. Ersatz bei der Verletzung von Personen

Verletzt ein Tier einen Menschen, werden in der Regel *compensatory damages* in Form von *monetary damages*, also Schadensersatz in Geld zum Ausgleich des erlittenen Schadens, zuerkannt. Hierzu gehören beispielsweise der Ersatz des entgangenen Lohns oder der Ersatz der Heilbehandlungskosten.

Zusätzlich kann Schadensersatz für weitergehende materielle Verluste, z.B. aufgrund spezieller *statutes*, eingeklagt werden. Ähnlich wie im deutschen Schadensrecht gilt der Grundsatz, dass Schadensersatzleistungen möglichst auf den Ersatz materieller Schäden (*pecuniary losses*) beschränkt bleiben sollen[1015].

2. Wertersatz für Sachen

Bei vollständiger Zerstörung des Eigentums richtet sich die Höhe des Ersatzes grundsätzlich nach dem Marktwert bzw. Verkehrswert (*fair market value*), den die Sache im Zeitpunkt ihrer Zerstörung hatte[1016]. Wiederbeschaffungskosten spielen erst dann eine Rolle bei der Wertermittlung, wenn ein Verkehrswert bzw. ein Marktpreis nicht feststellbar ist[1017].

Im Gegensatz zur Zerstörung ist bei der Beschädigung von Eigentum die Wertminderung zu ersetzen. Die Höhe der Wertminderung richtet sich hierbei entweder (i) nach der Differenz aus Marktwert vor und Marktwert nach der Beschädigung oder (ii) nach der Höhe der Wiederherstellungskosten. Sind die Beträge unterschiedlich hoch, wird in den meisten Bundesstaaten nur der geringere Betrag ersetzt[1018]. Hierbei obliegt es dem Schädiger, im Zweifel darzulegen, dass der jeweils andere Wert als der vom Anspruchsteller eingeklagte Betrag der geringere ist[1019].

3. Wertersatz für Tiere

Tiere gelten nach dem *common law* im amerikanischen Schadensrecht als bewegliche Sachen (*chattel* bzw. *property*)[1020]. Der Schadensersatzanspruch ist daher

---

1014 *Sadler*, S. 290 m.w.N.

1015 Vgl. *Krouse v. Graham*, 19 Cal. 3d 59, 69, (1977).

1016 *Harris v. Peter*, 653 N.E.2d 1274, 1275 (1995); *Amfac, Inc. v. Waikiki Beachcomber, Inv. Co.*, 839 P.2d 10, 32 (1992); *Dobbs*, Remedies, § 5.13(1), S. 545.

1017 *Nunan v. San Francisco*, 38 Cal. 689, 690 (1869).

1018 *Hauenstein v. St. Paul Mercury Indem. Co.*, 65 N. W. 2d 122, 125 & n.4 (1954).

1019 *Geddes & Smith, Inc. v. St. Paul Mercury Indem. Co.*, 407 P.2d 868, 870 (1965).

1020 Vgl. *Lachenman v. Stice*, 838 N.E.2d 451 (Ind. 2006); *Nichols v. Sukaro Kennels*, 555 N.W.2d 689 (Iowa 1996); Seps, S.1340 m.w.N.

begrenzt auf den *fair market value*, den das Tier im Zeitpunkt der Verletzung bzw. Tötung hatte[1021].

a. *Marktwert* (fair market value)

Klare Richtlinien dafür wie der *fair markt value* zu berechnen ist, existieren kaum. Die Gerichte berücksichtigen je nach Einzelfall wertbildende Faktoren wie Abstammung, Alter, Gesundheitszustand, Kaufpreis und Placierungen bzw. Erfolge in Shows[1022]. Ein darüber hinausgehender *sentimental value* den das Tier für seinen Eigentümer hat, ist bei der Ermittlung des Marktwertes unbeachtlich[1023]. Die ermittelten Marktwerte sind bei Haustieren in der Regel sehr moderat und reichen nur selten an vierstellige Dollarbeträge heran.

Bei der Verletzung eines Tieres muss der Schädiger in der Regel die Wertminderung (also die Minderung des Marktwertes) ersetzen[1024]. Die Beweislast für die wertbildenden Faktoren liegt beim Anspruchsteller[1025].

b. *Eigentum ohne Marktwert* (value to the owner)

Der *fair market approach* bietet nicht immer einen angemessenen Ausgleich für den entstandenen Schaden. Unbefriedigend ist der Ersatz des *fair market value*, wenn die beschädigte oder zerstörte Sache keinen Marktwert hat, was z.B. bei Familienfotos, Videoaufnahmen, Erbstücken, und insbesondere Haustieren der Fall sein kann. Bei Haustieren handelt es sich meist nicht um gut ausgebildete Zuchttiere, sondern eher um Mischlinge, die keinen nennenswerten Sachwert haben, die aber dennoch für den Eigentümer von besonderer Bedeutung waren. Um nicht lediglich *nominal damages* zuerkennen zu müssen[1026], sind Gerichte bereit, den Schaden nicht anhand des Marktwerts, sondern anhand der Wertschätzung des Tieres durch den jeweiligen Eigentümer (*value to the owner* oder auch *actual* oder *intrinsic value*) zu

---

1021 *Nichols v. Sukaro Kennels*, 555 N.W. 2d 689, 692 (Iowa 1996) wonach bei Verlust eines Tieres die Schadensbemessung anhand des Marktwertes zu erfolgen hat und der „value to owner" test nicht anwendbar ist; *Pickford v. Masion*, 98 P.3d 1232 (Div. 2 2004); *Johnson v. Douglas*, 723 N.Y.S.2d 627 (Sup. Ct. 2001); siehe auch *Zeid v. Pearce*, 953 S.W.2d 368, 369 (Tex. Civ. App. 1997) wonach der Eigentümer keinen Anspruch auf Schmerzensgeld wegen tierärztlicher Fehlbehandlung seines Haustieres hat.

1022 *Root*, S. 426 m.w.N.; *Seps*, S. 1343.

1023 *Root*, S. 427 m.w.N.

1024 Vgl. *Lynn Strickland Sales and Service, Inc. v. Aero-Lane Fabricators, Inc.*, 510 So.2d 142 (Ala. 1987); *Martin v. Rieger*, 289 Ark. 292, 711 S.W.2d 776 (1986); *Huff v. Thornton*, 287 N.C. 1, 213 S.E.2d 198 (1975); *Duggan v. Board of Com`rs of County of Weld*, 747 P.2d 6 (Colo.App.1987); *Dobbs*, Remedies, § 5.13(1), S. 546.

1025 *Root*, S. 427 m.w.N.

1026 Vgl. *Jankoski v. Preiser Animal Hospital*, 510 N.E.2d 1084 (1086); *Landers v. Municipality of Anchorage*, 915 P.2d 614, 618 (Alaska 1996), unter Verweis auf Restatement (2nd) of Torts § 911, comment e (1977).

ermitteln. Einige Gerichte berücksichtigen den *actual value* auch dann, wenn der Marktwert nach Ansicht der Gerichte nicht dem Wert entspricht, den die Sache für den Eigentümer hat[1027].

Sofern der Anspruchsteller also belegen kann, dass es sich bei dem streitgegenständlichen Tier um ein *companion animal* handelt, also ein Haustier (im Sinne eines Schoßtieres oder eines Gefährten, das meist im Haushalt des Eigentümers lebt, nicht jedoch lediglich eines Nutztieres, das auf der Farm gehalten wird), das für ihn einen besonderen Wert hatte, sind einige Gerichte bereit, dies für die Schadensbemessung zu berücksichtigen[1028].

Der *value to the owner* wird dabei als Teil des materiellen Schadens bewertet[1029]. Der *value to the owner* steht im Wesentlichen für die Gesamtheit der Kosten, die der Eigentümer bereit war, für das Tier (bzw. den Erhalt der Sache) aufzuwenden. Der Schaden wird daher bemessen nach den laufenden Kosten, Tierarztkosten, Ausbildungs- bzw. Trainingskosten, die der Geschädigte aufgewendet hat, nach eventuell entgangenen Einnahmen, die durch das Tier hätten generiert werden können (z. B. durch den Verkauf von Hundewelpen), sowie nach den Kosten der Ersatzbeschaffung[1030]. Ein rein sentimentaler Wert wird aber nicht ersetzt[1031].

Bei einem erwachsenen Hund, der meist keinen *fair market value* hat, ermitteln die Gerichte den *value to the owner* daher z. B. anhand der erforderlichen Ersatzbeschaffungskosten inkl. der Anschaffungskosten für einen Welpen derselben Rasse, Impfkosten, Kosten der Kastration und der Ausbildung, die das verletzte Tier hatte; berücksichtigt werden auch die Dienste, die z. B. ein Hund erbracht hat[1032]. Die Entscheidungen der Gerichte sind in Bezug auf den Ersatz eines Schadens bei fehlendem Marktwert nicht einheitlich.

1027 *Bueckner v. Hamel*, 886 S.W.2d 368 (Tex. Ct. App. 1994) vgl. die gesonderte Urteilsbegründung von Justice Andell, wonach der Eigentümer das Recht haben sollte, die anzuwendende Wertermittlungsmethode zu bestimmen.

1028 See *Jankoski v. Preiser Animal Hospital*, 510 N.E.2d 1084 (1087); *Green v. Boston & Lowell R.R.*, 128 Mass. 221, 226–27 (1880) (oil portrait of dead parent); *Zager v. Dimilia*, 524 N.Y.S.2d 968 (Vill. Ct. 1988) (zum Wert der Beziehung eines Hundes zu Familienmitgliedern); *Brousseau v. Rosenthal*, 443 N.Y.S.2d 285, 286 (Civ. Ct. 1980) (hier hat das Gericht im Zusammenhang mit dem Tod eines Hundes, der keinen relevanten Marktwert hatte, den "loss of a dog's companionship" bei der Ermittlung des actual value berücksichtigt; insofern inkonsequent als dass loss of companionship grds. non-economic damages sind.

1029 Vgl. *Wise*, S. 63.

1030 So jedenfalls *Root*, S. 428; *Seps*, S. 1344 m.w.N.

1031 Vgl. *Seps*, S. 1344.

1032 *Mitchell v. Heinrichs*, 27 P.3d 309 (Alaska, 2001); *Landers v. Municipality of Anchorage*, 915 P.2d 614 (Alaska 1996); *McDonald v. Ohio State Univ. Veterinary Hospital*, 644 N.E.2d 750 (Ct. Claims Ohio 1994), wonach der *actual value* eines erwachsenen, gut ausgebildeten Hundes mit USD 5.000 bewertet wurde; *Texas Petco Animal Supplies, Inc. v. Schuster*, 144 S.W.3d 554 Court of Appeals of Texas, 2004, wonach "service provided by a dog" berücksichtigt werden dürfen.

Diese Rechtsprechung respektiert die in der Gesellschaft anerkannte Tatsache, dass Personen auch zu Gegenständen Beziehungen aufbauen können und kein Markt existiert, der dieses individuelle (Affektions-) Interesse angemessen berücksichtigt. Die Gerichte stehen jedoch vor der Herausforderung, den Eigentümer für die Rechtsverletzung angemessen zu entschädigen, ihn nicht zu bereichern und missbräuchliche Klagen zu unterbinden.

Der *value to owner approach* scheint also neben dem reinen Sachwert des Tieres auch ein – wie auch immer zu bezeichnendes – Interesse des individuellen Eigentümers an seinem Tier zu berücksichtigen, sodass z.B. sich ein hohes Alter eines Tieres wegen der engeren Bindung zum Eigentümer wertsteigernd auswirken kann, während es sich nach dem *fair market approach* eher wertmindernd auswirken würde. Dennoch fallen die erstrittenen Zahlungen nach dem *value to owner approach* vergleichbar gering aus[1033]. Eine Ausnahme stellt sicherlich die Entscheidung *Roemer v. Gray* dar, wo die Klägerin, deren 13 Jahre alte Katze von den Hunden eines Nachbarn getötet wurde, unter anderem USD 30.000 Schadensersatz für den *intrinsic value* ihrer Katze erstritt[1034].

4. Ersatz der Tierarztkosten (veterinary expenses)

Heilbehandlungskosten wegen der Verletzung eines Tieres sind als zurechenbare Folgeschäden bzw. *foreseeable consequentual damages* ersatzfähig[1035]. Ob auch Tierarztkosten, die den *fair market value* übersteigen, ersatzfähig sind, wird von der Rechtsprechung uneinheitlich beantwortet[1036]. Die neuere Rechtsprechung tendiert dazu, *„reasonable veterinary expenses"* zu ersetzen, auch wenn diese den *market value* übersteigen. Zum Teil wird dieser Trend bereits durch Gesetzesänderungen kodifiziert. So wurde in Maryland gesetzlich definiert, dass *compensatory damages* auch *„reasonable und necessary cost of veterinary care"* beinhalten[1037].

1033 *Root*, S. 428 m.w.N.

1034 *Roemer v. Gray*, No. 45–09514, (Wash. King County Dist. Ct. May 2, 2005).

1035 Dafür: *Hyland v. Borras*, 719 A.2d 662, 663 (N.J. Super.Ct.App.Div. 1998), wonach Tierarztkosten für die Behandlung eines Shi Tzu Hundes in Höhe von USD 2.500 ersatzfähig waren, obwohl diese Kosten den Marktwert des Hundes um das Fünffache überstiegen; *Zager v. Dimilia*, 524 N.Y.S.2d 968, 970–971 (N.Y. Village Ct. 1988); dagegen: *Daughen v. Fox*, 539 A.2d 858, 865 (Pa. 1987); siehe auch *Byszewski*, S. 218 m.w.N.; *Kaiser v. U.S.*, 761 F. Supp. 150, 156 (D.D.C. 1991); *Nichols v. Sukaro Kennels*, 555 N.W.2d 689, 692 (Iowa 1996); Goldberg v. Ruckstuhl, 408 S.2d 374, 374 (La. App.1981); *Kurash v. Layton*, 598 A.2d 535, 537 (N.J. Super. L. Div. 1991).

1036 *Byszewski*, S. 218 m.w.N.; für eine Begrenzung z.B. *Altieri v. Nanavati*, 573 A.2d 359, 361 (Conn. Super. Ct. 1989) ("Damages are generally limited to the market value of the dog, although other damages are sometimes allowed."); *Nichols*, 555 N.W.2d at 692; *Stettner*, 368 N.Y.S.2d at 684.

1037 MD.Code Ann., CTS & Jud. Proc. § 11–110(a)(2); *Hankin*, S. 329 m.w.N.

5. *Nutzungsausfallschadensersatz* (loss of use damages)

Wie auch im deutschen Recht hat sich die Rechtsprechung in den amerikanischen Jurisdiktionen zum Ersatz von Nutzungsausfallschäden größtenteils anhand von Kfz-Fällen entwickelt. Viele Fragen, um die im deutschen Recht gestritten wird (Notwendigkeit einer Differenzierung zwischen gewerblich und privat genutzten Sachen, Berechnung des Schadens beim Nutzungsausfall privater Gegenstände, konkrete oder abstrakte Schadensberechnung bei gewerblich genutzten Gegenständen etc.), werden auch von amerikanischen Gerichten streitig diskutiert. Ein Blick auf die Entwicklung der Rechtsprechung zeigt, dass das amerikanische Recht sich insbesondere in der Vergangenheit zum Teil mit denselben schadensrechtlichen Problemen auseinandergesetzt hat wie die deutschen Gerichte – und hierbei aber zu anderen Ergebnissen gekommen ist.

a. *Frühere Rechtsprechung* (traditional common law rule)

Im *common law* gab es ursprünglich keinen Anspruch auf Ersatz eines Nutzungsausfallschadens[1038]. Wenn eine Sache beschädigt oder zerstört wurde, hatte der Eigentümer lediglich Anspruch auf (i) Ersatz einer Wertminderung, den die Sache erfahren hat, zuzüglich (ii) der Reparaturkosten und (iii) Zinsen auf den Marktwert der Sache für die Dauer des Nutzungsausfalls[1039]. Nach damaliger Auffassung sind hierdurch sämtliche Schäden des Eigentümers vollständig ausgeglichen worden. Die Zuerkennung zusätzlicher *loss of use damages* wurde abgelehnt, da die ausgefallene Nutzung schwer zu bewerten, somit auch der Schadensersatz meist schwer bezifferbar war und dadurch die Gefahr bestand, den Geschädigten durch einen zu großzügigen Schadensersatz besser zu stellen, als er ohne das schädigende Ereignis stünde[1040].

Die *common law rule* wurde später – inspiriert durch die seerechtliche Rechtsprechung – erweitert, indem zunächst für gewerblich genutzte Sachen ein Anspruch auf *loss of use damages* für den Fall anerkannt wurde, dass dem Geschädigten infolge des Nutzungsausfalls ein *actual pecuniary loss* wegen einer notwendigen Anmietung eines Ersatzgegenstands entstanden ist[1041]. Das Erfordernis einer Ersatzanmietung sollte verhindern, dass der Geschädigte übermäßig entschädigt bzw. bereichert wird[1042]. Nach der ebenfalls aus dem Seerecht stammendem *„spare-boat doctrine"* sollten *loss of use damages* ohne Ersatzanmietung nur dann zugesprochen werden, wenn der Geschädigte einen Ersatzgegenstand ausschließlich für einen Schadensfall vorgehalten hat[1043].

1038 Eingehend hierzu *Lee*, S. 239 m.w.N.

1039 Vgl. *McLaughlin v. City of Bangor*, 58 Me. 398, 400 (1870).

1040 *McLaughlin v. City of Bangor*, 58 Me. 398, 400 (1870); Lee, S. 240.

1041 *The Conqueror*, 166 U.S. 110, 17 S.Ct. 510, 41 L.Ed. 937 (1897); *Lee*, S. 243.

1042 Vergleichbar mit der deutschen Debatte um abstrakte Nutzungsentschädigung im Bereich gewerblicher Nutzungen.

1043 *Brooklyn Eastern District Terminal v. United States*, 287 U.S. 170 (1932) m.w.N.: "*Shipowners at* times maintain an extra or spare boat which is kept in reserve for

Gegen das strenge Erfordernis der Ersatzanmietung wurde vermehrt vorgebracht, dass die Nutzungsmöglichkeit einer Sache für sich genommen ein eigenständiges, werthaltiges Recht[1044] und damit ein Nutzungsausfallschaden ersatzfähig sei, sofern der Geschädigte während der Dauer des Ausfalls auch eine Nutzungsmöglichkeit (und nicht nur ein Nutzungsrecht) hatte[1045], so genannte „*loss of use doctrine*"[1046]. Etwaige Schwierigkeiten bei der Schadensberechnung sollen nicht dazu führen, dass gar kein Schaden ermittelt wird[1047]. Diese Grundsätze der Gewährung von *loss of use damages* wurden nach und nach auch auf nicht gewerblich bzw. privat genutzte Sachen angewendet[1048].

Weit verbreitet war ursprünglich auch die Auffassung, dass *loss of use damages* dann nicht zu gewähren sind, wenn die streitgegenständliche Sache nicht nur beschädigt, sondern vollständig zerstört oder irreparabel beschädigt war[1049]. Auch hier wurde argumentiert, dass der entstandene Schaden mit dem Ersatz des Substanzwerts vollständig ersetzt sei[1050]. Einige Jurisdiktionen halten noch heute an diesem Ansatz fest[1051].

b. Aktuelle Rechtsprechung

Die Differenzierung in Beschädigung und Zerstörung wird von der überwiegenden Jurisdiktionen als unschlüssig abgelehnt[1052] bzw. wurde durch *statutes*

---

the purpose of being utilized as a substitute in the contingency of damage to other vessels of the fleet. There are decisions to the effect that in such conditions the value of the use of a boat thus specially reserved may be part of the demurrage."

1044 *Lee*, S. 244 m.w.N.

1045 Analog zum subjektiven Schadenseinschlag im deutschen Recht.

1046 Vgl. *CTI International, Inc. v. Lloyd's Underwriters and British Companies, et al.*, 735 F.2d 679, 1984 A.M.C. 2817: "At most, the loss of use doctrine means only that a showing of actual financial loss is not an element of the property owner's prima facie case; in the absence of evidence from either side as to actual financial loss attributable to deprivation of use of the property, the owner may recover compensation for loss of use."

1047 *Lee*, S. 247.

1048 *Lee*, S. 265 m.w.N.

1049 *Fort Pitt Gas Co. v. Evansville Contract Co.*, 123 F. 63 (3d Cir. 1903), vgl. *Lee*, S. 254 m.w.N.

1050 Vgl. *Kintner v. Claverack Rural Elec. Coop. Inc.*, 329 Pa. Super. 417, 424, 478 A.2d 858, 861 (1984) ("rule denying recovery [for total destruction] seems to be based on the idea that the plaintiff has been made whole upon receiving the full market value of the property as of the date of destruction and has the presumed ability to enter the marketplace and purchase a replacement").

1051 Alabama, Illinois, Nebraska, Ohio, Texas, Washington, siehe auch *Lee*, S. 254 m.w.N.

1052 *New York Cent. R.R. v. Churchill*, 140 Ind. App. 426, 218 N.E.2d 372, 376 (1966), *Nashban Barrel & Container Co., Inc. v. G.G. Parsons Trucking Co.*, 49 Wis. 2d 591,

abgeschafft[1053]. Denn zum einen birgt der traditionelle Ansatz einen Wertungswiderspruch in sich, wie *Lee*[1054] zu Recht anmerkt: Der Schädiger könnte geradezu dazu verleitet werden, eine beschädigte Sache vollständig zu zerstören, um seine Schadensersatzpflicht zu minimieren. Ob eine Sache nicht genutzt werden kann, weil sie beschädigt oder zerstört ist, mache für den geschädigten Eigentümer auch keinen Unterschied[1055]. Wenn der Verlust eines Nutzungsrechts ersatzwürdig sei, dann müsse das also sowohl für die Dauer der Reparatur als auch für die Zeit bis zur Ersatzbeschaffung gelten. Der Trend in der Rechtsprechung geht daher in Richtung der Befürwortung eines umfassenden Schadensersatzes. So hat z.B. der Supreme Court von Missouri in einer neueren Entscheidung einem Geschädigten im Fall eines zerstörten, gewerblich genutzten Spezialfahrzeugs erstmals sowohl die *replacement costs* als auch *loss of profits* für die Dauer der Ersatzbeschaffung zugesprochen[1056].

Im Übrigen ist Ersatzfähigkeit eines Nutzungsausfalls in der ganz überwiegenden Anzahl der Jurisdiktionen für die gewerbliche und die private Nutzung anerkannt, auch wenn im Einzelnen (sowohl für gewerbliche als auch für privat genutzte Sachen) streitig ist, ob (i) ein pekuniärer Schaden[1057] Anspruchsvoraussetzung ist und ob (ii) die Höhe des Schadensersatzes aufgrund einer abstrakten oder konkreten Schadensberechnung erfolgen soll[1058].

(aa) Pekuniärer Schaden als Anspruchsvoraussetzung

Um die Gefahr missbräuchlicher Schadensersatzklagen zu vermeiden, fordert eine restriktive Ansicht in der Rechtsprechung den Nachweis eines konkreten pekuniären Schadens als Anspruchsvoraussetzung. Für den Bereich der gewerblichen Nutzung bedeutet dies, dass der geschädigte Eigentümer möglichst einen konkreten materiellen Verlust („*actual pecuniary loss*") , z.B. durch Kosten einer Ersatzanmietung als Folge der entgangenen Nutzungsmöglichkeit nachweisen muss, um einen Nutzungsausfallschadensersatz erfolgreich einklagen zu können[1059]. Denn wenn die

---

182 N.W.2d 448 (1971), Reynolds *v. Bank of Am. Nat'l Trust & Sav. Ass'n*, 53 Cal. 2d 49, 345 P.2d 926 (1959); *Lee*, S. 256 m.w.N.

1053 Arkansas: Ark.Code Ann. § 27–53-401 (1987) jedoch beschränkt auf "motor vehicles", vgl. auch *Southwestern Bell Telephone. Co. v. Harris Co.* of Fort Smith, 353 Ark. 487 (2003); Maine: 14 M.R.S.A. § 1454 (1980) ebenfalls beschränkt auf „loss of use" von „motor vehicles" für die Dauer von maximal 45 Tagen.

1054 *Lee*, S. 255.

1055 So auch *Bartlett v. Garrett*, 130 N.J. Super. 193, 325 A.2d 866 (1974).

1056 Gateway Foam Insulators, Inc. v. Jokerst Paving & Contracting, Inc., 279 S.W.3d. 179 (Mo. 2009).

1057 Z. B. bei privater Nutzung durch eine Ersatzanmietung; im gewerblichen Bereich durch einen nachgewiesenen entgangenen Gewinn oder eine Ersatzanmietung.

1058 Für eine Ersatzanmietung: *Mountain View Coach Lines, Inc. v. Hartnett*, 99 Misc. 2d 271, 415 N.Y.S. 2d 918 (Sup. Ct. 1978).

1059 Vgl. *Mountain View Coach Lines, Inc. v. Hartnett*, 99 Misc. 2d 271, 415 N.Y.S. 2d 918 (Sup. Ct. 1978), Das Gericht verweigerte die Anerkennung eines

Nutzung des Eigentums einen rein materiellen Wert für den Eigentümer habe, so müsse der Nutzungsausfall auch nachweislich zu einem materiellen Verlust für den Eigentümer geführt haben. So könne gewährleistet werden, dass der Nutzungsausfallschadensersatz auch die wirtschaftliche Realität des Eigentümers widerspiegelt und er sich nicht bereichert. Unstreitig anerkannt ist der Nutzungsausfallschadensersatz daher in Höhe eines nachweislich entgangenen Gewinns. Bei privat genutzten Sachen sei der Nachweis eines pekuniären Schadens nach Ansicht der restriktiven Strömung in der Rechtsprechung erbracht, wenn eine Ersatzanmietung erfolgt ist. Ohne Ersatzanmietung scheuen die Gerichte vor der Gewährung eines Schadensersatzes für private Gegenstände zurück, da ein Schaden nicht präzise nachweisbar sei[1060] bzw. lehnen *loss of use damages* für privat genutzte Gegenstände kategorisch ab, da ein Schaden in diesen Fällen nie auf der Hand läge, sondern konstruiert sei[1061].

In der überwiegenden aktuellen Rechsprechung ist jedoch ein pekuniärer Schaden z.B. durch Kosten einer Ersatzanmietung keine kategorische Anspruchsvoraussetzung[1062]. Kann kein pekuniärer Schaden nachgewiesen werden, dürfe das nicht zwangsläufig zu einer Versagung von Ansprüchen führen, denn Grund der Haftung ist der Entgang der Nutzungsmöglichkeit selbst[1063] – und nicht ein hierdurch entstandener wirtschaftlicher Verlust[1064]. Ersatz bleibt aber versagt, wenn der Anspruchsteller über ausreichende Ersatzgegenstände verfügt, die nicht nur für

---

Nutzungsausfallschadens für einen beschädigten Bus in Höhe der Ersatzmiete, da der Eigentümer keine Ersatzfahrzeuge anmietete, sondern stattdessen den Ausfall durch vorrätige Ersatzbuße ausglich.

1060 *Elliot v. Ticen*, 78 Ind. App. 14, 134 N.E. 778 (1922); *Sweeney v. State Farm Mut. Ins. Co.*, 419 So. 2d 985 (La. Ct. App. 1982) (da alternatives Transprotmittel verfügbar war, war Schadensersatzanspruch mangels materiellen Schadens abzulehnen); *DiGiovanni v. April*, 261 So. 2d 360 (La. Ct. App. 1972) (keine Ersatzanmietung des Klägers, daher kein Schadensersatz).

1061 *Sharp v. Great Southern Coaches, Inc.*, 256 Ark. 773, 510 S.W.2d 266 (1974); *Hunter v. Quaintance*, 69 Colo. 28, 168 P. 918 (1946).

1062 *K.L.M. Royal Dutch Airlines v. United Technologies Corporation*, 610 F.2d 1052 (1979): "The theory of the Connecticut and New York cases is that loss of use is an element of damage compensable as a separate item from the cost of repair. Such loss of use is compensable regardless of whether there is any proof of financial loss. [...] [I] t would make no sense to require proof of financial loss when a pleasure vehicle is involved, and it is clear that the same standard is to be applied to commercial and pleasure vehicles alike. Rental value may provide a measure of loss of use damages even though a substitute vehicle has not actually been hired."

1063 *Kuwait Airways Corp. v. Ogden Allied Aviation Servs.*, 726 F. Supp. 1389, 1396 (E.D.N.Y. 1989) (Einem Flugzeugeigentümer wurde ein Nutzungsausfallschadenersatz zuerkannt, obwohl keine Ersatzbeschaffung nötig war, weil er über ein Ersatzflugzeug verfügte.).

1064 *Lee*, S. 244 f. m.w.N. bei Fn. 90.

den Fall der Beschädigung vorgehalten werden und ihm dadurch keine Nutzung entgeht[1065].

(bb) Berechnung des Schadensersatzes

Bei *loss of use damages* handelt sich um *special damages*[1066], also um einen Ersatz für bezifferbare bzw. berechenbare Einbußen des Geschädigten. Die Methoden der Berechnung des Schadensersatzes differieren zwischen den Jurisdiktionen. Eine klare Linie in der Rechtsprechung ist hierzu noch nicht erkennbar[1067]. Es gibt jedoch drei zentrale Bemessungsgrundlagen:

(1) Am üblichsten ist die Berechnung des Schadensersatzes anhand der abstrakten oder konkreten Mietkosten (*rental value*).
(2) Sofern kein Markt für die Ersatzanmietung existiert (was häufig bei Tieren oder auch privat genutzten Gegenständen der Fall ist, wie z.B. bei einer Freizeit-Yacht[1068]), wird auch der Wert der Nutzung für den Eigentümer (*actual rental value*) herangezogen. Weil hier die subjektive Bewertung des Schadens durch den individuellen Eigentümer im Vordergrund steht, wird diese Schadensberechnung von den Gerichten aus Angst vor ausufernden Schadensersatzklagen eher zurückhaltend angewendet. Zum Teil wird gefordert, einen praktikableren Ansatz zu finden, der objektive Entschädigung ermöglicht[1069]. Die grundsätzliche Ersatzfähigkeit des Nutzungsausfalls bei gewerblich genutzten Gegenständen wird hierdurch jedoch nicht infrage gestellt[1070]. Wie *Lee*[1071] zutreffend anmerkt, kann hier letztlich nur aufgrund von Einzelfällen entschieden werden.
(3) Verbreitet, wenn auch mit strengeren Beweisanforderungen verknüpft, ist auch die Schadensberechnung aufgrund eines nachweislich entgangenen Gewinns[1072]

1065 *Mountain View Coach Lines v. Hartnett* (Mountain View I), 99 Misc. 2d 271, 415 N.Y.S.2d 918 (Greene County Ct.1978).

1066 *Dobbs*, Remedies § 5.15 (2), S. 562.

1067 Vgl. auch *Lee*, S. 236: "Although seemingly a simple enough position courts have struggled with measuring the value of the lost use, and have yet failed to adopt a wholly satisfactory resolution".

1068 *Snavely v. Lang*, 592 F.2d 296 (6th Cir. 1979).

1069 *Jarrett v. E.L. Harper & Son, Inc.*, 160 W. Va. 339, 403–04, 235 S.E.2d 362, 365 (1977).

1070 *Jarrett v. E.L. Harper & Son, Inc.*, 160 W. Va. 339, 403–04, 235 S.E.2d 362, 365 (1977): "*Ordinarily*, loss of use is measured by lost profits or lost rental value. When that standard is difficult to apply because the property in question is not used commercially, it may be necessary to formulate a measure of damages that is more uniquely adapted to the plaintiffs' injury. Thus, we find that annoyance and inconvenience are properly considered as elements in the measure of damages that plaintiffs are entitled to recover, provided that these considerations are measured by an objective standard of ordinary persons acting reasonably under the given conditions."

1071 *Lee*, S. 278 f.

1072 *Dobbs*, Remedies § 5.15 (2), S. 562.

(*lost profits*); eine Berechnungsmethode, die freilich nur im Bereich der gewerblichen Nutzung, z.B. bei der landwirtschaftlichen Haltung von Kühen[1073] relevant ist.

(4) Als veraltet gilt der „*pure interest approach*", wonach der Ausfallschadensersatz anhand der Zinsen, die für die Zeit des Nutzungsausfalls auf den Marktwert der beschädigten oder zerstörten Sache anfallen, berechnet wird. Da dieser Ansatz aber zumindest eine klare Bemessungsgrundlage bietet und nicht zu übermäßigen Ersatzzahlungen führt, wird diese Berechnungsmethode für die Entschädigung bei privat genutztem Eigentum wieder diskutiert[1074].

Einigkeit besteht darüber, dass der Nutzungsersatz nur für die Zeit gewährt wird, die – bei Anwendung der üblichen Sorgfalt – notwendig ist, um die Sache reparieren zu lassen oder zu ersetzen („*time reasonably necessary to make repairs or obtain a replacement, while exercising ordinary diligence*").

c. Zwischenergebnis

Die aktuelle amerikanische Rechtsprechung tendiert zu einer Anerkennung des Nutzungsausfallschadensersatzes[1075], auch wenn nicht in Bezug auf alle Detailfragen Einigkeit herrscht. Verletzt oder tötet jemand gewerblich oder privat genutzte Tiere, so ist der gewerbliche Tierhalter in der Zeit während der Tierarztbehandlung bzw. Ersatzbeschaffung zum Ersatz des Nutzungsausfallschadens berechtigt[1076]. Bei gewerblicher Nutzung kann die Schadensbemessung alternativ anhand des entgangenen Gewinns zusätzlich zu den erhöhten Ausgaben für eine Ersatzbeschaffung oder Tierarztkosten[1077] erfolgen.

Im Gegensatz zum deutschen Recht ist das US-amerikanische Recht somit liberaler, wenn es darum geht, den Schaden des Eigentümers, der ihm infolge entgangener Nutzungsmöglichkeit entsteht, anzuerkennen. Zwar muss häufig ein konkreter, pekuniärer Schaden nachgewiesen werden, da es sich bei dem Nutzungsausfallschadensersatz um *special damages* handelt, deren Gewährung vom Nachweis eines konkreten materiellen Schadens abhängt[1078]. Anders als im deutschen Recht ist durchaus der Nachweis der Kosten ausreichend, die üblicherweise bei der Anmietung einer

---

1073 *Greives v. Greenwood*, 550 N.E.2d 334, 337–338 (Ind. Ct. App. 1990); vgl. auch *McPherson v. Schlemmer*, 749 P.2d 51, 52–53 (Mont. 1988); *Graham v. Clarks Fork Nat'l Bank*, 204 Mont. 141, 663 P.2d 320 (1983).

1074 *Lee*, S. 287.

1075 Vgl. *Lee*, S. 265, 286.

1076 *Dobbs*, Remedies, § 5.15(2), S. 561; vgl. *McPherson v. Schlemmer*, 749 P.2d 51 (1988) – tote Kühe, verspätete Ersatzbeschaffung, entgangener Gewinn aus dem Verkauf getöter Kälber.

1077 *Dobbs*, Remedies, § 5.15(2), S. 561.

1078 *Dobbs*, Remedies, § 5.15(2), S. 562 f.

vergleichbaren Sache anfallen, selbst wenn keine Ersatzanmietung geschehen ist[1079]. Steht aber die Ersatzwürdigkeit des Nutzungsausfalls fest und wurde kein konkreter Schaden nachgewiesen, bemisst das US-Recht die abstrakte Nutzungsentschädigung für gewerbliche und privat genutzte Gegenstände gleich[1080]. Im „*rental value*" sieht man die objektive Wertminderung meist am besten ausgedrückt, die jeder Geschädigte mit dem Gebrauchsentzug erleidet[1081].

In den USA spielen weniger dogmatische als vielmehr ökonomische Argumente eine Rolle bei der Beurteilung der Ersatzwürdigkeit eines Schadens[1082]. Das angloamerikanische Recht unterscheidet daher nur für den Nachweis eines Schadens und für die Berechnung des Ersatzes zwischen Vermögens- und Nichtvermögensschäden. So werden auch im amerikanischen Recht Nutzungsausfälle im Bereich privater Nutzungen aus Angst vor ausufernden Klagen zurückhaltender entschädigt als bei gewerblichen Nutzungen[1083]. Anders als im deutschen Recht entscheidet die Zuordnung zu der einen oder anderen Kategorie aber nicht abschließend über die Ersatzfähigkeit des Schadens[1084]. Der Trend der Rechtsprechung entwickelt sich vielmehr in Richtung der Erweiterung von Nutzungsausfallschadensersatz bei privat genutzten Gegenständen[1085], denn im Gegensatz zum deutschen Recht hat sich in den USA die Überzeugung durchgesetzt, dass das Recht des Eigentümers auf Nutzung seiner Sachen schutzwürdig ist, und es daher nicht darauf ankommen könne, ob die Nutzung zu privaten oder gewerblichen Zwecken erfolge, solange die Nutzung zu legalen Zwecken erfolge[1086].

III. Ersatz des immateriellen Schadens

Ähnlich wie im deutschen Recht stellt sich auch im US-Recht die Frage nach der Ersatzfähigkeit von immateriellen Schäden, insbesondere von Schockschäden, die Personen infolge der Verletzung oder des Verlusts ihres Tieres erleiden können.

1079 *Public Service Co. Of Indiana, Inc. v. Bath Iron Works Corp.*, 773 F.2d 783 (7th Cir.1985); *Chemical Express Carriers, Inc. v. French*, 759 S.W:2d 683 (Tex. App.1988)

1080 Vgl. *Magnus*, S. 166 m.w.N.; *K.L.M. Royal Dutch Airlines v. United Technologies Corporation*, 610 F.2d 1052 (1979):" The theory behind the allowance of damages for loss of use is that it is not the actual use but the Right to use that is compensable. This is as true when the damaged property was employed in a commercial enterprise as when it was devoted to use for pleasure."

1081 Vgl. *Magnus*, S. 298.

1082 Vgl. *Magnus*, S. 298.

1083 *Lee*, S. 259: "Traditionally, courts have granted recovery for loss of use of a commercial chattel with greater frequency than recovery for loss of use of a chattel used merely for pleasure."

1084 vgl. *Magnus*, S. 297.

1085 *Lee*, S. 265 m.w.N. bei Fn. 237.

1086 *K.L.M. Royal Dutch Airlines v. United Technologies Corporation*, 610 F.2d 1052 (1979); *Sharton v. Westerbeke Corp.*, 11 Mass. App. Ct. 925, 926, 415 N.E.2d 880, 882 (1981); *Hannah v. Brown*, 400 So. 2d 410 (Ala. Civ. App. 1981).

Im Zusammenhang mit der Haftung für Tiere wird die Frage dann relevant, wenn sich Tiere verschiedener Halter gegenseitig verletzen. Nimmt der Tierhalter des verletzten oder getöteten Tieres den Halter des schädigenden Tieres wegen des entstandenen Schadens in Anspruch, ist fraglich, ob auch immaterielle Schäden (*non-economic damages*) ersatzfähig sind[1087]. Als immaterieller Schaden kommen die seelischen Qualen bzw. der Schock des Tierhalters in Betracht, den er z.B. durch den Anblick des verletzten Tieres oder den Verlust seines Tieres erlitten hat. In den letzten 15 Jahren wird eine besonders intensive Diskussion in der amerikanischen Rechtsprechung und Literatur zu der Frage geführt, inwiefern ein Eigentümer Ersatz immaterieller Schäden für (nicht vorsätzlich) verursachte Verletzungen oder Tötungen von *pets* bzw. *companion animals*, also von Haustieren, zu denen er eine sehr enge emotionale Bindung hat, begehren kann[1088].

1. *Allgemeines zur Ersatzfähigkeit von Schockschäden*

Der Ersatz von Schockschäden wird auch in den Bundesstaaten der USA zur Vermeidung ausufernder Klagen restriktiv gehandhabt. Man unterscheidet die fahrlässige und vorsätzliche Zufügung seelischer Leiden bzw. eines Schocks. Nur bei vorsätzlicher Herbeiführung eines Schocks (*intentional infliction of emotional distress*) ist ein Schadensersatzanspruch ohne weiteres gegeben. Voraussetzung ist jedoch, dass der Schädiger eine besonders grausame Tat begangen hat und sich sein Vorsatz auch auf die Zufügung seelischer Qualen erstreckt hat.

Die fahrlässige Herbeiführung eines Schocks oder seelischer Leiden (*negligent infliction of emotional distress*) ist hingegen kein selbstständiger Haftungstatbestand[1089]. Die Ersatzfähigkeit eines Schockschadens setzt in diesen Fällen voraus, dass der Anspruchsteller als Folge einer fahrlässigen Handlung des Schädigers körperlich verletzt wurde und infolge der Verletzung einen Schock erlitten hat (so genannte *impact rule*[1090]).

Hat der Anspruchsteller deshalb einen Schock erlitten, weil er die Verletzung einer dritten Person als so genannter *bystander* beobachtet hatte, bestand der Anspruch ebenfalls nur dann, wenn (i) der *emotional distress* Folge einer körperlichen Verletzung (*direct physical injury*) des Anspruchstellers selbst war (*impact rule*) oder (ii) sich der Anspruchsteller zur Zeit des schädigenden Ereignisses selbst in der so genannten *zone of physical danger* befunden hat, er also selbst in seiner körperlichen

---

1087 Übersichtliche Darstellung zum Ganzen bei *Jay M. Zitter*, "Recovery of Damages for Emotional Distress due to Treatment of Pets and Animals", 91 A.L.R. 5th 545 (2005).

1088 Vgl. *Root*, S. 423; *Schwartz/Laird*, S. 227.

1089 *Holbrook v. Stansell*, 562 S.E.2d 731 (2002): "There is no independent tort in Georgia for negligent infliction of emotional distress" unter Verweis auf *Lee v. State Farm & Ins. Co.*, 533 S.E.2d 82 (2000).

1090 Vgl. *Boston v. Chesapeake & O. Ry.*, 223 Ind. 425, 428–29 (1945).

Unversehrtheit unmittelbar gefährdet war[1091]. Maßgeblicher Haftungsgrund war somit weniger der Schock des Anspruchstellers durch das Mitansehen der fahrlässigen Schädigung einer dritten Person, als vielmehr die eigenständige Gefährdung bzw. Verletzung des Anspruchstellers selbst. Der *emotional distress* muss sich in der Regel in körperlichen Beschwerden (*physical injury)* manifestiert haben. In *Buchanan v. Stout*[1092] z.B. sah die Halterin einer Katze zwar, wie ihr Tier von einem Hund totgebissen wurde. Trotzdem konnte sie keinen Ersatz des seelischen Schadens wegen „verspürter Angst“ beanspruchen, weil die Klägerin selbst zu keiner Zeit unmittelbar persönlich gefährdet war.

Die *impact rule* und die *zone of danger rule* führten zum Teil zu unbefriedigenden Ergebnissen. Denn zufällige Zeugen, die keine Beziehung zum Unfallopfer hatten, sich aber in direkter Nähe des Geschehens befanden, konnten anspruchberechtigt sein, während nahe Verwandte, die aus „sicherer“ Entfernung zuschauten, trotz eines nachvollziehbarerweise größeren Schocks keine Ansprüche hatten. Es bestand daher ein Bedürfnis nach Kriterien, die es erlauben, den Zuschauer bzw. *bystander* sachgerecht in den Kreis der Ersatzberechtigten mit einzubeziehen.

Mit der Entscheidung *Dillon v. Legg*[1093] des Supreme Courts von Kalifornien im Jahr 1968 wurde eine Zäsur in der restriktiven Rechtsprechung eingeleitet. In dem Fall klagten eine Mutter und deren Tochter auf Ersatz eines Schockschadens, weil sie mit ansehen mussten, wie ein Autofahrer fahrlässig eine weitere Tochter bzw. Schwester der Klägerinnen anfuhr und verletzte. In erster Instanz hatte die Klage keinen Erfolg, weil sich die Klägerinnen nicht in der *zone of danger* befunden hatten. In der Berufung stelte der Supreme Court von Kalifornien jedoch als erstes Gericht neue Kriterien für die Ersatzfähigkeit von Schockschäden durch *negligent infliction of emotional distress* auf, indem es auf die *foreseeability* (also die Vorhersehbarkeit) des Schocks abstellte. Auf diese Weise sollten einerseits Ansprüche von (zufälligen) Zeugen einer Verletzung ausgeschlossen und andererseits nahe Angehörige, die keine körperlichen Verletzungen erlitten haben und die sich auch nicht in der *zone of physical danger* befunden haben, in den Kreis der Ersatzberechtigten Personen mit einzubeziehen.

Ein Schock des *bystanders* sollte nach dieser so genannten *„Dillon Rule“* für den Schädiger vorhersehbar sein, wenn folgende Kriterien erfüllt sind: (i) geographische Nähe des Anspruchstellers zum Ort der Verletzungshandlung, (ii) Schock des Anspruchstellers als Folge eigener Wahrnehmung des Unfalls im Zeitpunkt des Geschehens, (iii) nahes Verwandtschaftsverhältnis zwischen Anspruchsteller und dem Opfer. Nach Auffassung des Supreme Court müssten nicht alle Kriterien kumulativ erfüllt sein. Inwiefern das Fehlen eines Kriteriums durch das Vorhandensein anderer Kriterien aufgewogen werden könne, solle von Fall zu Fall von der Rechtsprechung herausgearbeitet werden.

1091 Vgl. *Amaya v. Home Ice*, Fuel & Supply Co.,59 Cal.2d 295 (1963).

1092 *Buchanan v. Stout*, 123 A.D. 648, 108 N.Y.S. 38 (2d Dep’t 1908).

1093 *Dillon v. Legg*, 68 Cal. 2d 728, (1968).

Im Nachgang zu dieser Entscheidung haben einige Gerichte anderer Bundesstaaten das Kriterium der *foreseeability* übernommen und progressiv weiterentwickelt. So wurde im Bundesstaat Hawaii das Kriterium, dass der Anspruchsteller zwingend Zeuge des Geschehens gewesen sein müsse, im Interesse einer flexibleren Handhabung des Schadensersatzes aufgegeben[1094]. Auch muss sich der *emotional distress* nach Ansicht der Rechtsprechung in Hawaii und Kalifornien nicht zwingend in körperlichen Beschwerden niederschlagen[1095].

Viele Bundesstaaten verfolgten auch nach der *Dillon v. Legg* Entscheidung einen restriktiveren Ansatz. Der Bundesstaat Indiana zum Beispiel hält im Zusammenhang mit Klagen wegen *negligent infliction of emotional distress* an der so genannten "*modified impact rule*" fest. Der Anspruchsteller muss beweisen, dass das fahrlässige Verhalten des Schädigers unmittelbar körperliche Auswirkungen (*direct physical impact*) auf den Anspruchsteller hatte und der Anspruchsteller infolge des *physical impact* ein emotionales Trauma erlitten hat[1096]. Ein *physical impact* ist weniger als eine *physical inury*, setzt also keine Körperverletzung voraus und kann zum Beispiel eine bloße Berührung mit dem Unfallverursacher im Zusammenhang mit dem Unfallgeschehen ohne weitere Verletzungen sein oder ein sonstiger physischer Kontakt des Anspruchstellers mit dem Schädiger. Somit erkennt auch Indiana seit 1991 grundsätzlich an, dass ein ersatzfähiger Schaden nicht zwingend eine *injury* des Anspruchstellers voraussetzt[1097], sondern dass ein ersatzfähiger *emotional distress* des Anspruchstellers auch durch die fahrlässige Verletzung einer dritten Person hervorgerufen werden kann, auch wenn an einem *direct physical impact* festgehalten wird. Wenn der *physical impact* nur leicht ist oder nicht ausreichend bewiesen ist, muss das Gericht nach eigener Überzeugung den erlittenen *emotional distress* bewerten und ermitteln, ob es sich um spekulative, übertriebene, eingebildete oder unvorhersehbare Folgen handelt[1098]. Nur bei der Verletzung naher Verwandter wird auch auf den *direct physical impact* zugunsten eines bloßen *direct involvement* verzichtet, so genannter „*bystander direct involvement test*"[1099]. In Georgia wird – soweit ersichtlich – auch aktuell noch an der *impact rule* festgehalten, erkennt man einen ersatzfähigen Schaden wegen *negligent infliction of emotional distress* also nur an,

---

1094 *Campbell v. Animal Quarantine Station*, 632 P.2d 1066, 1067 (Haw. 1981).

1095 Vgl. *Rodrigues v. State*, 52 Haw. 156, 472 P.2d 509 (1970); *Molien v. Kaiser Foundation Hospitals*, 27 Cal. 3d 916 (1980).

1096 *Shuamber v. Henderson*, 579 N.E.2d 452 (Ind. 1991).

1097 So noch die *impact rule*, siehe oben unter a.

1098 *Atlantic Coast Airlines v. Cook*, 857 N.E.2d 989 (2006); *Lachenman v. Stice*, 838 N.E.2d 451 (2006).

1099 *Groves v. Taylor*, 729 N.E.2d 569 (Ind. 2000): "Where the direct impact test is not met, a bystander may nevertheless establish "direct involvement" by proving that the plaintiff actually witnessed or came on the scene soon after the death or severe injury of a loved one with a relationship to the plaintiff analogous to a spouse, parent, child, grandparent, grandchild, or sibling caused by the defendant's negligent or otherwise tortuous conduct."

wenn der Anspruchsteller auch eine unmittelbare körperliche Verletzung (*direct physical injury*) erlitten hat[1100].

2. *Ersatz von Schockschäden bei der Verletzung von* companion animals (Compensation for emotional distress caused by the loss of a companion animal)

In der Literatur und Rechtsprechung wird vielfach kritisiert, dass bei Verletzungen oder Tötungen von *companion animals* die Wertschätzung von Tieren durch deren Eigentümer nicht berücksichtigt wird[1101].

Ansprüche wegen der *intentional infliction of emotional distress* sind teilweise gesetzlich geregelt, z. B. bei der Verletzung von Begleittieren wie Blindenhunden[1102], im Zusammenhang mit der Tierhalterhaftung aber vergleichsweise selten. Häufiger schädigen Personen eigenhändig als dass sie ihre Tiere für eine vorsätzliche Schädigung fremder Tiere einsetzen. In dem Fall *Mitchell v. Heinrichs*[1103] z. B. erschoss die Beklagte den Hund der Klägerin, als dieser in der Nähe des Viehs der Beklagten herumlief. Der Alaska Supreme Court lehnte einen Anspruch wegen *intentional infliction of emotional distress* ab. Ein solcher Anspruch setze eine Handlung des Schädigers voraus, die so exzessiv, extrem und außerhalb jeglicher Grenzen des Anstands sein, dass sie als geradezu grausam bewertet werden müsse und in einer zivilisierten Gesellschaft schlicht nicht tolerierbar sei. Dies habe die Klägerin jedoch nicht nachweisen können. Allerdings sprach in einem Fall der Kentucky Court of Appeals in *Burgess v. Taylor*[1104] der Klägerin *compensatory damages* wegen *intentional infliction of emotional distress* in Höhe von USD 50.000 zu, da die Beklagten sich besonders bösartig verhalten habe, indem sie, statt sich vereinbarungsgemäß um zwei Pferde zu kümmern, diese an einen Schlachter verkauft und dies der Klägerin zunächst verheimlicht hatten.

Im Zusammenhang mit der Haftung für Tiere geht es in der Regel um Ansprüche wegen einer fahrlässigen Zufügung seelischer Schmerzen. Will der Eigentümer

---

1100 *Holbrook v. Stansell*, 562 S.E.2d 731 (2002).

1101 Vgl. *Root*, S. 423; *Seps*, S. 1341; *Byszewski*, S. 217; *Campbell v. Animal Quarantine Station, Div. Of Animal Indus. Dep`t of Agric., State of Hawaii, Board of Agric.*, 632 P.2d 1066 (1981) (wonach dem Kläger ein Schmerzensgeld wegen Tötung des Familien-Haustieres zuerkannt wurde); in *Brousseau v. Rosenthal*, 110 Misc. 2d 1054 (1980) wurde die einzige Gesellschaft der klagenden Witwe – ein 8 Jahre alter Hund – in einem Hundezwinger getötet. Der Witwe wurde Schadensersatz wegen „*loss of companionship*" zugesprochen, obwohl New York kein „Wrongful Death Statute" für Hunde hat.

1102 Vgl. Illinois: (740 ILCS 13/) Assistance Animal Damages Act. http://www.ilga.gov/legislation/ilcs/ilcs3.asp?ActID=2021&ChapterID=57.

1103 *Mitchell v. Heinrichs*, 27 P.3d 309 (2001).

1104 *Burgess v. Taylor*, 91 A.L.R.5th 749 (2001), hinzu kamen noch USD 75.000 für *punitive damages*.

eines Tieres Ansprüche wegen *negligent infliction of emotional distress* geltend machen, muss er in Anwendung der oben erläuterten Grundsätze als *bystander* qualifiziert werden können. Da die oben dargestellten *tests* jedoch die Verletzung eines nahen Angehörigen („*Dillon Rule*"), zumindest aber die Verletzung einer Person voraussetzen, sind sie bei der Verletzung von Eigentum bzw. Tieren nicht ohne weiteres anwendbar[1105]. Zudem muss der Eigentümer nach der im jeweiligen Bundesstaat geltenden Regel die Verletzung oder Tötung im Zeitpunkt des Unfalls gesehen haben und zumindest einen *physical impact* oder sogar eine *physical injury* anlässlich der Verletzung oder Tötung des Tieres nachweisen.

Schockschäden oder Schmerzensgeld für den Verlust von Eigentum und speziell von Tieren werden in den Bundesstaaten in der Überzahl der untersuchten Fälle nicht als ersatzfähige Schadenspositionen anerkannt, wie nachfolgende Beispiele verdeutlichen.

In dem Fall *Lachenman v. Stice*[1106] hat die Klägerin, Ms. Lachenman, mit angesehen, wie ihr Jack Russell Terrier von zwei Hunden ihrer Nachbarn (einem deutschen Schäferhund und einer englischen Bulldogge) angegriffen wurde und später trotz tierärztlicher Behandlung starb. Ms. Lachenman verklagte ihre Nachbarn, die Stices, unter anderem wegen vorsätzlicher und hilfsweise fahrlässiger Zufügung von Schock (*intentional or negligent infliction of emotional distress*). Der Court of Appeals von Indiana war der Ansicht, dass (i) keine vorsätzliche Zufügung eines Schockschadens vorlag und (ii) die Klägerin nach der Beweisaufnahme keinen unmittelbaren *physical impact* erlitten hat, der einen Schadensersatzanspruch wegen fahrlässiger Zufügung eines Schockschadens nach der *modified impact rule* rechtfertigen würde. Das Gericht lehnte es ausdrücklich ab, das bloße Mitansehen der Tötung oder schweren Verletzung eines Schosstieres für einen Anspruch wegen *negligent infliction of emotional distress* anzuerkennen. Denn auch wenn viele Menschen eine emotionale Bindung zu ihren Tieren haben, bleiben Tiere nach Auffassung des Gerichts rechtlich gesehen Eigentum (*property*).

In *Holbrook v. Stansell*[1107] klagte eine Großmutter vor dem Court of Appeals im Bundesstaat Georgia auf Ersatz des Schadens, der ihr dadurch entstanden ist, dass sie den Angriff eines fremden Hundes auf das Fohlen, das ihrem Enkel gehörte, mit angesehen hatte. Die Großmutter ist selbst nicht von dem Hund verletzt worden. Sie hatte sch jedoch verletzt, als sie während des Angriffs über einen Zaun kletterte, um den angreifenden Hund zu verjagen. Das Fohlen musste infolge seiner Verletzungen eingeschläfert werden. Der Court of Appeals stellte in Anwendung der *impact rule* fest, dass der Großmutter keine *physical injury* durch den Hund

1105 *Stechler v. Homyk*, 713 N.E.2d 44 (1998) – kein Schadensersatz für *serious emotional distress* im Zusammenhang mit der fahrlässigen Beschädigung eines Apartments durch einen Wasserschaden.

1106 *Lachenman v. Stice*, 838 N.E.2d 451 (2006).

1107 *Holbrook v. Stansell*, 562 S.E.2d 731 (2002).

entstanden war, sodass es Ansprüche auf Schadensersatz wegen *negligent inflicion of emotional distress* ablehnte.

Auch in *Krasnecky v. Meffen*[1108] konnten Halter von Schafen keinen Schadensersatz für seelische Qualen erstreiten, die dadurch hervorgerufen wurden, dass fremde Hunde in das Gelände der Schafhalter gelangt sind und sieben – angeblich als Haustiere gehaltene – Schafe gerissen haben. Unabhängig von der Frage, ob ein ersatzfähiger *emotional distress* überhaupt durch die fahrlässige Verletzung von Eigentum hervorgerufen werden kann, haben die Kläger nicht beobachtet, wie die Schafe getötet wurden, da sie zu der maßgeblichen Zeit unterwegs waren. Erst bei ihrer Rückkehr einen Tag nach der Tötung erfuhren sie von dem Vorfall, sodass die erforderliche eigene Wahrnehmung der Anspruchsteller im Zeitpunkt des Geschehens und somit die erforderliche *foreseeabilty* nicht gegeben war.

In *Lockett v. Hill*[1109] hatte der Beklagte seine Pitbull Hunde frei auf dem Grundstück der Kläger laufen lassen. Die Hunde des Beklagten attackierten dort die Katze der Kläger vor deren Augen. Die Katze wurde verletzt und starb auf dem Weg zum Tierarzt. Ein Schadensersatzanspruch der Kläger wegen *„emotional distress"* wurde im Ergebnis abgelehnt. Grundsätzlich ist ein solcher Anspruch im Staat Oregon nur gegeben, wenn der Anspruchsteller selbst *physical injury* erlitten habe, ein *physical injury* zumindest zu befürchten oder ein *physical impact* erfolgt sei[1110]. Fehlt selbst ein *physical impact*, könne der Schadensersatzanspruch ausnahmsweise nur dann bestehen, wenn die Handlung des Anspruchsgegners – neben der Zufügung seelischer Qualen – ein rechtlich geschütztes Interesse verletzt habe[1111]. Es müsse sich um ein Interesse handeln, das unabhängig von der allgemeinen Pflicht, vorhersehbare Schäden zu vermeiden, geschützt sei und das so wesentlich sei, dass die Verurteilung zur Zahlung von Schmerzensgeld für seelische Beeinträchtigungen aus Gründen der öffentlichen Ordnung erforderlich erscheine[1112]. Die Kläger beriefen sich hierzu auf die Pflicht, wesentliches Eigentum, das die Person des Eigentümers prägt (sog. *constitutive property*), nicht zu beschädigen. Zur Herleitung dieser Pflicht

1108 *Krasnecky v. Meffen*, 777 N.E.2d 1286 (2002).

1109 *Lockett v. Hill*, 51 P.3d 5 (2002).

1110 *Hammond v. Central Lane Communications Center*, 312 Or. 17, 22–23 (1991).

1111 *Nearing v. Weaver*, 295 Or. 702, 706–08 (1983). "the defendant's conduct infringed on some legally protected interest apart from causing the claimed distress… ."

1112 "[T]he term `legally protected interest' refers to an independent basis of liability separate from the general duty [51 P.3d 7] to avoid foreseeable risk of harm," *Phillips v. Lincoln County School District,* 161 Or. App. 429, 432–33 (1999), and "the identification of such a distinct source of duty is the sine qua non of liability for emotional distress damages unaccompanied by physical injury." *Curtis v. MRI Imaging Services II*, 148 Or. App. 607, 618 (1997), 327 Or. 9, 956 P.2d 960 (1998). Further, emotional distress damages cannot arise from infringement of every kind of legally protected interest, but from only those that are "*of sufficient importance as a* matter of public policy to merit protection from emotional impact." *Hilt v. Bernstein*, 75 Or. App. 502, 515 (1985).

beriefen sich die Kläger auf Stimmen in der neueren Literatur, die eine rechtliche Anerkennung emotionaler Bindungen zu spezifischem (*constitutive*) Eigentum im Gegensatz zu *fungible*, also ersetzbarem Eigentum[1113] und somit auch von Bindungen zwischen Haltern und ihren Haustieren[1114] fordern. Ein Mensch könne eine besondere Beziehung zu einem Gegenstand aufbauen, die andere Menschen vielleicht nicht teilen (wie z. B. die Beziehung einer verheirateten Person zu ihrem Ehering), aber nachvollziehen können, sodass die durch die Beschädigung oder den Verlust des Gegenstandes hervorgerufene Trauer ersatzwürdig sei. Das erkennende Gericht qualifizierte jedoch dieses Interesse an *constitutive property* nicht als ein rechtlich besonders geschütztes Interesse[1115] und lehnte den Anspruch ab.

In der Entscheidung *Rabideau v. City of Racine*[1116] hatte sich der Wisconsin Supreme Court besonders ausführlich mit der Frage auseinandergesetzt, ob *companion animals* für einen Anspruch wegen *negligent infliction of emotional distress* mit nahen Verwandten gleichzustellen seien, da viele Menschen zu ihren Schosstieren eine starke emotionale Bindung aufbauen und im Falle des Verlusts ihres Tieres ähnlich leiden, als hätten sie einen Angehörigen verloren. In dem Fall hatte eine Hundehalterin mit angesehen, wir ihr Nachbar, ein Polizeibeamter, ihren Hund erschossen hat, weil der Hund (was jedoch streitig war) den Hund des Nachbarn angegriffen hatte. Das Gericht äußerte sein Unbehagen an der Qualifizierung von Hunden als Eigentum bzw. Sachen[1117]. Dennoch hielt das Gericht daran fest, dass Hunde offensichtlich keine nahen Verwandten des Anspruchstellers sind und eine rechtliche Gleichstellung trotz einer möglicherweise vergleichbaren emotionalen Bindung auch nicht gerechtfertigt ist, da die Gefahr missbräuchlicher Klagen zu groß sei[1118]. In einem weiteren Schritt lehnte das Gericht in Übereinstimmung mit

---

1113 Hergeleitet von *Margaret Jane Radin*, "Reinterpreting Property", University of Chicago Press, 1993, vgl. u.a. S. 191 – 202.

1114 Die Kläger beriefen sich speziell auf den Aufsatz von Steven M. *Wise*, *Wrongful Death of a Companion Animal*, 4 Animal L. 33 (1998).

1115 "No Oregon court has recognized that a person's interest in a sense of identity is legally protectible", *Lockett v. Hill*, 51 P.3d 5, 8 (2002).

1116 *Rabideau v. City of Racine*, 627 N.W.2d 795 (2001).

1117 "At the outset, we note that we are uncomfortable with the law's cold characterization of a dog, such as Dakota, as mere 'property.' Labeling a dog 'property' fails to describe the value human beings place upon the companionship that they enjoy with a dog. A companion dog is not a fungible item, equivalent to other items of personal property. A companion dog is not a living room sofa or dining room furniture. This term inadequately and inaccurately describes the relationship between a human and a dog."

1118 "We [...] repeat here, that emotional distress may arise as a result of witnessing the death or injury of a victim who falls outside the categories established in tort law. However, the relationships between a victim and a spouse, parent, child, grandparent, grandchild or sibling are deeply embedded in the organization of our law and society. The emotional loss experienced by a bystander who witnessed the negligent death or injury of one of these categories of individuals is more

der mehrheitlichen Rechtsprechung auch einen Anspruch wegen *emotional distress* wegen *property loss* ab. Auch hier sei kein Anlass gegeben, bei der Verletzung von *companion animals* eine Ausnahme von den geltenden Grundsätzen zu machen. Denn zum einen existierten keine tauglichen Abgrenzungskriterien anhand derer die Gruppe der Anspruchsberechtigten definiert werden könne (Eigentümer, jedes Familienmitglied, oder nur derjenige, der das Tier pflegt). Zum anderen sei auch die Gruppe der *companion animals* nicht eingrenzbar, da Menschen in der Lage seien, zu allen möglichen Lebewesen starke emotionale Beziehungen aufzubauen. Ein überwiegendes Interesse der Allgemeinheit daran, ausufernde und missbräuchliche Klagen zu vermeiden, stehe daher einer Erweiterung der Ansprüche im Zusammenhang mit der Verletzung von Tieren entgegen.

Obwohl also die meisten Gerichte einen Schadensersatzanspruch wegen *negligent infliction of emotional distress* bei dem Verlust eines Tieres ablehnen, deutet sich möglicherweise eine Auflockerung der Rechtsprechung an.

So hat der Supreme Court von Hawaii[1119] in dem Fall *Campbell v. Animal Quarantine Station* einer Familie, deren Hund auf dem Transport von einer Quarantänestation zum Tierarzt in einem nicht belüfteten Auto an einem Hitzeschlag starb, USD 1.000 Schadensersatz wegen *emotional distress* zugesprochen. Das Gericht war der Ansicht, dass das Recht des Einzelnen auf Schutz vor der fahrlässigen Zufügung seelischer Qualen einen besonderen Stellenwert habe. Das Gericht entschied daher, dass ein ersatzfähiger Schaden daher auch dann vorliegen könne, wenn (i) die erlittene psychische Belastung lediglich auf einer bloßen Eigentumsverletzung beruhe und (ii) selbst dann, wenn der Anspruchsteller bei der Verletzung nicht anwesend war bzw. die Verletzung nicht wahrgenommen hat. Hawaii hat somit im Ergebnis die *negligent infliction of emotional distress* als eigenständigen Haftungsgrund anerkannt.

Im Bundesstaat Illinois wird sogar aufgrund einer gesetzlichen Regelung (510 Ill. Comp. Stat. Ann. § 70/16.3) Schadensersatz für jegliche Tiere gewährt, die gehalten werden können, sofern das Tier auf besonders grausame Weise gestorben ist oder der Täter arglistig gehandelt hat. Es muss sich dabei nicht explizit um ein *companion animal* gehandelt haben. Der Schadensersatz bezweckt ausdrücklich den Ausgleich des erlittenen Schockschadens des Halters („*for emotional distress suffered by the owner*").

---

readily addressed because it is less likely to be fraudulent and is a loss that can be fairly charged to the tortfeasor. The emotional harm occurring from witnessing the death or injury of an individual who falls into one of these relationships is serious, compelling, and warrants special recognition." *Rabideau v. City of Racine*, 627 N.W.2d 795, 801.

1119 *Campbell v. Animal Quarantine Station*, 632 P.2d 1066, 1067 (Haw. 1981); vgl. auch bereits *Infante v. Leith*, 85 P.R.R. 24, 1962 WL 14870 (1962): In dem Fall hatten zwei größere Hunde den Hund des Klägers angegriffen und verletzt. Der Supreme Court von Puerto Rico sprach dem Kläger Schandesersatz wegen nuisance und emotional distress in Höhe von insgesamt USD 1.500 zu.

3. *Loss of companionship*

Der Ersatz des materiellen Schaden nach dem *fair market value* oder dem *value to the owner* wird von den geschädigten Eigentümern insbesondere dann als unzureichend empfunden, wenn es sich bei dem verletzten Tier um ein *companion animal*, also ein Haustier bzw. ein Schosstier handelt, zu dem sie eine besondere emotionale Bindung aufgebaut haben, die dem Tier aus Sicht des Eigentümers den Stellenwert eines Familienmitglieds gibt. Die Trauer um das Tier wird von den Eigentümern dementsprechend oft wie Trauer um ein Familienmitglied empfunden. Mittlerweile versuchen wissenschaftliche Studien eine Vergleichbarkeit der Trauerfolgen bezüglich des Verlusts von Mensch und Tier nachzuweisen[1120]. Einige tierärztliche Hochschulen haben Programme eingeführt, die die Beziehung zwischen Eigentümern und ihren Haustieren untersuchen; auch wurden so genannte *bereavement programs* eingeführt, in denen die angehenden Tierärzte darin geschult werden, Eigentümern verstorbener Haustiere bei der Verarbeitung der Trauer zu helfen[1121].

Diese emotionale Bindung zu Tieren wird bei der Berechnung der *economic damages* für den Verlust eines Tieres grundsätzlich nicht berücksichtigt. Allenfalls bei dem Verlust von Ehepartnern oder nahen Verwandten ist ein solcher Anspruch wegen *loss of consortium and companionship* jedoch anerkannt[1122]. Mit dem Argument, das Tier sei nicht lediglich ein ersetzbarer Gegenstand, sondern ein Begleiter bzw. *companion*, versuchen die Eigentümer daher neben dem Ersatz des Substanzwerts ein Schadensersatzanspruch wegen *loss of companionship* bzw. *loss of companion animal* gerichtlich geltend zu machen. Im Gegensatz zu einem Ersatz des *actual value* handelt es sich bei dem Schadensersatz wegen *loss of companionship* um *non-economic damages*.

Die Gerichte reagieren hierauf unterschiedlich[1123]. Während die deutliche Überzahl der Gerichte *damages* wegen *loss of companionship* für den Verlust eines Tieres

1120 Eingehend *Root*, S. 439 mit Verweis auf eine Studie von *Mary Stewart*, „Loss of a Pet – Loss of a Person", New Perspectives on Our Lives with Companion Animals 390, Aaron Honori Katcher & Alan M.Beck 1983, wonach 18% der befragten erwachsenen Personen unmittelbar nach dem Tod ihres Haustieres nicht in der Lage waren, ihren täglichen Aufgaben nachzugehen; siehe auch *Root* S. 436 f. mit Verweis auf eine Auswertung psychologischer Studien, nach denen mehr als 70% der Eigentümer von Haustieren ihr Haustier als Familienmitglied ansehen; *Byszewski*, S. 217 unter Verweis auf John Archer, "Why do people love their pets?", 18 Evolution & Human Behaviour, 1997, S. 237, 240 ff.; bezeichnenderweise verkauft ein großer amerikanischer Hersteller von Grußkarten auch spezielle Kondolenzkarten für Trauerfälle wegen des Verlusts eines Haustiers: http://shop.hallmark.com/sympathy/sympathy-products/#prefn1=sympathy&prefv1=Loss%20of%20Pet (Zugang zuletzt am 20.5.2015).

1121 *Hankin*, S. 380 m.w.N.

1122 Mit Ausnahme von Utah und Virginia.

1123 Vgl. auch *Kirk*, 121.

mangels gesetzlicher Grundlage ablehnen[1124], berücksichtigen einige Gerichte die emotionale Bindung indirekt für die Ermittlung des *actual value*[1125] oder erkennen einen selbstständigen Schadensersatz zu[1126].

Auch wenn das US-amerikanische Schadensrecht im Vergleich zum deutschen Recht in vielen Bereichen liberaler erscheint, werden Verurteilungen zur Zahlung eines Schadensersatzes in Höhe des Affektionsinteresses *(bzw. gerade nicht auf Marktpreis gestützt)* dennoch selten rechtskräftig. Auch hier befürchten die US-amerikanischen Gerichte eine Ausuferung des Schadensersatzes insbesondere dann, wenn die Differenz zum rein wirtschaftlichen Schaden besonders hoch ist[1127].

Auch in der Literatur hat eine Diskussion über die Frage begonnen, ob der Schadensersatz für die Tötung oder die Verletzung eines Tieres über den Ersatz des reinen Marktwertes hinaus ersetzbar sein soll[1128]. So fordern einige Stimmen mit zum Teil nachvollziehbaren Argumenten einer Änderung der Gesetzeslage. *Kirk*[1129] verweist darauf, dass auch die emotionale Bindung zum Ehepartner oder zu den eigenen Kindern in der Rechtsgeschichte des *common law* nicht immer anerkannt war und der Schadensersatzanspruch wegen *loss of companionship* erst infolge geänderter gesellschaftlicher Wertvorstellungen geschaffen wurde. Auch Ehefrauen und minderjährige Kinder seien im englischen Recht – wie heute noch die Tiere – zunächst als *property* qualifiziert worden. Der Anspruch der Eltern wegen *loss of companionship* im Zusammenhang mit dem Verlust eines Kindes sei erst in den letzten 25 bis 30 Jahren nach und nach in den Bundesstaaten der USA von der Rechtsprechung entwickelt worden. Dementsprechend sei es an der Zeit anzuerkennen, dass heutzutage viele Mitglieder der Gesellschaft emotionale Bindungen zu ihren Haustieren entwickelt haben[1130].

Dies würde praktisch voraussetzen, dass entweder (i) im Schadensersatzrecht bei Beschädigung von Eigentum Ausnahmen für Tiere geschaffen werden oder (ii)

1124 *Pickford v. Masion*, 98 P.3d 1232 (Wash. Ct. App. 2004); *Lachenman v. Stice*, 838 N.E.2d 451 (Ind. 2006); *Krasnecky v. Meffen*, 56 Mass. App. Ct. 418, 777 N.E.2d 1286 (2002): "... the absence of statutory authority precludes recovery on the plaintiffs' loss of consortium", review denied, 438 Mass. 1106, 782 N.E.2d 516 (2003); *Lockett v. Hill*, 182 Or. App. 377, 51 P.3d 5 (2002); *Daughen v. Fox*, 539 A.2d 858, 865 (Pa. 1987); *Oberschlake v. Veterinary Assocs. Animal Hospital*, 785N.E.2d 811 (Ohio Ct. App. 2003): "[...] we have found no authority in Ohio that would allow recovery for loss of companionship of animals. Other jurisdictions also do not permit recovery in such cases."; *Lewis v.Di Donna* (2002), 294 A.D.2d 799, 801, 743 N.Y.S.2d 186. Vgl. *Root*, S. 429 m.w.N.; *Huss*, 2005, S. 240 m.w.N.

1125 *Brousseau v. Rosenthal*, 443 N.Y.S.2d 285, 286 (Civ. Ct. 1980); *Mercurio v. Weber*, 2003 WL 21497325, Seite 2.

1126 Campbell v. Animal Quarantine Station, Div. Of Animal Indus. Dep`t of Agric., State of Hawaii, Board *of Agric.*, 63 Haw. 557, 632 P.2d 1066 (Hawaii 1981).

1127 *Housley v. City of Poway*, 20 Cal. App. 4 th 801, 24 Cal. Rptr. 2d 554, 559 (1993).

1128 Vgl. *Root*, S. 424.

1129 *Kirk*, S. 130 m.w.N.

1130 *Kirk*, S. 131; *Root*, S. 444, *Schaffner*, S. 51.

Tiere nicht mehr als Eigentum bzw. Sachen im hergebrachten Sinne zu qualifizieren sind. Soweit ersichtlich existieren in zwei Bundesstaaten mittlerweile gesetzliche Sonderregeln für das Schadensrecht bei der Tötung eines Haustieres, wonach ein immaterieller Schaden durch den Verlust eines Haustieres ersatzfähig ist:

Neben dem bereits im Zusammenhang mit Schockschäden erwähnten Gesetz in Illinois (510 Ill. Comp. Stat. Ann. § 70/16.3) gewährt auch Tennessee gemäß § 44–17-403 des Tenn. Code Ann. Schadensersatz für den Verlust von Hunden oder Katzen, sofern diese als *companion animals* gehalten wurden und das Tier vorsätzlich oder fahrlässig durch eine Person oder deren Tier getötet wurde. Bei einer nur fahrlässigen Tötung muss das Tier in Anwesenheit seines Halters oder auf dem Grundstück des Halters gestorben sein, damit ein Anspruch auf Schadensersatz wegen eines *non-economic loss* besteht. Neben dem Ersatz der materiellen Einbußen erlaubt das Gesetz einen Schadensersatzanspruch für immaterielle Einbußen (*non-economic damages*) begrenzt auf USD 5.000 für – und das ist bemerkenswert – den Verlust der Gesellschaft des Haustieres („*for the loss of the reasonably expected society, companionship, love and affection of the pet*", Tenn. Code Ann. § 44–17-403(d)). Das Gesetz ist auch bekannt unter dem Namen „T-Bo Act", benannt nach dem Shih Tzu des Senators, der den Gesetzesentwurf eingebracht hat. Der T-Bo Act wird von einigen zwar wegen der Höchstbetragsgrenzen und der Begrenzung auf Hunde und Katzen kritisiert, aber dennoch als wesentlicher Impuls für die Anerkennung von *non-economic damages* für die Verletzung von *companion animals* in weiteren Bundesstaaten angesehen[1131].

4. *Zwischenergebnis*

Tiere werden im US-amerikanischen Schadensrecht wie bewegliche Sachen (*chattel* bzw. *property*) behandelt. Die Verletzung von Tieren gilt im US-Recht daher als reine Sachbeschädigung (*property damage*). Ausgleich für den Verlust eines Tieres erfolgt in erster Linie durch den Ersatz des Marktwertes (*fair market value*), den das Tier im Zeitpunkt der Tötung hatte.

Im amerikanischen Recht existiert bisher keine tragfähige Grundlage dafür, auch die emotionale Bindung des Halters zu seinem Tier als rechtlich erhebliches Interesse zu qualifizieren, für dessen Verletzung ein zusätzlicher Schadensersatz zu gewähren ist[1132]. Zwar werden in der Praxis vermehrt Ansprüche wegen *intentional* oder *negligent infliction of emotional distress* diskutiert. Sie führen jedoch aus Sicht der Kläger nur selten zum Erfolg:

Ansprüche wegen *intentional infliction of emotional distress* dienen in erster Linie der Bestrafung besonders verwerflicher Handlungen sowie der Abschreckung und allenfalls mittelbar der Würdigung der Bindung des Menschen zum Tier. Ansprüche

---

1131 Vgl. *Root*, S. 435, 448.
1132 Vgl. *Schwartz/Laird*, S. 235 ff.

unterliegen strengen Voraussetzungen[1133]. Die Tat muss *extreme in degree* und *outrageous in character* sein[1134], (selbst die vorsätzliche Tötung eines Tieres genügt nicht[1135]), sodass der Tatbestand im Zusammenhang mit der Tierhalterhaftung für Fälle sich gegenseitig verletzender Tiere nicht relevant sein dürfte.

Klagen wegen *negligent infliction of emotional distress* scheitern häufig daran, dass – je nach Bundesstaat – entweder Personen bzw. nahe Angehörige (und eben keine Sachen bzw. Tiere) als unmittelbare Opfer verletzt worden sein müssen oder der Anspruchsteller selbst in hinreichendem Maß gefährdet oder verletzt worden sein muss (*zone of danger rule / (modified) impact rule*). Ein Schadensersatzanspruch für *negligent infliction of emotional distress* aufgrund der Verletzung oder Tötung eines *companion animal* – also für seelische Qualen, verursacht durch den Verlust eines Tieres – wird somit von der Rechtsprechung grundsätzlich nicht anerkannt[1136].

Eine emotionale Bindung zum Eigentum, auch wenn es sich dabei um Tiere handelt, wird für Schadensersatzansprüche wegen Schockschäden aus Angst vor ausufernden und missbräuchlichen Klagen nicht berücksichtigt[1137]; psychische Leiden, die durch das Mitansehen der "Eigentumsverletzung" entstehen, sind in der Regel keine zurechenbare Verletzungsfolge und daher nicht als Schockschaden ersatzfähig[1138]. Zahlreiche Versuche von Klägern – gestützt durch Stimmen in der Literatur – die Gerichte von einer Gleichstellung der Verletzung von *companion animals* mit der Verletzung naher Angehöriger zu überzeugen, sind bisher mehrheitlich fehlgeschlagen. Somit ist festzuhalten, dass wie Wise[1139] zutreffend anmerkt, aus Sicht des

1133 *Ledbetter v. Ross*, 725 N.E.2d 120, 124 (2000).

1134 Vgl. auch *Burgess v. Taylor*, 44 S.W.3d 806, 91 A.L.R.5th 749 (Ky. Ct. App. 2001) zur Gewährung von punitive damages wegen intentional infliction of emotional distress im Zusammenhang mit der Tötung von Pferden.

1135 Vgl. *Mitchell v. Heinrichs*, 27 P.3d 309 (2001).

1136 *Dobbs*, Remedies § 5.15 (3), S. 574 f.

1137 Vgl. *Johnson v. Douglas*, 723 N.Y.S.2d 627 (Sup 2001): "The extension of such thinking would permit recovery for mental stress caused by the malicious or negligent destruction of other personal property, i.e., a family heirloom or prized school ring. Although we live in a particularly litigious society, the court is not about to recognize a tortious cause of action to recover for emotional distress due to the death of a family pet. Such an expansion of the law would place an unnecessary burden on the ever burgeoning case loads of the court in resolving serious tort claims for injuries to individuals."

1138 Vgl. auch *Nichols v. Sukaro Kennels*, 61 A.L.R.5th 883 (1996) - kein Schadensersatz für *mental distress* für die Verletzung eines Schosshundes, insbesondere wenn der Anspruchsteller die Verletzung des Tieres nicht selbst mitansehen musste; *Strawser v. Wright* (1992), 80 Ohio App.3d 751, 610 N.E.2d 610, *Kennedy v. Byas*, 867 So. 2d 1195 (Fla. Dist. Ct. App. 1st Dist. 2004) – kein Schadensersatz für *emotional distress* bei fahrlässigem Handeln, ("allowing recovery for these types of cases would place an unnecess*ary burden on the ever burgeoning caseload of courts in resolving serious tort claims for individuals*").

1139 *Wise*, S. 93.

Eigentümers ein nicht erlittener materieller Schaden ersetzt wird, wohingegen ein tatsächlich erlittener immaterieller Schaden nicht kompensiert wird.

Dennoch zeichnet sich bei der *negligent infliction of emotional distress* eine Trendwende ab, wie die Entscheidung *Campbell v. Animal Quarantine Station* zeigt. Einige Richter äußern in ihren Urteilen mittlerweile ein generelles Unbehagen, Haustiere für Fragen des Schadensersatzes als *property* zu behandeln: „*A companion dog is not a fungible item, equivalent to other items of personal property. A companion dog is not a living room sofa or dining room furniture.*"[1140]. Haustiere gehörten vielmehr zu einer eigenen Kategorie von *property*, die bisher weder vom *statutory law* noch vom *case law* erkannt bzw. anerkannt worden sei[1141].

Trotz dieser zum Teil eindeutigen Sprache der Richter sind bisher keine – vom *common law* bzw. von der herrschenden Rechtsprechung abweichenden – überzeugenden Präzedenzentscheidungen ergangen[1142]. Viele Supreme Courts scheuen mangels einschlägiger Präzedenzfälle und ohne gesetzliche Grundlage davor zurück, der in der Literatur geforderten Anerkennung des *emotional distress* auch bei der Verletzung von Tieren als ersatzfähige Schadensposition zum Durchbruch zu verhelfen[1143]. Aus diesem Grund werden vermehrt gesetzliche Regelungen zum Schadensrecht gefordert[1144].

Neben den bereits erwähnten gesetzlichen Regelungen zum Schadensersatz in Illinois und Tennessee werden auch in Kalifornien[1145], Colorado[1146], Massachusetts[1147], New Jersey[1148], New York[1149] und Rhode Island[1150] ähnliche Gesetzesentwürfe diskutiert. Sie sind meist auf Hunde und Katzen beschränkt und variieren deutlich in den Höchstbetragsgrenzen und sehen teilweise Schadensersatzpflichten

---

1140 *Rabideau v. City of Racine*, 627 N.W.2d 795 (Wis. 2001), S. 798.

1141 Justice Andell in *Bueckner v. Hamel*, 886 S.W.2d 368, 377,378 (Tex. Ct. App. 1994).

1142 Zur Bewertung des *precedential weight* dieser Urteile siehe auch *Hankin*, S. 343 ff.

1143 *Rabideau v. City of Racine*, 627 N.W.2d 795, 807 (Wis. 2001); *Pickford v. Masion*, 124 Wash. App. 257, 98 P.3d 1232 (Div. 2 2004); *Koester v. VCA Animal Hospital*, 624 N.W.2d 209 (Mich. App. 2000), *Seps*, S. 1347; *Byszewski*, S. 224; vgl. auch *Felicia R. Lee*, Coping; What Price for a Pet's Life, N.Y. Times, veröffentlicht am 29. April 2001, http://www.nytimes.com/2001/04/29/nyregion/coping-what-price-for-a-pet-s-life.html.

1144 Vgl. die Begründung von Chief Justice Shirley Abrahamson in *Rabideau v. City of Racine*, 627 N.W.2d 795, 807 (Wis. 2001); *Koester v. VCA Animal Hospital*, 624 N.W.2d 209, 211 (Mich. App. 2000).

1145 Cal. Sen. 225, 2003–2004 Leg., Reg. Sess. (Feb. 13, 2003).

1146 Colo. H. 1260, 64th Gen. Assembly, 1st Reg. Sess. (Jan. 31, 2003).

1147 Mass. Sen. 932, 183rd Gen. Ct., 2003 Reg. Sess. (Jan. 1, 2003).

1148 N.J. Assembly 3339, 210th Leg., 2d Reg. Sess. (Feb. 13, 2003).

1149 N.Y. A.B. 4545, 2003–2004 Reg. Sess. (Feb. 19, 2003).

1150 R.I. Sen. 159, 2003–2004 Leg., Reg. Sess. (Jan. 28, 2003); R.I. H. 5817, 2003–2004 Leg., Reg. Sess. (Feb. 11, 2003).

in Höhe von bis zu USD 100.000 für *non-economic loss* vor. Haftungsgrund sind jeweils vorsätzliche oder fahrlässige, rechtswidrige Handlungen. Ähnliche Gesetzesvorhaben sind in Maryland und Oregon gescheitert[1151]. Zum Teil wird bezweifelt, dass sich der Ersatz von *non-economic damages* für den Verlust eines *companion animal* flächendeckend durchsetzen wird[1152]. Zu Recht wird eingewendet, dass Schadensersatzansprüche ohne angemessene Begrenzung zu erheblichen Nachteilen für Berufsgruppen, wie z. B. Tierärzten, führen würden und über die steigenden Schadensersatz- und Versicherungskosten auch erhebliche Kosten für die Gesellschaft entstehen[1153].

Die Bedenken definieren letztlich aber nur das Spannungsfeld, in dem sich die Gesetzesentwürfe zu bewegen haben. Eine gesetzliche Regelung der gesellschaftlich mehr und mehr anerkannten Bedeutung von *companion animals* dürfte angesichts der immer stärker werdenden Stimmen in der Literatur und der Zweifel, die auch Gerichte an der aktuellen Rechtslage äußern, unausweichlich sein. Dennoch wird der Schadensersatz für *loss of companionship* bzw. für *emotional distress* im Zusammenhang mit Tieren weiter restriktiv gehandhabt werden.

Auch der generelle rechtliche Status von Tieren als *property* wird infrage gestellt[1154]. Der geänderte gesellschaftliche Stellenwert von Haustieren ist nicht von der Hand zu weisen. Die gestiegenen Ausgaben für Tierarztkosten[1155], Betreuung und sogar Geburtstagsgeschenke zeigen deutlich, dass die amerikanische Gesellschaft Tiere nicht wie ersetzbares Eigentum behandelt. Die daraus resultierende Unsicherheit und Uneinheitlichkeit in der Rechtsprechung[1156] zu Fragen des Schadensersatzes für Tiere andererseits zeigten nach Ansicht einer starken Literaturmeinung, dass eine rechtliche Notwendigkeit bestehe, Tiere nicht wie gewöhnliches Eigentum zu behandeln. Das Gesetz und die Rechtsprechung müssten die (geänderte) Wertschätzung von Tieren durch die Gesellschaft reflektieren[1157]. Hierzu müsse der *property status* von Haustieren aufgegeben werden. So haben der Bundesstaat Rhode Island und einige Städte und Gemeinden zur Anerkennung der besonderen Bedeutung von Tieren für den Menschen in Verordnungen und Gesetzen deklariert, dass Tiere nicht besessen werden können, sie also keine

1151 *Byszewski*, S. 229.
1152 *Huss*, S. 102 ff.
1153 *Huss*, S. 104, unter Verweis auf Gregg A. *Scoggins*, "Legislation Without Representation: How Veterinary Medicine Has Slipped Through the Cracks of Tort Reform", 1990 U. Ill. L. Rev. 953, 954 (1991).
1154 *Seps*, S. 1341: "The law is in conflict with [...] public opinion in the way it treats animals.".
1155 Vgl. *Byszewski* S. 238.
1156 Die Uneinheitlichkeit ist auch bedingt durch den Föderalismus.
1157 *Root*, S. 446.

Eigentümer (*owner*), sondern Beschützer (*guardians*) haben[1158]. Auch wenn diese Begrifflichkeiten in erster Linie – wie *Hankin*[1159] bemerkt – symbolische Bedeutung haben, so belegen sie dennoch den oben beschriebenen Trend in den USA.

1158 Vgl. für Rhode Island: R.I. Code § 4–13-41: Use of the terms owner or guardian: "Wherever the word 'owner' shall appear in this chapter [Animals and Animal Husbandry–Dogs] it shall also mean and may be interchanged with the word 'guardian' as defined in [R.I. Code] § 4–13- 1.2." R.I. Code § 4–13-1.2(10): "'Guardian' shall mean a person(s) having the same rights and responsibilities of an owner, keeper and both terms shall be used interchangeably. A guardian shall also mean a person who possesses, has title to or an interest in, harbors or has control, custody or possession of an animal and who is responsible for an animal's safety and well-being.", weitere Nachweise zu den gemeindlichen Verordnungen und dem Widerstand der Tierärzteschaft hiergegen (u.a. aus Angst vor erhöhten Haftungsrisiken) siehe *Hankin*, S. 372 ff.

1159 *Hankin*, S. 371.

Kapitel 3. Rechtsvergleichende Stellungnahme

Die Rechtssysteme in Deutschland und den USA sehen Sonderregeln für die Haftung für Tiere vor, die von den jeweils geltenden Haftungsgrundsätzen abweichen. In beiden Ländern ist eine verschuldensunabhängige Haftung des Halters für die von einem Tier verursachten Schäden möglich. Sowohl im deutschen Zivilrecht als auch im US common law besteht ein Bedürfnis der Allgemeinheit nach einer Haftung des Verantwortlichen, die von einem persönlichen Fehlverhalten mehr oder weniger entkoppelt ist.

A. Haftungsvoraussetzungen

I. Tier

Weder im deutschen Recht noch im amerikanischen Recht wird definiert, was unter einem „Tier" zu verstehen ist. Soweit ersichtlich, führte dies in der Praxis jedoch nicht zu nennenswerten Problemen. Insbesondere die in Deutschland vom Schrifttum immer wieder aufgegriffene Frage nach der Tiereigenschaft von Bakterien ist in der Gerichtspraxis nie relevant geworden und kann daher als rechtstheoretisches Problem bezeichnet werden.

Beide Rechtsordnungen differenzieren für die Haftung zwischen unterschiedlichen Gruppen von Tieren:

Im deutschen Recht wird zwischen Luxus- und Nutztieren unterschieden, also nach der Herkunft und Domestikation des Tieres sowie dem Zweck seiner Haltung.

Die maßgeblichen *common law* Haftungstatbestände im US Recht unterscheiden einerseits nach der Beheimatung und Domestikation des Tieres und andererseits nach der Art der Rechtsverletzung, z.B. Beeinträchtigung von Rechten an Grundstücken (*trespass*) oder negligence. Nur für wilde Tiere, wie z.B. Affen, Elefanten, Tiger, etc., die aufgrund ihres Interieurs oder Exterieurs als besonders gefährlich für die Allgemeinheit gelten, haftet der Halter nach *common law* grundsätzlich verschuldensunabhängig[1160]. Für beheimatete, domestizierte Tiere haftet der *keeper* nur, wenn er deren besondere Gefährlichkeit kannte oder kennen musste. Halter „nützlicher" Tiere werden im amerikanischen Recht grundsätzlich nicht privilegiert, es sei denn, es handelt sich um hoheitlich tätige Halter, wie öffentliche Zoobetriebe.

Eine mit § 833 Satz 2 BGB vergleichbare Haftungserleichterung gibt es im US-amerikanischen Recht nicht.

1160 Vgl. Restatement (Second) of Torts, § 507 (1); *Wenndt v. Latare* (Iowa) 200 NW2d 862; *Isaacs v. Powell* (Fla App) 267 So 2d 864 (bzgl. eines Schimpansen).

II. Tiergefahr und „*dangerous propensities*"

Weitere Voraussetzung der Haftung des Tierhalters ist im deutschen Recht, dass die Verletzung „durch ein Tier" herbeigeführt wurde. Ausreichend ist daher nicht die bloße adäquate Kausalität zwischen dem Tier und der Verletzung. Erforderlich ist vielmehr, dass sich eine Tiergefahr als zusätzliches Zurechnungselement verwirklicht hat. Mangels einer Legaldefinition dieses wesentlichen Tatbestandsmerkmals stellen sich Abgrenzungsfragen. Entgegen der restriktiven Interpretation des Tatbestandsmerkmals durch die Rechtsprechung ist der Begriff der Tiergefahr weit auszulegen, um dem Schutzgedanken der Norm gerecht zu werden. Die Tiergefahr hat sich daher verwirklicht, wenn das Tier aufgrund eigener Kraftentfaltung (und nicht etwa wie eine leblose Masse wirkend) einen Schaden verursacht hat. Unerheblich ist, ob das Tier aus eigenem Antrieb oder aufgrund menschlicher Leitung geschädigt hat.

Auch das amerikanische Recht kennt eine tierspezifische Haftungsvoraussetzung, denn eine strikte Haftung erfordert, dass sich eine besonders gefährliche Eigenschaft des Tieres, eine so genannte „vicious" oder „dangerous propensity", verwirklicht hat. Jedoch ist das US Recht zugunsten des Tierhalters enger als das deutsche Recht, denn es stellt auf die Gefährlichkeit des konkreten Tieres im Vergleich zu seiner Klasse bzw. seinen Artgenossen ab. Erforderlich ist eine gegenüber den Artgenossen gesteigerte Gefährlichkeit des konkreten Tieres. Eine lediglich typische Tiereigenschaft, die nach deutschem Recht haftungsbegründend sein kann, genügt daher nicht, um eine strikte Haftung auszulösen. So wurde die Eigenschaft eines Hundes, auf einen Briefträger zuzulaufen und ihn anzubellen, als typische Eigenschaft von Hunden erachtet und daher nicht als besonders gefährliche Eigenschaft des konkreten Hundes eingestuft[1161]. Ein natürliches Tierverhalten begründet hiernach somit keine Haftung.

Es ist daher notwendig, für eine *scienter* Haftung nach dem *common law* zwischen „normal" gefährlichen und außergewöhnlich gefährlichen Tieren bzw. Verhaltensweisen zu unterscheiden. Dies kann in der Praxis ebenfalls zu Abgrenzungsschwierigkeiten führen. Anders als in Deutschland ist die Definition des Begriffs jedoch soweit ersichtlich eindeutig und nicht umstritten, so dass die Probleme auf der Ebene der Subsumtion liegen.

III. Begriff des Tierhalters bzw. des Verantwortlichen

Sowohl im deutschen als auch im amerikanischen Recht wird Verantwortlichkeit für den Schaden, den ein Tier verursacht hat, dem Halter bzw. *keeper* zugeordnet. Eine Legaldefinition des Verantwortlichen fehlt in beiden Rechtsordnungen.

Ausgehend vom Schutzzweck der Norm, der einen Interessenausgleich anstrebt zwischen demjenigen, der Vorteile aus der Tierhaltung zieht und das Tier beherrscht, und der Allgemeineit, die sich den mit der Tierhaltung verbundenen

---

1161 *Dunnings v. Castro*, 881 S.W.2d 559 (1994).

Gefahren nicht entziehen kann, wird der Tierhalterbegriff im deutschen Recht primär aufgrund tatsächlicher Umstände ermittelt. Nach den von der Rechtsprechung entwickelten Kriterien ist demnach maßgebend, wer tatsächlich über die Entscheidungsbefugnis und die Entscheidungsgewalt über das Tier verfügt. Die rechtliche Eigentümerstellung kann allenfalls ein Indiz für die tatsächlichen Umstände sein. Sowohl natürliche als auch juristische Personen können Tierhalter sein. Mehrere Halter eines Tieres haften als Gesamtschuldner nach § 840 Abs. 1 BGB.

Abweichend hiervon kann im amerikanischen Recht auch die rein rechtliche Eigentümerstellung eine Rolle spielen. Insofern ist der Kreis der möglichen Verantwortlichen im amerikanischen Recht größer als im deutschen Recht. Soweit ersichtlich haben sich jedoch in beiden Rechtsordnungen nur wenige Probleme in der Rechtsanwendung ergeben.

IV. Zurechnung und Verschulden des Verantwortlichen

Für die – in dieser Arbeit schwerpunktmäßig betrachtete – strikte Haftung des Halters von Haustieren bzw. von einheimischen, domestizierten Tieren fordert das US Recht neben der konkreten besonderen Gefährlichkeit des Tieres (*dangerous prospensity*) auch die positive Kenntnis oder vorwerfbare Unkenntnis des Halters von dieser besonderen Gefährlichkeit (*scienter*). Dieses Erfordernis stellt eine große Beweislast für den Anspruchsteller dar, insbesondere wenn ein Tier erstmalig besonders aggressiv geworden ist. Konnte dem Halter *scienter* nachgewiesen werden, haftet der Halter ohne Rücksicht darauf, ob er den Schaden hätte verhindern können. Anknüpfungspunkt der Haftung ist daher der Vorwurf an den Halter, die Allgemeinheit quasi wider besseres Wissen den besonderen Gefahren seines Tieres ausgesetzt zu haben. Die strikte Haftung für Haustiere im US Recht knüpft daher generell an die Haltung gerade gefährlicher Tiere an und weniger an die Außerachtlassung der Sorgfalt wie beim Nutztierhalter nach deutschem Recht.

Eine mit *scienter* vergleichbare Zurechnungsvoraussetzung ist im System der deutschen Tierhalterhaftung nicht vorgesehen. So stellte der BGH[1162] eindeutig klar:

> *„Das Berufungsgericht war - entgegen der Ansicht der Revision - nicht gehalten, den vom Beklagten lediglich im ersten Rechtszug benannten Zeugen P. dazu zu hören, daß die Stute ein solches Verhalten vorher nicht gezeigt habe und ohne Anweisung der Reitlehrerin offensichtlich aufgrund unsachgemäßer Hilfen der Geschädigten angaloppiert sei. Diese Behauptungen sind für die Entscheidung des Falles unerheblich. Eine spezifische Tiergefahr verwirklicht sich auch dann, wenn ein Pferd erstmals und auf eine (fehlerhafte) Hilfe des Reiters reagiert. Die Reaktion des Tieres auf menschliche Steuerung und die daraus resultierende Gefährdung hat ihren Grund in der Unberechenbarkeit tierischen Verhaltens, für die der Halter den Geschädigten schadlos halten soll.“*

1162 BGH, Urt. v. 6.7.1999, Az. VI ZR 170/98 = NJW 1999, 3119.

Auf die Vermeidbarkeit des Schadens kommt es also im amerikanischen Recht nicht an; anders als im deutschen Recht haftet der Halter daher auch, wenn er den Schaden nicht hätte verhindern können.

Liegen die Haftungsvoraussetzungen für eine *strict liability* nicht vor, können Sorgfaltspflichtverletzungen des Halters über *negligence* jedoch zu einer Haftung führen.

Im deutschen Recht sind vermeidbare Verstöße lediglich für die Haftung des Nutztierhalters nach § 833 Satz 2 BGB relevant. Sie begründen eine Haftung, wenn der Halter nicht nachweisen kann, dass der Schaden auch bei Einhaltung der erforderlichen Sorgfalt eingetreten wäre.

B. Verteidigungsmittel

I. Beitrag des Verletzten

In Deutschland wie in den USA gilt: Selbst wer sich freiwillig in die Nähe eines Tieres begibt, ist zunächst vom Schutzbereich der jeweiligen Haftungssysteme erfaßt und verzichtet hierdurch nicht per se auf potentielle Ersatzansprüche gegen den Halter. Beide Rechtsordnungen berücksichtigen jedoch einen eigenen Verursachungsbeitrag des Verletzten bzw. eine Einwilligung des Verletzten in die Gefahr bei der Prüfung von Einwendungen gegen den Anspruch.

Bezüglich des Mitverschuldens des Geschädigten favorisieren sowohl das deutsche als auch das amerikanische Haftungsrecht grundsätzlich eine anteilige Berücksichtigung von (Mit-) Verursachungsbeiträgen gegenüber einer „Alles-oder-Nichts"-Lösung. Im US-Recht gelten jedoch je nach Jurisdiktion und Anspruchsgrundlage Ausnahmen von diesem Grundsatz. In einigen Bundesstaaten schließt ein nur teilweises Mitverschulden des Geschädigten einen Haftungsanspruch stets vollständig aus. Zum Teil wird dagegen die Auffassung vertreten, dass ein Mitverschulden des Geschädigten bei einem Anspruch aus *strict liability* nie zu berücksichtigen ist. Denn wenn kein Verschulden des Schädigers erforderlich ist, um den Anspruch entstehen zu lassen, könne sich auch ein Mitverschulden des Geschädigten nicht anspruchsmindernd auswirken.

II. Einwilligung

In Deutschland bestehen enge Grenzen für die Annahme einer Einwilligung des Geschädigten in die Tiergefahr und eines damit verbundenen Haftungsausschlusses. Fehlt eine ausdrücklich Einwilligung des Geschädigten, muss er schon gesteigerte Risiken auf sich genommen haben, um eine konkludente Einwilligung ableiten zu können. Nach der aktuellen Rechtslage besteht zum Schutz des Geschädigten kein Raum für eine konkludente Einwiligung, wenn sich lediglich eine gewöhnliche Tiergefahr verwirklicht hat.

Diese Rechtspraxis berücksichtigt nicht, dass sich Personen in der Realität durchaus freiwillig gewöhnlichen und erkennbaren Tiergefahren aussetzen, indem sie z.B.

aus eigenem Interesse und eigener Initiative den Hund des Nachbarn ausführen, mit ihm herumtollen oder mit einem fremden Pferd ausreiten. In diesen Fällen fehlt es häufig an der Schutzbedürftigkeit des Geschädigten.

Dies wird in der Rechtsprechung nicht ausreichend berücksichtigt. Da der Umgang mit Tieren bei Inkrafttreten des BGB noch deutlich zweckgeprägter war und Tiere – bis auf Verwendung bei Jagden – kaum Teil der Freizeitgestaltung waren, ist davon auszugehen, dass der Gesetzgeber viele gegenwärtig relevante Haftungsfragen z.B. bei Reitunfällen nicht im Blick hatte, als er die Tierhalterhaftung konzipierte. Die tatsächlichen Verhältnisse, das Bewußtsein und die Interessen der Beteiligten haben sich seit dem Inkrafttreten des BGB aber deutlich verändert, ohne dass die bestehenden Haftungsregeln an die neuen Verhältnisse angepasst wurden. Eine interessengerechte Begrenzung der Halterhaftung scheitert daher regelmäßig sowohl an dem Gesetzeswortlaut und den klaren Motiven des Gesetzgebers hinsichtlich eines weiten Schutzbereichs, insbesondere einer Einbeziehung des Reiters auf dem fremden Pferd in den Schutzbereich der Halterhaftung. Wie aufgrund der Auswertung der Rechtsprechung in dieser Arbeit gezeigt, ist daher nur auf Basis der derzeit geltenden Regeln ohne eine Reform des Haftungsrechts keine wesentliche Änderung der Rechtsprechung zu erwarten.

Auch in den USA kann eine Einwilligung des Geschädigten nach den Grundsätzen über die *assumption of risk* zu einem Ausschluss von Haftungsansprüchen führen.

Trotz der grundsätzlichen Vergleichbarkeit des Handelns auf eigene Gefahr nach deutschem Recht und der *doctrine of assumption of risk* nach amerikanischem Recht zeigt sich in Bezug auf Reitunfälle ein wesentlicher Unterschied zwischen beiden Rechtsordnungen: Im deutschen Recht wird aufgrund des Wortlauts des § 833 Satz 1 BGB angenommen, dass ein z.B. ein Reiter gewöhnliche Tiergefahren eines Pferdes grundsätzlich nicht in Kauf nimmt und ein Handeln auf eigene Gefahr allenfalls bei besonders gefährlichen Situationen, wie z.B. Jagdreiten, in Betracht kommt. Dagegen wird im amerikanischen Recht nicht zwischen gewöhnlichen und besonders hohen Risiken unterschieden. Sämtliche mit dem Reiten eines Pferdes verbundene Risiken – auch und insbesondere alltägliche Risiken – können zunächst den Einwand der *assumption of risk* begründen.

Die Gewichtung des Einwandes erfolgt dann unter Berücksichtigung der Umstände des Einzelfalles. Wie auch in Deutschland gelten in den USA grundätzlich strenge Anforderungen an eine Verlagerung des Haftungsrisikos auf den Geschädigten. So wird gegenüber Reitanfängern aufgrund deren mangelnder Erfahrung die *doctrine of assumption of risk* nur zurückhaltend verwendet, sodass diesbezüglich auch nach amerikanischem Recht ein hohes Haftungsrisiko beim Tierhalter verbleiben kann.

Seit den 1950er Jahren wird in den USA ein neuer Weg verfolgt, der eine spezifischere Abwägung der Interessen der Beteiligten bei Freizeitaktivitäten ermöglicht. Die Mehrheit der Einzelstaaten in den USA hat durch eine entsprechende Gesetzgebung Voraussetzungen für eine Risikoverlagerung auf Freizeitsportler und

Erholungssuchende geschaffen. Die einschlägigen EALAs könnten Vorbild für eine notwendige Reform des deutschen Haftungsrechts sein.

C. Umfang des zu ersetzenden Schadens

Sowohl in Deutschland als auch in den USA[1163] besteht der Zweck des Schadensersatzrechts darin, erlittene Einbussen auszugleichen. In beiden Rechtsordnungen wird kritisiert, dass Schäden durch Nutzungsausfall infolge der Verletzung von Tieren nicht angemessen ersetzt werden können.

Die sich verändernden Konsumgewohnheiten und -möglichkeiten haben grundsätzlich einen Einfluss auf die Rechtsprechung zum Schadensrecht. In Deutschland und den USA ist der Stellenwert von Haustieren für den Menschen gleichermaßen gestiegen. In beiden Ländern wird um das „Umgangsrecht" für Haustiere z. B. zwischen geschiedenen Ehegatten[1164] oder Nachbarn[1165] oder um den Status als Familienmitglied als Voraussetzung für die Anerkennung von Ansprüchen wegen Schockschäden gestritten. Auch diese Änderung des Bewusstseins beim Umgang mit Tieren hat dazu geführt, dass der Verlust eines Tieres nicht mehr ohne weiteres als ein rein materieller Verlust hingenommen wird. Für eine umfangreiche Anerkennung dieser Schadensposition fehlt es derzeit sowohl in Deutschland als auch in den USA (von den besprochenen Ausnahmen abgesehen) an einer Rechtsgrundlage. Ohne eine solche Rechtsgrundlage verfolgen die Gerichte auf beiden Seiten des Atlantiks aufgrund der Probleme der Schadensbemessung sehr restriktive Ansätze.

Dennoch ist festzustellen, dass die Bestrebungen in den USA entsprechende Rechtsgrundlagen zu schaffen, stärker sind als in Deutschland. In den USA wird vergleichsweise lautstark gefordert, dass sich die besondere Wertschätzung von Haustieren durch ihre Eigentümer auch im Schadensrecht widerspiegelt, Tieren idealweise ein eigener rechtlicher Status verliehen wird, damit auch *non-economic damages* gewährt werden können. Diesen Bestrebungen liegt – auf die Gefahr der Verallgemeinerung – die Überzeugung zugrunde, dass „die Schwierigkeit den Schaden für die Verletzung oder Tötung eines Tieres zu beziffern, [...] nicht dazu führen darf, dass der Schädiger von einer angemessenen Schadensersatzpflicht befreit ist"[1166].

Deutschland folgt dieser Tendenz nur insofern, als dass zivilrechtlich formal anerkannt wurde, dass Tiere Mitgeschöpfe und eben keine Sachen sind, vgl. § 90 a Satz 1 BGB, und ihnen somit ein eigener Status verliehen wurde. Das deutsche Zivilrecht hat hierdurch bereits einen Paradigmenwechsel erfahren, von dem die amerikanische Gesetzgebung noch entfernt zu sein scheint. Diese „Statusänderung"

1163 *Byszewski*, S. 240.

1164 OLG Hamm, Beschluss v. 19.11.2010, Az. 10 WF 240/10, II-10 WF 240/10 = NJW-RR 2011, 583; *Werner*, NJW 2012, 1048 m.w.N.

1165 *Mireles v. Morman*, 2010 WL 3059241 (Tex. App. Aug. 6, 2010).

1166 *Brousseau v. Rosenthal*, 443 N.Y.2d 285, 287 (N.Y.Civ. Ct.1980).

hat dennoch fast keine praktischen Auswirkungen auf der Rechtsfolgenseite, da die für Sachen geltenden Vorschriften weiterhin - zumindest entsprechend - anzuwenden sind, vgl. § 90 a Satz 3 BGB.

D. Schlussfolgerungen und Thesen

I. Zusammenfassung der aktuellen Rechtslage zur Haftung dem Grunde nach

Die Tatsache, dass ein Tierhalter einer (erholungssuchenden) Person auf deren Wunsch – ob entgeltlich oder unentgeltlich – eine Freizeitaktivität ermöglicht, die sie sonst (aus welchen Gründen auch immer) nicht ausüben könnte, spielt für die Haftung nach § 833 BGB keine Rolle und wird daher in der rechtlichen Prüfung nicht gewürdigt. Das mag daran liegen, dass das Tierhalterhaftungsrecht im BGB noch von den zur Zeit der vorletzten Jahrhundertwende geltenden Gegebenheiten ausgeht, wonach die Haltung von Tieren in erster Linie landwirtschaftlichen oder sonstigen erwerbswirtschaftlichen Zwecken diente und Menschen fremde Tiere lediglich als Mittel zum Zweck – z. B. zur Fortbewegung per Kutsche – nutzten und darüber hinaus nur unfreiwillig mit fremden Tieren in Kontakt kamen.

Dass sich Personen freiwillig in die Nähe fremder Tiere begaben, nur um der Tiere willen bzw. um freie Zeit mit ihnen zu verbringen, sie zu reiten, sie zu pflegen, sie zu Erholungszwecken zu nutzen, war vor über 100 Jahren unüblich. Zum einen, weil die Menschen schlicht über weniger freie Zeit verfügten und die Gestaltung von Freizeit daher eine untergeordnete Rolle spielte. Zum anderen, weil die Haltung von Tieren verbreiteter war und daher seltener auf fremde Tiere zurückgegriffen werden musste.

Der Einsatz von Tieren für die Zwecke des Menschen hat sich seither stark verändert. Die veränderte Nutzung der Haustiere ist auch in der Rechtsprechung des BGH anhand der Vielzahl der Urteile zu Tierhalterhaftungsfragen seit Mitte des 20. Jahrhunderts ablesbar. Haftungsfragen im Freizeitbereich häuften sich. Eine angemessene Rechtsanwendung, die den geänderten tatsächlichen Gegebenheiten gerecht wurde, war und ist aufgrund des Gesetzeswortlautes nicht möglich, denn jedenfalls in Bezug Haftungsfreistellungen besteht wenig Spielraum. So wurden zwar Fallgruppen gesucht, die in Ausnahmefällen eine Einschränkung des Schutzbereichs oder eine Fiktion von Haftungsverzichten begründen könnten. Am grundsätzlichen Prinzip der weitenstrengen Haftung des Tierhalters, hat sich jedoch nichts geändert. Der großzügig gefasste Wortlaut des § 833 Satz 1 BGB, der auch den Reiter auf dem fremden Pferd schützt, lässt letztlich keine andere Bewertung - die den aktuellen Gegebenheiten Rechnung tragen würde - zu. Diese kann nur durch eine Gesetzänderung, jedoch nicht durch eine Änderung der Rechtsprechung herbeigeführt werden.

Die USA hingegen erkennen die (unentgeltliche) Gewährung des Zugangs zu Erholungsmöglichkeiten bzw. Freizeitaktivitäten als schützenswertes Gut an. Dementsprechend regeln *recreational use statutes* in allen 50 Bundesstaaten, dass der Eigentümer eines Grundstücks, das er der Allgemeinheit unentgeltlich für

Erholungszwecke zugänglich macht, nur beschränkt für die Verletzung von Verkehrssicherungspflichten haftet[1167].

Im Rahmen von *equine acitvities* ist die Haftung des Verantwortlichen gegenüber demjenigen, der sich bewusst und gewollt in die Nähe eines Tieres begibt, für einen Schaden, der ausschließlich auf der Verwirklichung eines *inherent risk* beruht, bei bestimmten Aktivitäten sogar ausgeschlossen.

Das *common law* unterscheidet für die Haftung eher nach der Gewöhnung und des Wissens der Gesellschaft über die Verhaltensweisen von Tieren. Der Zweck der Haltung spielt zunächst keine Rolle. Er kann aber für die Frage, ob eine Haftungsbegrenzung greift, relevant sein. Dies ist ein bemerkenswerter Unterschied zum deutschen Recht.

Der Vergleich der beiden Rechtssysteme zeigt, dass das amerikanische System flexibler auf die Veränderung der wirtschaftlichen Entwicklung reagiert hat. Dort wurde erkannt, dass das Haftungsrecht rasch an die sozialen Gegebenheiten angepasst werden muss, um nicht zu verfallen. Im Zuge dieser Erkenntnis verabschiedeten viele Bundesstaaten der USA *statutes*, die die hergebrachten Haftungsregeln soweit erforderlich modifizieren, z.B. *equine activity statutes*, während Im deutschen Recht noch mit unübersichtlichen und undogmatischen Fallgruppen zur Einschränkung der Tierhalterhaftung gearbeitet wird.

Zwar ist nicht zu leugnen, dass die amerikanische Gesetzgebung und somit auch die *statutes* bei allem Pragmatismus und dem Ziel der Lösung von Einzelfällen doch an einem systemischen Fehler leiden: Nämlich einer Flut von Gesetzen, die jeden Einzelfall abdecken sollen. Dies wird verstärkt durch das für die Auslegung von Gesetzen im *case law* typische „ängstliche, ja geradezu sklavische Haften am Wort"[1168]. Dennoch ist eine Neuregelung der Tierhalterhaftung in Deutschland zumindest in Anlehnung an das US-Recht sinvoll und erforderlich.

In Deutschland besteht mit Ausnahme von Mecklenburg-Vorpommern und Thüringen spätestens seit dem 1. Januar 2010 in allen Bundesländern eine gesetzliche Pflicht zum Abschluss einer Tierhalterhaftpflichtversicherung für Hunde. Die Reichweite der Versicherungspflicht ist unterschiedlich. Während z.B. in Berlin, Hamburg und in Sachsen-Anhalt eine Versicherungspflicht für alle Hunde gilt, müssen in anderen Bundesländern nur die Besitzer von gefährlichen Hunden oder so genannten Kampfhunden eine Versicherung nachweisen. Als gefährlich gelten Hunde, bei denen aufgrund rassenspezifischer Merkmale oder Ausbildung von einer besonderen Aggressivität gegenüber Menschen und Tieren ausgegangen werden muss, weil sie beispielsweise bereits Menschen oder Vieh angegriffen haben. Zudem werden Hunde bestimmter Rassen wie American Staffordshire Terrier, Staffordshire Bullterrier oder Pit Bull Terrier per se als gefährlich eingestuft.

1167 Ein Überblick über die Regelungen der einzelnen Bundesstaaten ist zu finden unter: http://nationalaglawcenter.org/state-compilations/recreational-use/ (Zugang: Mai 2015).

1168 *Honsell*, S. 43.

Auch in einzelnen Städten in den USA ist wegen des Risikos, dass von Hunden ausgehen kann, eine gesetzliche Versicherungspflicht für gefährliche Hunde (*vicious dogs*) eingeführt worden. So besteht z. B. in Cleveland, Ohio aufgrund der Verordnung „*Control of Vicious and Dangerous Dogs*“[1169] für den *owner, keeper* oder *harborer* eines gefährlichen Hundes die Pflicht, eine Haftpflichtversicherung mit einer Deckungssumme pro Einzelfall in Höhe von mindestens USD 100.000 zu unterhalten.

II. Vorschläge für eine Neuregelung der Tierhalterhaftung

1. Haftungsbegrenzung durch Nachweis einer Aufklärung nach gesetzlichen Vorgaben

Die Untersuchung des amerikanischen Rechts hat gezeigt, dass sich dortige Gerichte und Gesetzgeber mit gesellschaftlichen Veränderungen auseindersetzen mussten, die mit den Veränderungen der letzten 100 Jahre in Deutschland vergleichbar sind. Auch in den USA führte die sich verändernde, stärker freizeitorientierte Nutzung von Tieren zu neuen Bedürfnissen und Interessenlagen der Beteiligten. Auch in den USA würdigte die geltende Rechtslage diese Interessen nicht mehr ausreichend und führte im Freizeitbereich zum Teil zu einer unangemessenen Haftung der Halter. In der Rechtsprechung waren somit Defizite erkennbar, die mit den im deutschen Recht identifizierten Defiziten teilweise deckungsgleich sind.

Bemerkenswert ist, dass die Gesetzgeber in den Bundesstaaten der USA diese Defizite erkannt und mit Verabschiedung der EALA alternative Regelungen der Haftung für Tiere gefunden haben. Diese Reformen erfolgten im Wesentlichen zur Abwendung wirtschaftlicher Schäden für Reitbetriebe, die ohne die Reformen wohl nicht hätten fortbestehen können, was wiederum zu entgangenen Einnahmen für viele landwirtschaftlich geprägte Bundesstaaten hätte führen können.

Eine vergleichbare wirtschaftliche Notlage ist zwar in Deutschland nicht ersichtlich. Gewerbliche Reitbetriebe haben als Nutztierhalter die Möglichkeit, sich von der Haftung für unvermeidbare Schäden gemäß § 833 Satz 2 BGB zu entlasten und können sich zudem gegen verbleibende Risiken versichern. Die gegenwärtige Rechtslage gefährdet daher in erster Linie gemeinnützige (Reit-) Vereine und private Tierhalter, die keine vergleichbare wirtschaftliche Bedeutung haben und die sich ebenfalls relativ günstig versichern können. Dennoch würden vergleichbare Regelungen in Deutschland eine in dieser Arbeit beschriebenen Lücke – nämlich die fehlende Möglichkeit einer praktikablen, interessengerechten Risikoverlagerung im Bereich der Tierhaltung – schließen.

Es liegt daher nahe, auf eine vergleichbare Interessenlage mit ähnlichen Reformen zu reagieren und die deutschen Regeln zur Tierhalterhaftung nach amerikanischem Vorbild anzupassen.

1169 Cleveland, Ohio, Codified Ordinances § 604.04(a).

Hierzu sollte zunächst unterschieden werden zwischen Personen, die sich freiwillig in die Nähe von Tieren begeben und Personen, die unfreiwillig mit Tieren in Kontakt kommen. Im deutschen Recht werden diese beiden Personengruppen bisher grundsätzlich gleich behandelt, da (1) der Wortlaut von § 833 BGB gemäß dem historischen Hintergrund seiner Entstehung keine Grundlage für eine Differenzierung bietet, (2) eine Risikoübernahme nur für ungewöhnliche Tiergefahren angenommen werden kann und (3) Haftungsausschlussvereinbarungen u.a. aufgrund von AGB-Verstößen häufig nicht greifen.

Die derzeitigen Abgrenzungen und Fallgruppen der Rechtsprechung überzeugen nicht. Sie werden zugunsten einer Einzelfallgerechtigkeit zum Teil willkürlich und inkonsequent angewendet, was zu Rechtsunsicherheit führt.

Die Untersuchung des US Rechts hat weiter gezeigt, dass es mit den Equine Activity Statutes eine faire, praktikable Möglichkeit der Haftungsbegrenzung für Tierhalter gegenüber einer Vielzahl von Personen gibt. Nach deren Vorbild könnten auch in Deutschland Teilnehmer entsprechender Aktivitäten - insbesondere Laien – über unvermeidbare Tiergefahren aufgeklärt werden. Strikte Vorgaben für eine hinreichende Aufklärung sind dabei zwingende Voraussetzung für die Wirksamkeit einer Haftungsfreizeichnung. Nur dann, wenn sich eine nicht vermeidbare Tiergefahr trotz vorheriger Aufklärung verwirklicht hat, darf von einer Risikoübernahme ausgegangen werden. Die Zuständigkeit und auch die Beweislast für eine ordnungsgemäße Aufklärung sollten aus Gründen der Sachnähe und der Interessenlage beim jeweiligen Tierhalter liegen.

Einheitliche, gesetzlich vorgegebene Standards über Art und Umfang einer hinreichenden Aufklärung können dabei Rechtsunsicherheiten vermeiden. Auch hierfür können die Bestimmungen der Equine Activity Liability Acts als Vorbild dienen. Warntafeln bzw. Vertragsklauseln mit einem vorgegebenen Mindestinhalt können eine solche Aufklärung gewährleisten. Vorformulierte Belehrungen sind dem deutschen Recht im Übrigen nicht fremd. Art. 246 EGBGB schreibt bereits vor, in welcher Weise Unternehmer Verbraucher über Widerrufsrechte bei Kreditverträgen, Fernabsatzverträgen, etc. zu informieren oder zu belehren haben.

2. Streichung der Entlastungsmöglichkeit für Nutztierhalter gemäß § 833 Satz 2 BGB

Die vorangegangene Untersuchung hat weiterhin gezeigt, dass auch die Unterscheidung zwischen Nutztieren und Luxustieren gemäß § 833 Satz 1 und 2 BGB nicht mehr zeitgemäß ist. Die Beweggründe, die zu dieser Unterscheidung führten, sind überholt. Landwirtschaftliche Betriebe sind, auch aufgrund der zumutbaren Versicherbarkeit von Tierhalterrisiken, nicht mehr in der Form schutzbedürftig, wie sie es um die Jahrhundertwende waren. Fuhrunternehmen, die in erster Linie von der Beweislastumkehr profitieren sollten, gibt es seit Jahrzehnten nicht mehr. Stattdessen führt die gegenwärtige Rechtslage wie bereits erwähnt zu einer Benachteiligung gemeinnütziger Reitvereine. Denn wer Tiere nicht gewerblich hält,

dem droht wegen der ungünstigen Beweislast eher eine Haftung als demjenigen, der Tiere zur gewerblichen Nutzung gegen Entgelt überlässt.

Die Gerechtigkeit der „gespaltenen“ Tierhalterhaftung bzw. der Privilegierung des Nutzterhalters ist bei Betrachtung der gegenwärtigen Nutzung und Haltung von Tieren schwer nachvollziehbar.

Dennoch sind Versuche, die Verfassungsmäßigkeit der Privilegierung anzugreifen, bisher gescheitert[1170]. Diese Unterscheidung mag somit zwar nicht willkürlich und daher verfassungsgemäß sein. Sie wird dennoch legitimen Interessen nicht gerecht und hat zudem eine schlechte Signalwirkung. § 833 Satz 2 BGB sollte daher ersatzlos gestrichen werden.

1170 Zuletzt BGH, Urt. v. 30.6.2009, Az. VI ZR 266/08 = NJW 2009, 3233.

Kapitel 4. Reformvorschlag für die Tierhalterhaftung nach dem Modell eines „equine activity statute“

Die Untersuchung des deutschen Rechts zur Tierhalterhaftung hat ergeben, dass in der Praxis ein Bedürfnis besteht, die Haftung des Tierhalters gegenüber Dritten, die sich freiwillig der Tiergefahr aussetzen, zu begrenzen.

Aufgrund der derzeitigen Rechtslage ist für eine interessengerechte Beschränkung der Haftung eine ausdrückliche vorherige Haftungsausschlussvereinbarung mit dem Dritten erforderlich, in der umfänglich auf Risiken der Tiergefahr hingewiesen werden muss. Möchte ein Tierhalter einen solchen Haftungsausschluss mit einer Vielzahl von Personen vereinbaren, ist die wirksame Begrenzung der Haftung durch die §§ 309 Nr. 7 lit. a BGB erschwert. Das im Umgang mit Tieren wahrscheinlichste Risiko – nämlich die Verletzung von Körper, Leben oder Gesundheit – kann nicht durch Allgemeine Geschäftsbedingungen ausgeschlossen werden. Dies führt in der Praxis zu ungerechten Ergebnissen. Geschädigte können Ersatz verlangen für Risiken, die sie aus eigenem Interesse eingegangen sind.

Aufgrund der seit dem Inkrafttreten des BGB vor mehr als 100 Jahren geänderten Bedeutung der Nutzung von Tieren sind eine Vielzahl von Tierhaltern, in erster Linie Pferdehalter, von diesem Problem betroffen, allen voran gemeinnützige Reitvereine, die nicht als Nutztierhalter qualifiziert werden und sich daher nicht einmal auf eine privilegierte Haftung bzw. die Beweiserleichterung aus § 833 Satz 2 BGB berufen können. Daneben sind aber auch Millionen privater Pferdehalter betroffen, die ihre Pferde Reitbeteiligungen zur Verfügung stellen. Allein gewerbliche Tierhalter, die am ehesten in der Lage sind, die Kosten ihres Haftungsrisikos auf Dritte abzuwälzen, können sich auf Beweiserleichterungen nach § 833 Satz 2 BGB berufen. Doch auch ihnen bietet § 833 Satz 2 BGB aufgrund der gestiegenen Anforderungen der Rechtsprechung an die erforderliche Sorgfalt keinen hinreichenden Schutz.

Die Untersuchung des amerikanischen Rechts hat gezeigt, dass eine alternative Regelung möglich ist, die den Interessen der Beteiligten besser gerecht werden kann. Diese Alternative besteht darin, klare Vorgaben für einen wirksamen Haftungsausschluss zur Verfügung zu stellen. Ein Muster für ein Aufklärungsformular, das vom Geschädigten zu unterschreiben ist, gibt den Wortlaut für die Haftungsbegrenzung vor. In einem gekennzeichneten Textfeld sind Tiergefahren einzutragen, für die nicht gehaftet werden soll. Verwirklicht sich eine dieser Gefahren, so ist die Haftung des Halters diesbezüglich ausgeschlossen, es sei denn, ihn trifft ein Verschulden.

Die vorliegende Arbeit hat weiter gezeigt, dass die Privilegierung des Nutztierhalters in § 833 Satz 2 BGB überholt ist, so dass diese Regelung entfallen kann.

§ 833 BGB ist demnach wie folgt zu reformieren:

"§ 833 [Tierhalterhaftung]

(1) Wird durch ein Tier ein Mensch getötet oder der Körper oder die Gesundheit eines Menschen verletzt oder eine Sache beschädigt, so ist derjenige, welcher das Tier hält, verpflichtet, dem Verletzten den daraus entstehenden Schaden zu ersetzen.
(2) Die Ersatzpflicht ist ausgeschlossen, wenn sich der Verletzte der Tiergefahr ausgesetzt hat, obwohl er zuvor über die verwirklichte Tiergefahr schriftlich aufgeklärt wurde.
(3) Absatz 2 gilt nicht, wenn sich der Verletzte in Ausübung seines Berufes, z. B. als Trainer, Tierarzt oder Hufschmied, der Tiergefahr ausgesetzt hat."

<u>Anlage</u>
Muster – Aufklärungsformular:

> *„Das Verhalten von Tieren ist unberechenbar. Der Umgang mit Tieren birgt daher Gefahren von Personen- und Sachschäden, die auch bei Anwendung höchster Sorgfalt nicht vermeidbar sind. Diese spezifische Tiergefahr beinhaltet insbesondere: [...]*
> *Der Unterzeichner ist über diese Risiken belehrt worden. Die entgeltliche oder unentgeltliche Überlassung eines Tieres, der Umgang mit dem Tier erfolgt daher auf eigene Gefahr. Ersatzansprüche gegen den Tierhalter wegen der Verletzung des Lebens, des Körpers oder der Gesundheit, sowie wegen Sachschäden, sind ausgeschlossen."*

> **Haftungsausschluss**
> **Der Halter eines Tieres haftet nicht für die Verletzung des Lebens, des Körpers oder der Gesundheit, sowie für Sachschäden, die ein Vertragspartner infolge der Verwirklichung einer spezifischen Tiergefahr erleidet.**

Aufgrund dieser Regelung wäre es möglich, den „Reiter auf dem fremden Pferd" weiterhin vom Schutzbereich der Tierhalterhaftung zu erfassen und gleichzeitig eine praktikablere und rechtssichere Begrenzung der Haftung zu ermöglichen. Personen, die sich in Ausübung ihres Berufs und somit im Interesse des Tierhalters der Tiergefahr aussetzen, sind weiterhin vom Schutzbereich umfasst.

INTERNATIONALRECHTLICHE STUDIEN
Beiträge zum Internationalen Privatrecht,
zum Einheitsrecht und zur Rechtsvergleichung

Herausgegeben von Ulrich Magnus und Peter Mankowski

Band 1 Birgit Reimers-Zocher: Beweislastfragen im Haager und Wiener Kaufrecht. 1995.

Band 2 Lenja Vespermann: Schadensersatz bei Beeinträchtigung rechts- oder sittenwidriger Interessen im deutschen und französischen Recht. 1996.

Band 3 Peter Cypra: Die Rechtsbehelfe im Verfahren der Vollstreckbarerklärung nach dem EuGVÜ unter besonderer Berücksichtigung der Ausgestaltung in Deutschland und Frankreich. 1996.

Band 4 Brigitta Lurger: Regulierung und Deregulierung im europäischen Privatrecht. 1997.

Band 5 Uta Gutknecht: Das Nacherfüllungsrecht des Verkäufers bei Kauf- und Werklieferungsverträgen. Rechtsvergleichende Untersuchung zum CISG, zum US-amerikanischen Uniform Commercial Code, zum deutschen Recht und zu dem Vorschlag der Kommission zur Überarbeitung des deutschen Schuldrechts. 1996.

Band 6 Stefan Abel: Die Qualifikation der Schenkung. Zur Methode der Qualifikation im Internationalen Schuldvertragsrecht. 1997.

Band 7 Daniel Kötz: Verkäuferpflichten und Rechtsbehelfe des Käufers im neuen norwegischen Kaufrecht vom 13. Mai 1988 Nr. 27 im Vergleich zum UN-Kaufrecht vom 11. April 1980 (CISG). 1997.

Band 8 Olaf Beier: Grundsätze eines europäischen transportmittelübergreifenden Schadensrechts für den Gütertransport. Eine rechtsvergleichende Untersuchung unter besonderer Berücksichtigung der CMR, der ER/CIM 1990, des WA/HP und der HVR. 1999.

Band 9 Ulrich Krüger: Modifizierte Erfolgshaftung im UN-Kaufrecht. Die Haftungsbefreiung bei Lieferung vertragswidriger Ware gemäß Art. 79 CISG. 1999.

Band 10 Wolf-Henning Hammer: Das Zurückhaltungsrecht gemäß Art. 71 CISG im Vergleich zu den Kaufgesetzen der nordischen Staaten unter Einbeziehung transportrechtlicher Aspekte. Eine rechtsvergleichende Studie. 1999.

Band 11 Ulrich Quay: Der Consulting-Vertrag im Internationalen Privatrecht. 2000.

Band 12 Axel Halfmeier: Die Veröffentlichung privater Tatsachen als unerlaubte Handlung. Eine rechtsvergleichende Untersuchung. 2000.

Band 13 Stephanie Scholz: Lohngleichheit durch Verfahren. Eine Studie zur Förderung der Lohngleichheit durch verfahrensrechtliche Ansätze. 2000.

Band 14 Tarık Cebecioglu: Stellung des Ausländers im Zivilprozeß. Eine rechtsvergleichende Untersuchung des türkischen und deutschen Rechts. 2000.

Band 15 Gunnar Straube: Sozialrechtliche Eingriffsnormen im Internationalen Privatrecht. 2001.

Band 16 Daniela de Lukowicz: Divergenzen in der Rechtsprechung zum CISG. Auf dem Weg zu einer einheitlichen Auslegung und Anwendung? 2001.

Band 17 Mohamed Hassan Fadlalla Ali: Das islamische Ehe- und Kindschaftsrecht im Sudan. Mit Hinweisen zu den Lehren der Islamischen Rechtsschule, der anwendbaren Familienrechtsvorschriften für Nichtmuslime im Sudan und im deutschen Familienrecht. 2001.

Band 18 Ole Lando/Ulrich Magnus/Monika Novak-Stief (Hrsg./eds.): Angleichung des materiellen und des internationalen Privatrechts in der EU. Harmonisation of Substantive and International Private Law. 2003.

Band 19 Florian Schulz: Der Ersatzlieferungs- und Nachbesserungsanspruch des Käufers im internen deutschen Recht, im UCC und im CISG. Eine rechtsvergleichende Untersuchung unter Berücksichtigung der Schuldrechtskommission, der EG-Richtlinie 1999/44/EG und des Diskussionsentwurfs eines Schuldrechtsmodernisierungsgesetzes. 2002.

Band 20 Ingo Janert: Die Aufrechnung im internationalen Vertragsrecht. 2002.

Band 21 Armin Jentsch: Die Erhaltungspflichten des Verkäufers und des Käufers im UN-Kaufrecht im Vergleich zum US-amerikanischen Uniform Commercial Code und zum deutschen Recht. 2002.

Band 22 Martin Taschner: Arbeitsvertragsstatut und zwingende Bestimmungen nach dem Europäischen Schuldvertragsübereinkommen. Einheitliche Auslegung. 2003.

Band 23 Klaus Bitterich: Die Neuregelung des Internationalen Verbrauchervertragsrechts in Art. 29a EGBGB. 2003.

Band 24 Sascha J. Morgenroth: Umsetzung der Verbrauchsgüterkaufrichtlinie in Spanien und Deutschland. Umsetzung der Richtlinie 1999/44/EG des Europäischen Parlaments und des Rates vom 25. Mai 1999 zu bestimmten Aspekten des Verbrauchsgüterkaufs und der Garantien für Verbrauchsgüter in Spanien und Deutschland. 2003.

Band 25 Markus Renfert: Über die Europäisierung der ordre public Klausel. 2003.

Band 26 Henning Mordhorst: Die Behandlung vertraglicher Mobiliarsicherheiten im US-amerikanischen und deutschen Insolvenzrecht. 2003.

Band 27 Hans Markus Wulf: UN-Kaufrecht und eCommerce. Problembereiche bei der Anwendung des Wiener Übereinkommens auf Internet-Verträge. 2003.

Band 28 Julia Kaiser: Freiheit oder Schutz? Die Scheidungsfolgenvereinbarung im deutschen und im englischen Recht. 2003.

Band 29 Astrid Hillebrenner: Die private Zustimmung zu Rechtsgeschäften Dritter im englischen, dänischen und deutschen Recht. 2004.

Band 30 Irene von der Heyde: Das deutsche und italienische internationale Kindschaftsrecht im Rechtsvergleich. Favor filii oder favor filiationis? 2004.

Band 31 Sven-Michael Werner: Recht im Systemwandel. *Ein Land, zwei Systeme* und das Kontinuitätsproblem in Hongkong. 2004.

Band 32 Holger Ellenberger: Wirtschaftsrelevante Kollisionsnormen im japanischen internationalen Privatrecht. 2004.

Band 33 Sebastian Kaufmann: Parol Evidence Rule und Merger Clauses im internationalen Einheitsrecht. 2004.

Band 34 Britta Christina Weber: Eigentumsübertragung und gutgläubiger Erwerb beim Kauf von beweglichen Sachen im vietnamesischen Zivilgesetzbuch von 1995. Eine rechtsvergleichende Analyse unter Berücksichtigung des Eigentumsbegriffs im vietnamesischen Recht. 2004.

Band 35 Alexander von Saucken: Die Reform des österreichischen Schiedsverfahrensrechts auf der Basis des UNCITRAL-Modellgesetzes über die internationale Handelsschiedsgerichtsbarkeit. Ein Diskussionsbeitrag. 2004.

Band 36 Jasnica Garašićć: Anerkennung ausländischer Insolvenzverfahren. Teil 1 und Teil 2. Ein Vergleich des kroatischen, des deutschen und des schweizerischen Rechts sowie der Europäischen Verordnung über Insolvenzverfahren, des Istanbuler Übereinkommens und des UNCITRAL-Modellgesetzes. 2005.

Band 37 Eugenia Kurzynsky-Singer: Anknüpfung und Reichweite des Vollmachtsstatuts. 2005.

Band 38 Timo Utermark: Rechtsgeschichte und Rechtsvergleichung bei Ernst Rabel. 2005.

Band 39 Mohamed Lakmes: Die IPR-Anknüpfung der Schuldverträge. Ein Vergleich zwischen dem deutschen und dem syrischen Recht. 2005.

Band 40 Christian Haas: Vertragsstrukturen privatfinanzierter Infrastrukturprojekte. Nationale und internationale Perspektiven. 2005.

Band 41 Tanja Herzog-Engels: Gesellschaftsrechtliche Formvorschriften und Internationales Privatrecht. 2005.

Band 42 Hassan Siahpoosh: Das Familien- und Erbrecht im Iran. 2006.

Band 43 Carola Reifenrath: Das Vertragsrecht Hongkongs und dessen zukünftige Entwicklung. Unter besonderer Berücksichtigung des englischen Common Law. 2006.

Band 44 Arkadiusz Wudarski: Der Pfandbrief und sein Treuhänder. Eine rechtsvergleichende Untersuchung zum polnischen und deutschen Recht. 2006.

Band 45 Ulla Liukkunen: Cross-Border Services and Choice of Law. A Comparative Study of the European Approach. 2006.

Band 46 Claire Anna Reifner: Die Umsetzung der Verbrauchsgüterkaufrichtlinie in Italien und Deutschland. 2007.

Band 47 Shahriar Rabbanifar: Vergleich des Rechts der öffentlichen Unternehmen in Deutschland, Iran und Polen. 2007.

Band 48 Judith Farokhmanesh: Der Schutz des Urhebers im internationalen Vertragsrecht. Funktion, Reichweite und Effektivität zwingender Bestimmungen im deutschen, französischen und englischen Recht. 2007.

Band 49 Christoph Hellriegel: Schuldnerschutz in Polen. Rechtsvergleichende Untersuchung eines universalen Regelungsproblems. 2007.

Band 50 Ingemar Carl: Einstweiliger Rechtsschutz bei *Torpedoklagen*. 2007.

Band 51 Gabriele Wunsch: Möglichkeiten und Grenzen eines europäischen Hypothekarkredits. Problemanalyse und Lösungswege für die Schaffung eines Binnenmarktes für Grundpfandrechte unter Berücksichtigung des deutschen, englischen, schwedischen und spanischen Rechts. 2009.

Band 52 Sven Kuchmann: Die Haftung des Geschäftsführers einer deutschen GmbH und des Gerente einer argentinischen SRL im Rechtsvergleich. 2008.

Band 53 María Elena Alvarez de Pfeifle: Der Ordre Public-Vorbehalt als Versagungsgrund der Anerkennung und Vollstreckbarerklärung internationaler Schiedssprüche. Unter Berücksichtigung des deutschen, schweizerischen, französischen und englischen Rechts sowie des UNCITRAL-Modellgesetzes. 2009.

Band 54 Amir-Said Ghassabeh: Die Zustellung einer *punitive-damages*-Sammelklage an beklagte deutsche Unternehmen. Zugleich ein Beitrag zum „unnötigen" transatlantischen Justizkonflikt. 2009.

Band 55 Gunnar Lennart Schmüser: Das Zusammenspiel zwischen Haupt- und Sekundärinsolvenzverfahren nach der EuInsVO. 2009.

Band 56 Johanna Siemonsen: Die deutschen Ausführungsvorschriften zur Europäischen Insolvenzverordnung. 2009.

Band 57 Dan Malika Gunasekera: Civil Liability for Bunker Oil Pollution Damage. 2010.

Band 58 Sarah Mukaddes Oguz: Das türkische und das europäische Verbraucherrecht. Eine vergleichende Analyse mit Blick auf die Beitrittsbestrebungen der Türkei zur Europäischen Union. 2010.

Band 59 Niklas Wielandt: Die einseitig verpflichtende Schuldzusage. Eine rechtsvergleichende Untersuchung des abstrakten, kausalen und nicht rechtsgeschäftlichen Schuldanerkenntnisses und Schuldversprechens nach deutschem und englischem Recht. 2010.

Band 60 Lars Meyer: Non-Performance and Remedies under International Contract Law Principles and Indian Contract Law. A comparative survey of the UNIDROIT Principles of International Commercial Contracts, the Principles of European Contract Law, and Indian statutory contract law. 2010.

Band 61 Farzana Soleimankehl-Hanke: Afghanistan zwischen Islam und Gleichberechtigung. Widersprüche in der afghanischen Verfassung am Beispiel des afghanischen Familien- und Erbrechts. 2011.

Band 62 Sören Koch: Der Ersatz frustrierter Aufwendungen im norwegischen Recht. 2011.

Band 63 Vanessa Seibel: Der Geschäftsführer in der Insolvenz der Gesellschaft. Eine rechtsvergleichende und rechtsökonomische Betrachtung von GmbH und LLC. 2012.

Band 64 Dorothea von Domarus: Internationales Arzthaftungsrecht nach Inkrafttreten der Rom I- und Rom II-Verordnung. Ein Rechtsvergleich mit den USA unter besonderer Berücksichtigung der Bundesstaaten New York, Kalifornien und Louisiana. 2013.

Band 65 Nils Rasmus Grenda: Erwerb und Schutz des Eigentums an Mobilien im deutschen und schwedischen Recht. 2013.

Band 66 Tristan Wegner: Überseekauf im Agrarhandel. Die Kontraktpraxis nach GAFTA und Einheitsbedingungen. Eine rechtsvergleichende Darstellung. 2013.

Band 67 Marjam Waladan: Das iranische Familienrecht unter der besonderen Berücksichtigung der Rechte von Frauen und Kindern. 2013.

Band 68 Gesine Osieka: Zivilrechtliche Haftung deutscher Unternehmen für menschenrechtsbeeinträchtigende Handlungen ihrer Zulieferer. 2014.

Band 69 Cordula Giesecke: Interessengerechte Rechtswahl im Kaufrecht. Vertragswidrigkeit, Mängelrüge und Vertragsaufhebung – UN-Kaufrecht, deutsches, französisches und schweizerisches Recht im Vergleich. 2014.

Band 70 Philipp Raben: Das Modellgesetz als geeignetes Instrument europäischer Vertragsrechtsharmonisierung. 2015.

Band 71 Yanfei Zeng: Sonderkontrolle der Vertragsstrafe. Eine Untersuchung zu Begründungen der Kontrolle. 2015.

Band 72 Marcel Streeck: Die Situation der Schuldnerin im englischen und im deutschen Insolvenzrecht. Eine rechtsvergleichende Untersuchung. 2016.

Band 73 Antje Böhme: Die (strikte) Haftung für Tiere im deutschen und US-amerikanischen Recht. 2016.

www.ingramcontent.com/pod-product-compliance
Ingram Content Group UK Ltd.
Pitfield, Milton Keynes, MK11 3LW, UK
UKHW021843290926
8980IPUK00005B/623

9 783631 681169